Manfred L. Pirner / Andrea Schulte (Hg.)

RELIGIONSDIDAKTIK IM DIALOG –
RELIGIONSUNTERRICHT IN KOOPERATION

Jena 2010

Studien zur Religionspädagogik und Praktischen Theologie (StRPPT)
Band Nr. 2
herausgegeben von Michael Wermke

ISBN 978-3-938203-96-5

Bibliographische Information der Deutschen Bibliothek
Die Deutsche Bibliothek verzeichnet diese Publikation in der
Deutschen Nationalbibliographie;
detaillierte bibliographische Daten sind im Internet über
http://dnb.ddb.de abrufbar.

© IKS GmbH, Verlag IKS Garamond, Edition Paideia
Jena 2010

Inhalt

Vorwort

Der vorliegende Band dokumentiert unter dem programmatischen Titel *Religionsdidaktik im Dialog* die vielfältigen Möglichkeiten einer aus bildungspolitischen und schulpädagogischen Gründen aktuell angezeigten und notwendigen „Anschub- und Entwicklungshilfe". Die Vernetzung der Unterrichtsfächer an den Schulen, die verstärkte Kooperation von Fächern in Projekten, fächerübergreifenden Arbeitsphasen und thematisch-inhaltlich strukturierten Unterrichtsphasen fordern den Religionsunterricht in besonderer Weise heraus und lassen in Folge das Gespräch zwischen der Religionsdidaktik und den anderen Fachdidaktiken notwendig werden. Dieser Austausch ist gegenwärtig aber eher ein Desiderat denn selbstverständliche und gängige Praxis.

Die Beiträge dieses Bandes wollen hier Abhilfe schaffen und Möglichkeiten der Dialogeröffnung, -führung und -gestaltung aufzeigen und dabei sowohl die theoretisch-fachdidaktische als auch die schul- und unterrichtspraktische Ebene bedenken. Sie tun dies auch in der guten bildungspolitischen Absicht, die Eigenständigkeit, Bedeutung und Stärke der Fachdidaktiken noch deutlicher in das öffentliche und wissenschaftliche Bewusstsein zu bringen. Bezogen auf den Religionsunterricht wird damit ein Diskussionsforum bereit gestellt, in dem Fragen seiner konzeptionellen Gestaltung, weiterer Profilschärfung und bleibenden Zukunftsfähigkeit bearbeitet werden können. Einige der Beiträge sind in einer Vorfassung in Heft 1/2008 von „Theo-Web. Zeitschrift für Religionspädagogik" (www.theo-web.de) erschienen; für den vorliegenden Sammelband wurden sie überarbeitet und durch weitere Beiträge ergänzt.

Uns bleibt zu danken! Wir danken unserem Kollegen Herrn Prof. Dr. Michael Wermke für die Aufnahme dieses Bandes in die von ihm verantwortete neue Reihe *Studien zur Religionspädagogik und Praktischen Theologie* (StRPPT). Unser Dank gilt gleichermaßen Frau Annika Blichmann vom IKS Garamond Verlag für die gute Beratung und kompetente Betreuung in allen Phasen der Drucklegung. Wir danken der Evangelischen Kirche in Mitteldeutschland und der Erziehungswissenschaftlichen Fakultät der Universität Erfurt für die gewährten Druckkostenzuschüsse.

Vor allem aber sagen wir Dank den Autoren und Autorinnen für ihre facettenreichen Beiträge, mit denen sie den Dialog zwischen der Religionsdidaktik und den anderen Fachdidaktiken angestoßen und befördert und damit zugleich auch zur Kooperation zwischen dem Religionsunterricht und den anderen Unterrichtsfächern ermutigt haben.

Erfurt und Nürnberg, im Advent 2009

Manfred L. Pirner und Andrea Schulte

Manfred L. Pirner/Andrea Schulte

Religionsdidaktik im Dialog – Religionsunterricht in Kooperation. Zur Einführung

Durch die aktuelle Entwicklung in Bildungspolitik und Schulpädagogik ist die Vernetzung der Unterrichtsfächer an den Schulen neu in den Fokus der Aufmerksamkeit gerückt. Manche Fächer sind zu Fächergruppen zusammengefügt worden, generell wird eine verstärkte Kooperation von Fächern in Projekten, fächerübergreifenden Aufgabenbereichen und thematisch strukturierten Unterrichtsphasen angestrebt. Bildungstheoretisch steht dahinter die Einsicht, dass Bildung nicht in der Ausbildung von parzellierten Wissensinseln besteht, sondern vielmehr in der Fähigkeit, Zusammenhänge herzustellen und zu durchschauen und somit ein „vernetzendes" Wahrnehmen und Denken auszuprägen.

Diese Entwicklung fordert den Religionsunterricht nicht nur in besonderer Weise heraus, sondern entspricht auch in besonderer Weise seinem Grundcharakter: Religion generell und christlicher Glaube speziell sind immer auf das Ganze von Wirklichkeit bezogen. Sie erschließen sich nicht lediglich als kultureller Sonderbereich, sondern vor allem durch eine spezifische Perspektive auf Mensch, Welt und Wirklichkeit im Sinne von „Welt-Anschauung" bzw. welt-bezogenem Handeln. Insofern stellt „vernetzendes" Wahrnehmen und Denken von jeher ein unverzichtbares Proprium religiöser Bildung dar.

In einer von neuzeitlichen Ausdifferenzierungs- und Pluralisierungsprozessen geprägten Gesellschaft ist dabei zugleich das Bewusstsein für den jeweiligen Eigenwert der unterschiedlichen Kulturbereiche und Perspektiven auf Wirklichkeit gewachsen. Dies gilt zum einen in erziehungswissenschaftlich-bildungstheoretischer Perspektive, wie die Rede von grundlegenden „Modi der Welterfahrung" (oder Weltbegegnung oder Welterschließung)[1] und Erkenntnisse zum domänenspezifischen Lernen anzeigen. Zum anderen kann es auch in theologischer Sicht nicht (mehr) um die totalisierende Vereinnahmung anderer Kulturbe-

---

1 Vgl. Baumert 2002, 113; Klieme 2003, 67f.

reiche gehen, sondern vielmehr sind Vernetzungen anzustreben, die von Respekt für die Eigenständigkeit des Anderen, von Dialog unter der Leitidee gleichberechtigter Diskurspartner und von der Offenheit für wechselseitige Lernprozesse gekennzeichnet sind. Hier gewinnen neuere Theorien zum Umgang mit dem Anderen, wie sie vorrangig im Hinblick auf interkulturelles und interreligiöses Lernen religionspädagogisch aufgenommen bzw. weiterentwickelt worden sind, eine sowohl wissenschaftstheoretische als auch schulpädagogisch-praktische Relevanz.[2]

Vor diesem Hintergrund zeigt sich in der Religionsdidaktik ein eklatantes Defizit. Das Gespräch mit anderen Fachdidaktiken erscheint weithin unterentwickelt; mit manchen Fachdidaktiken gibt es so gut wie gar keinen Austausch und keine Auseinandersetzung. Dabei legt sich ein solcher Dialog nicht nur sachlich, sondern auch bildungspolitisch nahe, weil es unseres Erachtens angezeigt ist, die Eigenständigkeit, Bedeutung und Gewichtigkeit der Fachdidaktiken noch stärker ins öffentliche und wissenschaftliche Bewusstsein zu heben. Als ein hilfreicher institutioneller Rahmen für solche Dialoge ließe sich der noch junge Dachverband „Gesellschaft für Fachdidaktik" (GFD) verstehen.

Im Hinblick auf die Praxis der fächerverbindenden oder fächerübergreifenden Kooperationen und Projekte an den Schulen gewinnt man den Eindruck, dass hier einerseits der Religionsunterricht nicht immer eine angemessene Berücksichtigung findet und andererseits die Kooperationen häufig eher oberflächlich-pragmatisch bleiben. Zwar sollte man die Relevanz und Reichweite der Theorie für die Praxis nicht überschätzen, aber dennoch scheint uns, dass Perspektiven für die Kooperation des Religionsunterrichts mit anderen Fächern stärker als bisher grundlegend aus dem Dialog der Fachdidaktiken entwickelt und bereits in der Lehrerbildung entsprechend angebahnt werden müssten. In diesem Zusammenhang stellt sich auch die bislang sträflich vernachlässigte Aufgabe, kooperative Projekte sowie die dazu nötigen Kompetenzen der Lehrkräfte empirisch zu erforschen.[3]

In diesem Sinn will das vorliegende Buch die Chancen und Herausforderungen, die der Dialog zwischen Religionsdidaktik und anderen Fachdidaktiken bietet, ausloten und dabei sowohl die Theorieebene als auch

---

2 Vgl. u.a. Greiner 2000; Grümme 2007.
3 Auch die großen jüngeren Religionslehrerstudien gehen auf diesen Aspekt leider nicht ein (vgl. Dressler u.a. 2004; Feige/Tzeetzsch 2005. Einen Ansatz dazu versucht die Studie Pirner 2004, Kap. 5.7 (vgl. auch den Beitrag von Hollm/Pirner in diesem Heft).

die Praxis der Kooperation von Unterrichtsfächern in den Blick nehmen sowie auf einander beziehen. Es erschien uns wichtig, dass zunächst sehr grundsätzlich und heuristisch-offen nach gemeinsamen fruchtbaren Dialogfeldern Ausschau gehalten wird, zentrale Aspekte eines solchen Dialogs skizziert und in ihrem Lernertrag für beide Seiten ausgewertet werden, bevor dann auch Perspektiven für gemeinsame schulische Kooperationsprojekte der betreffenden Unterrichtsfächer entwickelt werden.

Eine besondere Relevanz und eigene Beleuchtung erhält die Frage nach Dialog und Kooperation zwischen Religionsunterricht und anderen Unterrichtsfächern für den Bereich der Schulen in christlicher bzw. kirchlicher Trägerschaft. Erstaunlicherweise ist hier bislang nur unzureichend über die Rolle des Religionsunterrichts für ein christliches Schulprofil und damit zusammenhängend über seine Bezüge zu anderen Unterrichtsfächern nachgedacht worden.[4] Die Beiträge des vorliegenden Bandes lassen sich auch unter diesem Blickwinkel als anregende Impulse lesen.

Damit es nicht bei dem Postulieren und Theoretisieren über Dialog und Kooperation bleibt, haben wir die Autorinnen und Autoren (außer jene der Grundlagenbeiträge) gebeten, sich nach Möglichkeit einen Partner oder eine Partnerin aus der jeweiligen anderen Fachdidaktik zu suchen und den Beitrag im Gespräch und Austausch gemeinsam zu schreiben und zu verantworten. Den Ethikunterricht und die unterschiedlichen Religionsunterrichte (v. a. islamischer und jüdischer) haben wir dabei bewusst ausgespart, da der Dialog im religiös-ethischen Bildungsbereich u. E. ganz eigene Perspektiven und Aufgabenstellungen mit sich bringt. Uns ging es zunächst um das Gespräch des (christlichen) Religionsunterrichts und seiner Didaktik mit den gängigen anderen Unterrichtsfächern an allgemeinbildenden Schulen und ihren Didaktiken. Unsere Hoffnung ist, dass mit diesem Band ein Anfang gemacht ist, der sowohl im Hinblick auf die Vertiefung der bilateralen Diskurse zwischen den hier versammelten didaktischen Disziplinen als auch über sie hinaus vielfältige Fortsetzungen findet.

---

4   Vgl. dazu neuerdings Standfest u. a. 2005; Politt u. a. 2007; Lindner/Schulte 2007; Schreiner 2007; Pirner 2008.

Literatur

BAUMERT, JÜRGEN, Deutschland im internationalen Bildungsvergleich, in: KILLIUS, NELSON/KLUGE, JÜRGEN/REISCH, LINDA (Hg.), Die Zukunft der Bildung, Frankfurt a. M. 2002, 100–150.

DRESSLER, BERNHARD u. a. (Hg.), Religion – Leben, Lernen, Lehren. Ansichten zur „Religion bei ReligionslehrerInnen", Münster u. a. 2004.

FEIGE, ANDREAS/TZSCHEETZSCH, WERNER, Christlicher Religionsunterricht im religionsneutralen Staat?, Ostfildern/Stuttgart 2005.

GREINER, ULRIKE, Der Spur des Anderen folgen. Religionspädagogik zwischen Theologie und Humanwissenschaften, Münster u. a. 2000.

GRÜMME, BERNHARD, Vom Anderen eröffnete Erfahrung. Zur Neubestimmung des Erfahrungsbegriffs in der Religionsdidaktik, Gütersloh 2007.

KLIEME, ECKHARD u. a., Zur Entwicklung nationaler Bildungsstandards. Eine Expertise, Bonn 2002.

LINDNER, ANDREAS/SCHULTE, ANDREA, Das evangelische Schulwesen in Mitteldeutschland. Stationen und Streifzüge, Münster u. a. 2007.

PIRNER, MANFRED L., Religiöse Mediensozialisation. Empirische Studien zu Zusammenhängen zwischen Mediennutzung und Religiosität bei SchülerInnen und deren Wahrnehmung durch LehrerInnen, München 2004.

PIRNER, MANFRED L., Christliche Pädagogik. Grundsatzüberlegungen, empirische Befunde und konzeptionelle Leitlinien, Stuttgart 2008.

POLLITT, HELMAR-EKKEHART/LEUTHOLD, MARGIT/PREIS, ARNO (Hg.), Wege und Ziele evangelischer Schulen in Österreich. Eine empirische Untersuchung, Münster u. a. 2007.

SCHREINER, MARTIN (Hg.), Religious literacy und evangelische Schulen. Die Berliner Barbara-Schadeberg-Vorlesungen, Münster u. a. 2007.

STANDFEST, CLAUDIA/KÖLLER, OLAF/SCHEUNPFLUG, ANNETTE, leben – lernen – glauben. Zur Qualität evangelischer Schulen. Eine empirische Untersuchung über die Leistungsfähigkeit von Schulen in evangelischer Trägerschaft, Münster u. a. 2005.

Udo G. Schmoll

Begegnung als Schlüsselbegriff für fächerverbindendes Arbeiten mit und im Evangelischen Religionsunterricht

Abstract

Die theologische und religionspädagogische Begründung für fächerverbindendes Arbeiten mit dem Evangelischen Religionsunterricht liegt in dem reziproken Verhältnis von Kultur und Religion begründet. Die Aufgabe des Religionsunterrichts im interdisziplinären Arbeiten, der Antworten auf die Fragen der Schüler geben sowie Glaube und Welt aufeinander beziehen will, besteht weder in heteronomer Bevormundung, noch reklamiert der Religionsunterricht eine religiöse Sonderwelt. Will der Religionsunterricht mehr sein als die Vermittlung von „Wissen über Religion" (Religionskunde), muss er die Autonomie der anderen Fächer wahren und gleichzeitig ihre Aussagen auf einen unbedingten Sinn beziehen (so genanntes „theonomes Modell").

1. Fächerverbindender Unterricht – (k)eine neue Dimension der Schule

Unabhängig von Schulart oder Bundesland fordern alle gegenwärtigen Lehrpläne „fächerübergreifenden Unterricht". Ohne Preisgabe der Fachgebundenheit, die mit entsprechenden Fachlehrplänen und ihren Stundentafeln gesichert ist, soll damit Lernen von verschiedenen Seiten und in verschiedenen Formen ermöglicht werden.

Die Lehrpläne für evangelische Religionslehre weisen zum Teil Themenvorschläge für die konkrete Unterrichtspraxis aus, und in der religionspädagogischen Literatur finden sich dazu auch eine Reihe von Ideen und Anregungen zum fächerverbindenden Arbeiten in der Praxis. Allerdings ist eine theoretische fachdidaktische Fundierung dieser Lernform ein Desiderat der Forschung; die Lücke, die ich mit meinem Dissertationsvorhaben schließen möchte, beschreibt dieser Artikel in kurzer Form.

Während auf katholischer Seite Erwin Rauscher[1] in seiner Habilitations-schrift ein Projekt auswertet und dabei eine Theorie des fächerverbin-denden Arbeitens im Rahmen katholischer Theologie entwickelt, gibt es auf der Seite der evangelischen Religionspädagogik keine grundlegende fachdidaktische Reflexion über die Zielrichtung des interdisziplinären Arbeitens im Raum der Schule.[2] Die folgenden Ausführungen über fä-cherverbindendes Arbeiten verdanken sich theologischen Anschauungen und Argumentationsfiguren Paul Tillichs, der selbst ein interdisziplin-närer Grenzgänger war und dessen Theologie gerade deshalb besonders geeignet ist, eine religionspädagogische Theorie des fächerverbindenden Arbeitens zu begründen.

Eine Zielbestimmung muss zunächst einsetzen mit dem präzisen Er-fassen dessen, was man unter „fächerübergreifendem", bzw. „fächerver-bindendem" Unterricht versteht; dies wiederum kann nur im Rahmen einer schulgeschichtlichen Betrachtung richtig verstanden werden, die hier zumindest skizziert werden soll.

Die Differenzierung des Fächerkanons der Schule ist historisch ge-wachsen: Immer wieder sind neue Fächer auf dem Stundenplan erschie-nen. Manchmal wurden mehrere Fächer zusammengelegt und andere Fächer sind auch wieder aus der Stundentafel genommen worden. Für das Entstehen der einzelnen schulischen Disziplinen werden in der Schulfachforschung verschiedene Gründe und Motivationen geltend ge-macht:

(1) Reduzierung von Komplexität des Wissens,

(2) fachspezifische Anforderungen und Methoden,

(3) Sicherung der Wissenschaftlichkeit,

(4) (universitäre) Ausbildung der Lehrkräfte nach Disziplinen,

(5) bildungspolitische Vorgaben mit gesellschaftlichen Rahmenbedin-gungen und Anforderungen (auch in Verbindung mit Lobby-Inte-ressen),

(6) Ausbildungsrichtung (z. B. sprachlicher, wirtschafts- und naturwis-senschaftlicher Zweig),

---

1 RAUSCHER 1994.
2 Vgl. DIETERICH 2002, 197ff.

(7) Relevanz für den erstrebten Bildungsabschluss,

(8) entwicklungspsychologische Faktoren,

(9) schulorganisatorische Gründe und

(10) arbeitsökonomische Gründe.

Die durch diese Gründe notwendige Spezifizierung wird immer wieder als Manko empfunden: Die Schülerinnen und Schüler können keine Bezüge zwischen den Fächern herstellen. Die Parzellierung des Wissens hat zur Folge, dass die Lerninhalte keinen bleibenden Eindruck hinterlassen. Deshalb wird aus lernpsychologischen Gründen seit den 80er Jahren „ganzheitliches Lernen" und „fächerübergreifender" Unterricht gefordert, von dem man sich eine erhöhte Nachhaltigkeit verspricht. Gegenüber den vorhergehenden Lehrplänen der Nachkriegszeit stellt dies eine curriculare Innovation dar.

Allerdings ist dieses pädagogische Programm kein Novum in der Geschichte der Pädagogik und der Schule. So hat beispielsweise Johann Amos Comenius den Entwurf einer *Pampaedia* schon vor nahezu 400 Jahren realisiert. Mit der Formel, dass „alle alles auf allerleiweise" *(omnes – omnia – omnino)* lernen sollen, sieht er den Erwerb von Wissen, Charakterbildung und die religiöse Dimension von Bildung und Erziehung miteinander verbunden *(Didactica magna)*. Sein *Orbis pictus* legt nicht nur Zeugnis für einen anschaulichen und kindgemäßen Unterricht ab, sondern zeigt auch, dass der Pädagoge im europäischen Kontext auf Bilingualität und sogar Mehrsprachigkeit setzt und die einzelnen „Fächer" miteinander verbindet.

Je mehr sich der Fächerkanon im Laufe der Zeit ausgebildet hat, umso mehr wird der Ruf nach fächerverbindendem Unterricht laut. Der Bogen des über die engen Fachgrenzen hinausreichenden Unterrichts spannt sich über die Reformpädagogik der ersten Hälfte des 20. Jahrhunderts[3], in der bewusst fächerintegrierend gelernt wird („Gesamtunterricht"), bis in unsere Zeit. Das Motto Wilhelm Alberts: „Das Leben kennt keine Fächerung"[4] steht *pars pro toto* für die Forderung eines „ganzheitlichen" Unterrichts der Reformpädagogik.

---

3 Überblick dazu: ALBERT 1968.
4 DERS. 1920, 14.

2. Formen des fächerverbindenden Arbeitens

Auch wenn heute in der Schule – mit guten Gründen – an der Fachgebundenheit festgehalten wird, so wird doch auch das berechtigte Anliegen eines fächerverbindenden Unterrichts dadurch gewürdigt, dass die Fachlehrpläne aufeinander abgestimmt werden, damit

- fächerüberschreitender,
- fächerverknüpfender,
- fächerkoordinierender und
- fächerergänzender Unterricht sowie die
- fächeraussetzende Projektarbeit

ermöglicht wird.[5] In diesem Sinne sieht z. B. der Lehrplan für die Gymnasien in Bayern[6] neben „fächerübergreifenden Bildungs- und Erziehungsaufgaben" – wie „Friedenserziehung", „Medienerziehung" u. a.[7] –, deren Einlösung von allen Fächern erwartet wird, vor, dass bestimmte Jahrgangsthemen in den einzelnen Fächern je von ihrer spezifischen Ausrichtung behandelt werden.

Ein Beispiel aus der Jahrgangsstufe 9 des bisherigen Lehrplans für das neunjährige Gymnasium veranschaulicht dieses Lehrplaninteresse:

- Ein Themenbereich für den *Evangelischen Religionsunterricht* ist „Arbeit und Leistung"[8], in dem es um den ethischen Stellenwert von Arbeit und Leistung in Schule und Beruf geht; die Auseinandersetzung mit christlichen Einsichten zum Thema bringt die Anliegen des evangelischen Glaubens zur Geltung. Behandelt werden Fragen, wie: Ist der Mensch nur etwas wert, wenn er etwas leistet und was er leistet? Wie wird Erfolg und Erfolglosigkeit, Konkurrenz und Arbeitslosigkeit aus der Perspektive evangelischer Ethik behandelt, die geprägt ist von Freiheit und Verantwortung?

---

5 Vgl. Huber 1995, 161ff.
6 Lehrplan für die Bayerischen Gymnasien 1990, 125ff.
7 Ebd., 193–210.
8 Ebd. 289.

- Im *Deutschunterricht* derselben Jahrgangsstufe sieht der Lehrplan vor, dass die Schülerinnen und Schüler ein Bewerbungsschreiben verfassen können.[9]

- Im *Englisch- und Französischunterricht*[10] wird im Rahmen der Landeskunde die „Welt der Arbeit, Industrie und Landwirtschaft" in Großbritannien, den USA und Frankreich behandelt.

- Der *Physikunterricht* thematisiert „Arbeit und Energie".[11]

- Im *Geschichtsunterricht* ist Arbeit und Wirtschaft für die in Blick zu nehmende Zeit des 19. und 20. Jahrhunderts eine wichtige Größe.[12]

- In *Geographie* stehen „Agrar- und Industrieräume" sowie „Dienstleistungszentren" auf dem Lehrplan.

- In *Wirtschafts- und Rechtslehre* geht es um „Berufswahl und Berufsausübung" sowie um „Betriebswirtschaft".[13]

- In *Kunsterziehung* schließlich wird die „Werbung" theoretisch und praktisch behandelt.

Wie man an diesem Beispiel unschwer erkennen kann, bietet die Synchronisierung eines Lehrplanthemas *Anknüpfungspunkte* und *Kooperationsmöglichkeiten* für die Fachlehrkräfte. Dabei kann es auch zu Überschneidungen kommen, die sich aus Schülermund so anhören: „Das haben wir doch schon in Geschichte gemacht …". Wiederholungen können zwar auch einen *vertiefenden Aspekt* haben *(repetitio mater lectionis),* aber sie sind nicht primäres Ziel. Vielmehr hat die „Arbeitsteilung" einen entlastenden Effekt. So kann z. B. im Religionsunterricht auf gewonnene Erkenntnisse anderer Fächer zurückgegriffen werden: Die Problematik der sozialen Frage des 19. Jahrhunderts ist oder sollte den Schülern aus dem Geschichtsunterricht bekannt sein, der Religionsunterricht kann die *Thematik weiterführen mit seiner spezifischen Ausrichtung,* indem er die Lösungswege bei Wichern (Manifest der inneren Mission) und bei Karl Marx (Manifest) kritisch betrachtet und daraus Konsequenzen zieht und für die Gestaltung des gegenwärtigen Lebens

9   Ebd. 291.
10   Ebd., 295–299.
11   Ebd. 306f.
12   Ebd. 310.
13   Ebd. 313.

wichtige Impulse gibt. Die biblischen Wurzeln einer sozialen Gerechtigkeit kommen dabei ebenfalls zur Sprache.

Während die Lehrpläne zunächst vom *„fächerübergreifenden"* Lernen reden, wird der Begriff zunehmend abgelöst von dem Ausdruck *„fächerverbindendes"* Lernen, da die ursprüngliche Terminologie einen „Übergriff" impliziert, der negativ konnotiert ist. Wilhelm H. Peterßen[14] schlägt daher vor, die beiden Begriffe so zu verwenden, dass „fächerverbindend" gebraucht wird, um eine gemeinsame Zielvorstellung der kooperierenden Fächer zum Ausdruck zu bringen, und von „fächerübergreifend" dann geredet wird, wenn eines der Fächer als Leitfach die Führung übernimmt. Im Folgenden soll aufgezeigt werden, dass in der Kooperation der einzelnen Fächer mit dem Evangelischen Religionsunterricht dem Begriff des „fächerverbindenden" Unterrichts gegenüber dem „fächerübergreifenden" Unterricht der Vorzug zu geben ist.

3. Zielrichtungen des fächerverbindenden Arbeitens

Welchen Beitrag leistet der Evangelische Religionsunterricht zum Erziehungs- und Bildungsauftrag der Schulen in Form des fächerverbindenden Arbeitens und mit welcher Zielrichtung und in welcher Art findet die Begegnung statt? Zunächst werden am Beispiel drei kooperierender Fächer drei verschiedene Zielrichtungen vorgestellt.

3.1   Das (triadische) „Additionsmodell": 1 + 1 + 1 = 3

In diesem ersten Modell bringt jeder der Gesprächspartner seine Sicht der Dinge und seine Kompetenzen ein. Ein Perspektivenwechsel, der lediglich die Wissensbereiche nebeneinander stellt, ist allererste Bedingung des interdisziplinären Arbeitens. Aber er ist nur ein Durchgangsstadium, denn die Addition von Position A, Position B und Position C allein reicht nicht aus. Die „Multiperspektivität" mag im postmodernen Sinn die Absicht hegen, das Aufkommen einer neuen Megastory zu verhindern und intellektuelle Machtansprüche in die Schranken zu weisen, indem es die Autonomie der einzelnen Bereiche als absolut setzt. Insofern ist „fächerübergreifendes" Lernen als Unterricht unter der Führung eines Leitfachs abzulehnen. Interdisziplinäres Arbeiten ist aber nicht die Akkumulation

14   Vgl. Peterssen 2000, 79f.

von Wissen aus zwei oder mehreren Gebieten. Die zusammenwirkenden Bereiche müssen aufeinander bezogen sein. Das Ganze ist mehr als die Summe der Perspektiven. Addieren wir die Positionen A + B + C, haben wir drei Positionen, so wie es das mathematische Axiom beschreibt: 1 + 1 + 1 = 3. Damit entsteht aber noch nicht ein Ganzes.

 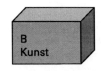

Bei einem solchen multiperspektiven Additionsmodell können die Schülerinnen und Schüler individuell eine Verknüpfung leisten – oder auch nicht. Die angestrebte und wünschenswerte Verbindung entzieht sich pädagogischem Bemühen und ist dem subjektiven Denk- und Verknüpfungsvermögen anheim gestellt.

3.2 Das (monistische) „Holismusmodell": $\frac{1}{3}$ + $\frac{1}{3}$ + $\frac{1}{3}$ = 1

Ein weiteres Modell wäre, dass die verschiedenen Fächer jeweils einen Teilaspekt beschreiben, die zusammen ein Ganzes ergeben: Die Addition von $\frac{1}{3}$ + $\frac{1}{3}$ + $\frac{1}{3}$ ergibt zwar 1, aber dieses Holismus-Modell geht davon aus, dass die drei Summanden so miteinander kompatibel sind, dass sie sich zu einem Ganzen ergänzen können. Ein schon feststehendes *genus proximum* wird als übergeordnete Kategorie vorausgesetzt, in das sich die Teile als An-Teile eines Ganzen einfügen.

Dieses Modell mag zutreffen auf das Zusammenwirken naturwissenschaftlicher „Teildisziplinen", die einen gemeinsamen Bezugspunkt haben, denn „die Natur unterscheidet nicht zwischen Physik, Chemie und Biologie, sie ist ein Ganzes."[15] Das Modell mag auch auf Fächer zutreffen wie Geschichte, Sozialkunde und Ethik, wenn man diese unter dem Leitbegriff der Kulturwissenschaften als deren Teildisziplinen versteht.

---

15 BRÄUCHLE 2006, 27.

■ Theologie
■ Kunst
■ Literatur

Nach diesem Modell würde aber Theologie als Kulturwissenschaft und Religionsunterricht als Religionskunde verstanden werden, wenn man Kultur zur übergeordneten Kategorie erhebt; oder Kunst und Literatur erscheinen *vice versa* als – mehr oder weniger säkularisierte – religiöse Lebensformen, wenn man eine Religion als Metastruktur ansetzen würde.

3.3   Das „theonome Modell": | 1 + 1 + 1 | = 1

Kann aber aus dem triadischen Verhältnis ein trinitarisches werden, bei dem *Einheit* und *Unterschiedenheit* gleichermaßen zum Ausdruck kommen, so dass gilt: | 1 + 1 + 1 | = 1?

Bei dieser Vorstellung wären alle Gesprächspartner einerseits „autonom" und würden nicht subsumiert werden unter einer Wissenschaft und deren Deutehoheit. Gleichzeitig müsste es aber einen gemeinsamen Bezugspunkt geben, der über das Konkrete hinausgeht. In seiner *Religionsphilosophie* bietet Paul Tillich[16] einen Weg an, der über die Kategorie des „Sinns" vermittelt wird, so dass der jeweils bestimmte und „bedingte" Sinn auf einen unbedingten Sinn verweist:

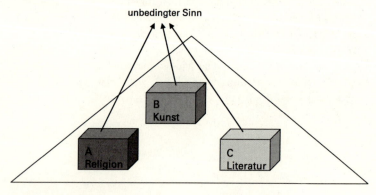

---

16   Tillich 1925.

In manchen Unterrichtsentwürfen zum fächerverbindenden Arbeiten besteht der Beitrag des Religionsunterrichts lediglich in dem Bereitstellen von religionskundlichem Wissen. Damit würde sich das Fach seines konfessorischen Elementes entäußern und sich nicht unterscheiden von dem Selbstverständnis eines Ethikunterrichts oder von LER, die die Behandlung von „Religion" im Sinne von *„Wissen über Religion"*[17] betreiben. „Nun ist nicht zu leugnen, daß die Religion in geschichtlicher Sicht zu den machtvollsten Wirklichkeiten gehört, ohne die das Werden der Menschheit überhaupt nicht verstanden werden kann. Wenn wir sie nicht mehr lehren, wird das Bild aller Kultur, der vergangenen wie auch der gegenwärtigen, verzerrt."[18] So wichtig dieses theoretische Wissen ist, um die Traditionen zu erschließen, so ungenügend ist es auch. Keine Religion wird hinreichend verstanden, wenn sie nur deskriptiv-phänomenologisch betrachtet wird. Die existentielle Dimension gehört fundamental zu jeder Religion, so dass man mit Tillich fordern muss: Das „Wissen über Religion" setzt ein *„Wissen aus Religion"* voraus, und Letzteres muss Teil religiöser Erziehung sein – auch im Bereich der Schule.[19] So sieht das GG als Konsequenz der Glaubens- und Gewissensfreiheit (Art. 4) in Artikel 7 Abs. 3 den jeweiligen Religionsunterricht an die Bekenntnisse der Religionsgemeinschaften gebunden. Wird im fächerverbindenden Arbeiten auf den konfessorischen Standpunkt verzichtet, wird „Religion" neutralisiert und kann ihr ideologiekritisches Potenzial nicht entfalten.

Dabei spielt es keine Rolle, ob die Religionslehrkraft innerhalb ihres RU zwei oder mehrere Fächer verbindet (fächerüberschreitend), oder ob im Zusammenspiel zweier Fächer der Religionslehrer und eine andere Fachlehrkraft zusammenarbeiten. Das Anliegen des Unbedingten zur Sprache zu bringen, ist Wissen aus Religion.

Wenn z. B. die Evolutionslehre Thema im Religionsunterricht ist, müssen die Anliegen der Naturwissenschaften genauso zur Geltung gebracht und in Korrelation zu Aussagen, dass die Welt Gottes Schöpfung ist, gesetzt werden, wie in einem Unterricht, bei dem zwei Fachlehrer jeweils ihr Fach vertreten. An dieser Stelle erhebt sich die Frage, mit welcher Zielrichtung und in welcher Form die Begegnung gestaltet sein will. Ein für beide Seiten fruchtbarer Dialog wird nur dann gelingen,

---

17 TILLICH 1941, 331f.
18 Ebd., 332.
19 Ebd.

wenn sich die Partner nicht mit heteronomen Wahrheitsansprüchen begegnen (Kreationisten bzw. radikale atheistische Evolutionisten). Die Autonomie der Wissenschaften muss gewahrt werden, sonst wird das Anliegen des Religionsunterrichts zu Recht als klerikale Bevormundung und heteronome Besserwisserei zurückgewiesen. Vielmehr besteht die Aufgabe des Religionsunterrichts, zusammen mit dem anderen Fach „in die Tiefe" zu gehen und den bedingten Sinn in Richtung auf das Unbedingte zur Sprache zu bringen.[20] Wichtig ist, in diesem Zusammenhang zu unterscheiden zwischen „Religion" als Phänomen der Kultur („Religion" im Sinne von Religionsgemeinschaft und ihren kulturellen Lebensformen) und „Religion" im Sinne dessen, „was uns unbedingt angeht".

Hinter diesem Modus des fächerverbindenden Arbeitens steht die Grundanschauung, die Tillich so beschreibt: „Religion ist Richtung auf das Unbedingte, Kultur ist Richtung auf die bedingten Formen und ihre Einheit. [...] Im kulturellen Akt ist das Religiöse also substantiell; im religiösen Akt das Kulturelle formell."[21] Auch wenn sich eine Identifizierung von „Religion" und RU einerseits, „Kultur" und den anderen Fächern andererseits verbietet, weil der RU selbst Teil der Kultur ist und die anderen Fächer ebenfalls (und zwar in indirekter Weise) am Unbedingten Anteil haben, so ist doch der RU zum Träger bestimmt, das unbedingte Anliegen in einem stärkeren Grad und explizit zur Sprache zu bringen. Dabei sind die Sprachmodi nicht so verteilt, dass der RU heteronom und die anderen Fächer autonom auftreten.

Tillich überwindet den Gegensatz von Autonomie und Heteronomie durch die Vorgehensweise der „Theonomie", die man nicht verwechseln darf mit Theokratie oder theologischer, bzw. klerikaler Heteronomie! „Th[eonomie] ist im Gegensatz zu Heteronomie Erfüllung der selbstgesetzlichen Formen mit transzendentem Gehalt. Es entsteht nicht durch Verzicht auf Autonomie etwa im Sinne des kath. Autoritätsgedankens, sondern nur durch Vertiefung der Autonomie in sich selbst bis zu dem Punkt, wo sie über sich hinausweist. Das Transzendieren der autonomen Formen in Kultur und Gesellschaft, ihr Geprägtsein von einem sie tragenden und zugleich durchbrechenden (nicht zerbrechenden) Prinzip: das ist Th[eonomie]."[22]

---

20 Vgl. Tillich 1925, 135.
21 Ebd., 134f.
22 Tillich 1931, 251.

Für fächerverbindendes Arbeiten bedeutet das, dass der RU die autonomen Prinzipien der anderen Fächer zu respektieren hat und umgekehrt. Das Gespräch wird nicht an der Oberfläche geführt, sondern „in der Tiefe" erscheint in jedem anderen Fach ein eigener (bedingter) Sinn, der, wie es das theologische Konzept der Korrelation beschreibt, die Frage nach dem unbedingten Sinn aufwirft. Wie die beiden Brennpunkte einer Ellipse sind menschliches Denken und theologisches Reden so aufeinander zu beziehen, dass der Theologie die Aufgabe zukommt, auf Fragen zu antworten, die die Situation stellt. Dabei antwortet sie „in der Macht der ewigen Botschaft und mit den begrifflichen Mitteln, die die Situation liefert, um deren Fragen es sich handelt."[23] Für den Religionsunterricht ergibt sich damit die Konsequenz, dass prinzipiell alles zum Thema werden kann, aber eben nicht oberflächlich. Der Religionsunterricht beschäftigt sich nicht nur mit biblischen, kirchengeschichtlichen und dogmatischen Themen, sondern mit dem Gesamt der Welt, und hat dabei den Blick in „Richtung auf das Unbedingte" zu lenken. In diesem Sinne formuliert Tillich die Forderung: *No escape theology!* Diese Einsicht hat nach der so genannten „empirischen Wende" in der Religionspädagogik eine Fülle von problemorientierten Konzeptionen mit unterschiedlichen Akzentuierungen hervorgebracht, so dass man den Schluss ziehen muss, dass Interdisziplinarität als unterrichtspraktische Dimension schon seit einigen Jahrzehnten zum Grundbestand religionspädagogischer Bemühungen im Raum der Schule wie der Erwachsenenbildung[24] gehört. Deutlich wird dies in einer Schulbuchanalyse: Natur- und humanwissenschaftliche Erkenntnisse, philosophische und rechtliche Positionen, Zeugnisse der bildenden Kunst und Musik und vieles mehr finden sich in den neueren Religionsbüchern[25] und stellen so Bezüge zu allen möglichen Fächern her. Damit werden Begegnungsmöglichkeiten eröffnet, die nicht nur über den eigenen Tellerrand hinausblicken lassen, sondern zu einer Horizonterweiterung und vielleicht auch zu einer Horizontverschmelzung führen können.

---

23 Ders. 1958, 12.
24 Petsch 1981.
25 Vgl. Schmoll 1997, 47ff.

4. Begegnung als Schlüsselbegriff für fächerverbindendes Arbeiten

4.1 Zum Begriff der „Begegnung"

Tillich geht in seiner Sozialpädagogikvorlesung, die er 1929 in Frankfurt gehalten hat, vom Begriff der „Begegnung" aus. Er entwickelt aus der Etymologie des deutschen Wortes die These, dass in jeder Begegnung eine erzieherische Wirkung (als phänomenaler Urcharakter) grundgelegt ist, und dass die Erziehung verstanden werden kann als eine einführende Begegnung (im Sinne eines abgeleiteten Phänomens).[26] Das deutsche Wort „begegnen" hat zwei Bestandteile: das Präfix „be-" und das „geg-nen". Wörter wie *besitzen*, *begreifen*, mit *Beschlag belegen* zeigen an, dass die Vorsilbe auf einen Raum verweist, in dem einer sich in den Bereich des anderen begibt. Das „gegen" verweist auf eine Spannung, die zwischen den Begegnenden steht. So versteht Tillich die Begegnung als ein Zusammentreffen, bei dem sich die Mächtigkeiten zweier Personen oder Gruppen gegenüberstehen. „Begegnen" wird im Deutschen mit dem Dativ (wörtl. dem „Gebefall"; lat. *dare* = geben) gebraucht: Ich gebe dir – du gibst mir. Dem Geben entspricht logischerweise auf der anderen Seite das Nehmen. D. h. in der Begegnung findet ein wechselseitiger Austausch – ein Geben und Nehmen – statt. Wird in der Begegnung der Partner vereinnahmt, dann muss man von Verschlingung reden – diese Form ist eigentlich keine (echte oder geglückte) Begegnung. Wenn die beiden Partner keinen gemeinsamen Bezugspunkt haben, kann ebenfalls nicht von Begegnung geredet werden – dann stoßen sie sich ab. Zwischen beiden Extremen liegt die Begegnung als Austausch der Mächtigkeitsspannungen. Die Mächtigkeit des einen holt gleichsam die Selbstmächtigkeit des anderen hervor und drängt nach einem Ausgleich der Spannung („Einfügen"), die in der Begegnung liegt. Selbstbegegnung und Du-Begegnung stehen in unlöslicher Korrelation zueinander. Einer Du-Begegnung geht immer schon die Selbstbegegnung voraus, diese wiederum ist aber auch ausgelöst durch Begegnungen mit anderen. Einerseits kommt man – mit Hegel gesprochen – „im andern zu sich selbst" und andererseits ist das Ich auch immer vorgegeben. So verweist das Selbst letztlich auf ein Gründen im Unendlichen.[27]

---

26 Vgl. Tillich 2007, 292ff.
27 Vgl. Ebd., 305.

Aus Tillichs Überlegungen hört man Anklänge der so genannten „Begegnungsphilosophie"[28], deren bekanntester Vertreter Martin Buber ist, der zur gleichen Zeit mit Tillich in Frankfurt gelehrt hat. Der Begriff der Begegnung wurde in der Reformpädagogik zu einem der Leitbilder. Allerdings verstand man darunter die Begegnung der Schüler mit der Lehrkraft, die als Grundlage von Unterricht und Erziehung angesehen wurde. Werner Lochs Dissertation hat aufgezeigt, dass dieser Begegnungsbegriff – wie er in der Reformpädagogik verwendet wurde – für den Bereich des schulischen Unterrichts untauglich ist, da die Lehrkraft überfordert wäre, mit 30 oder mehr Schülern ständig Begegnungen zu initiieren. Für Loch ist „Begegnung" etwas Singuläres.[29]

Tillich, der einen anderen Begegnungsbegriff hat, hat schon 25 Jahre früher in seiner Sozialpädagogikvorlesung darauf hingewiesen, dass nicht die Begegnung von Lehrer und Schüler die eigentliche Begegnung ist, sondern dass diese nur ein „abgeleitetes Phänomen" darstellt.[30] Von jedem Gegenstand, der mir begegnet (Begegnung als Urphänomen), kann eine „erzieherische Wirkung" ausgehen, die auf „Einfügung" zielt. „Damit ist gesagt, daß der Sinn einfügender Begegnung niemals nur pädagogisch, aber auch niemals ohne pädagogischen Charakter ist. Sie ist niemals nur pädagogisch, sondern immer in erster Linie gründend. Gründend in der Bedeutung, daß durch Einfügung in ein Begegnendes eine übergreifende sinnhafte Mächtigkeit gegründet wird."[31] Die Erziehung stellt ein Paradox dar, da sie eine Begegnung ist, in der die Begegnung verneint wird. Die Lehrkräfte müssen sich „heraushalten", sie stehen sozusagen zwischen den Schülern und dem Gegenstand, auf den sich die Begegnung richtet.

4.2 Fächerverbindendes Arbeiten als Begegnung der Disziplinen

Für das fächerverbindende Arbeiten ist Begegnung durchaus der geeignete Begriff, denn hier stehen zwei oder mehrere Fächer einander gegenüber, die nicht nur miteinander in Kommunikation treten, sondern sich hier begegnen mit ihrem jeweiligen Anspruch.

---

28 LOCH 1959.
29 TILLICH 2007, 311ff. Lochs Urteil würde anders ausfallen, hätte er Tillichs Ausführungen gekannt.
30 Ebd., 308.
31 Ebd., 306.

Zunächst einmal gilt es festzuhalten, dass es für ein Gespräch, wenn es kein Selbstgespräch sein soll, eines selbstständigen Gegenübers bedarf. Daraus leiten sich zwei grundlegende Gedanken ab, die fast banal wirken, aber keineswegs unwichtig sind:

(1) Die Selbstständigkeit der Fächer und damit ihre Autonomie ist für ein interdisziplinäres Gespräch – genauso wie für fächerverbindendes Arbeiten im Rahmen der Schule – eine notwendige Voraussetzung. Die Selbstständigkeit des Religionsunterrichts ist darin begründet, dass er die Frage nach dem Unbedingten explizit stellen soll.

(2) Umgekehrt ist fächerverbindendes Arbeiten eine notwendige Ergänzung zum Fächerunterricht, damit im Gespräch und in der Begegnung die jeweiligen Anliegen aufeinander bezogen werden können und so Erkenntnisgewinn ermöglicht wird.

Weiterhin folgt, dass sich diese Fächer, die die Lehrkräfte repräsentieren, dann jeweils gegenseitig herausfordern. Durch den anderen Gesprächspartner mit seiner Sicht der Dinge und mit seinem Anspruch („Mächtigkeit") wird die eigene Selbstmächtigkeit hervorgeholt, die zur weiteren Identitätsbildung beiträgt. Voraussetzung für eine Begegnung ist, dass es ein gemeinsames Thema gibt. Gemeinsame Themen gibt es zur Genüge, wie ein Blick in die Lehrpläne erkennen lässt. Dabei ist aber nicht von einem oberflächlichen Thema auszugehen, sondern zunächst die Tiefendimension eines Themas auszuloten.

Nehmen wir beispielsweise an, in einer Schule finden Projekttage zum Thema „Romantik" statt. Dann ist allererst zu fragen: Was ist hierbei das eigentliche Thema? Der Deutschlehrer wird vermutlich Dichter wie Novalis einbringen, die Kunstlehrerin wird möglicherweise mit Bildern von Caspar David Friedrich arbeiten, im Musiksaal werden Klänge von Schubert und Schumann zu hören sein. Was ist der Beitrag der Lehrkraft für evangelische Religionslehre? Wird sie mit Schleiermacher, dem Theologen der Romantik aufwarten, oder Kirchenbau und Kirchenlieder der Romantik untersuchen wollen? Wir haben hier – mit Tillich gesprochen – zunächst den Weg „in die Tiefe" zu gehen. Was treibt den Menschen der Romantik um? Was ist die Stoßrichtung der Romantik, die sich als Gegenbewegung gegen die Aufklärung richtet? Das Movens der Romantik ist die Sehnsucht nach der Überwindung einer kognitiven Vereinseitigung und radikalen Verdiesseitigung, die das Produkt der Aufklärung war. Man sehnt sich nach der anderen Seite:

dem Beachten der Gefühlswelt und nach einer Religiosität, die sich nicht nur innerhalb der Grenzen der Vernunft bewegt. Die Natur soll religiös durchsichtig werden, wie in den Bildern von Caspar David Friedrich. Dazu hat Theologie etwas zu sagen und darin würde auch der Beitrag des Evangelischen Religionsunterrichts zum Thema „Romantik" liegen, der gar nicht so weit weg ist von den Sinnaussagen anderer Fächer.

Oder stellen wir uns vor, eine Schule erhebt aus aktuellem Anlass „Olympia" zum Motto der Projekttage. Die Latein- und Griechischlehrer können literarische und archäologische Zeugnisse im Unterricht behandeln, in Kunsterziehung werden Darstellungen des Sports in der Kunstgeschichte ins Zentrum gerückt, der Sportunterricht wird Wettkämpfe zu den olympischen Disziplinen ausrichten und die Mathematiklehrer(innen) leiten ihre Schüler(innen) an, Daten dieses Sportwettkampfes auszuwerten. Was wäre der Beitrag des Religionsunterrichts? Eine kirchenhistorische Betrachtung, warum Kaiser Konstantin die Olympischen Spiele abgeschafft hat allein tut's freilich nicht. Liegt die Lebensrelevanz für unsere Schülerinnen und Schüler in der Erkenntnis, dass vor 1.700 Jahren das Ende der antiken Olympiade gekommen ist, weil sie zu Ehren der griechisch-römischen Götter ausgerichtet wurde? In der Tiefe dieses historischen Vorgangs liegt sehr wohl eine Relevanz: Sport kann auch religiös überhöht sein und kann zu einer Ersatzreligion werden, deren Gesetz in der Leistung besteht. Der Beitrag des Religionsunterrichts wäre nicht nur ideologiekritisch – in Tillichscher Diktion käme hier das „protestantische Prinzip" zum Tragen – und hätte die gegenwärtige Vermarktung des Sports mit ihrem Leistungsfetischismus zu entmythologisieren, sondern könnte auch (evtl. erlebnisorientiert) anleiten zu einem Sport, bei dem Leistung, die immer auch zum Sport gehört, nicht das letzte Maß der Dinge ist. Worin liegt der Sinn des Sports? Ein Blick in die Lehrpläne und das Fachprofil für den Sportunterricht würde einer Religionslehrkraft schon Anregung und Anknüpfungspunkte genug bieten. Auch hier wird von einem ganzheitlichen Menschenbild ausgegangen, das Freude an der Leistung genauso schätzt, wie es zu einem angemessenen Umgang mit Misserfolgserlebnissen oder Überwindung von Hemmungen anleitet und so seinen Teil zur Persönlichkeitsbildung beiträgt.[32]

---

32 Vgl. LEHRPLAN FÜR DIE BAYERISCHEN GYMNASIEN 1990, 188f.

5. Die Grenze ist der eigentliche fruchtbare Ort der Erkenntnis

Das interdisziplinäre Gespräch, wie das fächerverbindende Arbeiten, ist eine Begegnung, in der die Ansprüche der Fächer auch gegeneinander stehen können. Damit dieses Arbeiten gelingt, ist es notwendig, die Begegnung in der Art eines herrschaftsfreien Dialoges zu gestalten (Theonomie), die die Autonomie der Fächer ernstnimmt. Darin liegt, wie oben aufgezeigt, das Wahrheitsmoment des „triadischen Modells" (3.1). Andererseits braucht es einen gemeinsamen Bezugspunkt, worauf das „monistische Modell" (3.2) hinweist. Da es bei der Zusammenarbeit mit dem Religionsunterricht aber weder zur heteronomen Bevormundung seitens der „Religion" (das wäre das Gefahrenpotenzial von 3.2) kommen darf, noch dieser in neutralisierter Form zu einer Reduktion auf religionskundliche Kulturwissenschaft gedrückt werden darf (das wäre das Defizit bei 3.1), braucht es einen dritten Weg, der als Synthese Einheit und Unterschiedenheit (3.3) gleichermaßen zur Geltung verhilft. Dieser theonome Weg sucht in der Tiefe nach einer Korrelation des bedingten Sinnes mit dem unbedingten Sinn.

Diese Form von fächerverbindendem Arbeiten ist eine Begegnung auf der Grenze, die mit Tillichs Worten „der eigentlich fruchtbare Ort der Erkenntnis" ist. Einerseits kann man nicht immer auf der Grenze leben, sondern man lebt zunächst aus seiner Mitte heraus, da man sich sonst selbst verlieren würde, und andererseits muss man die Grenze, und d. h. die Begegnung, immer wieder aufsuchen, damit jeder im anderen zu sich selber kommen kann. Von daher ist beides geboten: die Selbständigkeit des Faches, des Religionsunterrichts, und das fächerverbindende Arbeiten. Beides kann man nicht gegeneinander ausspielen, sondern beide Optionen eröffnen Spielräume, die Bildung ermöglichen, deren Ziel die Selbständigkeit, Mündigkeit und Freiheit ist.

Literatur

ALBERT, WILHELM, Rechnen im Rahmen geschlossener Arbeit, Nürnberg 1920.

ALBERT, WILHELM, Der Gesamtunterricht. Sein Wesen und Werden im Überblick, München/Frankfurt/Berlin/Hamburg/Essen 1968.

BÖCKENHOFF, JOSEF, Die Begegnungsphilosophie. Ihre Geschichte – ihre Aspekte, Freiburg/München 1970.

BRÄUCHLE, CHRISTOPH, Muss erfolgreiche Forschung interdisziplinär sein?, in: MÜNCHNER UNI MAGAZIN (2006), H. 1, München 2006, 27.

BROCKS, ROSWITHA, Erziehungstheoretische Elemente in der Theologie Paul Tillichs, (Diss.) Gießen 1977.

DIETERICH, VEIT JAKOBUS, Fächerübergreifender Unterricht, in: JRP 18, Neukirchen-Vluyn 2002, 193–204.

DUNKER, LUDWIG/POPP, WERNER (Hg.), Fächerübergreifender Unterricht in der Sekundarstufe I und II, Bad Heilbrunn 1998.

HUBER, LUDWIG, Individualität zulassen und Kommunikation stiften, in: DIE DEUTSCHE SCHULE (1995), H. 2, 161–182.

LEHRPLAN FÜR DIE BAYERISCHEN GYMNASIEN, in: AMTSBLATT DER BAYER. STAATSMINISTERIEN FÜR UNTERRICHT UND KULTUS UND WISSENSCHAFT UND KUNST, München 1990, So.-Nr. 3, 125–471.

LOCH, WERNER, Pädagogische Untersuchung zum Begriff der Begegnung, (Diss.) Tübingen 1959. Die gesamte Dissertation wurde nie gedruckt. Lediglich zwei Teile (53–135 und 316–469) sind als Auszug veröffentlicht und zugänglich in: BEGEGNUNG. EIN ANTHROPOLOGISCHES-PÄDAGOGISCHES GRUNDEREIGNIS, WdF 231, hg. v. Berthold Gerner, Darmstadt 1969, 197–294 und 295–405.

PETERSSEN, WILHELM H., Fächerverbindender Unterricht. Begriff – Konzept – Planung – Beispiele. Ein Lehrbuch, München 2000.

PETSCH, HANS JOACHIM, Paul Tillichs Beitrag zu Theorie und Praxis Evangelischer Erwachsenenbildung, Bad Heilbrunn 1981.

RAUSCHER, ERWIN, Religion im Dialog. Fächerverbindung, Projektstruktur, Religionsunterricht. Europäische Hochschulschriften Reihe XXIII: Theologie, Bd. 405, Frankfurt/Bern/New York/Paris 1994.

SCHMOLL, UDO G., „Bilder in Religionsbüchern", in: ARBEITSHILFE FÜR DEN EVANGELISCHEN RELIGIONSUNTERRICHT AN GYMNASIEN 1997/II, hg. v. Gymnasialpädagogischen Materialstelle der ELKB, Erlangen 1997, 30–84.

TILLICH, PAUL, Religionsphilosophie (1925), in: MW/HW IV, Berlin/New York 1987, 117–170.

Tillich, Paul, „Sozialpädagogik" (1929/30), in: Vorlesungen über Geschichtsphilosophie und Sozialpädagogik. EW Bd. 15, hg. v. Erdmann Sturm, Berlin/New York 2007, 292–348.

Tillich, Paul, Art. „Theonomie" (1931), in: MW/HW IV, 251. [= RGG^2 Bd. 5, Sp. 1128f.]

Tillich, Paul, Religion und Erziehung (1941), in: GW XIII, Stuttgart ^{2}1975, 331–335.

Tillich, Paul, Systematische Theologie I/II (1958), Berlin/New York ^{8}1987.

Veit-Jakobus Dieterich

Fächerübergreifender Unterricht[1]

Abstract
Der vorliegende Artikel fragt, ausgehend von der Praxis (Abschn. 1), nach den Möglichkeiten des fächerübergreifenden Arbeitens in der Schule allgemein (Abschn. 2) und im Religionsunterricht im Besonderen (Abschn. 3), wobei Formen fächerübergreifenden Arbeitens, konkrete thematische Beispiele sowie mögliche Schwierigkeiten zusammengestellt werden (Abschn. 4–6).
Es zeigt sich, dass eine Religionsdidaktik, welche die biblisch-christliche Tradition mit der gegenwärtigen Situation ins Gespräch bringen will, neben der fachspezifischen Arbeit auf einen fächerübergreifenden Ansatz grundlegend angewiesen ist.

1. Lernen in Projekt, Kooperation und Fächerverbindung[2]

An einer Kaufmännischen Schule im Großraum Stuttgart haben Schülerinnen und Schüler eines Grundkurses Religion der gymnasialen Oberstufe gemeinsam mit Auszubildenden einer größeren mittelständischen Firma (ZF Lenksysteme) ein Leitbild für deren Ausbildung entwickelt.[3]

---

1   Dieser Beitrag stellt eine stark überarbeitete und weiter entwickelte Version einer bereits früher erfolgten Publikation des Vf. zum selben Thema dar, s. Dieterich 2002.

2   In der bereits genannten Erstfassung wählte ich ein Beispiel aus einer Gewerblichen Schule, weshalb ich diesem jetzt ergänzend eines aus einer Kaufmännischen Schule hinzufüge. Aus dem Bereich der helfenden Berufe findet sich ein Beispiel (Projekt ‚Ärztehaus') in: Spangler 2005.

3   Aus dem Projekt des Religionsunterrichts zum Leitbild. Quelle: www.ksgd.aa.bw. schule.de; Sonstiges/Projekte/Leitbild ZF; Stand: 17. Jan. 2008. – Bei der Firma handelt es sich um den weltweit drittgrößten Hersteller von Lenkungen für PKW und LKW. Das Projekt nahm zudem teil an dem Wettbewerb des Focus „Schule macht Zukunft". – Der begleitenden Religionslehrerin, Frau Faustmann, danke ich herzlich für alle Hinweise und Informationen. – Über das Projekt wurde auch schon mehrfach berichtet, s. insbes. Faustmann 2007.

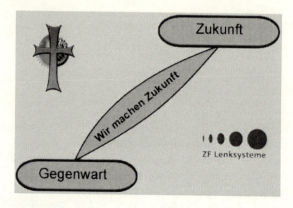

Das in der Projektphase ausformulierte Leitbild für die Ausbildung im Betrieb nennt fünf Bereiche: Zielstrebigkeit und Engagement, Verantwortungsbewusstsein, Teamfähigkeit, Solidarität sowie Selbstständigkeit. Unter den letzten beiden Stichwörtern wird ausgeführt: „Wir sind die Zukunft der ZF. Nur durch unsere gegenseitige Unterstützung können wir auf die Erfolge der Vergangenheit über das Lernen von Generationen über Generationen aufbauen." Und: „Selbstständigkeit ist der erste Schritt in die Zukunft. Nur wer über sich hinaus wächst und aus eigener Kraft versucht, sich selbst zu verwirklichen, kann selbst ein Teil zur Veränderung beitragen."

Weshalb gestaltet ein Evangelischer Religionskurs unter dem Thema „Zukunft – Visionen – Utopien" gemeinsam mit Azubis ein Leitbild? Auf den ersten Blick leisten die Schülerinnen und Schüler damit die Arbeit einer Unternehmensberatungsgesellschaft im Bereich der Organisationsentwicklung und des Qualitätsmanagements. Sie überschreiten also die dem Schulfach Religion gesteckten Grenzen und kooperieren mit anderen Personen (Vollzeitschüler/innen – Azubis), Lernorten (Schule – Betrieb) und Fächern (insbes. Deutsch und Gemeinschaftskunde, aber auch Wirtschaftskunde/Ökonomie etc.). Zugleich aber treiben sie das ureigene Geschäft des Religionsunterrichts: die Beschäftigung mit Religion und Glauben. Das gemeinsam entwickelte Logo etwa verbindet unterschiedliche Symbole. Das Rad als Symbol für Arbeit und Produkt der Firma: Lenksysteme; die Welt steht für die Globalisierung und den Menschen; Kreuz und Sonne für Jesus und einen Gott der Hoffnung und der Liebe. Zwei Leitgedanken wählte sich der Religionskurs aus: einmal den Vers aus Spr. 29, 18: „Ein Volk ohne Vision geht zugrunde"; zum andern das Motto „Hinter dem Kreuz geht die Sonne auf" (eine Formulierung Jürgen Moltmanns). So äußerten die Schüler/innen in einer Feedback-Runde denn auch, sie hätten im Projekt gelernt, „dass unser christlicher Glaube aktuell und relevant ist. Es ist schon etwas ganz anderes, konkret einen Beitrag zur Gestaltung dieser Welt zu leisten, als nur über potentielle Möglichkeiten dazu im Unterricht zu diskutieren".

2. Fächerübergreifender Unterricht in der Allgemeinen Didaktik

Die Fächerdifferenzierung und Fachorientierung der Schule ist ambivalent: Auf der einen Seite trägt sie ein Ordnungs-, Strukturierungs- und Entlastungsmoment in sich und hilft den Lernenden bei der Aneignung der Welt in ihrer Komplexität, auf der anderen Seite führt sie zu Teilung, Zersplitterung und Trennung der Zusammenhänge von Welt und Subjekt. Gegen die zunehmende Aufteilung der Schulbildung in Fächer setzte die zweite Welle der Reformpädagogik seit etwa 1900 die Idee des fächerübergreifenden Lernens. Für den Bereich der Grundschule wurde Berthold Ottos Gedanke eines „Gesamtunterrichts" beispielhaft. Im Bereich der Berufsschule versuchte Georg Kerschensteiner, der den schulischen „Drachen des Enzyklopädismus" geißelte und deshalb den Spitznamen „Georg der Drachentäter" erhielt (so Paul Oestreich), den „Fleckerlteppich"-Lehrplan und die „Mops-Pudel-Dachs-Pinscher-Schule" durch fächerverbindenden und handlungsorientierten Unterricht zu überwinden, wie er etwa am berühmten Beispiel von Planung und Bau eines „Starenkastens"[4] zeigte. Noch allgemeiner und zudem schulartenübergreifend kämpfte Rudolf Steiner gegen die „Mördergrube" Stundenplan – mit der Folge des fächerübergreifenden Epochenunterrichts in der Waldorfschule.

Nach dem Abebben der reformpädagogischen Welle blieben Reste der Idee eines Gesamtunterrichts vor allem in der Grundschule, Überbleibsel des projektorientierten Arbeitens in erster Linie in der Berufsschule erhalten, wurden jedoch durch die Curriculumdebatte, in der sich die Wissenschaftsorientierung bis in den Primarbereich hinein durchsetzte, weiter zurückgedrängt. Erst ein neues Anknüpfen an alte Reformgedan-

4 Vgl. KERSCHENSTEINER 1965, 33ff.

ken seit den achtziger Jahren riefen erfahrungs-, handlungs- und fächerübergreifende Arbeitsformen wieder verstärkt in Erinnerung, sowohl im
staatlichen Schulsystem als auch in alternativen Schulentwürfen. Hermann Meyers „Lebensschule" etwa propagiert eine Ablösung der traditionellen Fächer zugunsten von neuen, lebensbezogenen, etwa Medizin
(zur Vorbeugung von Krankheiten), Psychologie (zur besseren Men-
schenkenntnis) etc., also eine Ausrichtung auf lebensbezogene Fachgebiete, die sich von Lebens- und Alltagsfragen her ergeben.

Der historische Rückblick wies auf ein merkwürdiges Wechselspiel
hin: Gerade die *Fächeraufteilung* ruft nach *Fächerverbindung*. Der
Druck zur Fächeraufteilung aber nimmt zu, und ebenso der zur weiteren Differenzierung und Spezialisierung innerhalb der verschiedenen
Fachgebiete. Denn Enttraditionalisierung, Komplexitätszunahme und
Spezialisierung sind Merkmale der gegenwärtigen Gesellschaft, was zu
dem bekannten Bonmot führte, ein Spezialist sei ein Mensch, der von
einem immer kleiner werdenden Gebiet immer mehr Detailkenntnis
besitze, so dass er im Endeffekt von nichts alles wisse. Der Philosoph
und Wissenschaftstheoretiker Jürgen Mittelstraß, der ein Auseinander-
driften der wissenschaftlichen Kulturen (Geistes-, Natur- und Sozialwissenschaften) diagnostiziert, formuliert das Problem wissenschaftlicher und zugleich differenzierter: „Es gibt nämlich nicht etwa zu viele
Spezialisten und zu wenig Generalisten, sondern zu wenig Spezialisten
mit generellen Kompetenzen und zu viele Generalisten ohne spezielle
Kompetenzen."[5] Auf die Schule gewendet hieße dies: Fächerverbindung
darf nicht gegen Fächeraufteilung ausgespielt werden und auch nicht
umgekehrt; beides ist zu praktizieren: das fachspezifische, spezialisieren-
de und das fächerverbindende, generalisierende Lernen. Dies versuchen
von der Reformpädagogik inspirierte Schulprojekte umzusetzen, etwa
die bereits genannten Waldorfschulen mit ihrem „Epochenunterricht",
die von Hartmut von Hentig initiierte Bielefelder Laborschule mit ihrem
konzeptionellen Ausgangspunkt von der „Lebenspraxis" her[6], und viele
weitere Schulen, die im fächerübergreifenden Lernen die Grundlage
ihres eigenen Schulprofils sehen. Im Bereich der pädagogischen Diskussion, in der das fächerübergreifende Unterrichten gerade in jüngster Zeit

5   MITTELSTRASS 1992, 236.
6   Vgl. LEHRERGRUPPE LABORSCHULE/LABORSCHULE BIELEFELD 1977, 15f. – VON
    HENTIG 1996, 195f.

eine große Aufmerksamkeit erfährt[7], fand vor allem Wolfgang Klafkis
Konzept der „epochaltypischen Schlüsselprobleme" breite Beachtung[8],
auf der Seite des Subjekts werden die „Schlüsselerfahrungen" der Schülerinnen und Schüler zunehmend Ernst genommen.[9] Auch die Lehrplan-
entwicklung wurde seit den achtziger und verstärkt seit den neunziger
Jahren in vielen Bundesländern unter dem Motto betrieben: „Das ganzheitliche, fächerübergreifende Lernen muß deutlich […] zum Ausdruck
kommen."[10] Staatliche pädagogische Institute sowie Lehrerseminare erstellen Leitlinien zum fächerübergreifenden Arbeiten und Unterrichts-
hilfen für die Praxis, auch auf dem privatwirtschaftlichen Sektor blüht
dieses Marktsegment. Fächerübergreifendes Arbeiten scheint in Mode
zu kommen, von der Grundschule bis hin zur gymnasialen Oberstufe,
wobei Zweifel angebracht sein dürften, ob die praktische Umsetzung
den Absichtserklärungen in vollem Umfang entspricht.

3. Fächerübergreifender Unterricht in der Religionsdidaktik

Für die Religionsdidaktik ergibt sich ein Befund, der mit dem in der
Allgemeinen Didaktik gewonnenen teilweise übereinstimmt, teilweise
aber auch von ihm abweicht: Der fächerübergreifende Unterricht hat in
den (Religions-)Lehrplänen einen sehr hohen Stellenwert, wird jedoch
im Unterricht wohl nicht in dieser intensiven Weise praktiziert – und
findet in der religionspädagogischen Diskussion erstaunlicher Weise gegenwärtig nicht die ihm gebührende Beachtung.

Das „Handbuch der Religionspädagogik" von 1974[11] ging davon aus,
dass gerade die Konzeption des problem- und themenorientierten Unterrichts essentiell auf fächerübergreifendes Arbeiten angewiesen ist, da sich
die Religionsdidaktik hier auf Gebiete jenseits der eigenen fachwissenschaftlichen Kompetenz vorwagt. So formulierte Klaus Wegenast: „Ein

---

7   S. dazu insbes.: DUNCKER/POPP 1997/1998a. – DUNCKER/POPP 1998b. – MOEGLING
    1998. – GOLECKI 1999. – PETERSSEN 2000.
8   S. urspr.: KLAFKI 1994.
9   S. dazu: JRP 16 (2000), mit den beiden zentralen Aufsätzen von Peter Biehl sowie
    Friedrich Schweitzer.
10 So das ministerielle Einführungsschreiben für Schulleiter vom 20. August 1982 zur
    Lehrplanrevision in Baden-Württemberg von 1984, in: KULTUS UND UNTERRICHT
    31 (1982), N. 213ff.; Zitat: N 236.
11 WEGENAST 1978, 197–207; zum fächerübergreifenden Unterricht: ebd., 203f.

RU, der neben den bleibend notwendigen fachspezifischen Kursen auch bestimmten Themen und Problemen seine Aufmerksamkeit zuwendet […], ist auf diese Organisationsform des fächerübergreifenden Unterrichts geradezu angewiesen."[12] Und nennt als konkrete Beispiele für den Unterricht das Thema „Entwicklungshilfe", aber auch ganze Themenfelder, etwa „das Freiheitsproblem, das Problem des Friedens oder das Problem der Schuld."[13] Auch das „Handbuch Religionsunterricht an berufsbildenden Schulen" von 1997[14] kommt in einem eigenen Kapitel auf den „fächerübergreifenden Unterricht" zu sprechen, allerdings nicht mehr in der grundlegenden Weise wie das Handbuch der Religionspädagogik. Es ist bezeichnend, dass dieser Artikel in der Neuauflage des Handbuchs zum Berufsschulreligionsunterricht aus dem Jahre 2005 dann entfiel.[15] Auch im einschlägigen „Lexikon der Religionspädagogik" (LexRP) aus dem Jahre 2001 sucht man das Thema „fächerverbindender Unterricht" vergebens, wird nur fündig zum Stichwort: „Projektunterricht."[16] Zudem fehlen in der Religionsdidaktik Monographien oder Sammelbände zum Thema, wie sie im Bereich der Allgemeinen Didaktik gerade in jüngster Zeit zu finden sind.[17] Zusammengefasst lässt sich formulieren: In der Theoriediskussion zum Religionsunterricht kommt in den letzten beiden Jahrzehnten die Reflexion des fächerübergreifenden Unterrichts zu kurz[18], sie wird nur mitunter diskutiert im Rahmen schulartspezifischer Veröffentlichungen.[19]

Gegenüber diesen Befunden wäre es dringend an der Zeit, dass die Religionsdidaktik in Theorie und Praxis dem fächerübergreifenden Unterricht einen zentralen Stellenwert einräumt. Denn in Aufnahme und

---

12 Ebd., 203.
13 Ebd., 203.
14 JUNGNITSCH 1997.
15 S. GESELLSCHAFT FÜR RELIGIONSPÄDAGOGIK/DEUTSCHER KATECHETENVEREIN (Hg.) 2005.
16 LOTT 2001. – Ein ganz ähnlicher Befund (Fehlen des Themas „fächerübergreifender Religionsunterricht" bei gleichzeitiger Thematisierung des „Projektunterrichts") ergibt sich im Blick auf das von Adam/Lachmann herausgegebene Methodische Kompendium, s. REENTS 2002.
17 Vereinzelt finden sich Artikel zum Thema, s. etwa: WILLERT 2002.
18 Eine grundsätzliche Ausnahme von diesem Bereich gilt für die evangelischen und katholischen Schulen, deren großes Interesse am fächerübergreifenden Arbeiten weiter unten diskutiert wird.
19 Etwa im Bereich der Grundschule, s. hier vorrangig: HILGER/RITTER 2006, 72–82; auch: 394–400 („Projektartiges Arbeiten") sowie 401–408, insbes. 406–408 (für den Anfangsunterricht).

Weiterführung des Urteils von Klaus Wegenast kann gesagt werden, dass ein Religionsunterricht, der die Botschaft des Glaubens auf die gegenwärtige Situation der Welt im Allgemeinen und der Schülerinnen und Schüler im Besonderen beziehen will, nicht umhin kann, die *fächerübergreifende Perspektive* als *konstitutives Merkmal* der eigenen Konzeption zu begreifen.[20] Fächerübergreifend müssen Religionsdidaktik und Religionsunterricht in mehrfacher Hinsicht angelegt sein: Grundlegend, wie bereits betont, im Blick auf die gegenwärtige Welt; speziell dann in mehreren, sich weitenden Kreisen zuerst einmal hinsichtlich des religiösen und weltanschaulichen Pluralismus durch Kooperation mit dem RU anderer Konfessionen (und Religionen), mit dem Ethikunterricht sowie dem Fach LER; im Blick auf die gegenwärtige plurale Welt im Allgemeinen durch Verknüpfung mit geisteswissenschaftlichen Fächern wie Gemeinschaftskunde, Geschichte und Deutsch sowie mit den Fächern Kunst und Musik; hinsichtlich der Verortung in der naturwissenschaftlich-technischen Dimension der Wirklichkeit dann aber auch durch Bezüge zu den naturwissenschaftlichen Fachgebieten; und schließlich durch gemeinsame Veranstaltungen in der Schule oder projektartige Kontaktaufnahme mit der „Außenwelt", Besuche in Kirchen und Kirchengemeinden, punktuelle Mitarbeit in Einrichtungen der Diakonie sowie Kontakte mit den unterschiedlichsten Institutionen, Gruppen und Menschen.

Ein nicht fächerübergreifend angelegter Religionsunterricht würde seinem eigenen Anliegen und seiner Aufgabe nicht gerecht. Zuerst im Blick auf die Sache: Die „Probleme" bzw. „Themen" der gegenwärtigen Welt sowie der Schülerinnen und Schüler – etwa die Bereiche „Natur/Schöpfung/Ökologie" – stehen quer zum traditionellen Fächerkanon, ziehen sich wie ein roter Faden durch unterschiedliche Spezialgebiete hindurch. Dann im Blick auf die Personen: Will der RU die Kompetenzen der Schülerinnen und Schüler stärken, ihre Entwicklung im kognitiven, ethischen, ästhetischen und sozialen Bereich fördern, kann er dies nur im Verbund mit den anderen Fächern erreichen, die auf dasselbe Ziel hin arbeiten. Und schließlich hinsichtlich der Schulorganisation: Ein Religionsunterricht, der in einer pluralen Welt interreligiöses bzw. interkulturelles Lernen ermöglichen, „das Gemeinsame inmitten des Differenten [...] stärken" will (EKD-Denkschrift), sollte in einer gemeinsamen „Fächergruppe" eng mit dem RU anderer Konfessionen und

20 Ähnlich u. a. HANISCH 1998b, 34.

Religionen sowie mit dem Ethikunterricht kooperieren und zudem mit den anderen Unterrichtsfächern übergreifend zusammenarbeiten. Darin könnte ein wichtiger Beitrag des Religionsunterrichts zur Schulentwicklung liegen. Deshalb gilt die Doppelaussage, die Georg Hilger im Blick auf den Anfangsunterricht formuliert, für einen zeitgemäßen Religionsunterricht ganz allgemein: „Es spricht viel dafür, Religion als Fachunterricht prinzipiell zu erhalten, gleichzeitig aber auch ihn als wichtigen Baustein für fächerverbindendes, situatives oder projektartiges Lernen anzuerkennen."[21]

4. Grundzüge des fächerübergreifenden Unterrichts

Die Bandbreite des fächerübergreifenden Lernens ist außerordentlich groß und reicht von den einfachsten Formen des Blicks über den „Tellerrand" des eigenen Spezialgebietes hinaus bis hin zum vielschichtigen, komplexen Projektvorhaben. Eine *Typologie des fächerübergreifenden Unterrichts* unternimmt den Versuch, diese ganze Bandbreite in den Blick zu bekommen und zu systematisieren, von additiven, nur aufs gemeinsame Thema bezogenen, bis zu integrativen, mit gemeinsamer Organisation, Didaktik und Methodik operierenden Arbeitsformen:[22]

- Beim *fächerüberschreitenden Unterricht* stellt eine Lehrperson im Fachunterricht Bezüge zu anderen Fächern her, fragt nach „Anschlussstoffen".

- Beim *fächerverknüpfenden Unterricht* wissen unterschiedliche Fächer um gemeinsame thematische Bezüge, ohne sich genauer aufeinander abzustimmen.

- Der *fächerkoordinierende Unterricht* plant systematisch eine gemeinsame Unterrichtseinheit, die dann zeitversetzt oder zeitgleich in den jeweiligen Unterrichtsfächern behandelt wird.

- Beim *fächerergänzenden Unterricht* werden neben dem Fachunterricht her zwei oder mehr Fächer gemeinsam unterrichtet, im Team-Teaching oder mit schülerzentrierten Arbeitsformen.

---

21 In: HILGER/RITTER 2006, 406.
22 S. zum Folgenden: HUBER 1995. – Eine andere Systematisierung etwa bei Ingeborg Hiller-Ketterer/Gotthilf Gerhard Hiller, in: DUNCKER/POPP 1997/1998a, 179ff.

- Der *fächeraussetzende Unterricht* lässt – für einen festgelegten Zeitraum – den traditionellen Fächerkanon hinter sich; er kann zudem auf ein Projekt und/oder auf die Einbeziehung außerschulischer Lernorte abzielen.

Eine weitere grundlegende Differenzierung (etwa bei Wilhelm H. Peterßen) unterscheidet zwischen dem fächerverbindenden Unterricht, der sich einer gemeinsamen Zielsetzung verpflichtet weiß, und einem nur fächerübergreifenden Arbeiten, das – meist unter Führung eines so genannten Leitfaches – ein thematisch zentriertes Lernen ermöglicht, ohne explizite innere Verknüpfung und Unterordnung unter ein verbindliches pädagogisches Ziel.[23] Für die vorliegenden Ausführungen wurde der unschärfere Begriff des fächerübergreifenden Lehrens und Lernens gewählt und – anders als bei Peterßen – in einem umfassenden Sinne als Überbegriff für alle den reinen Fachunterricht überschreitenden Unterrichtsformen verwendet.[24]

Ein wichtiges Merkmal des fächerübergreifenden Ansatzes ist seine *Kritik am fachbezogenen Unterricht.*[25] Dieser fördere:

- „Schubladendenken/Fachidiotentum" ohne Bewusstsein für komplexe Strukturen;

- „Kopflastigkeit" ohne ethisch-religiöse und körperlich-sinnliche Elemente;

- „Zersplitterung" ohne Blick für „das Ganze";

- „Lückenhaftigkeit" ohne Berücksichtigung zentraler Lernfelder, etwa der Medizin;

- „isoliertes Wissen" ohne Bezug zu konkreten Lebenssituationen.

---

23 So PETERSSEN 2000, 79f. – Ähnlich, aber nicht deckungsgleich differenziert der nordrhein-westfälische Religionslehrplan für die Sekundarstufe II (1999) zwischen „fächerübergreifendem", „fächerverbindendem" und „projektorientiertem" RU.

24 Die Uneinheitlichkeit der Terminologie zeigt sich schon an den einschlägigen Buchtiteln zum Thema, die entweder mit der (häufigeren) Bezeichnung „fächerübergreifend" oder mit der (in neuester Zeit beliebt gewordenen) Vokabel „fächerverbindend" operieren. – Die Differenzierung zwischen „fächerübergreifendem Unterricht", der aus der Kooperation unterschiedlicher Fächer entsteht, und dem „überfachlichen Unterricht", der sich auf Themen wie „Tod" oder „Angst" bezieht, die ihrer Vielschichtigkeit wegen jenseits des traditionellen Fächerkanons anzusiedeln sind, hat sich nicht durchgesetzt.

25 Zum Folgenden: WOLFGANG MEMMERT, in: DUNCKER/POPP 1997/1998a, 14f.

Dem setzt die fächerübergreifende Konzeption ihre *eigenen Ziele* und Schwerpunkte entgegen:[26]

- ein ganzheitliches, geistig-seelisch-körperliches Lernen (mit Kopf, Herz und Hand), das im kognitiven Bereich in komplexe Zusammenhänge einführt und zu kritischer Reflexion anregt, im affektiven Bereich die ethische und emotionale Dimension bewusst berücksichtigt und in physischer, motorischer Hinsicht handlungsorientiert ausgerichtet ist;

- ferner ein Lernen, das die Kinder und Jugendlichen in ihren Interessen, ihrer Entwicklung und ihrer Lebensgeschichte ernst und die Schülerinnen und Schüler durch Selbsttätigkeit, Selbstorganisation und Selbstverantwortung in die Pflicht nimmt;

- ein projektorientiertes Lernen, mit einer gemeinsamen Aufgabe;

- ein an der Lebenswelt orientiertes Lernen, das über den schulischen Rahmen hinauszugehen und Erlebnisse, Erfahrungen und Erkundungen „vor Ort" einzubeziehen vermag;

- in seinen differenziertesten Formen schließlich ein Lernen durch empirisches Forschen, ein soziales Lernen vor Ort oder schließlich ein Lernen, das zugleich produktorientiertes Arbeiten darstellt.

Im Blick auf „Schlüsselqualifikationen" oder „Kompetenzen" fördert der fächerübergreifende Unterricht folgende Bereiche, wie ein Lehrplan für die Sekundarstufe I in NRW in jüngerer Zeit formuliert:

> „das Denken in Beziehungen und Zusammenhängen;
> das Denken in Alternativen, das kritische und kreative Denken;
> das Finden und Erarbeiten von Lösungen;
> das Übernehmen und Wechseln von Perspektiven;
> das selbständige Erkunden, Recherchieren, Erarbeiten;
> das Anwenden von Methoden und Arbeitstechniken;
> das Orientieren in Medienwelten;
> das Nutzen von Informations- und Kommunikationstechnologien;
> das kommunikative und kooperative Arbeiten;
> das solidarische Handeln."

---

26 Zum Folgenden: u. a. MOEGLING 1998, 47ff.

5. Gestaltungen des fächerübergreifenden Unterrichts

Konkrete Anregungen für fächerübergreifendes Arbeiten unter Beteiligung des Religionsunterrichts gibt es genug, in Lehrplänen, Arbeitshilfen staatlicher und kirchlicher Institute und Unterrichtsmaterialien auf dem freien Markt. Zur Veranschaulichung seien aus der Fülle der Möglichkeiten[27] nur einige wenige Beispiele herausgegriffen:

- Bei manchen Unterrichtseinheiten, etwa der Thematisierung der beiden großen Kirchen, drängt sich ein konfessionell-kooperativer Unterricht, die für den Religionsunterricht naheliegendste Form des fächerübergreifenden Lernens, geradezu auf.[28] Hier ist eine konfessionelle Abschirmung pädagogisch, religionsdidaktisch und theologisch kaum zu verantworten, ebenso wie für den Anfangsunterricht in der Primarstufe, wo vielfältige kooperative und integrative Formen des Religionsunterrichts erprobt und praktiziert werden.[29]

- Ein für das Ende der Sekundarstufe I (und auch für die Sekundarstufe II) wichtiges Thema ist die Beschäftigung mit dem Judentum in Deutschland. Zahlreich sind hierzu die Handreichungen[30], unmittelbar einleuchtend auch die fächerübergreifenden Bezüge, insbesondere zu den Fächern Geschichte und Deutsch.

- Im Umfeld des Themenkreises „Schöpfung" legt sich über den Horizont der geistes- und sozialwissenschaftlichen Fächer hinaus eine Kooperation mit naturwissenschaftlichen Angeboten nahe. Plausibel wird es für die Schülerinnen und Schüler, wenn – in fächerübergreifender Kooperation mit dem RU – der naturwissenschaftliche Unterricht selbst über die Grundlagen, Bedingungen und Grenzen des wissenschaftlichen Zugriffs auf die Natur informiert und die Möglichkeiten anderer, etwa poetischer oder religiöser Annäherungsversuche an die Wirklichkeit andeutet.[31]

---

27 S. u. a. auch die fächerübergreifend angelegten Misereor-Materialien.
28 S. u. a.: BÖHM 2001.
29 Zum „Lernen in der Einen Welt" im Primarbereich s. u. a.: KRAUTTER/SCHMIDT-LANGE 2000.
30 S. u. a.: LANDESINSTITUT FÜR ERZIEHUNG UND UNTERRICHT STUTTGART (LEU) 1996; HANISCH 1998.
31 Diese Möglichkeit wird am Beispiel von Stellungnahmen des Trägers des Alternativen Nobelpreises Hans-Peter Dürr aufgezeigt in: DIETERICH 1998.

Insgesamt ist bei allen Themen, die sich mit dem Selbstverständnis des Menschen (Anthropologie), dem Zusammenleben auf der einen Erde (ethische, soziale und politische Fragen) sowie mit dem Verhältnis zur Natur (Naturwissenschaften, Technik, Ethik) befassen, die fächerübergreifende Dimension zu berücksichtigen.

Konsequent fächerübergreifend angelegt ist der in den letzten Jahren Rückhalt gewinnende Seminarkurs an der gymnasialen Oberstufe. Hier werden gezielt Themen unter Berücksichtigung mindestens zweier klassischer Schulfächer systematisch bearbeitet.[32]

Dem fächerübergreifenden Lernen besonders verpflichtet fühlen sich in jüngerer und jüngster Zeit evangelische und katholische Schulen. Viele evangelische Schulen sehen gerade in reformpädagogischen Ansätzen ein wesentliches Merkmal ihres Profils und haben zahlreiche Beispiele gelungener fächerübergreifender Arbeit gesammelt und veröffentlicht;[33] mehr und mehr katholische Schulen fühlen sich dem „Compassion"-Projekt („Mitleidenschaft", Lothar Kuld) verpflichtet[34], bei dem Schülerinnen und Schüler nicht nur ein Praktikum in einer sozialen Einrichtung absolvieren, sondern eine unterrichtliche Begleitung in Form von Vor- und Nachbereitung erfahren.[35] Eine wissenschaftliche Begleitstudie des Projektes führte u. a. zu dem für unser Thema höchst interessanten Ergebnis, dass die Nachhaltigkeit des Lernerfolgs mit der Anzahl der Fächer steigt, die in übergreifender Kooperation die praktische soziale Arbeit begleiten.[36]

Als prinzipielle Möglichkeiten für fächerübergreifendes Arbeiten anhand der üblichen Themenfelder/Unterrichtsbereiche des Religionsunterrichts lassen sich – ohne Anspruch auf Vollständigkeit – folgende Punkte zusammenstellen:

32 S. dazu u.a.: LANDESZENTRALE FÜR POLITISCHE BILDUNG BADEN-WÜRTTEMBERG (2002). – LANDESINSTITUT FÜR ERZIEHUNG UND UNTERRICHT (1998). – BARSCH-GOLLNAU u.a. 2004.
33 BERG u.a. 1990. – HAAR/POTTHAST 1992.
34 S. u.a.: KULD/GÖNNHEIMER 2000. – METZ/KULD/WEISBROD 2000. – KULD 2003. – KULD u.a. 2004. – Dieses Projekt erfährt auch Beachtung und Kooperation von pädagogischer Seite aus, s. neben der genannten Literatur u.a.: REKUS 2000.
35 Auch bei evangelischen Schulen gibt es ähnliche Beispiele, s. u.a.: FEYDT 1998.
36 Vgl. KULD/GÖNNHEIMER 2000, 71, Tab. 12.

Themen/Dimensionen	Kooperierende Fächer
Konfessionen	Katholischer Religionsunterricht
Ethik	Ethik u. a.
Gerechtigkeit	Wirtschaftskunde/Ökonomie
Wirklichkeit/Schöpfung u. a.	Naturwissenschaften
Lebensfragen	Gemeinschaftskunde
Kirchengeschichte	Geschichte
Lokale Erkundungen	Heimat- und Sachkunde/ Gemeinschaftskunde
Ästhetisch-musischer Bereich	Bildende Kunst, Musik

6. Grenzen des fächerübergreifenden Unterrichts

Vielerlei *Hemmnisse* stehen dem fächerübergreifenden Arbeiten entgegen, die fachspezifische Ausbildung an den Hochschulen ebenso wie die unterrichtliche Organisation der Bildungsgänge an den Schulen durch den „sakrosankten" Fächerkanon; Furcht vor Innovation, dem Mehraufwand an Planung und Kommunikation sowie der Problematik, Rolle und Selbstverständnis der Unterrichtenden als „Fachspezialisten" zu verändern. Wo sich Kollegien auf die Kooperation durch Fächerverbindung einlassen, werden sie diesen Widrigkeiten zum Trotz einen erheblichen Gewinn verbuchen können: eine (zumindest teil- und zeitweise) Überwindung der Isolierung von Fächern und Unterrichtenden, ein wieder erwachendes Interesse an Fragen und Themen auf Seiten der Lehrenden und Lernenden und schließlich einen enormen Zuwachs an neuen Erfahrungen und Erkenntnissen auf allen Seiten.

Doch ist das fächerübergreifende Lernen auch bei Beseitigung oder Zurückdrängung der Hemmnisse kein Allheilmittel. Es hat seine grundsätzlichen *Grenzen*. Die *Gefahren* lassen sich in drei Punkten zusammenfassen:[37]

---

37 Zum Folgenden s. POPP 1997, bes. 151f.

- Angesichts der Größe und Komplexität der Wirklichkeit wird die „Sachlage" simplifiziert, mit antirationalem und antimodernem Akzent in naiver Weise eine übersichtliche Welt vorgegaukelt. Das fachspezifische, differenzierte Lernen tritt in den Hintergrund.

- Will man umgekehrt dem „Ganzen" in seiner Vielschichtigkeit gerecht werden, wird die Sache zu komplex, das Lernen unstrukturiert; ein „Vollständigkeitswahn" führt zu deutlicher Stoffüberlastung.

- Richtet man schließlich den Blick ausschließlich aufs Kind und seine Bedürfnisse, geraten die Sache und möglicherweise auch die Sachlichkeit und die sachlichen Zusammenhänge aus dem Blick.

Der *Religionsunterricht* der Zukunft wird daher neben allen Formen der fächerübergreifenden Kooperation die eigene, *fachunterrichtlich* gebundene Aufgabe, die Frage nach dem genuin Religiösen, Theologischen, Konfessionellen nicht vernachlässigen dürfen. Zugleich aber sollte er sich auf den Weg machen, die vielfältigen *fächerübergreifenden* Anregungen der evangelischen und katholischen Schulen, der Religionslehrpläne auf beiden Seiten, der vorhandenen Unterrichtsmaterialien sowie der zahlreichen gelungenen, zum Teil dokumentierten Praxisbeispiele aufnehmen und damit seine Gegenwartsorientierung, auf die Einbeziehung der gesellschaftlichen Wirklichkeit und der Lebenswelt der Schülerinnen und Schüler zielende Konzeption noch deutlicher und konkreter einlösen und realisieren. Religionspädagogik und -didaktik aber könnten diese Bemühungen und Entwicklungen begleiten, kritisch reflektieren, mit initiieren sowie mit der allgemeinen Pädagogik in einen Dialog über diese Lernformen eintreten.

Literatur

BARSCH-GOLLNAU, SIGUNE u. a., Erfolgreich lernen – kompetent handeln. Der Methodentrainer für Seminarkurs und Präsentationsprüfungen, Bamberg 2004.

BERG, HANS-CHRISTOPH u. a. (Hg.), Unterrichtserneuerung mit Wagenschein und Comenius. Versuche evangelischer Schulen 1985–1989, Münster 1990.

BÖHM, UWE, Ökumenische Didaktik. Ökumenisches Lernen und konfessionelle Kooperation im Religionsunterricht deutschsprachiger Staaten, Göttingen 2001.

DIETERICH, VEIT-JAKOBUS, Glaube und Naturwissenschaft. Grund- und Leistungskurs 12/13, in: ENTWURF. RELIGIONSPÄDAGOGISCHE MITTEILUNGEN (1998), H. 1, 83–87.

DIETERICH, VEIT-JAKOBUS, Fächerübergreifender Unterricht, in: JRP 18 (2002), 193–204.

DUNCKER, LUDWIG/POPP, WALTER (Hg.), Über Fachgrenzen hinaus. Chancen und Schwierigkeiten des fächerübergreifenden Lehrens und Lernens (2 Bde.), Bd. I: Grundlagen und Begründungen, Bd. II: Anregungen und Beispiele für die Grundschule, Heinsberg 1997/1998a.

DUNCKER, LUDWIG/POPP, WALTER (Hg.), Fächerübergreifender Unterricht in der Sekundarstufe I und II. Prinzipien, Perspektiven, Beispiele, Bad Heilbrunn/Obb. 1998b.

FAUSTMANN, BIRGIT, Religion macht Zukunft – Religionsunterricht zeigt Profil, in: BRU, MAGAZIN FÜR DEN RELIGIONSUNTERRICHT IN BERUFSBILDENDEN SCHULEN (2007), H. 46, 40f.

FEYDT, MARIA-ANNA (1998), Sozialdiakonischer Unterricht am Evangelischen Schulzentrum in Leipzig, in: DUNCKER/POPP (Hg.) (1998b), 265–279.

GESELLSCHAFT FÜR RELIGIONSPÄDAGOGIK/DEUTSCHER KATECHETENVEREIN (Hg.), Neues Handbuch Religionsunterricht an berufsbildenden Schulen (BRU-Handbuch), Neukirchen-Vluyn 2005.

GOLECKI, REINHARD (Hg.), Fächerverbindender Unterricht auf der gymnasialen Oberstufe, Bad Heilbrunn/Obb. 1999.

HAAR, HEINZ-HERMANN/POTTHAST, KARL HEINZ, In Zusammenhängen lernen. Fächerübergreifender Unterricht in den Klassen 5 und 6. Beispiele aus evangelischen Schulen, Münster 1992.

HANISCH, HELMUT, Fächerübergreifendes Arbeiten im Religionsunterricht der Sekundarstufe I am Beispiel des Themas „Judentum", in: DUNCKER/POPP (Hg.) (1998b), 34–55.

HENTIG, HARTMUT VON, Bildung. Ein Essay, München/Wien 1996.

HILGER, GEORG/RITTER, WERNER H., Religionsdidaktik Grundschule. Handbuch für die Praxis des evangelischen und katholischen Religionsunterrichts, München/Stuttgart 2006.

HUBER, LUDWIG, Individualität zulassen und Kommunikation stiften, in: DIE DEUTSCHE SCHULE (1995), H. 2, 161–182.

JUNGNITSCH, REINER, BRU im fächerübergreifenden Unterricht, in: COMENIUS-INSTITUT u. a. (Hg.) (1997), Handbuch Religionsunterricht an berufsbildenden Schulen, Gütersloh 1997, 205–209.

KERSCHENSTEINER, GEORG, Begriff der Arbeitsschule (1911), hg. von Josef Dolch, München u. a. [16]1965.

KLAFKI, WOLFGANG, Grundzüge eines neuen Allgemeinbildungskonzepts. Im Zentrum: Epochaltypische Schlüsselprobleme, in: DERS., Neue Studien zur Bildungstheorie und Didaktik, Weinheim/Basel [4]1994.

KRAUTTER, ADELHEID/SCHMIDT-LANGE, ELKE, Arbeitshilfe Religion Grundschule. Zum Lehrplan für evangelische Religionslehre, hg. im Auftrag der Religionspädagogischen Projektentwicklung in Baden und Württemberg (RPE), Schuljahr 4: Voneinander lernen – miteinander teilen. Sieben Lernzonen für fächerübergreifenden Unterricht, Stuttgart 2000.

KULD, LOTHAR, Compassion. Raus aus der Ego-Falle, Münsterschwarzach 2003.

KULD, LOTHAR/GÖNNHEIMER, STEFAN, Compassion – Sozialverpflichtetes Lernen und Handeln, Stuttgart/Berlin/Köln 2000.

KULD, LOTHAR u. a. (Hg.), Praxisbuch Compassion: soziales Lernen an Schulen. Praktikum und Unterricht in den Sekundarstufen I und II, Donauwörth 2004.

LANDESINSTITUT FÜR ERZIEHUNG UND UNTERRICHT STUTTGART (LEU) (Hg.), Juden in Deutschland. Fächerverbindendes Thema Klasse 10, erarb. von Wolf-Eberhard Behring/Veit-Jakobus Dieterich u. a. (Handreichungen zum Bildungsplan Gymnasium. FTh 509), Stuttgart 1996.

LANDESINSTITUT FÜR ERZIEHUNG UND UNTERRICHT (LEU), Seminarkurs auf der gymnasialen Oberstufe, Methoden und Beispiele, [Red.: Günter Reinhart], Stuttgart 1998.

LANDESZENTRALE FÜR POLITISCHE BILDUNG BADEN-WÜRTTEMBERG (LpB), Der Seminarkurs. Ein Weg zur Medienkompetenz. Federführung: Judith Ernst-Schmidt, Villingen-Schwenningen 2002, H. 3.

LEHRERGRUPPE LABORSCHULE/LABORSCHULE BIELEFELD, modell im praxistest, Reinbek 1977.

LOTT, JÜRGEN, Projektunterricht, -studium, in: METTE, NORBERT/RICKERS, FOLKERT (Hg.) Lexikon der Religionspädagogik (LexRP). (2 Bde.), Neukirchen-Vluyn 2001, Bd. 2, 1568–1572.

METZ, JOHANN-BAPTIST/KULD, LOTHAR/WEISBROD, ADOLF (Hg.), Compassion – Weltprogramm des Christentums. Soziale Verantwortung lernen, Freiburg u. a. 2000.

MITTELSTRASS, JÜRGEN, Leonardo-Welt, Frankfurt a. M. 1992.

MOEGLING, KLAUS, Fächerübergreifender Unterricht. Wege ganzheitlichen Lernens in der Schule, Bad Heilbrunn 1998.

PETERSSEN, WILHELM H., Fächerverbindender Unterricht. Begriff – Konzept – Planung – Beispiele. Ein Lehrbuch, München 2000.

POPP, WALTER, Die Spezialisierung auf Zusammenhänge als regulatives Prinzip der Didaktik, in: DUNCKER/POPP (Hg.) (1997), 135–154.

REENTS, CHRISTINE, Projektunterricht, in: ADAM, GOTTFRIED/LACHMANN, RAINER (Hg.) (1998), Methodisches Kompendium für den Religionsunterricht 1, Basisband, Göttingen ⁴2002, 72–80.

REKUS, JÜRGEN, Compassion als pädagogisches Projekt – Abgrenzung und Begründung, in: ENGAGEMENT (2000), H. 2, 95–102.

SPANGLER, KARIN, Eigenverantwortliches Arbeiten und Lernen. Projekt ,Ärztehaus' an einer Berufsschule in Nürnberg, in: GESELLSCHAFT FÜR RELIGIONSPÄDAGOGIK/DEUTSCHER KATECHETENVEREIN (Hg.) (2005), Neues Handbuch Religionsunterricht an berufsbildenden Schulen (BRU-Handbuch), Neukirchen-Vluyn 2005, 504–509.

WEGENAST, KLAUS, Zur Unterrichtsorganisation, in: FEIFEL, ERICH u. a. (Hg.), Handbuch der Religionspädagogik. Bd. 2: Didaktik des Religionsunterrichts – Wissenschaftstheorie, Gütersloh/Zürich u. a. ²1978.

WILLERT, ALBRECHT, Religion als fächerübergreifender und fächerverbindender Unterricht, in: WERMKE, MICHAEL (Hg.), Aus gutem Grund: Religionsunterricht, Göttingen 2002, 191–197.

ANNEGRET LANGENHORST/GEORG LANGENHORST

Fachdidaktik Religion und Fachdidaktik Deutsch: Chancen und Grenzen der Kooperation

Abstract
Von einem wechselseitigen Dialog zwischen Deutsch- und Religionsdidak-
tik kann trotz zahlreicher Veröffentlichungen zum Verhältnis von Religion
und Literatur kaum die Rede sein: Der Wahrnehmung von Literatur durch
TheologInnen und ReligionspädagogInnen steht die eklatante Vernachläs-
sigung von Religion und Theologie durch GermanistInnen und Deutsch-
didaktikerInnen gegenüber. Von diesem Befund ausgehend werden jüngere
Entwicklungen und Diskussionen in den Blick genommen („christliche Li-
teratur" im Deutschunterricht; literarische Texte im Religionsunterricht)
sowie Aufgabenfelder für die Kooperation der beiden Unterrichtsfächer skiz-
ziert („Textspiegelungen", Sprachsensibilisierung, Erfahrungserweiterung,
Wirklichkeitserschließung und Möglichkeitsandeutung).

1. Theologie und Literatur – „Freundliche Schwestern"?

Seit etwa 30 Jahren hat sich im deutschsprachigen Raum eine eigenständige Forschungsrichtung etabliert: der wissenschaftliche Dialog
zwischen Theologie und Literaturwissenschaft. In zahlreichen Monographien, Sammelbänden und Aufsätzen, auf Kongressen und Akade-
mietagungen wurde und wird das spannungsreiche Verhältnis von Religion und Literatur, von Theologie und Literaturwissenschaft in immer
neuen Facetten ausgeleuchtet.[1]

„Freundliche Brüder"[2], so nannte der Tübinger Germanist Richard
Brinkmann die beiden Wissenschaften Theologie und Literaturwissenschaft vor 30 Jahren. Angesichts des grammatikalischen Geschlechts
ist das Wortspiel wohl eher in der Form der „freundlichen Schwestern"
sinnvoll. Zwei Beobachtungen charakterisieren dieses wissenschaftliche
Begegnungsfeld, die in vergleichbarer Form auch auf die Rahmenbe-

---

1 Vgl. G. LANGENHORST 2005 (Belege dort); GARHAMMER/G. LANGENHORST 2005.
2 Vgl. BRINKMANN 1977.

dingungen der didaktischen Kooperation von Deutsch- und Religionsunterricht übertragbar sind. Erstens: Das gleichzeitige Studium beider Fächer ist eine überaus beliebte Kombination. Offensichtlich besteht für viele ein gleichzeitiges Interesse an literarischer wie religiöser Deutung der Wirklichkeit. Konsequenz: Sowohl in wissenschaftlichen Auseinandersetzungen als auch im schulischen Kontext ist der ‚Dialog‘ zwischen beiden Feldern oftmals zunächst ein ‚innerer Dialog‘ innerhalb von ein und derselben Person. Sämtliche ProtagonistInnen der wissenschaftlichen wie der fachdidaktischen Debatte in diesem Bereich verfügen über die akademische Doppelqualifikation und die Unterrichts- oder Lehrerfahrung in beiden Fächern.

Zweite Beobachtung: Das Interesse an Begegnung, Dialog, Austausch und Kooperation ist ungleich verteilt. Im wissenschaftlichen Diskurs um ‚Theologie und Literatur‘ ist eine erdrückende Mehrzahl der in den letzten Jahren entstandenen Arbeiten im theologischen Bereich beheimatet. Seit Jahren findet sich ein offenes Dialogangebot von Seiten der Theologie, das freilich nur von wenigen GermanistInnen (die nicht gleichzeitig auch TheologInnen sind) aufgegriffen oder auch nur wahrgenommen wird. Bis heute können germanistische Dissertationen mit implizit oder explizit religiösen Themenstellungen erscheinen, ohne die relevanten theologischen Studien auch nur bibliographisch zu erfassen. Ob es deshalb angemessen ist, von einem „Dialog" von „Theologie und Literatur" zu sprechen, darf zumindest bezweifelt werden.[3]

Für das Feld schulischer Kooperationsmöglichkeiten haben diese Beobachtungen grundlegende Konsequenzen. In der universitären und schulischen Ausbildung begegnen Religionslehrende zumindest am Rande literarischen Texten und literaturdidaktischen Erkenntnissen. In den aktuellen Handbüchern für den Religionsunterricht[4] gehören Ausführungen über literarische Texte und methodische Verfahren der literarischen Texterschließung zum Standard. Die Gegenprobe ergibt hingegen einen ernüchternden Befund. Religion und Theologie spielen für angehende Deutschlehrkräfte im Normalfall bestenfalls eine historische Rolle. Zum Verständnis von literarischen Texten vergangener Epochen (etwa des Barock, der Romantik oder des Expressionismus) bedarf es eines biblischen, kirchengeschichtlichen und liturgischen Grundwis-

---

3   Vgl. G. LANGENHORST 2005, 214ff.: „Abschied vom Dialog-Paradigma".
4   Vgl. als Beispiel für Kooperation, die bis zur Angleichung geht: RÖCKEL/BUBOLZ 2006.

sens. Religion als gelebte Dimension der Gegenwart – zentraler Gegenstand des Religionsunterrichts – spielt hingegen nur in Ausnahmefällen eine Rolle.

In der schulischen Praxis wird man so häufig auf folgende Kooperationsbedingungen stoßen. Vier Typen von KollegInnen finden sich: Ein Teil unterrichtet ohnehin beide Fächer. Die entsprechenden KollegInnen werden häufig selbst Querbezüge und gegenseitige Verweise in ihren Fachunterricht integrieren und auch an Kooperation untereinander interessiert sein. Darüber hinaus wird es eine Reihe wohlwollend offener, unvorbelasteter KollegInnen auf beiden Seiten geben, die sich auf neue Wege einlassen. Als dritte Gruppe ist mit Religionslehrkräften zu rechnen, die selbst literarisch nur wenig interessiert sind und die Auseinandersetzung mit Literatur lieber den ‚dafür qualifizierten KollegInnen‘ überlassen. Viertens ist jedoch – regional unterschiedlich, aber quer durch alle Altersgruppen hindurch – mit Deutschlehrkräften zu rechnen, die dem Phänomen Religion und dem Religionsunterricht indifferent, skeptisch, ablehnend bis feindlich gegenüberstehen und jegliche Kooperation von vornherein ablehnen. Alle gut gemeinten Kooperationsbestrebungen sollten so von einer realistischen Analyse der konkreten Bedingungen vor Ort ausgehen.

2. „Christliche Literatur" im Deutschunterricht? Ein Rückblick

Bis in die 50er Jahre des 20. Jahrhunderts gehörten Texte der klassischen „christlichen Literatur"[5] – etwa von Gertrud von le Fort, Reinhold Schneider, Werner Bergengruen und anderen – zum selbstverständlichen Kanon der Lektüre im Deutschunterricht. Mit dem allmählichen Niedergang dieser literarischen Gattung verschwanden auch die entsprechenden Leseempfehlungen. Seit Beginn der 70er Jahre wurde einer Reihe von religiös verpflichteten Literaturdidaktikern deutlich, dass es einer Gegenbewegung bedarf, um das völlige Verschwinden religiöser Themen, Texte und AutorInnen im Literaturunterricht zu verhindern. In dieser Zeit begann auch bei religiös neutralen LiteraturwissenschaftlerInnen

---

5   Zu einzelnen Belegen, zur Problematik des Begriffs und einer möglichen sinnvollen künftigen Verwendung vgl. G. LANGENHORST 2007.

und LehrerInnen die Beobachtung, dass bei schwindendem religiösen Grundwissen auch die kompetente Erschließung wesentlicher Teile der Weltliteratur zunehmend erschwert bis unmöglich wird – eine Klage, die sich bei heute durchzieht.

Aus diesen Gründen wurden nun erstmals Anthologien, Themenhefte und didaktische Konzeptionen im Blick auf den Einsatz religiös motivierter Texte für den Deutschunterricht entworfen. Angeregt von den Aufbrüchen des Zweiten Vatikanischen Konzils startete der Essener Ludgerus-Verlag 1970 eine derartige Reihe unter dem programmatischen Titel „Christliche Strukturen in der modernen Welt." Der Paderborner Theologe und Germanist Friedrich Kienecker war federführend für den Bereich der Literatur. Gleich der erste Band widmete sich dem Thema „Der Mensch in der modernen Lyrik", gefolgt von thematisch ähnlichen Bänden zum modernen Drama, zur modernen Prosa, schließlich auch zu „Beispielen moderner christlicher Lyrik." Neben einigen allgemeinen Einführungen wurden jeweils aktuelle Texte oder Textauszüge abgedruckt und für den Einsatz in Lehr- und Lernprozessen gedeutet.

Nicht mehr um eine Hereinnahme der dichterischen Beispiele in eine theologisch gedeutete Welt geht es dabei, sondern zunächst um die Anerkennung des eigenen Anliegens der literarischen Texte: „Moderne Dichtung bezeugt und verschärft radikal [...] die Bewusstseinskrise, durch die der Mensch hindurchgehen muss, um aus den vielfältigen Formen der Selbstentfremdung so zu sich selbst zu kommen, dass er bei sich bleiben kann." Sie versteht „eine ihrer wesentlichen Funktionen darin, den seiner Welt allzu sicheren Zeitgenossen in Frage zu stellen, ihn so zu disponieren und zu provozieren, dass er ohne eine Antwort, die verbindlich eine Antwort wäre, [...] nicht mehr existieren kann."[6]

Die Impulse dieser Reihe wirkten jedoch eher in den Religionsunterricht als in den Deutschunterricht hinein. Literatur, die auch nur entfernt mit dem Prägestempel „christlich" in Verbindung schien, wanderte aus dem Kanon des Deutschunterrichts aus. Allein solche Texte hielten sich, die kritisch, dekonstruktivistisch, transformativ mit dem christlichen Erbe umgehen. Erst in jüngster Zeit finden sich Indikatoren für eine neue, unbefangene Annäherung an den Bereich Religion.[7]

---

6 KIENECKER 1970, 12.
7 Vgl. G. LANGENHORST 2009.

3. Literarische Texte im Religionsunterricht?
Wege der Öffnung in den 60er und 70er Jahren

Das didaktische Interesse im Begegnungsfeld von Religion und Literatur liegt somit eindeutig und einseitig auf theologisch-religionsdidaktischer Seite. Unabhängig voneinander legten sowohl die evangelische als auch die katholische Religionspädagogik in den 60er Jahren eigenständige didaktisch-hermeneutische Entwürfe vor – beiderseits anknüpfend an den religionsphilosophischen Ansatz von Paul Tillich.

Dem evangelischen Religionspädagogen Friedrich Hahn ging es um die grundsätzliche Auslotung der Möglichkeiten, mit Hilfe literarischer Texte religionspädagogisch zu arbeiten. 1963 erschien sein Buch „Moderne Literatur im kirchlichen Unterricht". Drei Ziele gibt Hahn an, warum es sinnvoll sein kann, sich im Rahmen religiöser Bildung mit moderner Literatur zu beschäftigen: Sie „kann zur Klärung der eigenen Position und der meiner Zeitgenossen beitragen"; sie kann „zur Begegnung und Auseinandersetzung mit dem Geist der Zeit [...] zurüsten"; schließlich können die „Stimmen moderner Dichter den Menschen der Gegenwart in seiner Sprache zum Evangelium rufen", wenn die Literatur „zur Dolmetscherin der biblischen Botschaft"[8] wird. Im Kern zielt Hahn in seinen vielfach eingesetzten Veröffentlichungen darauf, „große Lebensfragen im Textvergleich" zu erschließen – so der Untertitel seines wohl wirkmächtigsten Buches „Bibel und moderne Literatur" von 1966. Biblische und literarische Existenzdeutungen werden nebeneinander gestellt, um sich so gegenseitig neu zu beleuchten.

Eine frühe religionspädagogische Besinnung auf den Wert von Dichtung für religionspädagogische Prozesse von katholischer Seite stammt von Hubertus Halbfas. In seiner Frühschrift „Fundamentalkatechetik" (1968) findet sich der Abschnitt „Die Sprache der Dichtung". „Dichtung" – so Halbfas hier – „ist jene Sprache, die uns das Sein des Seienden offenbar macht und ein Leben in der Mitte der Wirklichkeit ermöglicht."[9] Weil es dem Religionsunterricht wesentlich um „eine fundamentale Sprachlehre" geht, muss die Betrachtung von Bibel und christlicher Tradition in ihm „in einen Wechselbezug zum dichterischen Wort gestellt" werden, der „freilich nicht als vorübergehendes Propädeutikum missverstanden werden darf, sondern als ein eigenständiges,

---

8 HAHN 1963, 11.
9 HALBFAS 1968, 214.

sorgfältiges Hinhören auf die Sprache des Menschen"[10] gesehen werden soll. In dem zusammen mit seiner Frau Ursula Halbfas 1972 herausgegebenen, programmatisch „Das Menschenhaus" betitelten „Lesebuch für den Religionsunterricht" finden so selbstverständlich zahlreiche literarische Texte ihren konstitutiven Platz.

In den Folgejahren begann sowohl in evangelischer als auch in katholischer Tradition die Publikation einer Folge ähnlich konzipierter Werke für die religionspädagogische Praxis. Der reflektierteste didaktische Ansatz aus dieser Zeit stammt nicht aus dem Feld der Religionsdidaktik, sondern von der Germanistin Magda Motté. In ihrem Buch „Religiöse Erfahrung in modernen Gedichten" rückt sie den Begriff der *Erfahrung* ins Zentrum. „Das Wort des Lyrikers ist vor allem deshalb von Bedeutung, weil er im poetischen Bild eine zwar unmittelbare, aber dennoch gleichsam gefilterte Erfahrung wiedergibt."[11] Diese als umfassendes Bild für Identität und Lebensentwurf geprägte Kategorie von Erfahrung wird im literarischen Werk zum Angebot, zur Herausforderung an die LeserInnen, ist doch „vor allem der Dichter als der besonders wache, hellhörige und sensible Mensch [...] offen für solcherart tiefgreifende, daseinsbereichernde Erfahrung."[12] Die in den Texten spürbaren Erfahrungen der DichterInnen werden zu Anregungen, über die eigenen Erfahrungen und gegebenenfalls als gläubiger Mensch zu reflektieren.

Weil die Literatur diesen unersetzbaren Eigenwert hat, schließen sich für Motté zwei zentrale methodische Grundforderungen an: „1. Es verbietet sich, die Dichtung als ‚Hilfsobjekt', z. B. zur Einstimmung, als Anknüpfungspunkt oder als literarisches Beispiel zur Veranschaulichung eines theologischen Sachverhaltes zu benutzen, ohne das literarische Werk als solches in seinem Wert zu würdigen. 2. Das literarische Kunstwerk darf andererseits auch nicht die Stelle des Wortes Gottes, der Heiligen Schrift, einnehmen, sodass Dichtung und Bibel auf eine Stufe gestellt werden. Die Bibel muss als Wort Gottes deutlich von der Dichtung unterschieden werden."[13] Diese beiden *Vorbehalte* gegen *vorschnelle* und *einseitige Funktionalisierung* auf der einen, und *gleichmacherische Einebnung der Unterschiede* von profan und sakral auf der anderen Seite sollten fortan zum Grundbekenntnis sämtlicher Auseinandersetzungen

---

10 Ebd., 219.
11 MOTTÉ 1972, 36.
12 Ebd., 37.
13 Ebd., 40.

um ‚Theologie und Literatur' und ihre didaktisch-methodischen Anwendungen gehören.

Während Mottés Studie sich explizit auf den Religionsunterricht konzentriert, weitet das im gleichen Jahr erschienene Buch „Moderne deutsche Literatur in Predigt und Religionsunterricht" des evangelischen Pastoraltheologen Henning Schröer den Blick zusätzlich auf den Bereich der Homiletik. Ganz offen gesteht er dabei ein: „Die Religionspädagogen sind den Homiletikern in dieser Frage [...] ein Stück voraus."[14] An vier thematischen Feldern untersucht er diesen Spannungsbereich: im Blick auf die „Gottesfrage", die „Gegenwart und Zukunft des Menschen", das „Todesproblem" und schließlich „Jesus". Im Rückblick bestimmt Schröer die theologische Relevanz literarischer Texte wie folgt: Es handelt sich um eine „Herausforderung, die weder auf absolute Konfrontation noch auf Religionsersatz zielt, sondern auf die Kritik am theologischen Missbrauch der Sprache und auf die Frage nach der Wahrheit und Kraft religiöser Sprache als notwendiger Überschuss für urbane Hoffnung."[15]

4. Literarische Texte im Rahmen einer schülerzentrierten Didaktik. Entwicklungen seit 1975

Seit Mitte der 70er Jahre etablierte sich die eigenständige wissenschaftliche Betrachtung von Theologie und Literatur, sicherlich maßgeblich vorangetrieben vom religionspädagogischen Interesse an diesem Bereich. Die ProtagonistInnen – Dorothee Sölle, Dietmar Mieth, Karl-Josef Kuschel und andere – arbeiteten jedoch primär aus systematisch-theologischer Perspektive. Ihre Studien veränderten auch den religionspädagogischen Umgang mit literarischen Texten. Die spezifische Auseinandersetzung mit Kinder- und Jugendliteratur wurde dabei fast nie in den Diskurs eingeschlossen. Die entsprechenden Forschungen führen so bis heute ein Eigenleben ohne Verknüpfung mit den sonstigen hermeneutischen wie didaktischen Entwicklungen und können auch hier nur am Rande erwähnt werden.[16]

14 SCHRÖER 1972, 5.
15 Ebd., 178.
16 Vgl. G. LANGENHORST 2005, 198–202; HEUMANN 2005.

1978 legte der evangelische Religionspädagoge Ralph P. Crimmann eine Dissertation vor, die nicht nur den neuen – bis heute umstrittenen – Begriff der „Literaturtheologie" zu begründen und zu füllen versucht. Vielmehr mündet die Studie in ein leidenschaftliches Plädoyer für den Einsatz moderner literarischer Texte im Religionsunterricht vor allem in der Kollegstufe. Fünf zentrale didaktische Chancen räumt Crimmann der Dichtung im Rahmen eines solchen Unterrichtseinsatzes ein: Zunächst erhofft er sich, dass SchülerInnen „die gesellschaftliche und religiöse Wirklichkeit durch das Medium dichterischer Gestaltung" in besonderer Weise erleben können, und sich so begeistern „für eine Form der Daseinsbewältigung, die heute selten geworden ist: die musisch-ästhetische." Zweitens biete zeitgenössische und säkulare Dichtung die seltene Chance, „dem Schüler so zu begegnen, wie es seiner Lebens- und Welterfahrung entspricht." Drittens könne Literatur „unter Umständen" durch „ihre provokativen Inhalte" die SchülerInnen „zu einem tieferen Fragen führen", das sie dann „offen sein lässt für eine Antwort, die der christliche Glaube geben kann". Viertens – eine im Kontext der sozialkritisch sensiblen 70er Jahre verankerte Grundthese – komme der Dichtung die Aufgabe zu, „dass sie unsere gesellschaftliche, politische, traditionelle und religiöse Wirklichkeit analysiert und auch neue Impulse" gibt. Schließlich – nun wird der vereinnahmende Grundzug vollends deutlich – „mag es bisweilen der Dichtung auch gegeben sein, die biblische Botschaft von der Versöhnung Gottes mit den Menschen mittelbar oder direkt in das dichterische Wort umzusetzen."[17]

Bereits 1975 war ein Themenheft über „Religionsunterricht, Literatur und Sprache" der religionspädagogischen Zeitschrift „Der Evangelische Erzieher" erschienen, in dem gleich zwei Aufsätze kritisch den bis dahin üblichen Einsatz literarischer Texte im religionspädagogischen Kontext beleuchteten. Ein erster Vorwurf betrifft das grundsätzliche Verständnis von Literatur: Vorherrschend sei dort eine „Literaturauffassung typisch für die der fünfziger und frühen sechziger Jahre", ausgezeichnet dadurch, dass sie die zeitgenössische „rationalistische, strukturalistische und linguistische Wende in der Literaturwissenschaft noch nicht verarbeitet"[18] habe.

Vier Hauptvorwürfe werden erhoben, die sich auch auf die Literaturrezeption nach 1975 beziehen lassen: „Eine unpräzise Auffassung vom

---

17 CRIMMANN 1978, 106–108.
18 HUSSONG 1975, 362.

Verhältnis Literatur – Wirklichkeit"; die „Neigung zu mystifizierender Betrachtung von Literatur"; die „Missachtung der ideologischen Komponente der Literatur" durch eine „im Grunde ahistorische Auffassung von ‚Wahrheit‘"; schließlich das „Außerachtlassen der Bedingungen des Rezeptionsprozesses."[19] So lasse sich ein „theoretisches Defizit" konstatieren, im Verbund mit einer „problematischen Praxis" – so der Titel des einen Aufsatzes. Hier gehe es angesichts der enormen „Diskrepanz [...] zwischen Anspruch und Wirklichkeit"[20] im Umgang mit moderner Literatur im Religionsunterricht um „domestizierte Texte", so die Überschrift des anderen. Bei aller scharfsichtigen Analyse, bei aller bleibend berechtigten Beachtung dieser Beiträge als Warnstimmen gegen allzu leicht funktionalisierten Missbrauch literarischer Texte wird aus heutiger Sicht deutlich, dass diese Beiträge ihrerseits selbst dem einseitigen Literaturverständnis ihrer Zeit verpflichtet sind.

Eine erste umfassende kritische Sichtung des theologisch-literarischen Feldes aus religionspädagogischer Perspektive legte 1979 der evangelische Theologe Rolf Sistermann vor. In seiner Dissertation „Literatur und Ideologie im Religionsunterricht" konzentriert er die Fragestellung – erneut dem Geist seiner Zeit entsprechend – vor allem auf die „ideologiekritische Behandlung literarischer Texte", so der Untertitel. Zwar gebe es eine „Vielzahl" an bis zu diesem Zeitpunkt bereits „vorliegenden Unterrichtsvorschlägen, Textsammlungen und Monographien zur Behandlung von Literatur im RU", so seine Ausgangsbeobachtung, dennoch sei „die Funktion von Literatur im bisherigen RU wenig untersucht worden."[21] Er entwirft, charakterisiert und belegt sechs Kategorien, um das Spektrum auszuleuchten, wie „literarische Texte bisher im RU behandelt worden sind": als „Zeugnisse des Unglaubens", als „Hilfen zum Verständnis biblischer Texte", als „Dokumente religiöser Sprache", als „Fragen an den christlichen Glauben", als „Beiträge zur Aufarbeitung aktueller Probleme", schließlich als „Antworten auf die religiöse Frage."[22] Allgemein könne man sagen, dass das auf Tillich zurückgehende „Frage-Antwort-Schema sich [...] neben dem hermeneutischen Schema der Zuordnung von Parallel-, Kontrast- und Beispieltexten noch immer größter Beliebtheit erfreut."[23]

19 Ebd., 365f.
20 WOLF 1975, 380.
21 SISTERMANN 1979, 10.
22 Ebd., 16.
23 Ebd., 29.

Sistermanns Gegenentwurf: Eine „theologische Interpretationsme-thode" müsse „Texte auf die in ihnen verborgenen oder offen dargestell-ten Mythen hin untersuchen und diese in Relation zu den Mythen" stel-len, „in denen der christliche Glaube Ausdruck findet."[24] Dazu können sowohl werkimmanent-formalistische als auch dialektisch-materialis-tische oder weltanschaulich-existentielle Methoden angewendet werden. Das Interesse richte sich also nicht auf den „Text an sich", sondern auf den „Glaube[n], der in ihm zum Ausdruck kommt."[25] Es gelte, die ge-genwärtig wirkmächtigen Mythen zu entziffern, zu durchschauen und kritisch mit der christlichen Vision von Heil zu konfrontieren. Das Ziel derartiger Arbeit mit literarischen Texten im Religionsunterricht liege so in der „eigenständigen theologischen Ideologiekritik."[26]

1983 veröffentlichte die Mainzer evangelische Theologin und Ger-manistin Ursula Baltz ihre Dissertation unter dem Titel „Theologie und Poesie. Annäherungen an einen komplexen Problemzusammenhang". Neben einer grundlegenden Verhältnisbestimmung dieser beiden Grö-ßen versucht sie eine neue didaktische Verortung unter dem Stichwort der „Erzählung". In scharfer Rückweisung der bisherigen Konzepte einer „narrativen Theologie" – der Begriff sei „in sich nicht tragfähig" – for-dert sie die Erweiterung dieser Ansätze um Reflexionen auf die Poeti-zität: „Es wäre also zu fragen, ob Narrative Theologie – wenn man den Begriff zu Recht gebraucht – für ihre Konzeption nicht zwangsläufig und konstitutiv den Dialog mit Dichtung voraussetzt."[27] In einer kri-tischen Untersuchung der Konzepte zum Einsatz von Erzählung im Re-ligionsunterricht kommt sie zu einem vernichtenden Urteil: „Erzählung als literarische Aufgabe, als Poesie steht kaum zur Debatte. Das theolo-gisch-pädagogische Problem der Nacherzählung biblischer Geschichten dominiert so stark in der neueren Diskussion, dass alles andere dagegen in den Hintergrund tritt."[28] Zu einer gründlichen Entfaltung des eige-nen religionspädagogischen Gegenprogramms gelangt die Verfasserin bei aller Kritik und Ablehnung anderer Konzepte hier jedoch kaum.

Wenige Jahre später legt sie im vierten Band des „Jahrbuch für Re-ligionspädagogik" einen grundlegenden Ansatz zur Frage nach ‚Reli-gion und Literatur' unter spezifisch religionsunterrichtsdidaktischer

---

24 Ebd., 152.
25 Ebd., 153.
26 Ebd., 180.
27 BALTZ 1983, 165.
28 Ebd., 240.

Perspektive vor. Er mündet in das überraschende Plädoyer, „Deutsch, Religion(en), unter Einschluss des neuen Faches Ethik, und Philosophie zu einem Lernbereich zusammenzufassen."[29] Nur so ließen sich die grundlegenden Gemeinsamkeiten und Zusammengehörigkeiten im Bereich des Ästhetischen ohne künstliche Trennungen stimmig didaktisch erschließen. Warum? „Die Unterscheidung zwischen ‚literarischen' und ‚religiösen' Texten erweist sich unter der Kategorie des Ästhetischen in wissenschaftsmethodischer wie in didaktisch-unterrichtsmethodischer Hinsicht auf weite Strecken hin als irreführend."[30] Die „‚Methoden' der Untersuchung ‚literarischer' und ‚religiöser' Texte sind dieselben" – so die These –, lediglich „die Kontexte ‚literarischer' und ‚religiöser' Texte sind unterschiedlich."[31] Diese Vorschläge fanden wenig Anschluss in Folgestudien oder auf Lehrplan- und Unterrichtsebene. Die Einebnung der Texttypen und der Methodik ihrer didaktischen Erschließung fand ebensowenig Zustimmung wie die Reduktion der Unterschiede allein auf die Kontexte der Betrachtungen.

Überraschend: Mit diesen Studien verstummte die Reflexion um ‚Religionspädagogik und Literatur' im evangelischen Raum. Sie wird dort bis heute – von wenigen Ausnahmen abgesehen[32] – kaum mehr geführt. Zehn Jahre nach den Positionsklärungen von Ursula Baltz-Otto wurde die systematisierende Diskussion im katholischen Bereich jedoch wieder neu aufgenommen. 1998 erschien Clauß Peter Sajaks Untersuchung „Exil als Krisis", die sich als Beitrag zu der „noch ausstehenden Integration von Exilliteratur in eine narrative Religionsdidaktik"[33] versteht. Im Anschluss an Johann Baptist Metz' Konzeption von Narrativität verortet sich diese Studie als Plädoyer „für eine neue politische, der konkreten gesellschaftlichen Wirklichkeit verpflichteten Glaubensreflexion."[34] Exilliteratur wie Holocaust-Literatur werden hier als „Gedächtnisliteratur" bestimmt, „in der Menschen von Verfolgung und Flucht, von Vertreibung und Exil, von seelischer und wirtschaftlicher Not, von Existenzsicherung und Existenzkrise erzählen."[35] Die Arbeit schließt mit dem

29 Baltz-Otto 1988, 35.
30 Ebd., 36.
31 Ebd., 40.
32 Vgl. die primär praxisorientierten Bücher von Schulz/Malter 2006, Zimmermann 2006.
33 Sajak 1998, 14.
34 Ebd., 12.
35 Ebd., 13.

Ausblick auf konkrete Möglichkeiten des Einsatzes von Texten aus der Exilliteratur in unterschiedlichen unterrichtlichen Kontexten des Religions- und fächerverbindenden Unterrichts.

Über diesen Rahmen hinaus formuliert Sajak jedoch noch allgemeine „Perspektiven einer narrativen Religionsdidaktik", die den Anschluss an thematisch anders ausgerichtete Arbeiten eröffnen. Welche Chancen und Schwierigkeiten bieten sich beim Einsatz literarischer Texte im Religionsunterricht, welchen Stellenwert können sie dort einnehmen? Erstes Stichwort – „Fragen": „Literatur formuliert, konzentriert, tradiert und reflektiert existentielle Fragen, die gerade mit den elementaren Fragen junger Menschen heute korrespondieren, in einer den ganzen Menschen ansprechenden Form." Zweites Stichwort – „Hilfe zur Identitätsfindung": „Die in der Literatur zum Ausdruck kommenden Probleme [...] entsprechen den entwicklungspsychologischen Grunddispositionen junger Menschen, sie entsprechen der Frage nach Identität und nach dem eigenen Platz in der Wirklichkeit dieser Welt." Drittes Stichwort – „Deutung der Wirklichkeit": „Literarische Wirklichkeitsdeutung kann zur Reflexion der eigenen Wirklichkeitserfahrung anregen und zu ehrlicher Selbstkundgabe im Rahmen eines erfahrungsorientierten, personalen Vermittlungsgeschehens einladen." Letztes Stichwort – „Lehrplanbezug": „Die Themen der Curricula für den Religionsunterricht finden sich sowohl als religiöse wie auch als existentielle Fragestellungen in der Literatur wieder."[36]

Auch Stefan Heils 1999 veröffentlichte Studie „Die Rede von Gott im Werk Ödön von Horváths" ist religionspädagogisch konzipiert, handelt es sich hierbei doch laut Untertitel um „eine erfahrungstheologische und pragmatische Autobiographie- und Literaturinterpretation – mit einer religionsdidaktischen Reflexion."[37] Im Schlussteil der Arbeit stellt Heil didaktische Grundsatzüberlegungen und methodische Vorschläge für die Arbeit mit Horváths Texten im Religionsunterricht der gymnasialen Oberstufe vor – gegebenenfalls in Kooperation mit dem Deutschunterricht. Neben diesen Studien finden sich zahlreiche weitere Aufsätze, Essays, Zulassungsarbeiten oder Unterrichtsentwürfe im Überschneidungsbereich von Deutsch- und Religionsunterricht.

---

36 Ebd., 207f.
37 HEIL 1999.

5. Kooperation Deutschunterricht/Religionsunterricht? Gewinndimensionen

Welchen Ertrag hat die reiche religionspädagogische und -didaktische Auseinandersetzung mit literarischen Texten erbracht? Welche Chancen, welche Grenzen, welche Aufgabenfelder ergeben sich für die Kooperation von Deutsch- und Religionsunterricht? Die im Folgenden benannten Gewinnchancen wurden im Laufe mehrerer Jahre formuliert, überprüft und modifiziert[38] und sollen hier im Blick auf beide Fächer bedacht werden.

5.1 Textspiegelung

Von Textspiegelung lohnt es sich dann zu sprechen, wenn in einem literarischen Text ein Bezug auf aus dem religiösen Bereich entlehnte ,Prätexte' deutlich wird, wenn also in Zitat, Anspielung, Motiv, Stoff oder Handlungsgefüge auf vorhergehende Texte referiert wird. Das breit ausdifferenzierte Begriffsrepertoire der Intertextualitätstheorien stellt hier genaue, freilich je nach Ansatz unterschiedliche Kategorien bereit. Der Erkenntnisgewinn für den *Deutschunterricht* liegt hierbei darin, zunächst einmal überhaupt zu erkennen und zu analysieren, welche religiösen oder theologischen Traditionen aufgenommen wurden, oder der Frage nachzuspüren, warum und wie diese Bezüge eingebaut wurden. In der deutschen Literaturgeschichte ist es keineswegs nur die religiös inspirierte Innerlichkeit vieler Romantiker, die ohne Kenntnis der christlichen Tradition unverständlich bleibt. Auch zahlreiche Gedichte des Expressionismus spielen bekanntlich mit dem Vokabular biblischer und liturgischer Texte, sei es im Modus der Negation oder zur Erzeugung des weihevollen Pathos expressionistischen Aufbegehrens wie z. B. in Ernst Stadlers „Fahrt über die Kölner Rheinbrücke bei Nacht".

Selbstverständlich ist auch die Gegenwartsliteratur immer noch reich an stofflichen und motivischen Bezügen zur Bibel, auf die literarischen Grundschriften anderer Religionen, auf religiöse Praxis in Gebet, Gottesdienst, ethisches und kultisches Handeln, gegebenenfalls auch in Form von religions- und institutionskritischen Ausführungen. Zum Verständnis dieser literarischen Traditionen liefert die Theologie in Verbindung mit den Religionswissenschaften unverzichtbares Grund- und Detail-

---

38 Vgl. G. LANGENHORST 2001; 2003; 2005.

wissen. Die Hauptrichtung dieser Betrachtung geht dabei meistens vom Gegenwartstext aus zurück in die Prätexte, die zum Verständnis des Ausgangstextes ausgewertet werden. Wenn also z. B. in der Sekundarstufe II im Fach Deutsch Joseph Roths Roman „Hiob" als Beispiel für die Literatur im Zeitkontext der Weimarer Republik zur Lektüre empfohlen wird (z. B. im derzeit noch gültigen Lehrplan für den Leistungskurs Deutsch am Gymnasium in Bayern), ist ein Rückgriff auf das biblische Buch unverzichtbar und eine Herausforderung für SchülerInnen wie Lehrende.

Umgekehrt ermöglichen die neuen Bildungspläne dem *Fach Religion* die Lektüre von so genannten ‚Ganzschriften'. Auch im Religionsunterricht hätte also ein Joseph Roth seinen Platz, gewiss dann mit anderer Akzentsetzung als im Fach Deutsch, wo die literargeschichtliche Einordnung und intertextuelle Bezüge stärker gewichtet werden könnten als etwa der religionsgeschichtliche Hintergrund des Ostjudentums. Aber auch ganz andere literarische Ganzschriften sind denkbar: Seit Jahren lesen einige KollegInnen im Kontext einer Unterrichtsreihe über „Christologie" die erste Christusnovelle von Patrick Roth, „Riverside" (1991). Anhand von „Junges Licht" (2004) von Ralf Rothmann lässt sich die Bedeutung von Religion für das Aufwachsen thematisieren. John von Düffels Familienroman „Houwelandt"[39] (2004) verwickelt Menschen in alltägliche Prozesse von Schuld und Vergebung. Im Idealfall könnten solche Lektüren Themen eines fächerübergreifenden Oberstufenseminars sein, wie sie z. B. die neue Oberstufe für G8 am Gymnasium in Bayern vorsieht.

Grundsätzlich wird für den Religionsunterricht durch die Lektüre literarischer Texte ein methodisches und begriffliches Spektrum zur Verfügung gestellt, um die Text-zu-Text-Bezüge strukturiert erfassen zu können. Hier kann der Ursprungstext der Ausgangspunkt sein, dessen Entfaltung und Weiterleben auf ihn zurück bezogen werden (etwa in Untersuchungen zur Bibelrezeption), aber auch die umgekehrte Perspektive ist möglich (etwa im Blick auf die Analyse literarischer Gesamtwerke eines Autors/einer Autorin unserer Zeit). In jedem Fall werden in der Textspiegelung zwei Dimensionen einander gegenübergestellt: der literarische Text und die mit verschärftem Blick betrachteten Texttraditionen, die in ihm aufgegriffen werden.

Nicht nur die Textrezeption bietet ein weites Feld der gegenseitigen Bereicherung von Religions- und Deutschunterricht, auch kreative

---

39 Zu Deutungen und Anbindungen vgl. A. LANGENHORST 2006.

Methoden der Textproduktion eröffnen neue, handlungsorientierte Ansätze. Beispielsweise gelingt es SchülerInnen mühelos, nach dem Vorbild Kohelets selbst ein Lied auf die Zeit zu verfassen, in das sie ihre eigene Wirklichkeit kleiden können.[40] Ein Vergleich von Schöpfungspreisliedern verschiedener Epochen kann zu einem eigenen poetischen Versuch führen. Es zeichnet sich ab, dass in dem Maße, in dem produktionsorientierte Methoden Einzug in den Unterricht halten, auch schöpferisch-kreative Aufgabenformen in die Leistungserhebungen – sowohl des Deutsch- als auch des Religionsunterrichts – aufgenommen werden.

5.2 Sprachsensibilisierung

SchriftstellerInnen reflektieren intensiv über die zeitgemäßen Potentiale und Grenzen von Sprache. Für die *Deutschdidaktik* liegt im Prozess des Nachspürens derartiger Sprachsensibilisierung die Chance, das produktive Erbe religiöser Sprache zu erkennen und für eigenes Schreiben oder eigene Analysen zu nutzen. Nicht nur die stofflichen Anregungen aus dem Bereich des Religiösen prägen die Literatur, sondern auf verborgener Ebene gerade die sprachlichen Erbspuren. Die Sprache der Psalmen in Bitte und Gebet, die Sprache der Liturgie, der Predigt, der Gebote und Gesetze, des Gebetes – in Fortschreibung und Parodie, in Satire und Chiffre prägen sie stilbildend ganze Gattungen der Literatur. Allein in Auseinandersetzung mit den historischen und philologischen Forschungen der Theologie sind diese sprachlichen Prägespuren erkennbar und deutbar. Beispiele finden sich genug: Die Tradition der Klageliteratur[41] ist so entschieden vom „de-profundis-Motiv" geprägt. In einem Gegenwartsroman wie dem 2002 veröffentlichten „Corpus" von Markus Orths bildet der Aufbau der katholischen Eucharistiefeier das hintergründige Strukturgerüst der Handlung. Hans Magnus Enzensberger nutzt in seinem Gedicht „Retour à l'Expéditeur" (1995) die Tradition des Dankgebets als sprachprägendes Muster zum Ausdruck von Schöpfungsfrömmigkeit eigener Art. Patrick Roth schreibt mit der Christustrilogie „Resurrection" (2003) moderne Mythen …

Umgekehrt gilt für die *Religionsdidaktik:* Gelungene literarische Werke sind Produkte feinfühliger Gegenwartserspürung, die sich kaum festlegen lässt, eher in Fragerichtungen formuliert werden kann: Wo

---

40 Vgl. die Impulse und Beispiele in A. LANGENHORST 2004.
41 Vgl. GÖRNER 2000.

sagt – gerade in der Annäherung an Gott – die verstummende Pause in Gedichten mehr als der ausführliche Bericht; wann bedarf es der symbolisch verschlüsselten Andeutung mehr als der einlinigen Definition; wie öffnen sich für Lesende Tiefendimensionen unterhalb der Textoberfläche? In der Beachtung solcher Fragen spüren SchriftstellerInnen wie feinfühlige Seismographen sehr genau, was Sprache kann und darf. Sicherlich sind literarischer Stil und Ausdruck – manchmal hermetisch, elitär, nur Spezialisten über differenzierte literaturwissenschaftliche Deuteprozesse zugänglich – von ReligionspädagogInnen in ihrem Sprechen von Gott nicht einfach zu übernehmen. Das Nachspüren der sprachlichen Besonderheiten zeitgenössischer Literatur kann jedoch zur unverzichtbaren Reflexion über den eigenen sorgsamen Sprachgebrauch in Theologie und Religionspädagogik anregen. Ein Befund aus mehrjähriger Erfahrung im Grundkurs Religion gibt zu denken: In einem Religionsbuch der Oberstufe findet sich im Kapitel Eschatologie neben einem wissenschaftlichen Artikel von Gisbert Greshake das Gedicht „Ein Leben nach dem Tode" von Marie Luise Kaschnitz.[42] Die Mehrzahl der SchülerInnen, selbst „lyrikgeschädigte" NaturwissenschaftlerInnen, finden eher einen Zugang zu dem literarischen als zu dem theologischen Text, vorausgesetzt allerdings, man verzichtet bewusst auf das manche SchülerInnen abschreckende und hier verzichtbare analytische Instrumentarium des traditionellen Lyrikunterrichtes.

5.3 Erfahrungserweiterung

Hinter dem Stichwort der Erfahrungserweiterung verbirgt sich ein doppelter Betrachtungszugang: SchriftstellerInnen stehen in individuellen Erfahrungszusammenhängen mit sich selbst, anderen Menschen, ihrer Zeit und ihrer Gesellschaft und lassen diese Erfahrungen in ihren Sprachwerken gerinnen. Zu beachten bleibt freilich, dass Lesende niemals einen direkten Zugriff auf Erfahrungen, Erlebnisse und Gedanken anderer haben können, handelt es sich doch stets um gestaltete, gedeutete, geformte Erfahrung. Über den doppelten Filter der schriftstellerischen Gestaltung einerseits und meiner stets individuellen Deutung andererseits ist hier aber zumindest ein indirekter Zugang zu Erfahrungen anderer möglich. Der holländische Romancier Harry Mulisch verrät seinen LeserInnen in seinem Roman „Die Procedur", warum er,

---

42 FARBE BEKENNEN 13, 1996, 180.

der Schreiber, überhaupt schreibt: „Und warum macht ein Mensch so etwas überhaupt, jedesmal wieder? Weil er in zwei Welten leben will. Die eine reicht ihm nicht."[43] Schreibende wie Lesende, sie beide empfinden Ungenügen an der einen, vorgegebenen Welt. Sie beide wollen in zwei Welten leben, alternative Möglichkeiten durchspielen, die nichtgelebten Leben zumindest lesend auskosten. Schreibend und lesend machen wir Erfahrungen, die in unserer eigenen Biographie so nicht oder anders vorgekommen sind, und können diese Leseerfahrungen in unsere Lebenserfahrung integrieren.

Wenn es dem *Deutschunterricht* gelingt, zum Lesen zu erziehen, eröffnet er jungen Menschen ein Universum von Erfahrungen, das dem nicht lesenden Menschen verschlossen bleibt. In gewisser Weise darf man durchaus von der „Spiritualität des lesenden Menschen" sprechen, die auf den Erfahrungen des Leseprozesses selbst beruht.[44]

Auch ein enger auf religiöse Erfahrungen zugeschnittener Fokus freilich liegt im Blickfeld des Literaturunterrichts: Welche religiösen Sozialisationsspuren lassen sich in Texten nachweisen? Welche religiöse Lektüre oder Praxis wirkt produktiv auf das schriftstellerische Schaffen ein? Welche im religiösen Feld beheimateten Rezeptionsprozesse prägen SchriftstellerIn und Werk? Mit dieser letzten Frage wird schon deutlich, dass literarische Texte nicht nur die Erfahrung der AutorInnen spiegeln, sie ermöglichen darüber hinaus für die Lesenden selbst neue Erfahrungen im Umgang mit diesen Texten, die vor allem durch rezeptionsästhetische Forschungen beleuchtet werden können.

Die beiden aufgerufenen Erfahrungsdimensionen können auch im Kontext des *Religionsunterrichts* fruchtbar werden. In der Auseinandersetzung mit in Texten verschlüsselten religiösen Erfahrungen anderer werden eigene Erfahrungen aufgerufen, aktiviert, zur Überprüfung herausgefordert. Gegen jeglichen Versuch der wissenschaftlichen Objektivität gerade in Bezug auf religiöse Fragen können literarische Texte als „Anwalt der Subjektivität" fungieren, leuchten sie doch die „Innenseite' von Problemfeldern"[45] aus. Vor allem diese bewusste Subjektivität bündelt menschliche Erfahrungen und bietet so die Möglichkeiten des Anknüpfens und der Identifikation oder der Ablehnung und Bestimmung der eigenen Position. Clauß Peter Sajak spricht hier von der zentralen

---

43 MULISCH 2000, 15.
44 Vgl. A. LANGENHORST 2004.
45 BALTZ/LUTHER 1983, 50.

Funktion literarischer Texte als „Erfahrungsverdichtung, Erfahrungsdeu-
tung und Erfahrungsweitergabe."[46] Auseinandersetzung mit dieser Erfahrungsdimension von Literatur ermöglicht so religiöses Identitätswachs-
tum in der bewussten Reflexion über die eigene Gottesbeziehung. Der
evangelische Theologe und Romancier Klaas Huizing bestätigt in seiner
„Ästhetische[n] Theologie: Der erlesene Mensch", die Literatur, „das alte,
sehr langsame Leitmedium", mache „traditionell Identifikationsange-
bote", ja der Mensch sei zuallererst ein „Lesewesen", ein „Homo legens"[47].

5.4 Wirklichkeitserschließung

Der didaktische Gewinn für den Religions- und Deutschunterricht im
Blick auf gegenseitige Herausforderung und Kooperation erschöpft sich
aber nicht im Blick auf die Erfahrungsdimension. Eine weitergehende
Chance kann man Wirklichkeitserschließung nennen. Während die
Erfahrungserweiterung eher ‚zurück'-schaut, auf die hinter den Texten
liegende Erfahrung der SchriftstellerInnen, blickt diese Perspektive eher
nach ‚vorn', auf die mit dem Text für die LeserInnen neu möglichen Auseinandersetzungen. Auch hier gilt es zu beachten, dass „Realität in poetischen Texten nicht vermittelt werden kann, stellt sie doch selbst nur
einen Reflex auf Realitätserfahrung dar." Zudem gilt es darauf zu achten, dass jeweils die „geschichtlich-gesellschaftliche Abhängigkeit und
der ideologische Gehalt der Texte berücksichtigt"[48] wird.

Jenseits dieser berechtigten Mahnungen zu einem erneut stets nur
gebrochenen, gefilterten und bewusst gestalteten Zugang zu der Wirklichkeit hinter den Texten, stehen diese selbst als Wirklichkeit. Religi-
ons- wie Deutschunterricht bemühen sich darum, in Sprache und mit
Sprache Wirklichkeit zu beschreiben und herzustellen. Ihr Anspruch ist
dabei unterschiedlich: Während der *Literaturunterricht* sich – im Normalfall – normativ-wertender Zugänge zur Wirklichkeit verschließt,
den Inhalt sprachlicher Äußerungen nicht an Wahrheitskriterien misst,
ist dies gerade essentieller Anspruch der Theologien, egal welcher konfessionellen oder religiösen Färbung. Dieser Unterschied kennzeichnet
ein an dieser Stelle grundverschiedenes Wissenschafts- und Unter-
richtsverständnis, das zu vielen gegenseitigen Verdächtigungen führt.
Tatsächlich ist dieser Unterschied aber erneut produktiv nutzbar zu

---

46 SAJAK 1998, 160.
47 HUIZING 2000, 46.
48 HUSSONG 1975, 364.

machen. Die literaturwissenschaftlich konzipierten Deutungen können sich den Versuchen der Theologie, ihren Anspruch immer wieder neu zu begründen und zu prüfen, stellen und sie zumindest auf philologische Stichhaltigkeit befragen. Nur von genauer Kenntnis solcher Begründungsstrukturen her lassen sich zahlreiche Werke und AutorenInnen – man denke nur an Kafka, Döblin, Brecht, Böll, Kaschnitz, Domin oder Handke – verstehen.

Dass sich der Deutschunterricht durchaus die Gretchenfrage stellt und im Begriff ist, das Ausblenden religiöser Wirklichkeit zu überwinden, zeigt sich z. B. in einem Blick auf die zentralen Leistungserhebungen in Deutsch. Im zentralen Abitur für den Grundkurs Deutsch (2007) konnten sich die bayrischen AbiturientInnen mit einem Gegenwartsautor auseinandersetzen, der wie eine ganze Reihe seiner Zeitgenossen einen unbefangenen literarischen Umgang mit theologischen Fragen pflegt. Es galt, einen Abschnitt aus Friedrich Christian Delius' kleinem, mit autobiographischen Zügen durchsetztem Roman „Der Sonntag, an dem ich Weltmeister wurde" zu analysieren und zu erkennen, wie das theologische Vokabular des protestantischen Pfarrhaushalts verflochten wird mit religiösen Sprachanleihen aus der legendären Fußballreportage des WM-Endspiels 1954. Die anspruchsvolle Zusatzaufgabe bestand darin, ein anderes literarisches Werk zum Vergleich heranzuziehen, in dem es ebenfalls um Religion geht.

Umgekehrt können die SchülerInnen im Zuge der bundesweit eingeführten Einheitlichen Prüfungsanforderungen (EPA) für das Abitur im Fach Religion in Zukunft neben traditionellen Aufgabenformen auch eine so genannte Gestaltungsaufgabe wählen, welche den Umgang mit unterschiedlichen Materialien, gegebenenfalls auch deren Auswahl, immer jedoch deren Erschließung und Bearbeitung im Hinblick auf produktionsorientierte Lösungen fachspezifischer Aufgabenstellungen verlangt. Unter produktionsorientierter Lösung wird die Herstellung eines adressatenbezogenen Textes verstanden, der die Beherrschung der formalen und inhaltlichen Kriterien der entsprechenden Textgattung voraussetzt (z. B. Leserbrief, Rezension, Interview, Zeitungsartikel, Kommentar, Glosse, Essay, Dialog, Rede, Brief, Gleichnis, Liedtext). Nicht zuletzt diese Neuerungen der EPA werden daher eine engere Kooperation von Deutsch- und Religionsdidaktik unverzichtbar machen, um derartige neue Aufgabenformen im Unterricht einzuüben, in Prüfungen auszuprobieren und bewerten zu können.

Das kreative Umgehen mit verschiedenen Textgattungen und ihrem Adressatenbezug „erdet" die im Religionsunterricht behandelte Thematik bereits und prüft sie auf ihre Relevanz. Das Umgehen mit literarischen Texten eröffnet in einem anders ausgerichteten Schritt auch für den *Religionsunterricht* Räume, in denen die Skepsis der Philologie Anlass zur kritischen Selbstüberprüfung theologischer Rede liefert. Literarische Texte – und ihre Deutungen – erschließen als konkurrierende Wirklichkeitsdeutungen eigene Realitätsebenen. Hier werden oft genug Bereiche des menschlichen Daseins angesprochen, die etwa binnenkirchlich sonst kaum Gehör finden. Hier kommen andere Stimmen und Wirklichkeitsdeutungen zu Wort, die ungewohnt, provokativ, im positiven Sinne herausfordernd sein können, ja: in denen sich möglicherweise auch an Religion Interessierte eher wieder finden als in den traditionellen Sprachspielen von Dogmatik, Katechese und Liturgie. Literatur kann vor allem die Fähigkeit fördern, die Mehrdimensionalität von Wirklichkeit wahrzunehmen und so ein Mittel gegen den häufig zu beobachtenden Wirklichkeitsverlust theologischen Sprechens und Denkens werden.

Eine ernüchternde Erfahrung für viele ReligionslehrerInnen ist es ja, bei allem Bemühen um Korrelation dennoch die Fragen und Anliegen der Schülergeneration zu verfehlen, weil der Abstand zwischen der Wirklichkeit der Lehrenden und derjenigen der SchülerInnen kaum überbrückbar groß erscheint. Altersgerechte Kinder- und Jugendbücher, die im weiten Sinn religiöse Grundfragen aufwerfen, können hier eine Brücke und einen „fiktionalen Erfahrungsraum"[49] bieten, über den gemeinsam nachzudenken sich lohnt. Mit dieser Absicht hat Mirjam Zimmermann mit ihrem Autorinnenteam eine Auswahl von geeigneten Kinder- und Jugendbüchern mit Unterrichtsentwürfen von Klasse 5 bis 10 erschlossen und ihre Sammlung mit dem Satz von Hannah Arendt eingeleitet: „Das Geschichtenerzählen enthüllt den Sinn, ohne den Fehler zu begehen, ihn zu benennen."[50]

5.5 Möglichkeitsandeutung

Literatur lebt schließlich nicht nur von erfahrener, „erschriebener" und erschlossener Wirklichkeit, sondern vor allem – wie es Robert Musil in seinem epochalen Roman „Der Mann ohne Eigenschaften" (1930)

---

49 Zimmermann 2006, 6.
50 Ebd., 5.

benannt hat – vom „Möglichkeitssinn". „Möglichkeitssinn", das sei die zentrale Fähigkeit, „alles, was ebensogut sein könnte, zu denken, und das, was ist, nicht wichtiger zu nehmen als das, was nicht ist." Das so benannte, fiktiv erahnte Mögliche könne man, so Musil weiter in erstaunlich theologisch geprägter Terminologie, sogar „die noch nicht erwachten Absichten Gottes" nennen, denn es habe „etwas sehr Göttliches in sich, ein Feuer, einen Flug, einen Bauwillen und bewussten Utopismus, der die Wirklichkeit nicht scheut, wohl aber als Aufgabe und Erfindung behandelt."[51] Gerade die Kraft solcher Visionen dessen, was sein *könnte,* zeichnet die besondere Faszination literarischer Texte aus. In einer damit vergleichbaren ,Grammatik der Sehnsucht' sind auch theologisch alle Aussagen über Gott letztlich beheimatet.

Es darf dabei nicht zu einer Verwischung der Sprachebenen kommen. Sicherlich zeichnen sich religiöse und literarische Sprache durch große Gemeinsamkeiten aus: Beide verdichten Wirklichkeit und weisen über sich selbst hinaus, ,transzendieren' also Wirklichkeit. Dennoch gibt es vom Selbstanspruch her einen zentralen Unterschied, den der evangelische Religionspädagoge Peter Biehl in Bezugnahme auf Paul Ricœur deutlich benennt. Zunächst geht Biehl so weit zu behaupten: „Dichterische wie religiöse Sprache haben offenbarenden Charakter, sie eröffnen nämlich von sich her das Angebot einer Welt, in die hinein ich meine eigensten Möglichkeiten entwerfen kann." Sein Offenbarungsbegriff entspricht hier also nicht dem gängigen theologischen Sprachgebrauch. Entscheidend dann jedoch die Differenzierung: „Religiöse Sprache modifiziert diesen offenbarenden Charakter dichterischer Sprache dadurch, dass sie den allgemeinen Charakteristika der Dichtung die Verbindung eines Ur-Bezugspunktes – ,Gott' – hinzufügt und damit zu einer Sinnverwandlung dichterischer Sprache führt."[52]

Zunächst teilen literarische und religiöse Texte also einen allgemeinen Transzendenzanspruch im Sinne eines Sich-Selbst-Überschreitens, ohne dass es eine jenseitige Macht geben müsse, welche diesen Prozess ermöglicht. Diese Dimension ist auch in literaturwissenschaftlichen Verfahren erschließbar. Im Selbstanspruch der Theologie ist der Transzendenzbezug religiöser Sprache freilich keineswegs ausschließlich ein menschliches Sich-Selbst-Überschreiten, sondern ein von Gott gewährter Prozess des Sich-Öffnens auf Gott hin. Im *Deutschunterricht*

---

51 MUSIL 1930, 16.
52 BIEHL 1983, 104f.

kann so von der Theologie das religiöse Verständnis dieses Möglich-
keitssinns, dieses Transzendenzanspruchs erschlossen werden. Im *Religionsunterricht* kann es umgekehrt möglich werden, von LiteratInnen
und LiteraturwissenschaftlerInnen ein nicht-religiöses Verständnis von
Transzendenz zu lernen.

Im Spektrum dieser fünf Gewinndimensionen – Textspiegelung,
Sprachsensibilisierung, Erfahrungserweiterung, Wirklichkeitserschließung und Möglichkeitsandeutung – lassen sich die gegenseitigen Herausforderungen und Chancen in der Kooperation von Deutsch- und
Religionsunterricht differenzierter fassen als in der Rede vom ‚Dialog‘.
Aber gleich eingestanden: Auch diese fünf didaktischen Leitbegriffe
sind nur provisorische Hilfsbegriffe, die zur Schärfung, Überprüfung
und Verbesserung vorgeschlagen werden und sich in der Praxis als hilfreich bewähren müssen.

Literatur

Baltz, Ursula, Theologie und Poesie. Annäherungen an einen komplexen Problemzusammenhang zwischen Theologie und Literaturwissenschaft, Frankfurt a. M. 1983.

Baltz, Ursula/Luther, Henning, Von der Angewiesenheit des Theologen auf literarische Kultur, in: Themen der Praktischen Theologie – Theologia Practica 18 (1983), H. 3/4, 49–54.

Baltz-Otto, Ursula, „Religion und Literatur". Theologie und Literaturwissenschaft, in: Jahrbuch für Religionspädagogik 4/1987, 21–41.

Biehl, Peter, Religiöse Sprache und Alltagserfahrung. Zur Aufgabe einer poetischen Didaktik, in: Themen der praktischen Theologie – Theologia Practica 18 (1983), 101–109.

Brinkmann, Richard, Theologie und Literaturwissenschaft. Die freundlichen Brüder, in: Theologische Quartalschrift 157 (1977), 219–222.

Crimmann, Ralph P., Literaturtheologie. Studien zur Vermittlungsproblematik zwischen Germanistik und Theologie, Dichtung und Glaube, Literaturdidaktik und Religionspädagogik, Frankfurt a. M. 1978.

Farbe bekennen 13. Unterrichtswerk für katholische Religionslehre in der gymnasialen Oberstufe, München 1996.

Garhammer, Erich/Langenhorst, Georg (Hg.), Schreiben ist Totenerweckung: Theologie und Literatur, Würzburg 2005.

Görner, Rüdiger, Unerhörte Klagen. Deutsche Elegien des 20. Jahrhunderts, Frankfurt/Leipzig 2000.

Hahn, Friedrich, Moderne Literatur im kirchlichen Unterricht, München 1963.

Halbfas, Hubertus, Fundamentalkatechetik. Sprache und Erfahrung im Religionsunterricht, Stuttgart 1972.

Heil, Stefan, Die Rede von Gott im Werk Ödön von Horváths. Eine erfahrungstheologische und pragmatische Autobiographie- und Literaturinterpretation mit einer religionsdidaktischen Reflexion, Ostfildern 1999.

Heumann, Jürgen (Hg.), Über Gott und die Welt. Religion, Sinn und Werte im Kinder- und Jugendbuch, Frankfurt a. M. u. a. 2005.

Huizing, Klaas, Ästhetische Theologie, Bd. 1: Der erlesene Mensch. Eine literarische Anthropologie, Stuttgart 2000.

Hussong, Martin, Theoretisches Defizit – problematische Praxis. Kritische Bemerkungen zur Literatur über Dichtung im Religionsunterricht, in: Der Evangelische Erzieher 27 (1975), 358–369.

Kienecker, Friedrich: Der Mensch in der modernen Lyrik. Eine Handreichung zur Interpretation, Essen 1970.

LANGENHORST, ANNEGRET, Von der Spiritualität des lesenden Menschen, in: LEBENDIGE SEELSORGE 55 (2004), 118–123 (= 2004a).

LANGENHORST, ANNEGRET, „Alles hat seine Stunde" – auch Kohelet im Unterricht?, in: RHS 47 (2004), 357–362 (=2004b).

LANGENHORST, ANNEGRET, „… die Gottes Gnade fanden zu guter Letzt". Eine theologische Lektüre des Romans „Houwelandt" von John von Düffel, in: ECKHOLT, MARGIT/PEMSEL-MAIER, SABINE (Hg.), Räume der Gnade. Interkulturelle Perspektiven auf die christliche Erlösungsbotschaft, Ostfildern 2006, 162–172.

LANGENHORST, GEORG, Gedichte zur Bibel. Texte – Interpretationen – Methoden. Ein Werkbuch für Schule und Gemeinde, München 2001.

LANGENHORST, GEORG, Gedichte zur Gottesfrage. Texte – Interpretationen – Methoden. Ein Werkbuch für Schule und Gemeinde, München 2003.

LANGENHORST, GEORG, Theologie und Literatur. Ein Handbuch, Darmstadt 2005.

LANGENHORST, GEORG (Hg.), Christliche Literatur für unsere Zeit. 50 Leseempfehlungen, München 2007.

LANGENHORST, GEORG, „Ich gönne mir das Wort Gott". Annäherungen an Gott in der Gegenwartsliteratur, Freiburg/Basel/Wien 2009.

MOTTÉ, MAGDA, Religiöse Erfahrung in modernen Gedichten. Texte, Interpretationen, Unterrichtsskizzen, Freiburg/Basel/Wien 1972.

MULISCH, HARRY, Die Procedur, Reinbek 2000.

MUSIL, ROBERT, Der Mann ohne Eigenschaften. 1930–43, hg. von Adolf Frisé, Reinbek 2001.

RÖCKEL, GERHARD/BUBOLZ, GEORG, Texte erschließen. Grundlagen – Methoden – Beispiele für den Deutsch- und Religionsunterricht, Düsseldorf 2006.

SAJAK, CLAUSS PETER, Exil als Krisis. Selbstkundgabe, Erinnerung und Realisation als Beitrag deutschsprachiger Exilliteratur zu einer narrativen Religionsdidaktik, Ostfildern 1998.

SCHRÖER, HENNING, Moderne deutsche Literatur in Predigt und Religionsunterricht. Überlegungen zur Wahrnehmung heilsamer Provokationen, Heidelberg 1972.

SCHULZ, PETRA/MALTER, REBEKKA, Schräge Perspektiven. Unterrichtscollagen im Spannungsfeld von Theologie, Literatur und Alltagswelt, Neukirchen-Vluyn 2006.

SISTERMANN, ROLF, Literatur und Ideologie im Religionsunterricht. Die ideologiekritische Behandlung literarischer Texte, Freiburg/Basel/Wien 1979.

Wolf, Bernhard, Domestizierte Texte. Bedeutung und Funktion moderner Literatur im Religionsunterricht, in: Der Evangelische Erzieher 27 (1975), 358–369.

Zimmermann, Mirjam (Hg.), Religionsunterricht praktisch mit Jugendliteratur. Materialien für die Sekundarstufe I, Göttingen 2006.

Zisler, Kurt, Literatur in den Büchern für den Religionsunterricht, in: Theologisch-Praktische Quartalschrift 152 (2004), 49–60.

Jan Hollm/Manfred L. Pirner

„The boundary is the best place for acquiring knowledge"[1] Religionsdidaktik und Englischdidaktik im Dialog

Abstract
Vor dem Hintergrund eines weitgehend fehlenden Gesprächs zwischen Eng-
lischdidaktik und Religionsdidaktik sowie nur sporadischer Zusammenar-
beit zwischen den beiden Unterrichtsfächern werden grundlegend mögliche
Dialog- und Kooperationsfelder sondiert: Das Verständnis von Bildung (ins-
besondere angesichts PISA und Kompetenzorientierung); die Auseinander-
setzung mit dem Fremden, insbesondere im Hinblick auf interkulturelles
Lernen; die Bedeutung von Sprache für fremdsprachliches und religiöses
Lernen; die Frage nach Schüler- und Lebensweltorientierung; schließlich
das bilinguale Lehren und Lernen als Herausforderung für Englisch- und
Religionsunterricht.

1. Bestandsaufnahme: Was für ein Dialog?

1.1 Bestandsaufnahme aus englischdidaktischer Perspektive (Hollm)

Religion spielt im gegenwärtigen Englischunterricht bestenfalls eine marginale Rolle. In den aktuell wirkungsmächtigsten Einführungen und Handbüchern zur englischen Fachdidaktik im deutschsprachigen Raum werden Glaube und Religion so gut wie gar nicht thematisiert.[2] Zwar findet sich gelegentlich ein Hinweis auf die Möglichkeit, das Fach „Religion" bilingual zu unterrichten[3], und in der fachdidaktischen Einführung *Introduction to English Language Teaching* wird z. B. eine Auseinandersetzung mit dem Thema „Thanksgiving" als ein Lehrbeispiel

---

1   PAUL TILLICH, deutsch-amerikanischer Theologe (Zitat in: On the boundary. An autobiographical sketch, London 1967, 13).
2   Vgl. z. B. BAUM/GOHRBANDT 2007, BAUSCH 2003, DOFF/KLIPPEL 2007, GEHRING 2004, MÜLLER-HARTMANN/SCHOCKER v. DITFURTH 2004, ROCHE 2005, TIMM 1998, UR 2006, WESKAMP 2001.
3   SCHMID-SCHÖNBEIN/SIEGISMUND in TIMM 1998, 201.

über Formen interkultureller Kompetenzvermittlung bei der Durchführung von e-mail-Projekten zwischen deutschen und muttersprachlichen Klassen benannt[4], aber von einer systematischen Auseinandersetzung mit dem Thema „Religion im Englischunterricht" kann nicht die Rede sein. Dieser Befund der Nichtbeachtung religiöser Fragestellungen im Englischunterricht bestätigt sich bei der Durchsicht englischdidaktischer Fachzeitschriften[5] und Forschungsbibliographien.[6]

Etwas anders stellt sich die Situation dar, wenn man die Lehrpläne für den Englischunterricht in den einzelnen Bundesländern analysiert. Für die Primar- und die Sekundarstufe finden sich durchgängig Vorgaben, dass religiöse Feiertage, Feste und Gebräuche in englischsprachigen Ländern thematisiert werden sollen. Diese pädagogische und fachdidaktische Zielsetzung machen insbesondere die Festlegungen in Bremen explizit, die als interkulturelle Ziele des Englischunterrichts in der Sekundarstufe I unter anderem feststellen:

„Das Kennenlernen von Sitten, Gebräuchen und Ritualen, die Einordnung von Festen, religiösen und nationalen Feiertagen und kulturellen Ereignissen, das Aufmerksammachen auf Besonderheiten bei Ess- und Trinkgewohnheiten sowie in Kleidungsfragen gehören ebenso zu einer erfolgreichen Kommunikation mit den Partnern wie das richtige Deuten von Sprach- und Verhaltensmustern, Mimik und Gestik. [...]

Die Schülerinnen und Schüler müssen in diesem Prozess – am Beispiel der eigenen und der Zielsprachenkultur(en) – allerdings auch ein Gespür entwickeln für jene kommunikativen Bereiche, die in Kulturen in unterschiedlicher Weise affektiv besetzt sind und daher mit Behutsamkeit und Einfühlungsvermögen thematisiert werden sollen (Beispiele: Glaubensfragen [...]).“[7]

Des Weiteren lassen sich curriculare Vorgaben identifizieren, die in besonderem Maße – aber nicht ausschließlich – für die gymnasiale Oberstufe benannt werden, nämlich die Forderung nach einer Auseinandersetzung mit der historisch-politischen Relevanz von Religion in

4 Müller-Hartmann/Schocker v. Ditfurth 2004, 109–112.
5 Exemplarische Durchsicht der folgenden Zeitschriften seit dem Erscheinungsjahr 2000: *Der fremdsprachliche Unterricht Englisch, English Language Teaching, Fremdsprachen Lehren und Lernen, Neusprachliche Mitteilungen, Praxis des neusprachlichen Unterrichts, Zeitschrift für Fremdsprachenforschung, Zielsprache Englisch.*
6 Vgl. z. B. die Datenbank FIS BILDUNG.
7 Senator für Bildung und Wissenschaft 2001, 18.

englischsprachigen Ländern.[8] Eine besondere Bedeutung wird in diesem Zusammenhang dem Themenbereich „Religionen und Kulturen in multikulturellen Kontexten" zugemessen.[9] Des Weiteren gibt es inhaltliche Schwerpunktsetzungen im Bereich der religiösen Einflüsse in der amerikanischen Geschichte und bei den konfessionellen Hintergründen im Nordirlandkonflikt.[10]

Im Englischunterricht der Oberstufe findet sich der Themenbereich „religiöses Leben" verstärkt z. B. in Bayern wieder. Dort wird Religion in vertiefender Weise im Leistungskurs, aber allgemein auch im Grundkurs zum Gegenstand des Englischunterrichts erklärt.[11]

„Grundkurs Jahrgangsstufe 13 [...]
Vertiefung einzelner Aspekte des politischen und gesellschaftlichen Lebens im UK und in den USA, z. B. [...] religiöses Leben."[12]

„Leistungskurs Jahrgangsstufen 12 und 13
– die Bedeutung der Religion in Staat und Gesellschaft im UK und in den USA [...]
– Entstehung und heutige Rolle der englischen Staatskirche; Puritanismus und puritanisches Erbe; religiöse Vielfalt, Politik und Religion
– Verdeutlichen der Vielfalt religiösen Lebens, Aufzeigen des Einflusses der Religion in Staat und Gesellschaft; Achten der religiösen Überzeugungen anderer."[13]

Die curricularen Vorgaben finden ihre Entsprechung in den von den Schulbuchverlagen angebotenen Lehrwerken, wobei das geringe Gewicht, das diesem Themengebiet zugemessen wird, ins Auge fällt. So behandelt das weit verbreitete Lehrwerk für das Gymnasium „English G 2000" Religion nur an zwei Stellen, nämlich als es um jüdische Einwanderer in New York geht und als der konfessionelle Hintergrund der Konflikte in der Geschichte Irlands beschrieben wird. Insgesamt lässt sich festhalten, dass in dieser Lehrbuchreihe, die für sechs Schuljahre konzipiert ist und insgesamt knapp 1.200 Seiten umfasst, nur auf einer dreiviertel Seite religiöse Themen angesprochen werden.[14] Ähnlich ver-

---

8   Vgl. z. B. BAYRISCHES STAATSMINISTERIUM FÜR KULTUS UND UNTERRICHT 1990, 56.
9   Vgl. z. B. SENATSVERWALTUNG FÜR BILDUNG, JUGEND UND SPORT 2006, 49.
10 Vgl. z. B. MINISTERIUM FÜR BILDUNG, JUGEND UND SPORT BRANDENBURG 2002, 45.
11 Vgl. BAYRISCHES STAATSMINISTERIUM FÜR KULTUS UND UNTERRICHT 1990.
12 Ebd., 46.
13 Ebd., 55ff.
14 Bd. A4, 51f.; Bd. A5, 50.

hält sich die Situation bei anderen Lehrwerken, die für die Haupt, Real- und Gesamtschule angeboten werden.[15]

Die etwas stärkere Aufmerksamkeit, die Religion im Englischunterricht der Oberstufe in einigen Bundesländern erfährt, schlägt sich auch im Fokus von Lehrmaterialien für die Oberstufe nieder. In diesem Zusammenhang sei besonders das Viewfinder-Heft „Religion in the U. S. A.: In God We Trust"[16] erwähnt. Trotz oder gerade wegen dieser singulären Beispiele, wie religiöse Gegenstände im Englischunterricht behandelt werden, lässt sich aber zusammenfassend sagen, dass dem Thema „Religion" gegenwärtig nur eine punktuelle Relevanz im Kontext der schulischen Vermittlung von Englisch attestiert werden kann.

1.2 Bestandsaufnahme aus religionsdidaktischer Perspektive (Pirner)

Auch aus religionsdidaktischer Perspektive kann bis in die jüngste Zeit von einem Dialog mit der Englischdidaktik *auf der wissenschaftlichen Ebene* kaum die Rede sein. Spezifische Beiträge finden sich bis über die Schwelle des neuen Jahrtausends so gut wie nicht, und auch in Aufsätzen zum fächerübergreifenden oder fächerverbindenden Unterrichten sowie zur Projektarbeit kommt das Fach Englisch kaum in den Blick.[17] In *Unterrichtsentwürfen, Materialhilfen und Schulbüchern* wird zumindest ab und zu auf mögliche Bezüge zum Englischunterricht verwiesen, meist wenn es um Spirituals[18], um populäre Kultur[19] oder die Neuen Medien geht[20], sowie im Rahmen von fächerübergreifenden Projekten.[21]

Was die *Lehrpläne* angeht, so sind, abgesehen von vereinzelten Hinweisen bei bestimmten Unterrichtsthemen, in manchen Bundesländern systematische Querverweise zwischen den Unterrichtsfächern eingearbeitet, unter denen sich aber auffallend wenige zwischen RU und EU finden. Es ist teilweise nur schwer nachvollziehbar, dass bei Themen des RU wie z. B. „Fremde Menschen – andere Menschen" oder „Leben in der Einen Welt" unter vielen Bezügen zu anderen Unterrichtsfächern der Englischunterricht *nicht* genannt wird.[22]

---

15 Exemplarisch untersucht wurden „Highlight" und „Red Line New".
16 Rediker/Turner 1997.
17 Vgl. etwa Zöller 2005; Dieterich 2002.
18 Vgl. Jost 2003, 105.
19 Vgl. z. B. Buschmann 1998.
20 Vgl. z. B. Bosold 1991; Mertin 1999.
21 Vgl. z. B. Klemm 1996; Ivkovits 1997.
22 Vgl. z. B. Ministerium für Kultus, Jugend und Sport Baden-Württemberg 1994.

Zwei neuere Tendenzen lassen sich in den Lehrplänen feststellen: *Zum einen* wirkt sich die Orientierung an Bildungsstandards bzw. Kompetenzformulierungen offensichtlich ambivalent auf fächerübergreifende Perspektiven aus. Zwar werden neben fachspezifischen auch gemeinsame Kompetenzfelder betont, und in manchen Schularten sind Einzelfächer zu Fächerverbünden zusammengelegt worden; jedoch finden sich z. B. im aktuellen Bildungsplan von Baden-Württemberg keine über die Fächerverbünde hinaus gehenden konkreten (thematischen) Bezüge auf andere Unterrichtsfächer mehr, wie sie noch im Vorläufer-Bildungsplan vorkamen. *Zum anderen* ist durch die Einführung des Englischunterrichts an den Grundschulen die weit gehende Verzahnung des Englisch-Lernens mit anderen Lernbereichen im Rahmen des integrativen Grundschulunterrichts bildungspolitisch gewünscht und gefördert.[23]

Einen Hinweis auf die ‚wirkliche' *Praxis* in den Schulen können die Ergebnisse einer von mir durchgeführten empirischen Studie aus dem Herbst 1999 geben.[24] Von den befragten 286 Religionslehrkräften aus den drei Bundesländern Bayern, Nordrhein-Westfalen und Thüringen hielten immerhin 88 Prozent die fächerübergreifende Zusammenarbeit mit anderen Unterrichtsfächern für wichtig oder sehr wichtig, 31 Prozent allerdings auch für „schwierig". Die meisten tatsächlich durchgeführten Kooperationen liefen nach Angaben der Lehrkräfte mit den Fächern Deutsch, Kunst und Erdkunde; mit einem Fremdsprachenfach haben aber immerhin 11 Prozent (32 Lehrkräfte) „ab und zu" und 1,3 Prozent (4 Lehrkräfte) „oft" zusammengearbeitet. Im Internet finden sich außerdem vereinzelte dokumentierte Kooperationen zwischen RU und EU, die meist im Rahmen von größeren fächerübergreifenden, manchmal auch internationalen Schul-Projekten stattgefunden haben.[25]

In besonderer Weise zu erwarten wären Bezüge des Englischunterrichts zum religiösen Lernen sowie allgemein auf Religion und Christentum an *Schulen in kirchlicher oder christlicher Trägerschaft,* die in der Regel ein christlich orientiertes pädagogisches Gesamtkonzept propagieren, das sich auch über den RU hinaus in anderen Fächern sowie in fächerverbindenden Kooperationen niederschlägt. Auch hier findet sich in

---

23 Vgl. die „Ergänzung zum Bildungsplan Grundschule" des Baden-Württemberger Kultusministeriums von 2003/04 (http://www.ls-bw.de/allg/lp/bpgse.pdf).
24 Die Gesamtstudie ist veröffentlicht in: PIRNER 2004a.
25 Vgl. z. B. GINDT/HAAR 2006, ZEIDLER 2006.

der vorhandenen, frei zugänglichen Literatur nur wenig[26]; es wäre sicher lohnenswert, diesbezüglich an den Schulen genauer nachzuforschen.

Erst in allerjüngster Zeit werden auch Bezüge zwischen EU und RU im Kontext des *bilingualen Lehrens und Lernens* in Theorie und Praxis hergestellt.[27] Der bilinguale, meist englischsprachige RU wird dabei nicht nur vom allgemeinen, bildungspolitisch geförderten Boom bilingualer Angebote an deutschen Schulen getragen, sondern gewinnt auch eine besondere Relevanz im Rahmen der Europalehramtsstudiengänge sowie im Rahmen der oben bereits erwähnten Einführung des Englisch-Lernens an den Grundschulen. Auch die programmatischen Intentionen mancher Bundesländer in Richtung einer Ausweitung des Fächerkanons für den bilingualen Unterricht (besonders in Hessen und Baden-Württemberg) sowie modularer Alternativen zum bilingualen Jahrgangsunterricht[28] lassen den RU neuerdings verstärkt als mögliches und lohnendes Bilingualfach in den Blick kommen (Genaueres unter 2.5).

2. Chancenreiche Dialogfelder

2.1 Was ist Bildung? Die normative Fragestellung

Die pragmatischen Tendenzen in der gegenwärtigen Bildungsdiskussion, wie sie sich mit den Stichworten „Bildungsstandards", „Kompetenzorientierung" und „Output-Orientierung" andeuten lassen, fordern alle Fachdidaktiken heraus. Dabei scheinen die Fremdsprachendidaktiken allerdings wenig Probleme zu haben, weil sie ja gerade ein sehr pragmatisches und weithin anerkanntes Ziel verfolgen, nämlich den SchülerInnen die Verständigung in einer fremden Sprache zu ermöglichen. Bei einer Durchsicht der curricularen Vorgaben in den sechzehn Bundesländern und einer Analyse der aktuellen fachdidaktischen Literatur kristallisiert sich als Befund heraus, dass dem Englischunterricht in Deutschland zu Beginn des 21. Jahrhunderts im Wesentlichen *zwei Aufgaben*

---

26 Vgl. z. B. Gräf 2007.
27 Vgl. Bader 1999/2001; Braunmühl 2000; Felderbauer 2004; Pirner 2004b, 2006, 2007; Pirner/Aichler 2005, 2006; Aichler 2007.
28 Vgl. Ministerium für Kultus, Jugend und Sport Baden-Württemberg 2006.

zugewiesen werden, nämlich *die Entwicklung von kommunikativer und von interkultureller Kompetenz.*[29]

Schon seit den 1970er Jahren besteht Konsens darüber, dass als *zentrale Aufgabe des Englischunterrichts die Vermittlung von kommunikativen Fertigkeiten in der Fremdsprache zu sehen ist.*[30] Die Ausbildung rezeptiver Fähigkeiten wie das Hör- und Leseverstehen in der englischen Sprache und produktiver Fähigkeiten wie das Sprechen und Schreiben auf Englisch stehen hierbei im Vordergrund. Schließlich soll auch die Kompetenz erworben werden, sprachmittelnd tätig zu werden, also z. B. in einem Laden zwischen einem englischsprachigen Käufer, der des Deutschen nicht mächtig ist, und rein deutschsprachigem Verkaufspersonal zu dolmetschen. Und seit den 1990er Jahren ist man sich weitgehend einig, dass als zweiter zentraler Lernbereich im Englischunterricht *die Vermittlung interkultureller Kompetenzen* zu identifizieren ist. Gerade im zusammenwachsenden Europa wird der Weltsprache Englisch eine wichtige Funktion als internationale Begegnungs- und Verständigungssprache zugewiesen, für die auch landeskundliches, kulturelles Hintergrundwissen von Bedeutung ist.

Die Religionsdidaktik ist gegenüber der Englischdidaktik in viel stärkerem Maße gefordert, ihre Ziele zu explizieren und argumentativ zu begründen, weil die ,Brauchbarkeit' religiöser Bildung offensichtlich nicht so allgemein einsichtig ist wie die fremdsprachlicher Bildung – und auch nicht sein kann. Religiöse Bildung wird nämlich im religionspädagogischen Diskurs tendenziell im Sinne – und manchmal sogar als Inbegriff – eines emphatischen, selbstreflexiven Bildungsverständnisses gefasst, das *gerade nicht* primär durch die Funktionalität von erworbenem Wissen und praktischen Fertigkeiten bestimmt ist, sondern zuerst und vor allem durch ein *Selbstverhältnis und Selbstverständnis:* Der Heranwachsende soll darin unterstützt werden, sich selbst, sein Leben und seine Situation in seiner Lebenswelt differenziert wahrnehmen, deuten und reflektieren zu können.[31] Sowohl Bildung als auch Religion erscheinen grundlegend und zuerst als etwas Zweckfreies, aus dem heraus erst sekundär und gleichsam als ,Nebenwirkung' auch ,brauchbare' Kompetenzen erwachsen. Religiöse Bildung versteht sich in dieser Sicht

---

29 Beispielhaft vgl. MÜLLER-HARTMANN/SCHOCKER V. DITFURTH 2004 und MINISTERIUM FÜR SCHULE UND WEITERBILDUNG DES LANDES NORDRHEIN-WESTFALEN 2007, 20.

30 PIEPHO 1974.

31 Vgl. hierzu DRESSLER 2006 sowie PIRNER 2006b, 95f.

Jan Hollm/Manfred L. Pirner

in erster Linie als ein Angebot, sich mit Hilfe und auf Anregung von religiösen Deutungsperspektiven mit dem eigenen Selbst- und Weltverständnis auseinander zu setzen.

Auf dieser Linie liegt dann in der Regel auch die Bestimmung des ‚Globalziels‘ des (evangelischen und katholischen) RU als „religiöse Kompetenz“, welche, etwa im Bildungsplan von Baden-Württemberg von 2004, näherhin verstanden wird als „Fähigkeit, die Vielgestaltigkeit von Wirklichkeit wahrzunehmen und theologisch zu reflektieren, christliche Deutungen mit anderen zu vergleichen, die Wahrheitsfrage zu stellen und eine Position zu vertreten sowie sich in Freiheit auf religiöse Ausdrucks- und Sprachformen (z. B. Symbole und Rituale) einzulassen und sie mitzugestalten.“[32] Deutlich sind in solchen oder ähnlichen Zielformulierungen sowohl kommunikative als auch interkulturelle bzw. interreligiöse sowie hermeneutische Kompetenzen mit im Blick, die Bezüge zum Englischunterricht ermöglichen. Darüber hinaus gewinnen Ziele im Haltungs- und Einstellungsbereich für den RU eine besondere Bedeutung, z. B. Wachheit für letzte Fragen, Lebensfreude, Dankbarkeit für das eigene Leben und die ganze Schöpfung, Sensibilität für das Leiden anderer, Wertschätzung von (christlicher und anderer) Religion, Toleranz gegenüber anderen Religionen und Weltanschauungen.

Als wichtiger Unterschied zwischen EU und RU ist festzuhalten, dass aus religionsdidaktischer Sicht bildungstheoretische sowie Ziel- und Inhaltsfragen im Zentrum stehen, während in der Englischdidaktik die Methodenfragen einen herausgehobenen Stellenwert einnehmen, weil v. a. die Zielfragen, aber zum großen Teil auch die Inhaltsfragen als weitgehend geklärt betrachtet werden. Insbesondere die Ausbildung kommunikativer Fertigkeiten geht ja notwendiger- und sinnvollerweise einher mit der Entwicklung methodischer Fähigkeiten. So sollen die oben erwähnten rezeptiven und produktiven Sprachkompetenzen beim Umgang mit Texten und Medien in gleicher Weise geübt werden wie das selbstständige und kooperative Sprachenlernen. In diesem Zusammenhang ist als Ziel des Fremdsprachenerwerbs die Verfügbarkeit von sprachlichen Mitteln und sprachlicher Korrektheit in den Teilbereichen

32 Leitgedanken zum Kompetenzerwerb für Ev. Religionslehre, in: BILDUNGSPLAN BADEN-WÜRTTEMBERG 2004 (findet sich in allen Schularten; der Bildungsplan ist im Internet abrufbar unter: http://www.bildung-staerkt-menschen.de).

Phonetik und Phonologie, Lexik, Grammatik und Orthographie zu benennen.[33]

Aus religionsdidaktischer Sicht drängen sich hier Nachfragen auf. Blickt man in gängige Lehrbücher der Englischdidaktik, so gewinnt man den Eindruck, dass neben kommunikativer Kompetenz und interkulturellem Lernen weitere Bildungsziele kaum eine Rolle spielen.[34] Auch Inhalte scheinen, abgesehen von landeskundlichen und – in der höheren Sekundarstufe – literaturdidaktischen Themen, relativ pragmatisch-beliebig zu sein. Natürlich: im Vordergrund steht der Spracherwerb; nur: an welchen Texten und welchen Inhalten soll die fremde Sprache erworben werden?[35] Nach welchen Gesichtspunkten werden sie ausgewählt? Noch schärfer gefragt: Welches Verständnis von Mensch, Welt und Wirklichkeit, welche Werte und welche Vorstellungen von einem gelingenden Leben sowie einer lebensförderlichen Gesellschaft werden in Englisch-Textbüchern vermittelt? Werden die hier transportierten Werte und Normen bewusst didaktisch verantwortet oder bleiben sie implizit und damit Teil des ‚heimlichen Lehrplans‘, der den explizit angezielten Prozess des Sprachenlernens begleitet? Die in den oben skizzierten Analysen deutlich gewordene Marginalisierung von Religion ist möglicherweise nur *eine* unerkannte problematische Tendenz dieses heimlichen Lehrplans unter anderen. Im Folgenden wird versucht, diese Ausblendung von Religion aus dem EU durch zwei Deutungsvorschläge zu erklären, die zum einen auf dem heutigen staatlichen Bildungs- und Erziehungsauftrag und zum anderen auf dem dem Englischunterricht unterliegenden Menschenbild fußen.

Ausgehend von den Vorgaben des Grundgesetzes gründet das öffentliche Schulwesen in der Bundesrepublik Deutschland auf bildungs- und diskurspolitischen Vorstellungen einer pluralistischen, repräsentativen Demokratie, deren Funktionsprämisse multiperspektivische Offenheit ist, die im weltanschaulichen Bereich „neutral" zu bleiben hat. Für ein solches Gemeinwesen, dem außer den Menschenrechten und der pluralistischen Demokratie als Staatsform nichts „heilig" ist, stellen religiöse Überzeugungen, die auf Offenbarung gründen und eine ihnen eigene

---

33 Vgl. beispielsweise Ministerium für Schule und Weiterbildung des Landes Nordrhein-Westfalen 2007, 20.
34 So urteilen auch selbstkritisch Doff/Klippel 2007, 23f.
35 Doff/Klippel fordern, der EU müsse „den Inhalten und Textformen und auch den Umgangsweisen mit diesen Inhalten und Texten erhöhte Aufmerksamkeit schenken" (2007, 24).

Absolutheit postulieren, eine nicht-systemkonforme, da nicht säkulare Weltauseinandersetzung dar. Auf diese Problematik im Verhältnis von Demokratie und Religion gibt es spätestens seit dem 18. Jahrhundert unterschiedliche Reaktionen, aber da es in Deutschland anders als z. B. in den USA keine radikal-laizistische Tradition der Trennung von Staat und Kirche im öffentlichen Schulwesen gibt, bedarf es einer kontinuierlichen jeweils zeitgemäßen Feinjustierung des Verhältnisses dieser Gesellschafts- und Lebensbereiche auf dem Feld der Bildung. Ganz offensichtlich wird auf diese Problematik im Schulfach Englisch, das einen pragmatisch ausgerichteten Sprachvermittlungsunterricht anstrebt, in einer solchen Weise reagiert, dass Religion und Glaube so gut wie gar nicht thematisiert werden. Nur so scheinen sich insbesondere Schulbuchautoren in der Lage zu sehen, die weltanschauliche Neutralitätspflicht öffentlicher Bildung zu wahren. Darüber hinaus könnte auch ein negativ getöntes Bild von Religion im Hintergrund stehen, welches diese überwiegend als Ursache von Unfrieden und Streit wahrnimmt, weshalb man auch den ‚Unterrichtsfrieden' gefährdet sieht. In diesem Sinn hat z. B. die Schulleiterin einer englischsprachigen *International School* in einer deutschen Großstadt gegenüber einem der Autoren begründet, warum es an ihrer Schule keinen RU gebe.

Solche Problemindikatoren machen deutlich, wie wichtig das Gespräch zwischen Religionsdidaktik und Englischdidaktik wäre, um hier sowohl Vorurteilen als auch Unsicherheiten entgegenwirken zu können. Religionen sollten nicht einseitig nur als Quellen von Intoleranz und Streit verstanden und dargestellt werden, sondern ebenso als Quellen von Toleranz, Frieden und humanen Werten, die auch für pluralistisch-säkulare Gesellschaften und ihre Entwicklung wertvoll waren und sind. Auch für Kritik an inhumanen Formen von Religion ist dabei Platz, zumal Selbstkritik zu einem zentralen Merkmal insbesondere der jüdisch-christlichen Tradition gehört. Grundlegend ist aber nach wie vor die Aussage des Verfassungsrechtlers Ernst-Wolfgang Böckenförde: „Der freiheitliche, säkularisierte Staat lebt von Voraussetzungen, die er selbst nicht garantieren kann"[36]; die großen Kirchen tragen neben anderen zivilgesellschaftlichen Vereinigungen wesentlich dazu bei, Werte zu begründen, zu motivieren und zu konkretisieren, die für unsere Gesellschaft zentral sind. Und neben schlagzeilenträchtigen religiös ver-

---

36 Böckenförde 1991, 112.

brämten Gewalttaten sind weltweit zahllose wichtige Beiträge der Religionen zu Frieden und Versöhnung dokumentiert.[37]

Neben diesem vermuteten gesellschaftstheoretischen Grund für die Vernachlässigung von Religion im EU lässt sich noch auf eine anthropologische Dimension verweisen. Wie Jürgen Kurtz herausarbeitet, unterliegt dem heutigen methodisch-didaktischen Paradigma im Englischunterricht mehrheitlich ein post-behavioristisches, konstruktivistisches Menschenbild, d. h. eine Sicht der Englischlerner als mehr oder minder losgelöste, scheinbar autonome Erkenntnissubjekte[38]:

> „Die fremdsprachendidaktische Theoriediskussion der letzten Jahre bewegt sich unter dem rasch wachsenden Einfluss psychologisch, psycholinguistisch und konstruktivistisch geprägter Menschenbilder zunehmend auf eine anthropozentrisch-individualistische Vorstellung vom Lehren und Lernen einer Fremdsprache zu. Schülerinnen und Schüler werden danach als lernfähige ‚Systeme' bzw. als ‚Lernsubjekte' betrachtet, die in einem eigenaktiven und (vermeintlich) weitgehend sich selbst organisierenden, von außen nur bedingt beeinflussbaren Prozess der Sprachverarbeitung und Sprachaneignung allmählich und unter Einbeziehung von unterschiedlichen Strategien ihr Wissen über die Fremdsprache erweitern und ihre kommunikativen Fähigkeiten vervollkommnen."[39]

Wie Kurtz kritisch ausführt, legen viele empirische Befunde aus der Fremdsprachenunterrichtsforschung nahe, dass solch ein radikaler und funktionalistischer Konstruktivismus, der Vorstellungen einer eigenen Bedeutung des Einflusses von Lehrkräften im Lehr- und Lernprozess als „Instruktivismus" geradezu diffamiert, eine nur eingeschränkte Erklärungsmächtigkeit im Bereich des Fremdsprachenlernens besitzt. Im Kontext der uns interessierenden Frage kann die hier vorgestellte Paradigmenanalyse unseres Erachtens aber auch für die beschriebene Ausblendung von Religion und Glaube aus dem Englischunterricht erhellend wirken. Denn unter einer solchen anthropologisch-lerntheoretischen Perspektive kommen kulturelle Traditionen (wie die religiösen) und gegenwärtige Kulturbereiche (wie der Bereich der Religion) nur schwer angemessen in den didaktischen Blick.

---

37 Vgl. z. B. WEINGARDT 2007.
38 Vgl. KURTZ 2003, 153; s. auch BLEYHL 2004.
39 KURTZ 2003, 152.

2.2 Das Fremde und die Fremdsprache –
Perspektiven interkulturellen Lernens

Der Umgang mit dem Fremden ist durch die gegenwärtige gesellschaftliche Situation sowie die begleitenden Diskurse als zentrale Bildungsaufgabe in den Blick gekommen. Dabei kann es nicht ausreichen, etwa interkulturelle Bildung als zusätzlichen Lernbereich in die Unterrichtsfächer aufzunehmen oder sie dort zu verstärken, sondern die Frage nach dem Umgang mit dem Fremden betrifft das Verständnis von Bildung in umfassender Weise und seinem Kern.[40] Die Wahrnehmung des Fremden und Anderen gehörte von jeher zur klassischen Bildungstheorie und ist gerade heute neu in ihrer Relevanz für Bildungsprozesse zur Geltung zu bringen.[41] Um hier weiterzukommen, ist nach unserer Überzeugung nicht nur bildungstheoretische Arbeit aus der (allgemeinen) Erziehungswissenschaft, sondern auch aus den Fachdidaktiken gefordert.[42] In der (christlichen) Religionsdidaktik betrifft das Fremde, Andere insbesondere die unvertraut gewordene christliche Tradition, das vielen fremd gewordene Religiöse generell sowie die verschiedenen Religionen speziell bis hin zu dem als schlechthin Anderen und als immer in gewisser Weise fremd bleibend gedachten und erfahrenen Gott. Die Tendenz einer Hermeneutik des Fremden, wie sie religionsunterrichtlichem Lernen zugrunde gelegt wird, ist hier das Erschließen von Verständnis bei gleichzeitigem Respekt für die bleibende Andersheit des Anderen, welche Grenzen des Verstehens mit einschließt. Wie verhält sich dazu eine Fremdsprachendidaktik, deren Ziel die möglichst weitgehende Überwindung der Fremdheit der fremden Sprache und ein möglichst weitgehendes Eintauchen in die fremde Kultur darstellt? Hinweise gibt hier möglicherweise die v.a. soziolinguistisch fundierte Einsicht, dass eine umfassende kommunikative Kompetenz in der Fremdsprache kaum erreichbar ist und von daher den Lernenden auch Strategien vermittelt werden sollten, „um mit kulturellen Missverständnissen umzugehen."[43] Trotzdem bleibt als kritische Anfrage, ob nicht im Englischunterricht häufig etwas schnell und naiv eine „Hermeneutik der Horizontverschmelzung" (Gadamer) angezielt oder zugrunde gelegt wird.

40 Vgl. z.B. neuerdings Koller/Marotzki/Sanders 2007.
41 Vgl. Peukert 1994.
42 Vgl. als aktuelle Beiträge in der Religionsdidaktik Dressler 2006 und Grümme 2007.
43 Weskamp 2001, 88.

In der Englischdidaktik bezieht sich interkulturelles Lernen in der Regel im sprachlichen und geographischen Sinn auf andere Kulturen in Europa und der Welt sowie auf die vermittelnde Funktion der englischen Sprache als *lingua franca*. Hierbei wird davon ausgegangen, dass jeder Kontakt mit dem Fremden zu einer Auseinandersetzung mit dem Eigenen führt. Deswegen benennt z. B. der Kernlehrplan von Nordrhein-Westfalen Werte, Haltungen und Einstellungen als zentrale Gegenstandsbereiche, mit denen man sich bei der Vermittlung interkultureller Kompetenzen im Englischunterricht beschäftigen soll. Um Handeln in Begegnungssituationen zu ermöglichen, soll der Englischunterricht ein Orientierungswissen über fremde Kulturen bereitstellen, das die Schüler in Deutschland in die Lage versetzt, über persönliche relevante Lebensbereiche wie Ausbildung, Schule und Berufsorientierung, die Teilnahme am gesellschaftlichen Leben und die persönliche Lebensgestaltung zu kommunizieren.

Von solchen international-interkulturellen Perspektiven kann die Religionsdidaktik unseres Erachtens hilfreiche Impulse erhalten. In der Religionsdidaktik ist nämlich gerade in jüngerer Zeit ein recht ausgeprägter Deutschlandzentrismus zu konstatieren sowie eine gewisse Neigung, *interkulturelles* Lernen weitgehend mit *interreligiösem* Lernen gleichzusetzen. Dabei wird vielleicht zu wenig gesehen, dass die christliche Religion gerade auch durch die Wahrnehmung ihrer unterschiedlichen Erscheinungsformen und Kontexte in anderen Ländern und Kulturen (z. B. USA, Afrika, Ostasien) in ihrer möglichen Lebensbedeutsamkeit für Individuum und Gesellschaft erschlossen werden kann und dass auch die deutsche Situation und spezifisch ‚deutsche Themen‘ wie z. B. „Reformation“ oder „Kirche im Dritten Reich“ durch außerdeutsche und außereuropäische Perspektiven erhellende Beleuchtungen erfahren können. Das Erlernen einer Fremdsprache bildet jedenfalls eine ganz besondere Chance des Perspektivenwechsels und der Erfahrung der Andersartigkeit anderer Kulturen, die auch für den RU genutzt werden kann und sollte.

2.3 „Die Sprache ist unsere Welt“ – Perspektiven kommunikativen Lernens

Sprache kann sowohl als Instrument der Kommunikation (funktionales Verständnis) als auch als kultureller Bereich gesehen werden, der unsere Welt- und Selbsterfahrung entscheidend prägt (kulturelles Verständnis).

In zentralen philosophischen und kulturwissenschaftlichen Strömungen des 20. Jahrhunderts (v. a. Wittgenstein, analytische Philosophie, Ethnologie, Cultural Studies) ist primär das zweite Verständnis von Sprache herausgearbeitet worden. Es war der bekannte amerikanische Pädagoge und Medienkritiker Neil Postman, der vielleicht am breitenwirksamsten die Thematisierung dieser kulturprägenden, Welt- und Selbstverständnis formenden Kraft der Sprache in der öffentlichen Schule gefordert hat.[44] Weil Sprache unsere Welt ist, so lässt sich in seinem Sinn argumentieren, gehört es zentral zur Bildung, nicht nur Sprache zu beherrschen, sondern auch zu verstehen, wie wir von Sprache ‚beherrscht‘ werden, und die Mechanismen zu durchschauen, wie durch Sprache im weitesten Sinn (Bilder, Symbole, Zeichen, Medien) Wirklichkeit konstruiert wird. Diese Bildungsaufgabe stellt sich auch für den EU und den RU und trifft hier auf besondere Chancen. Ob sie auch genutzt werden, ist eine andere Frage.

Der EU scheint stark von einem instrumentellen Sprachverständnis bestimmt zu sein. Die „kommunikative Wende" in der englischen Fachdidaktik, die den Erwerb kommunikativer Kompetenz seit den 1970er Jahren ins Zentrum der Bemühungen rückte, löste methodisch-didaktische Zugänge ab, die stark vom traditionellen altphilologischen Sprachunterricht geprägt waren und die insbesondere auf die Vermittlung von Grammatikkenntnissen und Übersetzungskompetenzen ausgerichtet waren. Als neues Leitmotiv wurde der Primat des Sprachkönnens vor dem Sprachwissen postuliert. Das Motto „message before accuracy" machte deutlich, dass Kommunikationsfähigkeit als wichtiger angesehen wurde als sprachliche Korrektheit. Die metasprachliche Kommunikation ist in der Regel auf die Entwicklung von kommunikativer Kompetenz ausgerichtet und dient nach unserem Eindruck nur selten dazu, die sprachliche Konstruiertheit von Wirklichkeit erfahrbar zu machen, obwohl hierfür gerade im Fremdsprachenunterricht besondere Möglichkeiten liegen.

Im RU geht es insbesondere um „religiöse Sprache", die für heutige SchülerInnen häufig den Charakter einer Fremdsprache besitzt. Seit der an Gadamer anknüpfenden „Fundamentalkatechetik" von Hubertus Halbfas[45] und der in den 1980er Jahren sich entwickelnden Konzeption der Symboldidaktik ist in der Religionsdidaktik zunehmend betont worden, dass sich Religion und religiöse Erfahrung nur über Sprache

---

44 Vgl. Postman 1995, 190ff. und 215ff.
45 Halbfas 1968.

erschließen lässt. RU ist in diesem Sinn als Sprachunterricht aufzufas-
sen, wobei es diesem besonders um die spezifischen Sprachformen oder
Sprachspiele und ihr Verhältnis zu Wirklichkeit und Wahrheit geht.[46]
Das Verständnis von poetischer, symbolisch-mehrschichtiger und zei-
chenhaft-verweisender Sprache (im weiten Sinn von ‚Kommunikations-
formen') gilt als Voraussetzung für ein angemessenes Verständnis von
religiöser Sprache und damit auch als Bedingung für die mehrdimensionale Wahrnehmung von Wirklichkeit und Wahrheit. Poetisch-fiktionale
Geschichten haben eben einen anderen Wirklichkeitsbezug und können
in anderer Weise ‚wahr' sein als historische Berichte oder faktische Beschreibungen; dies gilt auch für religiöse Sprachmuster. Die konstruktive Kraft der Sprache kommt hierbei naturgemäß ebenso in den Blick
wie die problematischen prägend-dominierenden Tendenzen einer weitgehend objektivistischen Alltags- und (Populär-)Wissenschaftssprache.
Als weitere Rückfrage an die Englischdidaktik ergibt sich hier, ob und
inwieweit im EU die verschiedenen Sprachspiele, -dimensionen und
-bereiche zur Geltung kommen. Inwieweit schließt die angezielte kommunikative Kompetenz etwa die Fähigkeit ein, auch symbolische, fik-
tionale, mediale oder religiöse Äußerungen und Zeichen angemessen
verstehen und über sie kommunizieren zu können?

2.4 „An den Schülern dran?" –
Schülerorientierung in einer globalisierten Lebenswelt

„Religion ist Ergriffensein von dem, was uns unbedingt angeht." So lautet ein bekanntes Diktum des Theologen Paul Tillich. Es ist ein zentrales Ziel des RU, zu verdeutlichen, dass es Religion mit dem zu tun hat,
was uns Menschen unbedingt angeht, mit den zentralen existenziellen
Grundfragen menschlichen Lebens: Woher komme ich, wohin gehe ich,
wie finde ich einen Sinn im Leben, wie gehe ich mit schicksalhaften
Ereignissen um, wie kann Leben gelingen? Und dass religiöser Glaube
Lebenshilfe sein kann, hilfreiche Deutungsangebote für Situationen des
Glücks und Unglücks, der Freude und des Leids macht. Insofern geht es
im RU immer auch und ganz besonders um das, was die SchülerInnen
„unbedingt angeht", was sie beschäftigt und umtreibt. Schon deshalb
sollen die SchülerInnen im RU zu Wort kommen, ihre Fragen, Erfahrungen, Probleme und Perspektiven zur Sprache bringen können. Und

---

46 Vgl. hierzu v. a. SCHULTE 2001; siehe auch PIRNER 2002.

weil es in existenziellen und weltanschaulich-religiösen Angelegenheiten nur selten einfache Faktenantworten gibt, ist es wichtig, unterschiedliche Meinungen und Sichtweisen auszutauschen und miteinander ins Gespräch zu bringen. Diese Offenheit für Diskussionen, für eigene Themen und Meinungsäußerungen ist es auch, was Studierende bei einer Befragung im Rückblick am meisten an ihrem schulischen RU schätzen. RU ist von daher ein gesprächsintensives Fach, weil er sich – zumindest, wenn er gut ist – bemüht, „an den Schülern dran" zu sein.

Beim EU läuft die didaktische Argumentation offensichtlich umgekehrt: Das oberste Ziel ist, die SchülerInnen zur Sprachproduktion zu bringen, ihre Kommunikationsfähigkeit zu steigern; dazu werden Themen gesucht, welche die SchülerInnen zum eigenen Sprechen und Schreiben motivieren und welche ihnen helfen, ihre diesbezüglichen Kompetenzen weiter zu entwickeln. Andererseits bleiben die Themen bis in die mittlere Sekundarstufe hinein weitgehend im Bereich der Alltagskommunikation, die zunächst einmal – in recht klar vorgegebenen Schritten – erarbeitet werden soll. Die in der Englischdidaktik immer wieder einmal selbstkritisch angesprochene Paradoxie besteht darin, dass im EU die Inhalte tendenziell zum Sprachlernen funktionalisiert und damit in ihrer Bedeutsamkeit entwertet werden, gleichzeitig aber die SchülerInnen im EU zu eigenen sprachlichen Äußerungen angeregt werden sollen. Aber auch die SchülerInnen selbst als Persönlichkeiten mit ihren je eigenen Themen und Problemen interessieren im EU – wieder: tendenziell! – eigentlich nicht; es geht um das Erlernen der Fremdsprache, das anhand des Lehrbuchs systematisch voranschreitet und kaum Zeit für das lässt, was die SchülerInnen gegenwärtig besonders interessiert bzw. „unbedingt angeht". Vielleicht hat der EU das im Gegensatz zum RU auch weniger nötig, denn das Ziel des EU, das Erlernen der englischen Sprache, ist bei den SchülerInnen (und gesellschaftlich) so unumstritten anerkannt, dass eine ausreichende Lernmotivation sicher gestellt ist.

Diese Unterschiedlichkeit der beiden Didaktiken und ihrer Schulfächer kann als wechselseitige Herausforderung wahrgenommen werden. Kann der RU in puncto Sprachbewusstheit und Nutzenorientierung vom EU lernen, so kann dieser sich vom inhaltlichen ‚Tiefgang' und der ausgeprägten Schülerorientierung des RU anregen lassen. Existenzielle Themen, weltanschauliche, religiöse und ethische Fragen sollten im EU nicht ausgeklammert werden und entsprechende Überschneidungsfelder zwischen beiden Fächern stärker für kooperative Projekte genutzt werden.

Ein besonders bedeutsames solches Überschneidungsfeld kann im Bereich der populären Kultur gesehen werden. Die *populäre Medienkultur* ist stark internationalisiert und englischsprachig geprägt. Sie spielt zugleich in der Sozialisation der Heranwachsenden in westlichen Gesellschaften eine ganz herausragende Rolle. Und sie ist der Ort außerhalb der traditionellen Religionen, wo am umfangreichsten und intensivsten existenzielle Lebensfragen bis hin zu religiösen Fragen thematisiert werden. Die Funktionen und Inhalte der Mediengeschichten und -inszenierungen sind ohne ihre vielfältigen religiösen Bezüge kaum angemessen zu verstehen. Von solchen Einsichten ausgehend haben sich in der Religionsdidaktik Ansätze wie etwa der einer *medienweltorientierten Religionsdidaktik (Media Culture Approach of Religious Education)* entwickelt, welcher eine wechselseitige Erschließung von Religion(skultur) und Medienkultur anstrebt und dabei eine enge Verzahnung von religiöser Bildung und Medienbildung anvisiert.[47] In diesem Rahmen legen sich ein intensiviertes Gespräch mit der Englischdidaktik sowie Kooperationen zwischen RU und EU nahe.

In beiden Didaktiken wird zudem bislang u. E. zu wenig gesehen, dass gerade die Fremdsprachigkeit bei existenziellen, persönlich-schülernahen Themen besondere Lern- und Bildungschancen bietet. Wie sich auch empirisch stützen ließ, ermöglicht die fremde Sprache den SchülerInnen eine Distanznahme, die sich entkrampfend, kommunikations- und reflexionsfördernd auswirken kann: In der Fremdsprache fällt es manchen SchülerInnen leichter, ihre eigene Meinung zu Themen wie Abtreibung, Homosexualität oder Gottesglaube zu äußern, weil das fremdsprachliche Sprechen ähnlich wie eine Rollenübernahme empfunden wird, die einen gewissen Grad an Selbstdistanzierung zulässt.[48]

2.5 Bilinguales Lehren und Lernen – Herausforderungen für Englisch- und Religionsdidaktik

Als die wohl größte gemeinsame Herausforderung und gleichzeitig die beste Chance für gemeinsame Perspektiven und Kooperationen stellt sich für Englisch- und Religionsdidaktik gegenwärtig das Konzept des bilingualen Lehrens und Lernens bzw. des fremdsprachigen Sachfachunterrichts dar. Im Zuge eines regelrechten ‚bilingualen Booms‘ wird in

---

47 Vgl. dazu PIRNER 2001, 2005, 2008a, 2009; PIRNER/BREUER 2004.
48 Vgl. hierzu PIRNER 2007.

jüngster Zeit bildungspolitisch versucht, das Spektrum der Sachfächer über die bilingualen Standardfächer Geographie und Geschichte hinaus auszuweiten, wobei auch der RU stärker in den Blick kommt. Darüber hinaus werden alternativ zu den gymnasialspezifischen bilingualen Zügen modulorientierte Modelle erprobt, die sich auch an anderen Schularten, insbesondere an den Realschulen sowie in der Grundschule durchführen lassen.[49] Die Möglichkeit, einzelne Unterrichtseinheiten oder -bausteine auf Englisch zu gestalten, erscheint gerade auch für den RU eine attraktive, weil im Vergleich zu einem Jahrgangsunterricht flexiblere Weise des bilingualen Unterrichtens. Hier können Lehrkräfte selbst entscheiden, welche Themen sie als geeignet und welche sie als weniger geeignet für einen englischsprachigen RU ansehen.

Aus englischdidaktischer Sicht bietet sich der RU als Bilingual-Fach aus folgenden, teilweise bereits angesprochenen Gründen an: Er ist gesprächs- und kommunikationsintensiv, zeichnet sich durch ein breites Gegenstandsfeld und eine große Methodenvielfalt aus und betont eine expressive Verwendung von Sprache. Vor allem aber erschließt er einen Sprach- und Kulturbereich, der für internationale und interkulturelle Verständigung sowie für ein zusammenwachsendes Europa von erheblicher Bedeutung ist. Sollen die Heranwachsenden sich später zwar über wirtschaftliche und politische Themen international verständigen können, aber nicht über existenzielle, ethische und weltanschaulich-religiöse Fragen? Und das angesichts der Tatsache, dass die Religion nahezu überall auf der Welt eine wichtigere Rolle spielt als im säkularisierten West- und Mitteleuropa?

Auch aus religionsdidaktischer Sicht ergeben sich durch die Englischsprachigkeit besondere Lernchancen. Sie verweisen darauf, dass bilingualer RU nicht als Funktionalisierung des RU für das Fremdsprachenlernen verstanden werden muss – und auch nicht sollte. Die Englischsprachigkeit kann Impulse zur Überwindung der Deutschland-Zentriertheit des gängigen RU geben; der kontrastierende Blick auf andere Kulturen und von ihnen aus auf die eigene Kultur und Religion kann diese in besonderer Weise erschließen; die Fremdsprache kann im Sinne einer Didaktik der Verfremdung (scheinbar) allzu Gewohntes und Bekanntes in einem neuen Licht erscheinen lassen; die sprachlichen Schwierigkeiten im englischsprachigen RU können eine heilsame Ver-

---

49 Vgl. zu beiden Tendenzen MINISTERIUM FÜR KULTUS, JUGEND UND SPORT BADEN-WÜRTTEMBERG 2006.

langsamung von Lernprozessen sowie eine höhere Sprachbewusstheit fördern; bei manchen RU-Themen können englischsprachige Texte und Medien authentischer sein als deutsche Übersetzungen; und schließlich gewinnt der RU in aller Regel an Motivation bei den SchülerInnen sowie an Ansehen bei Lehrerkollegen und Eltern, wenn er sich an bilingualen Projekten beteiligt.[50]

Gemeinsame Aufgaben von Englischdidaktik und Religionsdidaktik in Bezug auf den bilingualen Unterricht liegen vor allem in der Entwicklung einer spezifischen Didaktik des fremdsprachigen Sachfachunterrichts, die weder einfach identisch mit einer Didaktik des EU noch mit der des Sachfachs sein kann. Eine Didaktik des bilingualen RU wird sich um die oben nur kurz angedeuteten Begründungsfragen ebenso bemühen wie um Fragen der Themenauswahl und ihrer Zuordnung zu spezifischen Lernchancen der Fremdsprachigkeit, um konzeptionelle Perspektiven und methodische Zugänge sowie um die bei all diesen Fragen zu berücksichtigenden Aspekte der fremdsprachlichen Lernfortschrittsentwicklung. Darüber hinaus fehlen insbesondere für den bilingualen RU Unterrichtsmaterialien und -entwürfe, die Lehrkräfte entlasten und ihnen Mut zu eigenen Unterrichtsversuchen machen. Im Bereich der Lehrerbildung sind, auch über spezielle Europalehramtsstudiengänge hinaus, Qualifizierungsangebote zu entwickeln, die möglichst alle drei Phasen der Lehreraus- und fortbildung umfassen. An der Pädagogischen Hochschule Ludwigsburg wurde in diesem Sinn in Zusammenarbeit mit den Realschullehrerseminaren die Ableistung eines Studienschwerpunkts bilinguales Lehren und Lernen mit bestimmten Qualifikationsbausteinen ermöglicht, welche dann durch ein Zertifikat dokumentiert wird.

3. Anregungen für die Praxis

3.1 Gute Gründe und Beispiele für die stärkere Beachtung von Religion im Englischunterricht

Angesichts der mannigfaltigen Aufgaben, die im Englischunterricht bewältigt werden müssen, damit Schüler eine Fremdsprache erwerben können, stellt sich die Frage, ob die bisherige weitgehende Ausblendung des Themengebiets „Religion" nicht sinnvoll und nötig ist, damit die

---

50 Vgl. dazu die empirische Studie PIRNER 2007.

Hauptziele des Englischunterrichts erreicht werden können. Gewiss wäre es schwer nachvollziehbar, wollte man dem Thema „Religion und Glaube" in Zukunft eine zentrale Rolle im Englischunterricht zuschreiben. Dennoch ist zu monieren, dass dieser Themenbereich gegenwärtig mehr oder minder einen „blinden Fleck" darstellt. Im Sinne einer „Didaktik des Fremdverstehens"[51] besitzt die Religion eine wichtige Bedeutung für eine interkulturelle Hermeneutik anglophoner Länder, so dass die Auseinandersetzung mit anders gearteten religiösen und konfessionellen Strukturen nötig ist. Auch besteht unseres Erachtens die Gefahr, dass dieses Thema durch eine Verdrängung ins Private dem öffentlichen, rational ausgerichteten Diskurs entzogen und dadurch ideologieanfälliger wird.

Einige wichtige Beispiele im Bereich des Englischen sind bereits genannt worden. So ist die Auseinandersetzung mit der speziellen amerikanischen Religiosität, die ihren Ursprung unter anderem in der Einwanderung von Gruppen wie den Puritanern hat, von eminenter Bedeutung, um ein Verständnis für die USA zu entwickeln. Eine Auseinandersetzung mit dem Phänomen, dass große Teile der amerikanischen Bevölkerung sich an religiösen Maßstäben ausrichten und gleichzeitig im öffentlichen Raum eine Trennung von Staat und Kirche vorgenommen wird, ist essentiell, um ein Verständnis für die Eigenheiten der amerikanischen Kultur und die Unterschiede zu Deutschland zu ermöglichen. Das besondere Sendungsbewusstsein der US-Amerikaner kann nur dann nachvollzogen werden, wenn man sich die weit verbreitete Überzeugung in der amerikanischen Kultur vor Augen führt, einen besonderen Status in der Weltgeschichte einzunehmen. Insbesondere seit John Winthrops Predigt „A City upon a Hill: A Model of Christian Charity" verknüpft Amerika seine Selbstwahrnehmung mit messianischen Vorstellungen. In diesem Zusammenhang sei auch die identitätsstiftende Rezeption des Mayflower Compact sowohl als Dokument einer christlichen Gemeinschaft als auch als Urdokument der amerikanischen Demokratie genannt.

Viele weitere Beispiele der Bedeutung von Religion für ein Verständnis anglophoner Länder können benannt werden. Der religiöse Hintergrund des Civil Rights Movements ist ebenso offensichtlich wie der konfessionelle Gegensatz im Nordirlandkonflikt. Für politisch und gesellschaftlich bedeutsame Gestalten wie Martin Luther King oder Florence Nightingale – die beide zum Standardrepertoire des EU gehö-

---

51 S. hierzu die Veröffentlichungen im Kontext des Gießener Graduiertenkollegs. Insbesondere BREDELLA 2000.

ren – war ihre christliche Spiritualität die entscheidende Triebfeder und Orientierung für ihr soziales Handeln. Schließlich sei noch die literaturdidaktische Relevanz von Religion hervorgehoben: Ohne Kenntnisse über das Christentum ist beispielsweise eine Hermeneutik der viktorianischen Literatur im Englischunterricht zu Beginn des 21. Jahrhunderts schlechterdings nicht vorstellbar.

3.2 Gute Gründe und Beispiele für die Integration von englischsprachigen Medien und Perspektiven in den Religionsunterricht

Über den bilingualen RU oder die angesprochenen Kooperationen mit dem EU hinaus können – im Sinne einer transdisziplinären Praxis – englische Texte und Medien den RU bereichern. Beispielsweise bietet die englische Sprache semantische und etymologische Eigenheiten im religiösen Bereich, die ganz eigene Lern- und Erschließungsmöglichkeiten mit sich bringen. So fehlen im Deutschen manchmal semantische Differenzierungen, die das Englische anbietet (z. B. heaven – sky; spirit – ghost; sacrifice – victim). Christliche Feste tragen teilweise Bezeichnungen, die ihre Inhalte auf eigene Weise und anders als im Deutschen zu erschließen erlauben (z. B. Good Friday für Karfreitag; Pentecost für Pfingsten; Xmas = Christmas = Weihnachten: die Abkürzung „X" für „Christ" = Christus geht bis auf das Griechische zurück und ist in Vorformen bereits im 12. Jahrhundert zu finden). Und auch christliche Grundbegriffe ermöglichen im Englischen manchmal besondere Bedeutungsnuancen, die sich religionsdidaktisch als hilfreich erweisen können. So hat z. B. das englische Wort „sin" auch eine Spezialbedeutung im sportlichen Bogenschießen; dort meint es „Zielverfehlung" bzw. „das Ziel verfehlen" und entspricht so der ursprünglichen biblischen Bedeutung des Wortes „Sünde" (die Erst-Bedeutung des hebräischen „chat'at" ist ebenso wie die des griechischen Begriffs „hamartia" Zielverfehlung).

Durch den kontrastiven Blick auf solche Unterschiede kann wiederum die Sprachbewusstheit auch im deutschen RU verstärkt werden. Und die Verfremdungseffekte durch etwa einen englischsprachigen Bibeltext können auch im herkömmlichen deutschen RU eine intensivere Auseinandersetzung mit dem Text anregen sowie die Probleme jeglicher (Bibel-)Übersetzungen deutlich werden lassen.[52] Auch das gelegentliche

---

52 Unter www.biblegateway.com lassen sich problemlos englischsprachige Bibeltexte in 22 Versionen (!) finden.

Heranziehen eines englischen oder amerikanischen Schulbuchs zu einem RU-Thema kann spannende neue Perspektiven eröffnen.

3.3 Was Englischunterricht und Religionsunterricht methodisch voneinander lernen können

Gerade weil Ziele und Inhalte im EU weniger umstritten sind als in anderen Fächern, hat sich die Englischdidaktik, wie oben erwähnt, von jeher sehr ausführlich und kreativ mit Unterrichtsmethoden beschäftigt. Von der hier entwickelten Vielfalt und den damit verbundenen didaktischen Perspektiven lässt sich auch religionsunterrichtlich lernen. Ein Beispiel dafür ist die für Texterschließungen im EU häufig verwendete „Vorentlastung", die wiederum im RU wenig bekannt ist. In der Vorentlastungsphase wird inhaltlich, meist durch einen kleinen, durch Bilder und Realien unterstützten Lehrervortrag, in ein Textthema eingeführt und dabei werden bereits neue oder schwierige Wörter kurz erklärt, so dass die Schüler beim Lesen des Textes bereits etwas entlastet sind. Ein solches Vorgehen empfiehlt sich auch im RU z. B. bei schwierigeren Bibeltexten, manchen Kirchenliedern oder bei anspruchsvolleren theologischen Texten.

Umgekehrt kann der EU nach unserer Einschätzung von der Intensität und methodischen Vielfalt lernen, mit der im RU Symbole und Bilder erschlossen werden. Über die Beschreibung hinaus kommen hier Methoden zum Einsatz, die in meditativer und ritualähnlicher Weise eigene Empfindungen und Erfahrungen assoziieren und ausdrücken helfen sowie u. a. zum Erfinden von kleinen Geschichten anregen. Verwiesen sei hier vor allem auf die aufschlussreichen Beispiele in der Symboldidaktik von Peter Biehl.[53]

---

53 Vgl. z. B. Biehl 1999.

Literatur

AICHLER, TIMO, Religion auf Englisch. Grundlagentheoretische und empirische Annäherung an bilinguales Lehren und Lernen im Fach Religion der Sekundarstufe (unveröffentlichte Magisterarbeit an der PH Ludwigsburg), Ludwigsburg 2007.

BADER, GÜNTHER, „Let's go bilingual!" Impulse für eine Vernetzung von Religions- und Englischunterricht in der AHS-Oberstufe, in: ÖSTERREICHISCHES RELIGIONSPÄDAGOGISCHES FORUM 9 (1999), 84–87. In leicht veränderter Fassung: „Let's go bilingual!" Impulse für eine Vernetzung von Religions- und Englischunterricht, in: RHS (Religionsunterricht an höheren Schulen) 44 (2001), 164–169.

BAUM, MICHAEL/GOHRBANDT, DETLEV (Hg.), Wissenschaft der Fachdidaktik: Literatur und Sprache im Vermittlungszusammenhang, Landau 2007.

BAUSCH, KARL-RICHARD/CHRIST, HERBERT/KRUMM, HANS-JÜRGEN (Hg.), Handbuch Fremdsprachenunterricht, Tübingen ⁴2003.

BAYRISCHES STAATSMINISTERIUM FÜR KULTUS UND UNTERRICHT (Hg.), Fachlehrplan für Englisch, München 1990 (online abrufbar unter: http://www. isb.bayern.de; Stand: 14.09.2009).

BIEHL, PETER, Festsymbole, Neukirchen-Vluyn 1999.

BLEYHL, WERNER, Das Menschenbild als Basis für eine Didaktik des Fremdsprachenunterrichts, in: ZEITSCHRIFT FÜR FREMDSPRACHENFORSCHUNG 15 (2004), H. 2, 207–236.

BÖCKENFÖRDE, ERNST WOLFGANG, Die Entstehung des Staates als Vorgang der Säkularisation (1967), in: DERS., Recht, Staat, Freiheit, Frankfurt a. M. 1991, 92–114.

BOSOLD, BERNHARD, Du lebst nur einmal – Nutze den Tag! Materialien und Vorschläge für eine Unterrichtseinheit über den Film „Der Club der toten Dichter" in den Klassen 9 und 10, in: MATERIALBRIEF RU 3/1991, Deutscher Katecheten-Verein, 1–15.

BRAUNMÜHL, SUSANNE V., Englisch im Religionsunterricht – learning by opportunity, in: RIEGER, SOPHIE (Hg.), Sprachen öffnen Tore. Die Grundschule und das Europäische Jahr der Sprachen 2001, München 2000, 87–90.

BREDELLA, LOTHAR/MEISSNER, FRANZ-JOSEPH/NÜNNING, ANSGAR/RÖSLER, DIETMAR (Hg.), Wie ist Fremdverstehen lehr- und lernbar? Vorträge aus dem Graduiertenkolleg „Didaktik des Fremdverstehens", Tübingen 2000.

BUSCHMANN, GERD, unter Mitarbeit von Kathrin Küßner, Das Exodus-Motiv im fächerübergreifenden Unterricht (RU/Englisch), in: RABS. RELIGIONSPÄDAGOGIK AN BERUFSBILDENDEN SCHULEN 30 (1998), H. 3, 78–82; auch in: Böhm, Uwe/Buschmann, Gerd, Popmusik – Religion – Unterricht, Münster 2002, 103–111.

Dieterich, Veit-Jakobus, Fächerübergreifender Unterricht, in: Jahrbuch der Religionspädagogik (JRP) 18 (2002), 193–204.

Doff, Sabine/Klippel, Friederike, Englischdidaktik. Praxishandbuch für die Sekundarstufe I und II, Berlin 2007.

Dressler, Bernhard, Unterscheidungen. Religion und Bildung, Leipzig 2006.

Felberbauer, Maria, He's got the whole world in his hands. Akademielehrgang ‚A New Start' – Englisch als Arbeitssprache für Religionslehrer/innen, in: Christlich-pädagogische Blätter 117 (2004), H. 2, 104–107.

Gehring, Wolfgang, Englische Fachdidaktik. Eine Einführung, Berlin ²2004.

Gindt, Jean-Louis/Haar, Heinz-Hermann, eTwinning-Qualitätssiegel für rpi-Projekt (Bericht über das fächer- und schulübergreifende internationale Projekt „Vom Credo zur Bioethik", in: RPI virtuell, verfasst 2006 (http://www3.rpi-virtuell.de/index.php?p=home_cms4&id=3698; Abruf: 19.01.2008).

Gräf, Frank, Die religiösen Wurzeln des Abendlandes. In Kultur und Geschichte die Religion entdecken: Wie das christliche Schulkonzept am Evangelischen Ratsgymnasium Erfurt in einzelnen Unterrichtsfächern umgesetzt wird, in: Klasse, die Evangelische Schule o. Jg. (2007), H. 1, 22–23.

Grümme, Bernhard, Vom Anderen eröffnete Erfahrung. Zur Neubestimmung des Erfahrungsbegriffs in der Religionsdidaktik, Gütersloh 2007.

Halbfas, Hubertus, Fundamentalkatechetik. Sprache und Erfahrung im Religionsunterricht, Düsseldorf 1968.

Ivkovits, Heinz, John Steinbecks „Früchte des Zorns" – eine Aktualisierung. Bausteine für ein fächerübergreifendes Multimediaprojekt Englisch – Geschichte – Religion auf der Sekundarstufe II, in: Christlich-pädagogische Blätter 110 (1997), H. 4, 202–206.

Jost, Gesine, *Negro Spirituals* im evangelischen Religionsunterricht, Münster u. a. 2003.

Klemm, Harald, Schöpfung als Raum zum Leben und ihre Gefährdung durch unser Verhalten. Ein fächerübergreifender Unterrichtsentwurf (Religion, Englisch, Geschichte, Physik) für die 8. Jahrgangsstufe Nürnberg (Handreichungen zur ethisch-religiösen Bildung und Erziehung an Gymnasien in Bayern, H. 2, hg. von der Evangelischen Schulstiftung), Nürnberg 1996.

Koller, Hans-Christoph/Marotzki, Winfried/Sanders, Olaf (Hg.), Bildungsprozesse und Fremdheitserfahrung. Beiträge zu einer Theorie transformatorischer Bildungsprozesse, Bielefeld 2007.

Kurtz, Jürgen, Menschenbilder in der Theorie und Praxis des Fremdsprachenunterrichts: Konturen, Funktionen und Konsequenzen für das Lehren und

Lernen, in: ZEITSCHRIFT FÜR FREMDSPRACHENFORSCHUNG 14 (2003), H. 1, 149–168.

MERTIN, ANDREAS, Schule, Religion und Internet. Zum Einsatz der Neuen Medien im Religionsunterricht, in: FORUM RELIGION 4/1999.

MINISTERIUM FÜR BILDUNG, JUGEND UND SPORT BRANDENBURG (Hg.), Rahmenlehrplan Englisch Sekundarstufe I, Potsdam 2002.

MINISTERIUM FÜR KULTUS, JUGEND UND SPORT BADEN-WÜRTTEMBERG (Hg.), Bildungsplan für die Hauptschule, Stuttgart 1994.

MINISTERIUM FÜR KULTUS, JUGEND UND SPORT BADEN-WÜRTTEMBERG (Hg.), Bilingualer Unterricht in der Realschule, Stuttgart 2006 (online abrufbar unter: http://lbsneu.schule-bw.de/schularten/realschule/bilingual).

MINISTERIUM FÜR SCHULE UND WEITERBILDUNG DES LANDES NORDRHEIN-WESTFALEN (Hg.), Kernlehrplan für den verkürzten Bildungsgang des Gymnasiums – Sekundarstufe I (G8) in Nordrhein-Westfalen, Frechen 2007 (online abrufbar unter: http://www.schul-welt.de/lp_online.asp?sessionid= 31210-2102357-315738; Stand: 14.09.2009).

MÜLLER-HARTMANN, ANDREAS/SCHOCKER VON DITFURTH, MARITA, Introduction to English Language Teaching, Stuttgart 2004.

PEUKERT, HELMUT, Bildung als Wahrnehmung des Anderen, in: LOHMANN, INGRID/WEISSE, WOLFRAM (Hg.), Dialog zwischen Kulturen, Münster u. a. 1994, 1–14.

PIEPHO, HANS-EBERHARD, Kommunikative Kompetenz als übergeordnetes Lernziel im Englischunterricht, Dornburg-Frickhofen 1974.

PIRNER, MANFRED L., The Media Culture Approach to Religious Education. An Outline with a Focus on Interreligious Learning, in: MIEDEMA, S./MEIJER, W./LANSER, A. (Ed.), Religious Education in a World of Difference, Münster/Berlin/New York/Munich 2009, 149–164.

PIRNER, MANFRED L., Empirische Unterrichtsforschung zum bilingualen Religionsunterricht und Konsequenzen für den „normalen" Religionsunterricht, in: THEO-WEB. ZEITSCHRIFT FÜR RELIGIONSPÄDAGOGIK 6 (2007), H. 2, 42–52 (www.theo-web.de).

PIRNER, MANFRED L., Religionsunterricht bilingual – eine neue Herausforderung, in: WERMKE, M./ADAM, G./ROTHGANGEL, M. (Hg.), Religion in der Sekundarstufe II. Ein Kompendium, Göttingen 2006, 398–409 (= 2006a).

PIRNER, MANFRED L., Inwieweit lassen sich religiöse Bildungsprozesse standardisieren und evaluieren? Die Post-PISA-Diskussion und ihre Relevanz für den Religionsunterricht, in: BIZER, CHRISTOPH u. a. (Hg.), Was ist guter Religionsunterricht? (Jahrbuch der Religionspädagogik Bd. 22), Neukirchen-Vluyn 2006, 93–109 (= 2006b).

Pirner, Manfred L., Grundzüge einer medienwelt-orientierten Religionsdidaktik, in: entwurf o. Jg. (2005), H. 1, 3–6.

Pirner, Manfred L., Religiöse Mediensozialisation? Empirische Studien zu Zusammenhängen zwischen Mediennutzung und Religiosität bei SchülerInnen und deren Wahrnehmung durch LehrerInnen, München 2004 (= 2004a).

Pirner, Manfred L., Bilingualer Religionsunterricht?, in: Theo-Web. Zeitschrift für Religionspädagogik 3 (2004), H. 1, 107–111 (www.theo-web. de) (= 2004b).

Pirner, Manfred L., „Was wird hier eigentlich gespielt?" Wittgensteins Sprachspielmodell und die Religionspädagogik, in: Spitzenpfeil, Christina/ Utzschneider, Vera (Hg.), Dem Christsein auf der Spur. Festschrift für K.-F. Haag, Erlangen 2002, 141–151.

Pirner, Manfred L., Fernsehmythen und religiöse Bildung. Grundlegung einer medienerfahrungsorientierten Religionspädagogik am Beispiel fiktionaler Fernsehunterhaltung, Frankfurt a. M. 2001.

Pirner, Manfred L./Aichler, Timo, Evangelische Religionslehre. Nobody Knows the Trouble I've Seen, in: Ministerium für Kultus, Jugend und Sport Baden-Württemberg (Hg.), Bilingualer Unterricht in der Realschule, Stuttgart 2006, 70–73 (online abrufbar unter: http://lbsneu.schule-bw.de/ schularten/realschule/bilingual; Stand: 14. 09. 2009).

Pirner, Manfred L./Aichler, Timo, The Roots of Pop Music. Spirituals im bilingualen Religionsunterricht, in: Der fremdsprachliche Unterricht Englisch 39 (2005), H. 78 (Themaheft „Bilingualer Unterricht"), 22–25 (+ Material auf CD).

Pirner, Manfred L./Breuer, Thomas (Hg.), Medien – Bildung – Religion. Medienpädagogik und Religionspädagogik im Gespräch, München 2004.

Postman, Neil, Keine Götter mehr. Das Ende der Erziehung, Berlin 1995 (orig.: The End of Education, New York 1995).

Rediker, Detlef/Turner, Donald (Hg.), Religion in the U. S. A. – In God We Trust, München 1997.

Roche, Jörg, Fremdsprachenerwerb Fremdsprachendidaktik, Tübingen 2005.

Schmid-Schönbein, Gisela/Siegismund, Barbara, Bilingualer Sachfachunterricht, in: Timm, Johannes-P. (Hg.), Englisch lernen und lehren. Didaktik des Englischunterrichts, Berlin 1998, 201–210.

Schulte, Andrea, Die Bedeutung der Sprache in der religionspädagogischen Theoriebildung, Frankfurt a. M. u. a. 2001.

Senator für Bildung und Wissenschaft (Hg.), Rahmenplan Englisch für die Sekundarstufe I, Bremen 2001 (online abrufbar unter: http://lehrplan. bremen.de/).

SENATSVERWALTUNG FÜR BILDUNG, JUGEND UND SPORT (Hg.), Rahmenlehrplan für die Grundschule und die Sekundarstufe I Englisch, Berlin 2006 (online abrufbar unter: http://www.berlin.de/sen/bildung/schulorganisation/lehrplaene/; Stand: 14.09.2009).

TIMM, JOHANNES-P. (Hg.), Englisch lernen und lehren. Didaktik des Englischunterrichts, Berlin 1998.

UR, PENNY, A Course in Language Teaching: Practice and Theory, Cambridge [13]2006.

WEINGARDT, MARKUS A., Religion Macht Frieden. Das Friedenspotential von Religionen in politischen Gewaltkonflikten, Stuttgart 2007.

WESKAMP, RALF, Fachdidaktik: Grundlagen & Konzepte. Anglistik – Amerikanistik, Berlin 2001.

ZEIDLER, BETTINA, ATB – Across the Bible, across Europe (Bericht über ein internationales bilingual durchgeführtes Schulprojekt im Rahmen der eTwinning-Schulpartnerschaften), 2006. Quelle: http://www.etwinning.de/praxis/pdm/1206.php (Abruf: 19.01.2008).

ZÖLLER, CHRISTA, Fächerübergreifendes Arbeiten im Religionsunterricht, in: RHS 48 (2005), H. 2, 117–130.

Claudia Gärtner

Mehr als Bilder im Religionsunterricht. Kooperationen von Kunst- und Religionsunterricht berühren Grundvollzüge von Religion und Kunst

Abstract
Als Voraussetzung von Kooperationen zwischen Kunst- und Religionsunterricht systematisiert der Artikel vorhandene fächerverbindende und fachübergreifende Ansätze und Beispiele des religions- und kunstdidaktischen Diskurses. Grob gesprochen lassen sich dabei drei Richtungen ästhetisch orientierten Lernens im Religionsunterricht (RU) erkennen. Diese nehmen jedoch nur ansatzweise neuere Ansätze der Kunstpädagogik wahr. Dabei scheinen gerade die unter der Überschrift „Künstlerische Bildung" zusammengefassten aktuellen kunstdidaktischen Ansätze für den RU besonders fruchtbar zu sein. Anhand von zwei Beispielen soll deutlich werden, wie das dort vorgeschlagene Zusammenspiel von Kunstrezeption und -produktion, von ästhetischer und wissenschaftlicher Forschung, von der Aneignung künstlerischer Verfahren und ihrer produktiven Transformation auch religionspädagogisch für eine erfahrungsorientierte Aneignung (ästhetischer oder religiöser) Objektivationen von Belang sein kann.

In der Glaubensvermittlung Bilder zu verwenden ist eine Jahrhunderte alte Praxis. Bilder werden wertgeschätzt, da sie anschaulich und eindrücklich Glaubensinhalte visualisieren und somit „Neulingen im Glauben" die Heilsgeschichte nahe bringen und Gläubigen die Heilstaten stets neu ins Gedächtnis rufen können. So oder ähnlich verfasste bilderfreundliche Argumente bestimmen schon früh die Diskussionen über die Funktion von Bildern im Christentum. Spätestens seit Hypatios bzw. Gregor dem Großen finden Bilder ihre Legitimität durch die Katechese[1], ein Denken, das sich bis heute großer Beliebtheit erfreut. Aber die immer wieder aufbrechenden Bilderstreitigkeiten und die damit einhergehenden unterschiedlichen Legitimationsdiskurse weisen darauf hin, dass Bilder ein größeres Potenzial besitzen, als ausschließlich in

---

1   Vgl. Lange 1999; Ders. 2001.

didaktischer Hinsicht Glaubensinhalte zu visualisieren. So führten auch die Bilderstreitigkeiten meist entweder zur Zerstörung oder zur Domestizierung der Bilder durch Beifügung von Worten, zu strengen Gestaltungskriterien und vorgeschriebenen Bilderkanones.[2]

Bereits die hier nur ansatzweise skizzierten Entwicklungen deuten darauf hin, dass die Frage nach Kooperationen von Kunst- und Religionsunterricht in eine sehr lange und komplexe Geschichte des Bildes im Christentum eingebettet ist. Diese Geschichte kann hier nicht dargestellt werden.[3] Ich beschränke mich vielmehr auf Beobachtungen aus den letzten Jahrzehnten, die jedoch m. E. erst angesichts der Jahrhunderte langen Diskussionen angemessen beurteilt werden können. Denn angesichts dieser langen Geschichte überrascht es, dass eine Auseinandersetzung der Religions- mit der Kunstdidaktik nur bedingt wahrzunehmen ist. Und auch Kooperationen, die von einem wechselseitigen Interesse an der Didaktik bzw. Praxis des je anderen Fachs ausgehen, finden sich nur sehr selten. Dies überrascht umso mehr, da sich Kunstwerke im Religionsunterricht in den letzten Jahren ebenso wachsender Beliebtheit erfreuen wie ästhetische Lernformen im Allgemeinen. Ein differenzierter Blick auf die Situation in der Religions- und Kunstdidaktik tut somit Not – und lohnt.

1. Ästhetisches Lernen im Religionsunterricht – ein Überblick

Anders als die geschichtlichen Andeutungen nahe legen könnten, möchte ich die Thematik über die Bilderfrage hinaus auf ästhetisches Lernen ausweiten. Denn Bilder sind nur ein – wenn auch zentraler – Aspekt der Kunst- und Religionsdidaktik. Will man unter dem recht allgemein gehaltenen Stichwort „ästhetisches Lernen" einen Überblick über religionsdidaktische Entwürfe gewinnen, die sich mit Bildern, Kunstwerken, ästhetischen Lernformen, Wahrnehmungsprozessen usw. auseinandersetzen, so stößt man auf eine Vielzahl recht unterschiedlicher Ansätze. Versucht man diese zu systematisieren, so lassen sie sich m. E. grob unter drei Stichworten zusammenfassen. Dass eine solche Systematisierung

2 Vgl. RAUCHENBERGER 1999, 107–135.
3 Vgl. Anm. 1 und HOEPS 2007.

notwendiger Weise holzschnittartig bleibt und nicht immer allen Ansätzen differenziert gerecht werden kann, liegt auf der Hand.

Die erste Gruppe möchte ich mit „kunstorientierte Ansätze" überschreiben. Bei diesen religionsdidaktischen Entwürfen steht das Bild resp. Kunstwerk im Mittelpunkt des Interesses. Dabei wird vielfach explizit an die Geschichte des Bildes im Christentum angeknüpft[4] und Kunst als locus theologicus betrachtet.[5] Kunstwerke besitzen für die Theologie entsprechend einen Erkenntnisgewinn, da ihnen ein bildnerischer, sprachlich nicht einzuholender Mehrwert zu eigen ist. In ähnlicher Weise betrachten diese Ansätze Kunstwerke als „Seismographen des Zeitgeistes"[6]. Kunst ermöglicht in diesem Sinne „einen paradigmatischen Zugriff auf die [...] Problemfelder religiöser Bildung mit ihrem prekären Verhältnis von Wahrheit und Pluralität, Individualität und Sozialität, Tradition und Gegenwart."[7] Darüber hinaus können im Sinne des „kunstorientierten Ansatzes" auch spirituelle Aspekte über Kunstwerke in den Religionsunterricht eingebracht werden. Dabei kann aber nicht allein das „Thema" des Bildes zu einer gläubigen Auseinandersetzung führen, dieses „muss vielmehr aus der künstlerischen Realisierung des individuellen Objekts erwachsen. Die sichtbare Gestalt trägt den spirituellen Gehalt."[8]

Diese Ansätze knüpfen auf der hermeneutischen Ebene – zumeist explizit – an die kunsttheoretischen Arbeiten von Max Imdahl und Gottfried Boehm an und übernehmen deren zentrale Unterscheidung von „sehendem" und „wiedererkennendem Sehen". Ersteres bezieht sich auf den formalen Bildsinn, die Syntaktik des Bildes, und damit auf die spezifische Bildlichkeit, Letzteres ist auf die verbale Identifizierung der inhaltlichen Semantik des Bildes ausgerichtet.[9] Damit ist zugleich auch ein Grundzug der Bilddidaktik des „kunstorientierten Ansatzes" umrissen, der die SchülerInnen zu „sehendem Sehen" anleiten möchte. Das bekannteste Beispiel einer methodisch-didaktischen Aufbereitung der vorgestellten bildtheoretischen Überlegungen sind die von Günter Lan-

---

4   Vgl. bes. die Arbeiten von Alex Stock, Reinhard Hoeps und Günter Lange. Vgl. exemplarisch LANGE 2002.
5   Vgl. STOCK 1990, 175–181; RAUCHENBERGER 1999, 25–51; GÄRTNER 2000, 184–203.
6   LANGE 1993, 256.
7   BURRICHTER 2003, 36f. Vgl. exemplarisch für den Bereich der Anthropologie GÄRTNER 2004, 9–25; DIES., 2003, 63–74; DIES. 2002, 354–361.
8   LANGE 2002, 9.
9   Vgl. zur Bildhermeneutik von Gottfried Boehm und Max Imdahl: BOEHM 1980, 118–132; DERS. 1995, 11–38 und 325–343; IMDAHL 1996.

CLAUDIA GÄRTNER

ge entwickelten „Fünf Stufen der Bildbegegnung", in denen er konse-
quent Bild- und Betrachterorientierung miteinander verschränkt.[10]
Lange hat dabei primär historisch-gegenständliche Kunst im Blick.
Auch kunstorientierte Ansätze, die sich auf moderne und zeitgenössische
Kunstwerke beziehen, knüpfen vielfach an Imdahl und Boehm an. Darüber hinaus nehmen sie aber auch – und dies ist für die Frage nach
Kooperationen von Kunst- und Religionsdidaktik interessant – kunstdidaktische und bildungstheoretische Diskussionen wahr. So verweist z. B.
Rita Burrichter explizit auf die Überlegungen von Klaus Mollenhauer
zur ästhetischen Bildung und auf Gunter Ottos Kunstdidaktik (s. u.).
Zentral wird für sie der Begriff der „Erfahrung", die am und durch das
spezifisch Bildliche individuell gemacht, jedoch nicht von außen her-
beigeführt werden kann.[11] Ein solches Vorgehen, das schwerlich di-
daktisierbar ist, ist bislang methodisch nicht hinreichend ausgearbeitet.
Eher vage schlägt daher Burrichter vor, sich zum einen an Mollenhauers
„Ästhetischer Alphabetisierung" zu orientieren und sich zum anderen
auf den Prozess des Auslegens von und in Bildern im Sinne von Otto
zu konzentrieren.[12] Hierdurch versucht sie sowohl die subjektive Er-
fahrungs- als auch die Bildorientierung hermeneutisch und didaktisch
miteinander zu verbinden und historische wie moderne Kunst kunst-
und religionspädagogisch verantwortet in den RU einzubringen. In Hinblick auf einen Dialog von Kunst- und Religionsdidaktik ist jedoch auf-
schlussreich, dass Burrichter hier zwei Ansätze miteinander verbindet,
die in fundamentalen kunstpädagogischen Kontroversen miteinander
verwickelt sind.[13] Wenn auch in den kunstorientierten Verfahren die
Subjekt- und Objektebene miteinander verschränkt wird, so fällt dennoch die Schülerorientierung insgesamt eher gering aus.
Das im „kunstorientierten Ansatz" zentrale Moment des „sehenden
Sehens" deutet bereits auf eine besondere Bedeutung der Wahrnehmung
hin. Wahrnehmung wird in der zweiten Gruppe zur zentralen und fundamentalen Kategorie, weshalb ich diese Entwürfe als „wahrnehmungs-

10 Vgl. LANGE 2002, 41–45; DERS. 1993, 259f. Vgl. a. SCHMID 1997, 125–178, der Lan-
ges fünf Schritte in ein umfassenderes Grundmodell des Unterrichtsaufbaus einbaut.
11 Vgl. BURRICHTER 1998, 115ff. Vgl. ähnlich GÄRTNER 2000a, 30–37; DIES. 2000b,
45–52.
12 Vgl. BURRICHTER 1998, 175–182. Zu Mollenhauer und Otto vgl. Kap. 2.
13 Vgl. Anm. 33.

orientiert" bezeichne.[14] Diesen Ansätzen zufolge steht Wahrnehmung am Beginn jeglichen Weltzugangs sowie jeglicher Erfahrung und wird damit auch zu einer Grundkategorie von Theologie und Religionsunterricht. Sie folgen damit einer besonders in der Praktischen Theologie vollzogenen Entwicklung von Handlungstheorien zur Wahrnehmungswissenschaft.[15] Die hier besprochenen Ansätze verstehen „Ästhetik" im ursprünglichen Sinne als Wahrnehmungslehre und schränken die Kunst weder auf ästhetische Objekte noch auf die ästhetische Empfindung des Subjekts ein.[16] So bleibt jedoch zugleich der Ästhetikbegriff recht vage, ästhetisches Lernen lässt sich entsprechend kaum von anderen Lernformen abgrenzen, da Wahrnehmung zu einer Grundkategorie sämtlicher Lernprozesse gezählt werden kann.

Ein zentraler theologischer resp. religionsdidaktischer Anknüpfungspunkt liegt in der postulierten Analogie von ästhetischer und religiöser Erfahrung. Denn in beiden „geht es um eine durch Überraschung, Verfremdung oder Schock ausgelöste Erfahrung des ‚mühelosen Einklangs' (Bubner) bzw. des Ganzseins in einem Augenblick der Gratwanderung zwischen Alltagseinstellung und ihrer Suspendierung, in der eine neue Erfahrung mit der Erfahrung gemacht wird."[17] Nach Ansicht des „wahrnehmungsorientierten Ansatzes" besitzen beide Erfahrungen analoge Kennzeichen wie Unmittelbarkeit, Grenzerfahrung, Widerfahrnischarakter sowie Verwandlung von Wirklichkeit auf symbolische Zeichenhaftigkeit hin. Wenn demnach der Religionsunterricht wahrnehmungsorientiert ausgerichtet ist und den SchülerInnen leiblich-sinnliche Erfahrungen, andere Wahrnehmungen der Wirklichkeit, neue Erfahrungen mit Erfahrungen ermöglicht, dann besitzen SchülerInnen ein Erfahrungspotenzial, das auch in religiöser Hinsicht von äußerster Bedeutung ist. Wahrnehmung und Wahrnehmungsfähigkeit wird so zum Fundament religiösen Lernens, das ja gerade heute unter einem weitgehenden Erfahrungsdefizit leidet. In dieser Hinsicht ist dieser Ansatz primär erfahrungs- und subjektorientiert und entgegnet einer traditionell eher rationalistisch verengten Unterrichtskonzeption. Dabei greifen zahlreiche Autoren auf die antike Unterscheidung der ästhe-

---

14 Vgl. hierzu insbesondere die Arbeiten von P. Biehl, G. Hilger, A. Grözinger, W.-E. Failing und F.-G. Heimbrock. Vgl. mit religionsdidaktischem Schwerpunkt HILGER ²2003, 305–318; DERS. 1996, 9–29; BIEHL 1997a, 380–411; DERS. 1988, 3–44.

15 Vgl. FAILING/HEIMBROCK 1998, 11–36; GRÖZINGER 1995; BIEHL 1997b, 229–232.

16 Vgl. BIEHL 1988, 5.

17 Ebd. 1988, 15.

tischen Erfahrung in Aisthesis, Katharsis und Poiesis zurück. Diese drei Dimensionen avancieren zugleich zu einer didaktischen Grundstruktur des „wahrnehmungsorientierten Ansatzes". So schlägt z. B. Georg Hilger vor, den Religionsunterricht auf Aufmerksamkeit und Achtsamkeit aus-zurichten (aisthesis), damit er dazu beitrage, dem Leben und Glauben Gestalt zu verleihen (Poiesis) und zur Urteils- und Entscheidungsfähig-keit anzustiften (Katharsis).[18] Religionspädagogisches Grundprinzip ist für ihn dabei die „produktive Verlangsamung".[19]

Eine dritte Gruppe lässt sich unter der Überschrift „performativ äs-thetisches Lernen" zusammenfassen. Hierunter sind auch die Ansätze der so genannten „performativen Religionspädagogik" zu zählen, die ihren Ausgangspunkt zumeist in sinnlich-ästhetischen Objektivationen der konkreten Religion finden.[20] Dabei gehen sie wie der „wahrneh-mungsorientierte Ansatz" von einem weiten Ästhetikbegriff aus. So-wohl die Zielsetzungen als auch die didaktisch-methodischen Verfah-ren performativ-ästhetischen Lernens sind sehr vielfältig. Gemeinsam ist allen Forschungsbeiträgen, dass für sie Religion nicht rein rational zugänglich ist. Reden über Religion macht diese nicht erfahrbar und stellt daher entweder eine der religiösen Erfahrung nachgängige Refle-xion oder eine bloße Information über dieselbe dar.[21] Nur im Umgang mit religiösen Vollzügen, in der raum-leiblichen Übernahme religiöser Perspektiven kann Religion für die zu bildenden Subjekte erfahrbar und begreifbar werden. „Mit Religion muss man ganz elementar *um*gehen lernen, sonst *um*geht man sie."[22] Erst in der konkreten Gestalt offen-bart sich der religiöse Gehalt der christlichen Religion. Ein wesentliches gemeinsames Ziel der vorliegenden Ansätze ist es daher, der gelebten Religion angemessene Wahrnehmungs- und Handlungsräume im Un-terricht einzuräumen. Darüber hinaus besitzen die Zielsetzungen eine recht große Bandbreite, sie reichen von der Aneignung und Fortschrei-bung der christlichen Religion bis hin zur subjektiven Transformation der Religion. Inszenieren und kreatives Gestalten bilden sich als über-greifende didaktische Prinzipien heraus und stellen einen durchgängigen

---

18 Vgl. HILGER 2003, 309ff.
19 Vgl. DERS. 1996, 26f.; DERS. 1994, 21–30.
20 Vgl. zur performativen Religionspädagogik KLIE/LEONHARD 2003; rhs 45 (2002); der performativen Religionspädagogik nahe stehend sind auch LEONHARD 2006; BÄHR 2001.
21 Vgl. KLIE/LEONHARD 2003, 7.
22 LEONHARD 2003, 186.

ästhetischen Grundzug des performativen Ansatzes dar. Dabei kommt den mannigfaltigen raum-leiblichen Äußerungen der christlichen Tradition ein hoher Stellenwert zu. In experimentell-spielerischen Zugängen sollen sich die SchülerInnen diese (transformiert) aneignen, was eine hohe Eigenaktivität und Verantwortung erfordert. Dabei wird Tradition zu einem „Spiel-Raum", in dem sich die SchülerInnen zur „Probe" in religiösen „Welten" aufhalten können.[23] Es geht hierbei um experimentelles Wahrnehmen, Handeln und Gestalten, religiöse Sichtweisen werden primär ausprobiert anstatt analysiert oder eingeübt. Angesichts des weitgehenden Traditionsabbruchs soll der Religionsunterricht somit „ein sachangemessenes, handlungsorientiertes Verstehen von Religion als einer Praxis […] und wenigstens eine Ahnung davon […] vermitteln, dass der Glaube in einer solchen bewohnbaren Welt beheimatet ist."[24] Dabei impliziert die Vorstellung von Experiment und Probeverhalten eine nachgehende, aber notwendige Reflexionsinstanz, ohne die Religion ihre Legitimation in der Schule aufgeben würde.[25]

Die gemeinsame Bezeichnung der Ansätze als „performativ" darf aber nicht darüber hinweg täuschen, dass die jeweiligen Entwürfe von zum Teil sehr unterschiedlichen Performancebegriffen ausgehen. Dies schlägt sich auch in den didaktisch-methodischen Verfahren nieder. Während einige Ansätze „Performance" im Sinne von Theaterinszenierungen verstehen, die einen begrenzten „Probeaufenthalt" mit fest umschriebenen Rollen in inszenierten religiösen Welten vorsehen[26], gehen andere Ansätze von einem aus der Kunst- und Kulturwissenschaft entlehnten Performancebegriff aus[27], der auf eine subjektiv performative Aneignung religiöser Formen und Objekte zielt und damit offene und unvorhersehbare Unterrichtsprozesse mit sich bringt.

Obwohl in allen drei skizzierten religionsdidaktischen Tendenzen Ästhetik im weiten resp. Kunst im engen Sinne eine zentrale Bedeutung besitzen, fehlt weitgehend eine systematische Auseinandersetzung mit der Kunstdidaktik. Häufiger hingegen wird ein Dialog mit der philosophischen Ästhetik oder mit ästhetischen Bildungstheorien geführt. Allein der kunstorientierte Ansatz bezieht sich explizit auf einzelne

---

23 Vgl. DRESSLER 2002, 14ff.; LEONHARD 2006, 476.
24 DRESSLER 2002, 16 (im Original z. T. kursiv).
25 Vgl. ebd.
26 Vgl. besonders die Arbeiten von Thomas Klie und Silke Leonhard.
27 Vgl. besonders SCHROETER-WITTKE 2003a, 47–66; DERS. 2003b, 151–168; DERS. 2002, 143–159.

kunstdidaktische Entwürfe. Bevor somit chancenreiche Dialogfelder von Religions- und Kunstdidaktik herausgestellt werden können, ist es notwendig, sich einen Überblick über wichtige Tendenzen in der gegenwärtigen Kunstdidaktik zu verschaffen.

2. Ästhetisches Lernen im Kunstunterricht – ein Überblick

Es liegt sicherlich nicht allein am mangelnden Willen der Religionsdidaktik, dass der interdisziplinäre Dialog mit der Kunstpädagogik nur ansatzweise und selektiv geführt wird. Vielmehr erweist es sich als schwierig, entsprechende Dialogpartner zu finden. Denn „Konfusion und Diffusion beherrschen die Szene. Kunstpädagogische Theorie und Praxis befinden sich in einem beklagenswerten Zustand."[28] Sicherlich pointiert, aber dennoch treffend urteilen selbst KunstpädagogInnen über ihre eigene Disziplin: „Insbesondere wird dies bei vielen kunstpädagogischen Schriften deutlich, die nicht produktiv in der Lage sind, Positionen zu rekonstruieren und zu kritisieren, sondern stattdessen alles mit allem verbinden und völlig inkompatible Ansätze miteinander vermengen, was ein deutliches Kennzeichen für die Auflösung der Disziplin ‚Kunstpädagogik' ist."[29] Aus dieser Perspektive verwundert daher nicht, dass es für die Religionsdidaktik problematisch ist, Anknüpfungspunkte für einen interdisziplinären Austausch zu finden. Wenn ich dennoch versuche, einen Überblick über Tendenzen innerhalb der Kunstdidaktik zu geben, dann vertraue ich darauf, dass ein Blick von außen manchmal Dinge schärfer sieht, die aus der Binnenperspektive verschwommen erscheinen. Ein solcher Blick kann m. E. fünf verschiedene Tendenzen in der Kunstpädagogik ausmachen, die sich für den Dialog mit der Religionsdidaktik als fruchtbar erweisen können.

Ein erster kunstdidaktischer Schwerpunkt liegt auf dem Erkenntnispotential der Bilder.[30] Diese Akzentuierung beinhaltet einen planbaren Kunstunterricht, der deutlich an ästhetischen Lern- und Erziehungs-

28 Richter-Reichenbach 1998, o. S.
29 Lingner/Maset 2000, 123.
30 Hierunter sind insbesondere die kunstdidaktischen Entwürfe des „frühen" Gunter Otto und die von ihm inspirierten Schriften zu zählen. Vgl. bes. Otto 1964/1969; Ders./Otto 1987.

zielen ausgerichtet ist, die aus Bildern abgeleitet werden. Rezeption und Produktion von Bildern stehen im Mittelpunkt des Unterrichts, vielfältige, häufig aus der Kunstgeschichte und -wissenschaft abgeleitete Methoden eröffnen unterschiedliche Bildzugänge. Leitend ist dabei ein methodischer Dreischritt von subjektiver Perceptbildung, Erschließung des bildnerischen Konzepts und abschließender Allocation, bei der die SchülerInnen das jeweilige Werk im Kontext außerkünstlerischer Bedingungen zu begreifen suchen.[31] Die Gefahr eines solchen Ansatzes liegt in der mangelnden Berücksichtigung der Schülerbedürfnisse und in einer möglichen Reduktion auf die intellektuellen Dimensionen der Bilder.

Ein zweiter Ansatz lässt sich unter die Überschrift „ästhetische Rationalität" stellen.[32] Diesem Ansatz zufolge stellt ästhetische Rationalität einen eigenen Erkenntnismodus dar, in dem subjektive und rational begründbare Aspekte verbunden sind. Es ist Aufgabe eines ästhetischen fächerübergreifenden Lernbereichs, in ästhetische Rationalität einzuführen und diese zu erproben. Hier wird somit explizit für die Ausweitung, teilweise sogar für die Ausgliederung des Kunstunterrichts in einen ästhetischen Lernbereich plädiert. In der vorliegenden Form wirft diese Konzeption jedoch mehr Fragen als Antworten auf, da eine konsistente Synthese subjektiver und rational begründbarer Erfahrungen und Erkenntnisse sich weder in Theorie noch Praxis abzeichnet.[33]

Eine dritte Tendenz ist maßgeblich von der ästhetischen Bildungstheorie Klaus Mollenhauers geprägt.[34] Dieser führt den Begriff der „ästhetischen Alphabetisierung" ein. In seiner Konzeption geht er von der Unvereinbarkeit ästhetischer Erfahrung (als Kern ästhetischer Bildung) mit dem Schulunterricht aus und konzentriert vor diesem Hintergrund die Aufgaben des Kunstunterrichts auf ästhetische Alphabetisierung. Diese soll SchülerInnen befähigen, selbstständig ästhetische Objekte umfassend zu rezipieren. Er will damit in Schule und Kunstunterricht die Grundlagen legen, dass SchülerInnen ästhetische Erfahrungen machen können, was jedoch nicht mehr Ziel und Aufgabe des Unterrichts

---

31 Vgl. OTTO 1983, 10–19.
32 Hierzu zählen die Werke des „späten" Gunter Otto. Vgl. bes. OTTO 1998, 69–78; DERS. 1991, 145–161; DERS./OTTO 2001, 11–18.
33 Vgl. hierzu insbesondere die Debatten von Gunter Otto mit dem Erziehungswissenschaftler Klaus Mollenhauer und dem Kunstdidaktiker Gert Selle. Vgl. MOLLENHAUER 1990, 481–494; OTTO 1994, 145–159; MOLLENHAUER 1994, 160–170; SELLE 1995a, 16–21; OTTO 1995a, 16–19; SELLE 1995b, 17; OTTO 1995b, 16.
34 Vgl. MOLLENHAUER 1990, 481–494; DERS. 1994, 160–170; DERS. 1990, 3–17.

selbst ist. Eine so verstandene ästhetische Alphabetisierung legt damit ein wichtiges Fundament für ästhetische Bildung, gibt aber zugleich wesentliche Aspekte des ästhetischen Erlebens auf und riskiert damit, Kunst resp. Ästhetik auf einzelne erlernbare Elemente zu reduzieren.

Ein vierter kunstdidaktischer Ansatz ist mit den Arbeiten von Gert Selle verbunden[35] und zielt primär auf subjektorientierte, ästhetische Erfahrungen. Erziehungs- und Lernziele treten hinter der Subjektorientierung zurück. Konsequenterweise zieht sich dieser Ansatz aus dem schulischen Unterricht zurück und setzt auf freiere Lern- und Arbeitsformen, mit dem Ziel, selbsttätige ästhetische Bildungsprozesse zu initiieren. Zugleich gibt er damit den Kunstunterricht im traditionellen Sinn auf. Die intensive Ausrichtung am Subjekt vernachlässigt zugleich jedoch die intensive Kunstrezeption, führt teilweise zu einer eingeschränkten Sicht auf die Komplexität einzelner Werke und zieht eine selektive Kunstauswahl nach sich.[36]

In einer fünften kunstdidaktischen Richtung zeichnet sich in jüngster Zeit eine Synthese von Subjekt- und Kunstorientierung ab. Dieses kunstpädagogische Modell sucht unter dem Stichwort „künstlerische Bildung" bzw. „ästhetische Forschung" die Stärken der vorangegangenen Konzeptionen zu verbinden.[37] Es will im gestalterischen Tun und in der Auseinandersetzung insbesondere mit zeitgenössischer Kunst sowohl den Anliegen der SchülerInnen als auch der Kunst gerecht werden. Eine Aufteilung in Theorie und Praxis, ästhetische Bildung und Erziehung, in Subjekt und Objekt entfällt zu Gunsten eines umfassenden praktischen Arbeitsprozesses, in den diese Elemente einfließen. Die Arbeitsprozesse lehnen sich zumeist an (methodische) Verfahren der zeitgenössischen Kunst an und umfassen Rezeption, Produktion und Reflexion ästhetischer und künstlerischer Prozesse. Dieses in der Theorie überzeugende Vermittlungsmodell muss insbesondere in der Praxis noch erweisen, inwiefern die sehr hohen Leistungsanforderungen von den SchülerInnen tatsächlich erfüllt werden können.

---

35 Vgl. SELLE 1992; DERS. 2003; DERS. 1988; vgl. a. die von ihm inspirierten Schriften DERS. 1990; DERS. 1994.
36 Vgl. BUSCHKÜHLE 1997, 43ff.
37 Unter diesem Stichwort lassen sich die kunstpädagogischen Forschungen von H. Kämpf-Jansen, J. Kettel und C.-P. Buschkühle einordnen. Vgl. zur Künstlerischen Bildung KETTEL 2004; DERS. 2001; BUSCHKÜHLE 2003; DERS./FELKE 2005; KÄMPF-JANSEN 2001.

3. Herausfordernde zukünftige Dialogfelder von Kunst- und Religionsdidaktik

Wie bereits erwähnt kann z. Z. von einem intensiven Dialog von Kunst- und Religionsdidaktik nicht gesprochen werden. Um zukünftige Dialogfelder auszumachen, werde ich in einem ersten Schritt nach Gemeinsamkeiten suchen, aus denen ich dann in einem zweiten Schritt potenzielle Dialogfelder ableite.

Beim Vergleich der gegenwärtigen Tendenzen in der Kunst- und Religionsdidaktik fallen Gemeinsamkeiten ins Auge, die bei näherer Betrachtung auf ähnliche Problemstellungen der Fächer hinweisen. Auf der konzeptionellen Ebene lässt sich deutlich erkennen, dass der so genannte kunstorientierte Ansatz von der ersten kunstdidaktischen Richtung, den „frühen" Schriften G. Ottos, beeinflusst ist. Bei beiden steht das Bild im Mittelpunkt des Interesses, das durch ein mehrschrittiges Verfahren erschlossen wird. Wenn sich auch hierbei subjekt- und objektorientierte Zugänge abwechseln, so ist es dennoch primäres Ziel, das bildnerische Potenzial kognitiv zu erarbeiten. Im Vordergrund stehen klar formulierte Lern- und Unterrichtsziele, die SchülerInnenorientierung ist entsprechend geringer ausgeprägt.

Sowohl Selles subjektorientierter Ansatz als auch Mollenhauers ästhetische Alphabetisierung gehen wie der wahrnehmungsorientierte Ansatz auf Seiten der Religionsdidaktik von ästhetischer Erfahrung als zentralem Moment von Kunst und Ästhetik aus. Während jedoch die kunstpädagogischen Überlegungen den Einbezug oder gar die Vermittlung ästhetischer Erfahrungen skeptisch betrachten, zielt der wahrnehmungsorientierte Ansatz im Religionsunterricht gerade hierauf ab. Es ist fraglich, ob ein Religionsunterricht fachlich, zeitlich und organisatorisch tatsächlich Lernziele erreichen kann, die von der Kunstpädagogik als nicht plan- und vermittelbar eingestuft werden.

Besonders wegweisend sind m. E. Gemeinsamkeiten der zwei jüngeren kunst- und religionsdidaktischen Tendenzen. Sowohl die künstlerische Bildung als auch die performativ-ästhetischen Entwürfe zeichnen sich durch komplexe prozessorientierte Unterrichtsverfahren aus. In den jeweiligen Entwürfen ist die praktisch-ästhetische Gestaltung zentral. Produktion, Rezeption und Reflexion stehen in einem engen, jeweils leicht variierenden Verhältnis zueinander. Dabei werden in den kunstdidaktischen Entwürfen die Inhalte, Methoden und Medien der gestalterischen Prozesse aus den Arbeitsweisen der Kunstwerke entwickelt. Für das performativ ästhetische Lernen im Religionsunterricht werden aus dem „Stück" wahrgenommener und erlebter Religion die entsprechenden gestalterischen Umgangsformen abgeleitet. Ich sehe im Umgang mit (zeitgenössischen) Kunstwerken in der künstlerischen Bildung und im Umgang mit Formen und Gestaltwerdungen gelebter Religion im performativ ästhetischen Ansatz durchaus Analogien. Für beide gilt, dass im Dialog mit dem ästhetischen Objekt in der subjektiv gestalterischen Auseinandersetzung Neues entsteht, das (religiöse resp. ästhetische) bildende Relevanz besitzt. Dabei steht der Prozess des Wahrnehmens, Entstehens und Reflektierens im Vordergrund, der eng auf den Selbstbildungsprozess bezogen ist. So wird in religiöser wie in künstlerischer Hinsicht angestrebt, die Subjekt- und Objektebene miteinander zu verbinden. Beide didaktischen Ansätze gehen davon aus, dass in der – zumeist praktisch-ästhetischen – Auseinandersetzung mit ästhetischen Objekten performativ Wirklichkeit inszeniert oder transformiert wird, was als Unterrichtsgeschehen nicht planbar ist. Kunstwerke resp. Religion werden hier in einem offenen Prozess „aufs Spiel gesetzt" und müssen ihre Relevanz für die Subjekte erweisen. Ziel ist es bei beiden Ansätzen, die Subjekte zu einer in religiösen und ästhetischen Belangen selbstbestimmten und selbstverantwortlichen Subjektbildung zu befähigen. Beide Ansätze stehen aber auch vor ähnlichen Problemstellungen. Zum einen liegen weitergehende Praxiserfahrungen noch nicht vor. Bislang deutet sich jedoch an, dass die Stärken im methodischen Bereich liegen. Zum anderen fehlen vielfach noch umfassendere Reflexionen zu Zielen, Inhalten und Kompetenzerwerb. M. E. liegen in diesen Gemeinsamkeiten Ansätze für einen produktiven Dialog vor, der gerade im Bereich der Unterrichtspraxis geführt und didaktisch reflektiert werden müsste. Einige Ideen hierfür sollen im abschließenden Kapitel aufgeführt werden.

Diese konzeptionellen Gemeinsamkeiten deuten aber auch auf ähnliche Problemstellungen und offene Fragen hin, auf die die jeweiligen didaktischen Ansätze reagieren. Abschließend möchte ich daher einige dieser Gemeinsamkeiten skizzieren, da sich auch hieraus interessante Dialogfelder ergeben können.

Sowohl dem Kunst- als auch dem Religionsunterricht ist daran gelegen, durch den Umgang mit ästhetischen Objekten den SchülerInnen Erfahrungen zu ermöglichen. Diese Erfahrungen bilden zugleich die Grundlage nachgängiger Reflexion, die sowohl die Kunst- als auch Religionsdidaktik im Sinne eines verantworteten Umgangs mit Erfahrungen für unerlässlich betrachtet. Diese deutliche Erfahrungsorientierung steht aber fast durchgängig in doppelter Hinsicht in einem Spannungsverhältnis. Zum einen erweisen sich ästhetische und religiöse Erfahrungen als didaktisch unverfügbar. Die Lehrpersonen können Rahmenbedingungen bereitstellen, was sich darin wie ereignet, entzieht sich der Unterrichtsplanung. Damit geht eine zweite Spannung einher. Denn Unterricht ist primär auf operationalisierbare Lernziele ausgerichtet. Eine solche Ausrichtung ist im erfahrungs- und prozessorientierten Unterricht nur eingeschränkt möglich. Lernziele können – wenn überhaupt – nur sehr offen formuliert sein, eine Evaluation ist zumeist problematisch.

In diesem Spannungsverhältnis spiegeln sich die zwei Pole ästhetischen Lernens – Subjekt und ästhetisches Objekt – wider. Denn die dargelegten Ansätze schwanken zwischen einer dezidierten Objekt- bzw. Subjektorientierung. Verschiebt sich der Schwerpunkt in Richtung des ästhetischen Objekts, so stehen deutlich umrissene Erkenntnisinteressen und Lernziele im Vordergrund, verschiebt er sich zum Subjekt, so wird die Erfahrungsdimension bedeutsam und mit ihr offenere Lernziele und -formen. Eine ausgewogene Verhältnisbestimmung und intensive Verbindung gelingt zumeist in den theoretischen Darlegungen, in den Praxisbeispielen erweist sich die enge Vernetzung häufig als problematisch.

Letztendlich stehen Kunst- und Religionsunterricht vor ähnlichen Problemstellungen: Beide Fächer suchen nach einer Verbindung von subjektiven Lebenserfahrungen der SchülerInnen mit dem jeweiligen Unterrichtsgegenstand, den christlichen Glaubenserfahrungen und -traditionen bzw. Kunstwerken und ästhetischen Objekten im Allgemeinen. Es ist jedoch offensichtlich, dass SchülerInnen nicht (länger) über einschlägige (Vor-)Erfahrungen verfügen, auf die der Unterricht aufbauen könnte. So sind beide Fächer genötigt, diese Erfahrungen in den Unterricht zu integrieren, um das Zentrum des jeweiligen Unterrichtsgegenstandes, nämlich die zutiefst anrührende ästhetische resp. religiöse Erfahrung, angemessen begreiflich zu machen. Dabei erweist sich jedoch, dass weite Teile der (Religions- bzw. Kunst-)Geschichte für die SchülerInnen nur schwerlich erfahrungsbezogen erschlossen werden können. Subjektive Erfahrung der SchülerInnen und (religiöse bzw. ästhetische) Objekte und Themen sind kaum in Beziehung zu setzen. Immer wieder stellt sich die Frage, anhand welcher Objekte und Themen welche hermeneutischen und didaktischen Verfahren durchgeführt werden können, um SchülerInnen entsprechende Erfahrungen zu ermöglichen. So bleiben weite Teile der Kunstgeschichte bei den vorgestellten Ansätzen unberücksichtigt, auch die Auswahl der zeitgenössischen Kunst erweist sich als selektiv. Vor ähnlichen Problemstellungen steht auch der Religionsunterricht in Hinblick auf die jüdisch-christliche Tradition.

In einem gemeinsamen Dialog könnte daher gefragt werden, ob die Subjekt- und Erfahrungsorientierung angesichts der Bandbreite ästhetischer und religiöser Objekte und Inhalte tatsächlich als durchgängiges Prinzip gewählt werden kann oder ob alternative Verfahren in Betracht gezogen werden sollten. In diesem Sinne könnte geprüft werden, ob in einigen Fällen eine Reduktion auf ästhetische resp. religiöse Alphabetisierung – im Sinne von Mollenhauer – sinnvoll und sachdienlich ist. Es steht m. E. darüber hinaus zur Debatte, ob bei einigen ästhetischen resp. religiösen Objekten oder Inhalten eine primär kognitive Auseinandersetzung in instruktivistischen Lernphasen anzustreben ist.

4. Perspektiven und Anregungen für Kooperationen in der Schule

In den bisherigen Überlegungen wurde deutlich, dass über die Frage nach dem Einsatz von Bildern im Religionsunterricht hinaus mannigfaltige Anknüpfungspunkte für einen gemeinsamen Dialog und für gemeinsame Kooperationen sowohl der Fachdidaktiken als auch der Unterrichtsfächer bestehen. Ich möchte hier nur einzelne Felder aufgreifen und im Hinblick auf die konkrete Unterrichtspraxis ausformulieren. Ich wähle dazu zwei Beispiele, die aus den didaktischen Reflexionen des performativ-ästhetischen Ansatzes der Religionsdidaktik und der künstlerischen Bildung der Kunstdidaktik resultieren, da mir gegenwärtig diese Richtungen besonders innovativ und chancenreich erscheinen. Denn in beiden didaktischen Ansätzen werden Verfahren vorgeschlagen, die ästhetische Produktion, Rezeption und Reflexion miteinander verbinden und die sowohl subjekt- als auch objektorientiert ausgerichtet sind. Sollten derartige Projekte gelingen, so würde der Kunst- und/oder Religionsunterricht eine erfahrungsbezogene Aneignung ästhetischer bzw. religiöser Objektivationen ermöglichen und den SchülerInnen die Möglichkeit bieten, diese eigenständig weiter zu verarbeiten und zu reflektieren.

1. Erinnerung ist ein Thema, das sowohl in der Kunst als auch in der Religion von zentraler Bedeutung ist. Gerade zeitgenössische KünstlerInnen, die ortsbezogene künstlerische Interventionen durchführen, setzen sich vielfach mit der Geschichte des jeweiligen Ortes auseinander

und thematisieren dabei auch Ereignisse aus der Geschichte des Christentums. Hieran kann ästhetisches Lernen im Kunst- und Religionsunterricht anknüpfen.[38] Ästhetisches Lernen im Sinne der künstlerischen Bildung setzt voraus, dass SchülerInnen ausgewählte Kunstwerke rezipieren und sich produktiv mit den künstlerischen Verfahren und Arbeitsweisen auseinandersetzen. Dies bedeutet, dass sie z. B. Jochen Gerzs „Mahnmal gegen Rassismus" (Saarbrücken 1990/93)[39] erschließen und wahrnehmen, dass auch die Tilgung und Auslöschung von Spuren der Vergangenheit ein künstlerisches Verfahren ist, um in den daraus resultierenden Diskussionen eben diese Vergangenheit präsent zu halten. Anhand von Rebecca Horns „Gegenläufigem Konzert" (Münster 1987/97)[40] können SchülerInnen erfahren, wie Klanginstallationen in historischen Orten (hier der Münsteraner Zwinger) Gefühle und innere Bilder hervorrufen, die emotional bewegen, ohne dass die Geschichte des Ortes visuell dargestellt wird. Wenn Olaf Metzel in seiner „Wandinstallation in St. Erpho" (Münster 1987) den Putz von den Wänden einer Kirche schlägt und das Mauerwerk in Form eines Kreuzes freigelegt wird, dann erinnert sein brutales künstlerisches Vorgehen, das „Wie", an das „Was" seiner Arbeit, nämlich das Kreuz. Form und Inhalt sind hier in besonders eindrücklicher Weise miteinander im Einklang. Wenn SchülerInnen nun aufgefordert werden, selbstständig ein Denkmal oder Mahnmal zu erstellen, das z. B. an das Leben Jesu erinnert, dann sind sie herausgefordert, erinnerungswürdige Ereignisse auszuwählen, in ähnlichen künstlerischen Prozessen Form und Inhalt miteinander zu verschränken, Möglichkeiten der Vergegenwärtigung der Vergangenheit zu suchen und im konkreten Realisieren sich selbst in diese Geschichte verstricken zu lassen. Dies kann im Aufsuchen von authentischen christlichen Orten, durch die Neuinszenierung religiöser Gegenstände, durch Ausstellung oder Transformation von individuellen Glaubenszeugnissen usw. geschehen.

2. Die Paderborner Kunstpädagogin Helga Kämpf-Jansen betont innerhalb der „künstlerischen Bildung" besonders den Aspekt der ästhetischen Forschung. Dabei betrachtet sie das kunstpädagogische Arbeiten als Vernetzung und Parallelität vorwissenschaftlicher, künstlerischer und wissen-

---

38 Vgl. zum folgenden Unterrichtsbeispiel ausführlich GÄRTNER 2007.
39 Vgl. KLANT 2004, 105f.
40 Vgl. ebd. 2004, 78ff.

schaftlicher Verfahren und Methoden.[41] Unter vorwissenschaftlichen Verfahren versteht sie Methoden, die an Alltagserfahrungen orientiert sind,
wie z. B. Sammeln, Ordnen, Dekorieren, Präsentieren von Objekten, die
aber zugleich Analogien zu ästhetischen, kulturellen und wissenschaftlichen Techniken und Methoden aufweisen. Künstlerische Strategien und
Konzepte bilden bei der Autorin den Orientierungsrahmen für selbstbestimmte künstlerische Handlungsweisen. Dabei geht es ihr nicht um
eine Kopie dieser Verfahren, sondern um eine eigenständige Aneignung
und Modifikation dieser Strategien. Eine ähnliche Bedeutung besitzen
in dem Konzept der Ästhetischen Forschung die wissenschaftlichen Methoden, wie das Befragen, Recherchieren, Analysieren, Dokumentieren,
Archivieren etc. Hiermit sollen z. B. die konkreten kunst- oder kulturge-
schichtlichen, anthropologischen oder religiösen Aspekte der jeweiligen
ästhetischen Forschungsprojekte untersucht werden.

Kämpf-Jansen veranschaulicht ihr Konzept der ästhetischen Forschung anhand von Projekten,[42] die sie zumeist mit Studierenden realisiert, so z. B. das Projekt „Wer war Ursel P.?" Ausgangspunkt ist ein
Fund von diversen Postkarten, die an Ursel P. in Paderborn adressiert
sind. Eine Kunstpädagogikstudentin begibt sich dadurch motiviert auf
die Suche nach der Person, ihrer Geschichte, nach persönlichen Erin-
nerungsstücken. Dabei durchdringen sich die Ebenen der wissenschaftlichen Recherche, der vorwissenschaftlichen, z. T. sehr emotionalen Auseinandersetzung mit der Biografie von Ursel P. und der künstlerischen
Gestaltung. Gefundene Alltagsobjekte werden im ästhetischen Objekt
transformiert und erhalten veränderte Bedeutungszuschreibungen, li-
neare Zeitabläufe werden durchbrochen, Simultanität ersetzt das historische Nacheinander, die Künstlerin identifiziert sich teilweise mit
Ursel P., Fiktion und Authentizität verschwimmen ineinander. Dabei ist
der Prozess des Suchens, Dokumentierens und Erfindens ebenso Teil des
Projekts wie die abschließende Gestaltung einer Rauminstallation mit
Objektkästen, Tableaus und dem Grab von Ursel P.

Es bedarf nicht viel didaktischer Phantasie, um ähnliche Projekte
im Bereich des Religionsunterrichts durchzuführen. Denn gerade in
der christlichen Tradition finden sich viele religiöse (Alltags-)Gegen-
stände, die SchülerInnen motivieren können, sich mit den dahinter
verborgenen Personen oder historischen Ereignissen auseinander zu set-

---

41 Vgl. Kämpf-Jansen, 274–277.
42 Vgl. ebd. 169–253.

zen. Die Friedhofskultur bietet mannigfaltige Anknüpfungspunkte für ästhetische Forschung, Kirchen und Diözesanmuseen sind gefüllt mit Objekten der christlichen Religion, die Spuren ihres Gebrauchs und ihrer Besitzer aufweisen, ohne deren Geschichte gänzlich preiszugeben. Reliquien(schreine) konkretisieren in ganz besonderer Weise die Verbindung eines individuellen Lebens mit der christlichen Tradition usw.

Die hier skizzierten Unterrichtsideen sollen nicht die Schwierigkeiten überdecken, die bereits auf konzeptioneller Ebene deutlich werden. Es ist didaktisch nicht planbar, inwieweit sich die SchülerInnen tatsächlich in die Werke und Objekte „verstricken" lassen, inwieweit sie sich Methoden und Inhalte aneignen, diese reflektieren und transformieren. Es ist nicht ausgeschlossen, dass sie künstlerische Verfahren einfach kopieren und mehr oder weniger gelungen bei anderen Themen anwenden. Dann würden „zeitgenössische künstlerische Darstellungsmodi oder Präsentations-Settings verkürzt zur Darstellung studentischer Sammlungsaktivitäten missbraucht und prozessfremd instrumentalisiert."[43] Darüber hinaus ist es auch nicht ausgeschlossen, dass SchülerInnen religiöse Erinnerungen oder Objekte mit Hilfe von zu Klischees geronnenen Symbolen oder Zeichen „inszenieren", ohne dass sie sich auf einen intensiven Forschungs- oder Reflexionsprozess einlassen. Daher halte ich es für unerlässlich, anhand von Unterrichtsprojekten die bislang primär in der didaktischen Theorie vorliegenden Ansätze performativ-ästhetischen Lernens und künstlerischer Bildung zu erproben und hinsichtlich ihrer Problemstellungen zu reflektieren. Dies wäre ein wichtiger Beitrag zur weiteren Entwicklung gegenwärtiger kunst- und religionsdidaktischer Ansätze ästhetischen Lernens.

---

43 Kettel 2002, 12.

Literatur

BÄHR, DOROTHEA, Zwischenräume. Ästhetische Praxis in der Religionspädagogik, Münster 2001.

BIEHL, PETER, Religionspädagogik und Ästhetik, in: JRP 5 (1988), 3–44.

BIEHL, PETER, Wahrnehmung und ästhetische Erfahrung. Zur Bedeutung ästhetischen Denkens für eine Religionspädagogik als Wahrnehmungslehre, in: GRÖZINGER, ALBRECHT/LOTT, JÜRGEN (Hg.), Gelebte Religion. Im Brennpunkt praktisch-theologischen Denkens und Handelns, Rheinbach-Merzbach 1997, 380–411 (= 1997a).

BIEHL, PETER, Religionspädagogik als Wahrnehmungslehre. Eine Besprechung von Albrecht Grözinger, Praktische Theologie als Kunst der Wahrnehmung, in: JRP 13 (1997), 229–232 (= 1997b).

BUSCHKÜHLE, CARL-PETER, Wärmezeit. Zur Kunst als Kunstpädagogik bei Joseph Beuys, Frankfurt a. M. u. a. 1997.

BUSCHKÜHLE, CARL-PETER, (Hg.), Perspektiven künstlerischer Bildung. Texte zum Symposium ,Künstlerische Bildung und die Schule der Zukunft', Köln 2003.

BUSCHKÜHLE, CARL-PETER/FELKE, JUTTA (Hg.), Mensch Bilder Bildung, Oberhausen 2005.

BURRICHTER, RITA, Kunstvermittlung. Eine praktisch-theologische Auseinandersetzung mit moderner Kunst: Yves Klein und Dorothee v. Windheim, Münster 1998.

BURRICHTER, RITA, „Jeder ist in seiner eigenen Welt, aber meine ist die richtige." Umgang mit Wahrheitsansprüchen als Aufgabe religiöser Bildung heute, in: RpB 50 (2003), 27–37.

BOEHM, GOTTFRIED, Bildsinn und Sinnesorgane, in: NEUE HEFTE FÜR PHILOSOPHIE 18/19 (1980), 118–132.

BOEHM, GOTTFRIED (Hg.), Was ist ein Bild, München ²1995.

DRESSLER, BERNHARD, Darstellung und Mitteilung. Religionsdidaktik nach dem Traditionsabbruch, in: RHS 45 (2002), 11–19.

FAILING, WOLF-ECKHART/HEIMBROCK, HANS-GÜNTER, Gelebte Religion wahrnehmen. Lebenswelt – Alltagskultur – Religionspraxis, Stuttgart 1998.

GÄRTNER, CLAUDIA, ,Ein Bild sagt mehr als 1000 Worte.' Warum TheologInnen nicht nur Bücher lesen sollten, in: LEINHÄUPL-WILKE, ANDREAS/STRIET, MAGNUS (Hg.), Katholische Theologie studieren. Themen und Disziplinen, Münster 2000, 184–203.

GÄRTNER, CLAUDIA, Kunstwerke im Religionsunterricht – „Orte" unsichtbarer Religiosität, in: ENGAGEMENT. ZEITSCHRIFT FÜR ERZIEHUNG UND SCHULE (2000), 30–37 (= 2000a).

GÄRTNER, CLAUDIA, „Who's afraid of Red, Yellow and Blue III?" (B. Newman) Ungegenständliche Kunst im Religionsunterricht, in: RHS 43 (2000), 45–52 (= 2000b).

GÄRTNER, CLAUDIA, Kunst auf der Suche nach dem „REAL LIFE", in: KATBL 127 (2002), 354–361.

GÄRTNER, CLAUDIA, Der Mensch im Bilde. Anthropologie in moderner und zeitgenössischer Kunst – eine Unterrichtsreihe für die Sek. II, in: HUSMANN, BÄRBEL (Hg.), Kunst und Religion – ein Dialog, Loccum 2003, 63–74.

GÄRTNER, CLAUDIA, Zerbrochene, verflüchtigte Ichs. Anthropologische Spurensuche in zeitgenössischer Kunst, in: JRP 20 (2004), 9–25.

GÄRTNER, CLAUDIA, ‚Tut dies zu meinem Gedächtnis' – Installationen als Erinnerungsorte, in: KATBL 132 (2007), 54–61.

GRÖZINGER, ALBRECHT, Praktische Theologie als Kunst der Wahrnehmung, Gütersloh 1995.

HILGER, GEORG, Für eine Verlangsamung im Religionsunterricht, in: KATBL 119 (1994), 21–30.

HILGER, GEORG, Prinzipielle religionsdidaktische Grundregeln I, in: GROSS, ENGELBERT/KÖNIG, KLAUS (Hg.), Religionsdidaktik in Grundregeln. Leitfaden für den Religionsunterricht, Regensburg 1996, 9–29.

HILGER, GEORG, Ästhetisches Lernen, in: DERS. u. a. (Hg.), Religionsdidaktik. Ein Leitfaden für Studium, Ausbildung und Beruf, Düsseldorf ²2003, 305–318.

HOEPS, REINHARD (Hg.), Handbuch der Bildtheologie. Bd. 1. Bild-Konflikte, Paderborn 2007.

IMDAHL, MAX, Gesammelte Schriften. 3 Bd., hg. v. Boehm, Gottfried, Frankfurt a. M. 1996.

KÄMPF-JANSEN, HELGA, Ästhetische Forschung. Wege durch Alltag, Kunst und Wissenschaft. Zu einem innovativen Konzept ästhetischer Bildung, Köln 2001.

KETTEL, JOACHIM, SelbstFREMDheit. Elemente einer anderen Kunstpädagogik, Oberhausen 2001.

KETTEL, JOACHIM, Künstlerische Bildung und die Schule der Zukunft. Bericht über ein Symposium in Heidelberg und Schloss Rotenfels, in: BDK-MITTEILUNGEN 1 (2002), 8–13.

KETTEL, JOACHIM u. a. (Hg.), Künstlerische Bildung nach PISA. Neue Wege zwischen Kunst und Bildung, Oberhausen 2004.

KLANT, MICHAEL (Hg.), Grundkurs Kunst 4. Aktion Kinetik Neue Medien, Hannover 2004 (inklusive DVD).

KLIE, THOMAS/LEONHARD, SILKE (Hg.), Schauplatz Religion. Grundzüge einer Performativen Religionspädagogik, Leipzig 2003.

LANGE, GÜNTER, Umgang mit Kunst, in: ADAM, GOTTFRIED/LACHMANN, RAINER (Hg.), Methodisches Kompendium für den Religionsunterricht, Göttingen 1993, 247–261.

LANGE, GÜNTER, Die katechetischen Funktionen des Bildes in der griechischen Theologie des sechsten bis neunten Jahrhunderts, Paderborn ²1999.

LANGE, GÜNTER, Art. Bild, Bilddidaktik, in: LexRP 1 (2001), 186–192.

LANGE, GÜNTER, Bilder zum Glauben. Christliche Kunst sehen und verstehen, München 2002.

LEONHARD, SILKE, Leiblich lernen und lehren. Ein religionsdidaktischer Diskurs, Stuttgart 2006.

LINGNER, MICHAEL/MASET, PIERANGELO, Zwischen Reiz und Regel liegt die Lust. Dialog zur ästhetischen Bildung, in: BAUER, JOCHEN u. a. (Hg.), Schnittmengen ästhetischer Bildung. Zwischen Künsten, Medien, Wissenschaften und ihrer Didaktik, München 2000, 123–131.

MOLLENHAUER, KLAUS, Die vergessene Dimension des Ästhetischen in der Erziehungs- und Bildungstheorie, in: LENZEN, DIETER (Hg.), Kunst und Pädagogik. Erziehungswissenschaft auf dem Weg zur Ästhetik?, Darmstadt 1990, 3–17 (= 1990a).

MOLLENHAUER, KLAUS, Ästhetische Bildung zwischen Kritik und Selbstgewißheit, in: ZEITSCHRIFT FÜR PÄDAGOGIK 36 (1990), 481–494 (= 1990b).

MOLLENHAUER, KLAUS, Schwierigkeiten mit der Rede über Ästhetik, in: KOCH, LUTZ u. a. (Hg.), Pädagogik und Ästhetik, Weinheim 1994, 160–170.

OTTO, GUNTER, Kunst als Prozeß im Unterricht, Braunschweig 1964/1969.

OTTO, GUNTER, Über Bilder sprechen lernen, in: K+U 77 (1983), 10–19.

OTTO, GUNTER/OTTO, MARIA, Auslegen. Ästhetische Erziehung als Praxis des Auslegens in Bildern und des Auslegens von Bildern, Velber 1987.

OTTO, GUNTER, Ästhetische Rationalität. Erste Annäherung an einen neuen Horizont des Kunstunterrichts, in: ZACHARIAS, WOLFGANG (Hg.), Schöne Aussichten? Ästhetische Bildung in einer technisch-medialen Welt, Essen 1991, 145–161.

OTTO, GUNTER, Lernen und ästhetische Erfahrung, in: KOCH, LUTZ u. a. (Hg.), Pädagogik und Ästhetik, Weinheim 1994, 145–159.

OTTO, GUNTER, Theorie für die pädagogische Praxis. Antwort auf Gert Selle, in: K+U 193 (1995), 16–19 (= 1995a).

OTTO, GUNTER, Gegen das Dummbleiben, in: K+U 196 (1995), 16 (= 1995b).

OTTO, GUNTER, Rationalität kann ästhetisch sein. Über Ästhetische Erziehung im Kontext der Erziehungswissenschaft und im Blick auf ästhetische Rationalität, in: Ders., Lehren und Lernen zwischen Didaktik und Ästhetik. Bd. 1 Ästhetische Erfahrung und Lernen, Seelze 1998, 69–78.

Otto, Gunter/Otto, Gert, Art. Ästhetische Erziehung, Ästhetisches Lernen, in: LexRp 1 (2001), 11–18.

Rauchenberger, Johannes, Biblische Bildlichkeit. Kunst – Raum theologischer Erkenntnis, Paderborn 1999.

Richter-Reichenbach, Karin S., Ästhetische Bildung. Grundlagen ästhetischer Erziehung, Aachen 1998.

Schmid, Hans, Die Kunst des Unterrichtens. Ein praktischer Leitfaden für den Religionsunterricht, München 1997.

Schroeter-Wittke, Harald, Praktische Theologie als Performance. Ein religionspädagogisches Programmheft mit 7 Programmpunkten, in: Hauschildt, Eberhard/Schwab, Ulrich (Hg.), Praktische Theologie für das 21. Jahrhundert, Stuttgart 2002, 143–159.

Schroeter-Wittke, Harald, Performance als religionsdidaktische Kategorie. Prospekt einer performativen Religionspädagogik, in: Klie, Thomas/Leonhard, Silke (Hg.), Schauplatz Religion. Grundzüge einer Performativen Religionspädagogik, Leipzig 2003, 47–66 (= 2003a).

Schroeter-Wittke, Harald, Mission als Ver-Fahren. Praktisch-theologische Anmerkungen zu einer performativen Religionspädagogik, in: Böhme, Michael u. a. (Hg.), Mission als Dialog. Zur Kommunikation des Evangeliums heute, Leipzig 2003, 151–168 (= 2003b).

Selle, Gert, Gebrauch der Sinne. Eine kunstpädagogische Praxis, Hamburg 1988.

Selle, Gert (Hg.), Experiment ästhetische Bildung. Aktuelle Beispiele für Handeln und Verstehen, Reinbek 1990.

Selle, Gert, Das ästhetische Projekt. Plädoyer für eine kunstnahe Praxis in Weiterbildung und Schule, Unna 1992.

Selle, Gert u. a. (Hg.), Anstöße zum ästhetischen Projekt. Eine neue Aktionsform kunst- und kulturpädagogischer Praxis, Loccum 1994.

Selle, Gert, War was?, in: K+U 196 (1995), 17.

Selle, Gert, Kunstpädagogik jenseits ästhetischer Rationalität. Über eine vergessene Dimension der Erfahrung, in: K+U 192 (1995a), 16–21.

Selle, Gert, Kunstpädagogik und ihr Subjekt. Entwurf einer kunstpädagogischen Praxis, Oldenburg ²2003.

Stock, Alex, Ist die bildende Kunst ein locus theologicus, in: Ders. (Hg.), Wozu Bilder im Christentum. Beiträge zur theologischen Kunsttheorie, St. Ottilien 1990, 175–181.

Matthias Everding/Norbert Schläbitz

Fächerübergreifender Ansatz im Musik- und Religionsunterricht

Abstract

Das Hören „ihrer" Musik nimmt bei den meisten Jugendlichen einen bedeutenden Platz in ihrer Freizeitgestaltung ein. Dabei geht es oft nicht nur um Unterhaltung, sondern um die individuelle Suche nach Sinn und Orientierung oder einfach um die Flucht aus dem Alltag. In vielen Songtiteln und musikalischen Inszenierungen werden religiöse oder existentielle Fragen und Erfahrungen thematisiert, die auch Gegenstand eines schülerorientierten Religionsunterrichts sind.

In diesem Aufsatz werden nach einer kurzen Erörterung der Berührungspunkte zwischen Musik und Religion ausgehend von den Handlungsfeldern des Musikunterrichts verschiedene sowohl fächerverbindende als auch fachübergreifende Ansätze zwischen dem Religionsunterricht und dem Musikunterricht skizziert.

1. Exposition

Der fachübergreifende Unterricht verknüpft zwei oder mehrere Fächer miteinander, wobei ein Fach als Leitfach operiert, das das zentrale Thema artikuliert. Im Unterschied dazu steht der fächerverbindende Unterricht, der „die gleichgewichtige Behandlung von Themen durch mehrere Fächer" vorsieht.[1] Gleichgültig, welches Prinzip nun favorisiert wird, beiden gemeinsam ist der Versuch, einen mehr ganzheitlichen Zugang zu gewährleisten. Einerseits wird der Gegenstand, der im Unterricht aufgegriffen wird, durch die Verknüpfung mit mehreren Fachgebieten zumindest ganzheitlicher vertreten als im üblichen Fachunterricht, andererseits wird auch der Schüler oder die Schülerin in die Lage versetzt, mehr ganzheitlich operieren zu können, da dessen/deren Erfahrungswirklichkeit in einem ungleich größeren Maße berücksichtigt werden kann.

---

1   Peterssen 1999, 89.

Ein fachübergreifender Ansatz für die Auseinandersetzung mit Musik im Musikunterricht erscheint also aus mehreren Gründen sinnvoll, von denen zwei besonders herausgehoben werden sollen:

1. *Das Prinzip der Ganzheit auf Seiten des Gegenstandes:* Zum einen ist gerade die Musik immer in ein komplexes gesellschaftliches Umfeld eingebunden, aus dem sich fachfremde Aspekte beinahe wie von selbst ergeben. Ein fächerübergreifender Ansatz muss in der Regel im Bereich der Musik nicht erst gesucht werden.

2. *Das Prinzip der Ganzheit auf Seiten der Schüler/in:* Zum anderen ist der reflexive Zugang für Jugendliche zur Musik über so angesprochene Fachgebiete wesentlich leichter zu leisten, da in der Regel im Musikunterricht ein fachspezifisches Vokabular nur selten vorausgesetzt werden kann. Die Diskussion um musikalische Phänomene wird so – auch wenn die Musik im Zentrum steht – vom Boden eines schon gegebenen Kompetenzwissens aus geführt, auf das man zurückgreifen kann und das nicht erst mühsam zugrunde gelegt werden muss.

Nachfolgend werden (im Fortgang der „1. Exposition") Berührungspunkte zwischen Musik und Religion erörtert, aus denen sich ein Begründungshorizont für einen fächerübergreifenden Ansatz zwischen den beiden Fächern entfaltet. Im weiteren Verlauf werden unter „2. Durchführung" Praxisbeispiele geliefert, unter „3. Reprise" werden methodische Grundüberlegungen vorgelegt, und unter „4. Coda" wird eine abschließende sowie generalisierende Bewertung geleistet.

Musik und Religion weisen vielfältige Berührungspunkte auf. Einen zentralen Verknüpfungspunkt zwischen Musik und Religion liefert der Stichpunkt Sinnstiftung und Identitätsfindung, der zu früheren Zeiten mehr im Bereich des Religiösen verankert war, heute allerdings mehr im Bereich der Musik zu verorten ist. Zu vergangenen Zeiten boten Religionen unangefochten das Sinnpotenzial für ein erfülltes Leben. Mit dem Zurücktreten religiöser Weltdeutungen und der *Entzauberung der Welt* (Max Weber) reihte sich die *große Erzählung* oder die *Metaerzählung* (Lyotard) Religion ein in eine Reihe mit anderen Weltdeutungsmodellen, zu denen sie in Konkurrenz steht, ohne dass sie prinzipiell Vorrang vor den anderen einklagen kann. Die Welt wurde ihres tiefen Sinns enthoben, indem die Sinnangebote der Religion nicht mehr obligatorisch gesetzt, sondern zur Wahl gestellt sind. Zugleich bleibt die

Religion aber eine „Schatzkammer des Sinns."[2] Diese Schatzkammer ist, wo die Religion gesellschaftlich immer mehr an Zuspruch verliert, auf einer anderen Ebene geöffnet worden. Die *Musik* bedient sich des reichen Sinnpotenzials, das Religion stiftet. Musik operiert als „eine reine Kulturreligion ohne Dogma."[3] Der tiefe Sinn wird durch die ritualisierte Kommunikation in der Vielfalt ersetzt. Man könnte auch so sagen: „An die Stelle religiöser Kommunikation tritt die Kommunikation als Religion."[4] Auch in anderen Fällen gehen Religion und Musik eine Allianz ein, wenn Musik-Events und religiöse Botschaften im Zusammenklang in kirchlichen Räumen kultiviert werden: „Praise the Lord with 150bpm."[5] Musik und Religion greifen auf ähnliche Symbole und Rituale zurück oder eröffnen Sinnräume, was sie unterrichtlich zusammenführen lässt.

Es versteht sich heute nicht mehr von selbst, unter dem Dach der Religion eine Heimat zu finden, was eine Form der Heimatlosigkeit impliziert. Ebenso wenig versteht sich das Identitätsprofil, das Heranwachsende ausbilden – anders als noch zu Beginn des 20. Jahrhunderts – von selbst, was abermals Heimatlosigkeit zur Folge hat. Den Spielraum zur persönlichen Entwicklung ermöglichte und begrenzte bis weit ins 20. Jahrhundert hinein die soziale Herkunft. Wo, wie in breiten gesellschaftlichen Schichten, einst der Mangel währte, war individuelle Entfaltung nach persönlicher Maßgabe kaum möglich, sodass die soziale Lage und die damit verbundenen ökonomischen Verhältnisse folglich Optionen für ein Selbstbild eröffneten oder verschlossen. Entwicklung erfolgte weitgehend nach schichtenspezifischer Vorlage, ein Ausbruch oder Aufstieg war kaum möglich und folgte in der Regel dem Primat der *Notwendigkeit*. Nicht mehr das soziale Feld, in das der Mensch hineingeboren wird, bestimmt heute in erster Linie die persönliche Entwicklung und lässt das Individuum im Rahmen eines Klassenbewusstseins sich verstehen, sondern eine vornehmlich aus einem komplexen Medien-Environment entworfene Wahl- oder Bastelbiographie.[6] So ist der „Wählende" zur „paradigmatischen Gestalt der Gegenwart"[7] geworden. Selbstbilder von Jugendlichen werden dabei heute in wesentlichem Maße gewonnen durch die Medien,

---

2   BOLZ/BOSSHART 1995, 350.
3   Ebd., 349.
4   Ebd., 351.
5   Vgl. STREIT 1997.
6   Vgl. BECK 1996, 217.
7   SCHULZE 1996, 407.

die entsprechende Vorbilder liefern, und durch Peer-Groups, in denen Identitätsprofile entworfen und ausprobiert werden.

Insbesondere die Musik vermag es, in einer globalisierten Welt, eigene Sinnwelten zu schaffen. „Popmusik produziert unentwegt Unterschiede, denn in Abstufungen ermöglicht sie ihren Rezipienten Überlegungen zur Selbstdefinition."[8] Die Musik setzt Differenzen durch Ausprägung von immer neuen Stilformen. Ein Stil „ist Teil eines umfassenden Systems von Zeichen, Symbolen, Verweisungen für soziale Orientierung."[9] Musik ist demnach nicht nur Klang, der gefällt, sondern sie liefert insgesamt ein *Kommunikationsdesign,* das im Zusammenstand mit Modeausprägungen und Sprachgestus den jeweiligen Stil ausmacht, mit dem man sich identifizieren kann. Musik führt Menschen unterschiedlicher Herkunft oder auch unterschiedliche Alters- und Berufsgruppen zusammen, die unter dem Dach einer erwählten Stilform den sozialen Zusammenklang suchen. Das ästhetische Design überformt zunehmend das Geworfensein und das Sein der Welt. Mit anderen Worten: „Das Design bestimmt das Bewusstsein."[10] Das ist aber nicht unbedingt zu bedauern, wenn man Hans Blumenberg folgt, der einmal sinngemäß gesagt hat: *Nur ästhetisch kann man so sein, wie man will, und muss nicht so bleiben, wie man ist.* Die Pflege eines spezifischen Kommunikationsdesigns ermöglicht Individuationsprozesse in vielfältige Richtungen und erhält sie flexibel. Im ästhetisch gepflegten Kommunikationsdesign spiegelt sich folglich gesellschaftliche Komplexität und Kontingenz. Umgestellt ist von einer Entwicklung nach *Notwendigkeit* zu einer Entwicklung nach *Kontingenz,* die Chancen eröffnet. Individuelle Lebensweltentwürfe der Gegenwart liefern eine ästhetische Existenz im Sinne Foucaults, die an der Oberfläche oszilliert und einen Kern oder ein *Wesen* performativ immerfort in Frage stellt. Die Musik (und der daran gekoppelte Stil) wird zum Spielfeld und Schulungsraum für das Spielfeld Lebensalltag, wo die eigentliche Musik gespielt wird. Die dazugehörigen Rituale, Gesten, Sinnpotentiale sind oftmals der Religion entlehnt, was den Zusammenklang von Musik und Religion auch im Unterricht nahe legt.[11]

Die Verlagerung in Richtung Kontingenz ist aber auch mit erheblichen Verunsicherungen verbunden. Von der zugrunde gelegten Op-

---

8   MEUELER 1997, 33.
9   SOEFFNER 1986, 318.
10 VIEF 1989, 277.
11 Vgl. SCHLÄBITZ 2003, 305f.

tionenvielfalt mit den damit verbundenen Prozessen zur Selbstinsze-
nierung ohne Abschluss fühlen sich manche Jugendliche überfordert,
sodass pädagogische Begleitung auch oder vielleicht gerade aus dem
Raum des Musikunterrichts und dem der Religion sinnvoll scheint.
Zwar ist die Religion aus dem Zentrum gesellschaftlichen Denkens in
den Orbit verlagert worden, was die Religion als Ort der Selbstvergewisserung in Frage stellt, doch liefert sie nach wie vor ein für viele trag-
fähiges Orientierungsangebot. Sowohl die Musik als auch die Religion
sind Orte der Gemeinschaftskommunikation, die den ewig jungen Gedanken von *Love, Peace & Unity* einer heranwachsenden Jugend in sich
tragen. Im fachübergreifenden Zusammenstand können thematische
Verbindungen gezogen, Gedankenwelten kennen gelernt und Orientie-
rungen geleistet werden gerade dadurch, dass Gemeinsamkeiten erfahren werden können und so das eine Fach dem anderen im Verbund mehr
vorurteilsfrei begegnen lässt.

2. Durchführung oder Umsetzung der Idee in den vier Handlungsfeldern des Musikunterrichts

Die folgenden ausgesuchten und erprobten Unterrichtsbeispiele bzw.
-anregungen werden den vier Handlungsfeldern des Musikunterrichts
„Musik machen", „Musik hören", „Musik umsetzen" und „Über Musik nachdenken" zugeordnet. Da die Handlungsfelder eher methodische
Zugänge als inhaltliche Themenschwerpunkte markieren, bieten sie sich
als Strukturierungsrahmen für einen fächerübergreifenden Ansatz an.

2.1 Das Handlungsfeld „Musik machen"

Der Handlungsorientierung kommt im Unterrichtsfach Musik eine
besondere, herausragende Bedeutung zu. Die Erfahrung und die Möglichkeit, sich mit der Stimme oder mit einem Instrument ausdrücken
oder darstellen zu können, motivieren die meisten Musiker zu einer le-
benslangen, meist intensiven Beschäftigung mit ihrem Instrument. Die
Jugendlichen, die den Musikunterricht an einer öffentlichen Schule be-
suchen, sind allerdings nur sehr selten in der Lage, ihre Gefühle und
musikalischen Vorstellungen adäquat umzusetzen oder auszudrücken.
Das intensive Gemeinschaftsgefühl und die Erfahrung, den selbst pro-
duzierten Klang im Gesamtklang wiederzuentdecken, sind für etliche

Jugendliche fast Schlüsselerlebnisse. Es gibt nur wenige Möglichkeiten, Gemeinschaft und die Bedeutung des Einzelnen für die Gemeinschaft so nachvollziehbar zu erleben wie beim Klassenmusizieren oder im Chorgesang.

Auf dieser erfahrungsbezogenen Ebene des Handlungsfeldes „Musik machen" ergeben sich Anknüpfungspunkte zu einem fächerübergreifenden Unterricht mit dem Fach Religion. Im Fächerkanon der Schulen nimmt der konfessionelle Religionsunterricht eine Sonderstellung ein. In ihm geht es nicht nur darum, Jugendlichen abfragbares Wissen über ihre Religion zu vermitteln, sondern sie sollen gleichzeitig eingeführt werden in den besonderen Anspruch ihrer Religion und ein moralisches, sozialethisches Gewissen und Verantwortungsgefühl entwickeln. Kein anderes Schulfach betont den affektiven, emotionalen und sozialen Lernaspekt so durchgängig und explizit. Vielleicht können einige Beispiele aus dem Unterrichtsalltag die fächerverbindenden Ansätze verdeutlichen.

2.1.1 Kommunikationsübungen mit Instrumenten

Einen eher ungewöhnlichen Ansatz zu einer fachübergreifenden Zusammenarbeit bieten ausgesuchte Kommunikationsübungen mit Instrumenten. In vielen schulinternen Rahmenplänen des Faches Religion finden sich Themen wie „Gemeinschaft", „Freundschaft", „Streitschlichtung" oder ähnliche Themen mit sozialintegrativen Zielsetzungen. In Klassen, in denen Mobbing und Gewalt die Atmosphäre vergiften, kann es hilfreich sein, gemeinsam mit den Jugendlichen Kommunikationsstrukturen transparent zu machen. Dabei wird die in diesen Klassen überwiegend aggressive, auf Beleidigung und Unterdrückung hin ausgerichtete Sprache ganz verboten. Es wird ausschließlich mithilfe einfacher Instrumente kommuniziert. Hier steht dann natürlich nicht die Virtuosität im Umgang mit dem Instrument, sondern die Intensität der Kommunikation im Vordergrund. Musiktherapeutisch angelegte Spiele, wie das „Si-No-Spiel" bzw. der „Trommelstreit"[12] oder das „Einsteiger – Aussteiger-Spiel"[13] können Jugendlichen, sofern sie sich auf diese „Spielchen" einlassen, helfen, destruktive Kommunikationsstrukturen zu erkennen und gegebenenfalls nach einer offenen Reflexion zu korrigieren.

12 HOLTHAUS 1993, 127.
13 HOLTHAUS 1993, 36.

2.2 Das Handlungsfeld „Musik hören"

Auch wenn das Hören ein aktiver Vorgang sein sollte – im Gegensatz zu unseren Augen können wir unsere Ohren allerdings nicht abschalten – und auch das akustische Kunstwerk erst im Kopf des Hörers entsteht, kann das „Musik hören" im Musikunterricht nur in Verbindung mit einem anderen Handlungsfeld handlungsorientiert umgesetzt werden. Es gibt nur wenige Themen, bei denen die Zielsetzung vorrangig im Handlungsfeld „Musik hören" positioniert ist.

2.2.1 *Produktion einer Hörgeschichte zum Kirchengebäude*

In dem Themenbereich „Musik in unserer Umgebung" gibt es eine Aufgabenstellung, bei der die Schülerinnen und Schüler aufgefordert werden, ihr Umfeld akustisch zu erforschen. Sie sollen dabei den Tagesablauf eines Gebäudes nacherzählen und akustisch festhalten. Ausgestattet mit einem Mikrophon sammeln die Jugendlichen „Hörerlebnisse" in diesem Gebäude oder im Umfeld des Gebäudes, ordnen diese Aufnahmen und binden sie in eine selbst formulierte Geschichte bzw. einen Tagesablauf ein. Ihre Aufgabe besteht darin, mithilfe eines kostenlos aus dem Internet zu ladenden Programms (z. B. Audacity) eine phantasievolle Hörgeschichte aus den aufgenommenen Realgeräuschen zusammenzustellen. Unter dem fächerübergreifenden Gedanken bietet sich die Produktion einer Geräuschgeschichte zum Kirchengebäude an.

2.2.2 *Meditative Musik*

Meditation und Stillephasen nehmen einen immer größeren Raum im Religionsunterricht ein. In der Absicht, eine mediale Überreizung der Sinnesorgane zu kompensieren, werden den Jugendlichen Ruhe- und Entspannungsübungen geboten. Die Musik, die in diesen Ruhephasen oder zur Untermalung von Traumreisen eingesetzt wird, sollte auf harmonische, dynamische, melodische und vor allem rhythmische Akzente oder Überraschungsmomente verzichten. Ihre Funktion ist es, die Stille erträglich zu machen, das heißt, unangenehme Nebengeräusche zu übertönen und auszuschalten. Favorisierten vor einigen Jahren viele Religionslehrerinnen und -lehrer Aufnahmen von der Sängerin Enya, dem Pianisten George Winston oder die Musik des Gitarrenduos Tierra Negra, werden heute überwiegend Instrumentaltitel in den CD-Player eingelegt, die der Stilrichtung „Ambient" zugeordnet werden und von vielen Jugendlichen auch privat zum „Chillen" gehört werden.

2.3 Das Handlungsfeld „Musik umsetzen"

Bewusst wird der unterrichtliche Einsatz von Popsongs, die sich mit unterschiedlichen Themen des Religionsunterrichts verbinden lassen, nicht dem vorhergehenden Handlungsfeld zugeordnet. Ein anspruchsvolles analytisches Hören ist wahrscheinlich nur in der Oberstufe eines Gymnasiums vorstellbar und eine aufwändige Textanalyse mithilfe der im Deutschunterricht vermittelten Kriterien raubt vielen Songs ihre besondere Aussagekraft. Beim Einsatz von Popsongs im Religionsunterricht kann es nie darum gehen, vorbestimmte Aussagen zu bestätigen, durch Analyse festzulegen oder zu definieren. Die Stärke dieses Mediums besteht vielmehr in der thematischen Öffnung, in der Betonung einer bewusst subjektiven, emotionalen Sichtweise, die durch die musikalische Komposition und Interpretation unterstrichen wird. Subjektivität und Emotionalität sollten auch bei der Auseinandersetzung der Jugendlichen mit diesen Songs im Vordergrund stehen. Charakteristische melodische Phrasen, bestimmte Instrumentierungen oder harmonische Grundmuster können bei jedem einzelnen Jugendlichen ebenso individuelle Assoziationsmuster auslösen wie einzelne Begriffe oder Textaussagen, die jeder mit seinen ganz eigenen Erfahrungen verbinden wird. Eine Aufgabe des Religionsunterrichts, dem es nicht um reine Wissensvermittlung geht, kann darin gesehen werden, diese individuell geprägten Assoziationen zuzulassen und ihnen nach Möglichkeit passende Ausdrucks- oder Darstellungsformen anzubieten.

2.3.1 Produktion von Videoclips zu Popsongs

In den letzten Jahren gab es eine rasante Entwicklung im Bereich der Computerbranche. In der Tendenz wurden die PCs immer leistungsstärker und kostengünstiger. Diese Entwicklung führte dazu, dass heute „multimediale Ideen" auf einem Niveau umgesetzt werden können, von dem man vor Jahren kaum zu träumen wagte. Für die meisten Jugendlichen stellt eine Power-Point-Präsentation, die Produktion eines Kurzfilms, einer Filmanimation oder eines Podcast keine besondere technische Herausforderung mehr dar, sofern ihre Lehrerinnen und Lehrer selbst in der Lage sind, die erforderlichen Programme zu nutzen und zu erklären. Viele Filmbearbeitungsprogramme sind fast intuitiv, ohne lange Bedienungsanleitungen, zu verstehen und anzuwenden, und für verhältnismäßig wenig Geld (unter 30 €) zu kaufen. Einige Hersteller (z. B. die Fa. Magix) stellen Schulen auch kostenlos sogenannte Schülerversionen von Programmen zur Verfügung, mit denen man anspruchsvolle Videoclips, Filmanimationen oder Kurzfilme schneiden und auf DVD brennen kann.

Deutschsprachige Songs, die sich zur Produktion eigener Videoclips im Religionsunterricht eignen, sind z. B. „Gibt es einen Gott im Himmel" von der Band „Das Auge Gottes", „Vielleicht" von Xavier Naidoo, „An Tagen wie diesen" von Fettes Brot, „Michi Beck in hell" von den Fantastischen Vier oder „Land unter" von Herbert Grönemeyer.

2.3.2 Zeichnerische Umsetzung von Popsongs

Die unterrichtliche Auseinandersetzung mit einem Popsong im Religionsunterricht erfordert methodische und didaktische Vorüberlegungen grundsätzlicher Art. Auf der einen Seite muss man dem jeweiligen Song genügend Beachtung schenken, um ihn nicht nur als bloße, oberflächliche Motivationshilfe (Aufreißer) zu „verheizen", andererseits sollte man eine pädagogische „Überfrachtung" mit den schulüblichen Instrumentarien (z. B. ausführliche Textanalysen) oder gar Bewertungen vermeiden, um den Schülerinnen und Schülern *ihr* Medium zu lassen. Die Methode der zeichnerischen Umsetzung oder Bearbeitung eines Liedes erscheint dabei ein möglicher Mittelweg zu sein, der einerseits eine ausführliche Beschäftigung mit dem einzelnen Lied erfordert, andererseits aber auch einem individuellen, sehr subjektiven Umgang mit dem Lied nicht im Wege steht. Bei der Liedauswahl ist es sinnvoll, deutschsprachige Songs zu berücksichtigen, damit die Sprache die Jugendlichen direkt ohne den Umweg über eine Übersetzung erreicht. Außerdem ist es sinnvoll, Songs vorzuspielen, die musikalisch reizvoll, aber dennoch den meisten unbekannt sind, um „Vorverurteilungen" durch einzelne Schüler möglichst zu verhindern. Der Text sollte sperrig und interpretationsoffen sein, um einerseits verschiedene Interpretationsansätze zu ermöglichen und andererseits die Jugendlichen auch nach einer längeren Beschäftigung mit ihm nicht zu langweilen. Gut eignen sich z. B. einige Songs von Rio Reiser („Irrlicht"), Tocotronic oder der Band Keimzeit, die den meisten Jugendlichen unbekannt sind.

2.4   Das Handlungsfeld „Über Musik nachdenken"

Dieses Handlungsfeld wird in diesem fächerübergreifenden Zusammenhang verkürzt auf Aspekte der musikalischen Formenlehre und einer didaktischen Grundüberlegung zum Themenfeld der Musikgeschichte.

2.4.1   Die Textsonate

Bei einer Text-Sonate handelt es sich um eine Sprach-Komposition, die von Jugendlichen vollkommen selbstständig zusammengestellt und schließlich auch aufgenommen werden kann. Vorgegeben ist lediglich das Formprinzip der Sonatenhauptsatzform, einer Kompositionsform, die sich vor allem während der Klassik (zweite Hälfte des 18. Jahrhunderts) großer Beliebtheit erfreute.

Musikalische Motive werden hier durch sprachliche Motive ersetzt. Ist es bei der musikalischen Sonatenform so, dass ein eher hartes Thema einem weichen gegenübergestellt wird, so müssen hier entsprechend ein harter Satz (sowohl in seiner Aussage als auch in seiner Aussprache) und ein weicher Satz formuliert werden.

Die Hauptsatzform lässt sich grob in 4 Teile gliedern:

- In der *Exposition* werden die beiden Hauptthemen vorgestellt – und zwar so, dass sie für den Zuhörer einen Erinnerungswert erhalten. Eigentlich sollte dieser Expositionspart immer identisch wiederholt werden.

- Der zweite Teil, die *Durchführung,* verändert und erweitert die Themen und Motive, die in der Exposition vorgestellt wurden. Begriffe werden aus dem Satz herausgerissen, hinterfragt, umgedeutet, unterschiedlich artikuliert oder weitergeführt.

- Mit der *Reprise,* der Wiederholung der Exposition, wird noch einmal an die eigentliche Ausgangsform der Themen erinnert. Die Durchführung wird zu ihrem Ausgangspunkt zurückgeführt.

- Mit der *Coda,* dem kurzen Schluss, wird ein neuer, dritter Gedanke vorgestellt, der allerdings nicht weiter ausgeführt wird. Die Coda bezieht sich inhaltlich auf das bereits Gesagte.

Viele werden sich nach dem ersten Hören einer Text-Sonate irritiert fragen: Was soll das eigentlich? Die ständige Wiederholung der gleichen Begriffe und Aussagen nervt. Man wird schnell abgelenkt, da nur unwesentlich neue „Informationen" sprachlich vermittelt werden. Dieser erste Eindruck ist richtig und beabsichtigt!

Irritation und gleichzeitige Ablenkung – man kann aber auch sagen: Weiterspinnen eigener persönlicher, individueller Gedanken auf der Grundlage der ständig wiederholten Begriffe – sind gewollt.

Wir leben in einem Medienzeitalter, in einem Zeitalter der Information. Durch Internetanschluss, unzählige Nachrichtensendungen und Talkshows glauben wir uns bestens informiert. Ein Zuviel an Information birgt aber auch immer die Gefahr des Abstumpfens in sich. Man erschrickt kurz und wendet sich neuen Informationen zu. Es gibt kaum eine Katastrophe, kaum eine menschliche Tragödie, die wir nicht durch eine passende Sondersendung, eine gut besetzte Talkshow in den Griff bekommen könnten. Das Fernsehen als neue „unsichtbare" Religion, die unseren Alltag zeitlich gliedert, uns Informationen in passenden Rationen verabreicht und uns bei der Bewältigung der großen Probleme hilft.

Die Text-Sonate ist bewusst gegen diese Erwartungshaltung gestrickt. Die Informationen sind spärlich und werden nicht durch neue Details, Einzelheiten oder Zahlen ergänzt und erweitert. Diese bewusste Beschränkung soll den einzelnen Begriffen wieder ihren Eigenwert zurückgeben. Dem Zuhörer soll die nötige Zeit eingeräumt werden, sich die einzelnen Sprachbilder einzuprägen und sie hoffentlich mit seinen eigenen, freigesetzten Bildern und Assoziationen zu verbinden.

Dieser kreative Ansatz, eigene Texte nach musikalischen Formenprinzipien umzusetzen, ist nicht neu. Vielen Musiklehrern sind wahrscheinlich der „Fußballreport" von Heinz Benker oder die „Fuge der Geographie" von Ernst Toch bekannt. Ein wichtiger Unterschied zwischen der Text-Sonate und diesen Sprachkompositionen besteht aber darin, dass bei der Text-Sonate die Jugendlichen ihre Sätze selbst formulieren und den Sprechrhythmus finden und gestalten sollen. Hier ist eigenes Sprachgefühl gefordert. Einzelne Worte und Begriffe werden hinterfragt und ausprobiert. Sie erhalten so ein Gewicht und eine Bedeutung, die ihnen im alltäglichen Gebrauch oft abhanden gekommen sind.

2.4.2 Musikepochen als Ausdruck eines Lebens- und Glaubensgefühls

Um ein Geschichtsbewusstsein zu entwickeln, reicht es nicht, Zahlen und Daten auswendig zu lernen. In der Didaktik des Faches Geschichte nimmt daher die Beschäftigung mit Quellentexten, Briefen und Beschreibungen von Tagesabläufen der sogenannten „kleinen Leute" einen immer breiteren Raum ein. Die Bildende Kunst und die Musik liefern uns schon seit Jahrhunderten sehr individuelle Gefühlsbeschreibungen verschiedener Epochen der Menschheitsgeschichte. Künstler und Musiker drückten in ihren Werken ihre subjektiven Wahrnehmungen und Emotionen so differenziert und gleichzeitig so offen aus, dass sie heute noch in vielen Menschen nachklingen und etwas bewegen. Formal und thematisch in ihrer Zeit verhaftet, ermöglicht ihnen ihr künstlerisches Talent, zum Teil Jahrhunderte zu überspringen, um die Menschen der nachfolgenden Generationen zu erreichen. Künstlerischer Genialität gelingt offenbar diese Zeitreise, wenn sie die Essenz, das Allgemeingültige einer Emotion erkennt und authentisch gestalten kann.

Der Glaube an Gott und das Verhältnis der Menschen zur Religion sind wie andere sichtbare und unsichtbare Zeiterscheinungen oder Grundbedürfnisse diesem stetigen Wandel innerhalb der Menschheitsgeschichte unterworfen. In der Musik fanden und finden Glauben, Gottvertrauen und Zweifel ihren Ausdruck. Der fächerübergreifende Unterricht in den Fächern Musik und Religion in der Oberstufe eines Gymnasiums kann dieser im Grunde philosophischen Frage nachgehen. Johann Sebastian Bach bringt in seiner Musik seine persönliche religiöse Überzeugung zum Ausdruck. Seine Musik dient ihm dabei als Bindeglied zum Himmel. Dieser starke, scheinbar uneingeschränkte, auf viele Proben gestellte Glaube ist für uns heute kaum noch nachzuvollziehen. Und doch ist etwas in seiner Musik, das auch heute noch sogar viele überzeugte Atheisten berührt. Im Vergleich mit zeitgenössischen religiösen oder weltlichen Kompositionen können Jugendliche eine besondere Form des Geschichtsbewusstseins entwickeln, losgelöst von Zahlen und Daten geht es dann um Emotionen, häufig auch um eine zeitgebundene künstlerische Antwort auf die Sinnfrage der menschlichen Existenz.

2.5 Musikstile oder Jugendszenen als Religionsersatz

Ein weiterer fächerübergreifender Ansatz zwischen den beiden Fächern lässt sich keinem Handlungsfeld des Musikunterrichts zuordnen. Wenn man von der Religionsdefinition Tillichs ausgeht, nach der Religion all das ist, was den Menschen unbedingt angeht, dann gehört der Bereich der Musik für viele Jugendliche auf jeden Fall dazu. Musik wird von ihnen nicht nur zur Unterhaltung in ihrer Freizeit genutzt, sondern die Vorliebe für eine bestimmte Musikrichtung oder einzelne Interpreten beeinflusst ihr Denken, ihre Wertvorstellungen, ihre politischen oder sozialen Einstellungen, ihre Kleidung, ihre Gestik und ihre gesamte äußere Erscheinung. „Ihre Musik" ist Ausdrucksmöglichkeit, Kompensationsmittel, Orientierungspunkt und mögliche Kommunikationshilfe im Umgang mit Gleichaltrigen. Geht es im Religionsunterricht darum, den einzelnen Jugendlichen als Gesamtpersönlichkeit wahrzunehmen, vielleicht zu erkennen, „was ihm heilig ist", dann bietet uns der Umweg über die Musik – sofern es überhaupt als Umweg bezeichnet werden kann – viele Ansatzpunkte, seine ganz persönliche Welt kennen zu lernen. Einige Jugendliche scheuen davor zurück, Erwachsenen Einblick in diesen intimen Bereich zu gewähren, während andere in einem Unterrichtsthema, bei dem sie die Gelegenheit erhalten, einen Ausschnitt aus ihrem Privatleben vorzustellen, endlich eine Möglichkeit sehen, sich ansatzweise so präsentieren zu können, wie sie wahrgenommen werden wollen. In ihrem Leben und in der individuellen Wahrnehmung „ihrer Musik" sind sie die Experten und nicht die Lehrerin oder der Lehrer.

3. Reprise

Die angesprochenen Beispiele können im Unterricht unterschiedlichen methodischen Ansätzen zugeordnet werden:

a) Das *Prinzip der Verlangsamung* soll dem flüchtigen, oberflächlichen Konsum der meisten Jugendlichen entgegenwirken. Den Jugendlichen wird dabei die nötige Zeit eingeräumt, sich einem Bild, einem Lied, einem kurzen Text oder einem Gedicht in ihrem eigenen Tempo zu nähern. Eine subjektive Annäherung an einen Musiktitel oder ein Bild benötigt Zeit. Eigene Erfahrungen, Eindrücke, Erlebnisse müssen erst hochgespült und dann an passenden Stellen mit einzelnen Passagen oder Ausschnitten des vorgestellten Mediums verbunden werden. Zeitdruck und eine erkennbare Ergebnisorientierung verhindern diese Zugänge. Die meisten Schüler sind daran gewöhnt, die „pädagogisch aufbereiteten" Medien nur noch oberflächlich wahrzunehmen. Das heißt, sie fragen sich – sofern sie dem Unterricht noch folgen –, was der Lehrer wohl als Reaktion hören will. Nur selten versuchen sie einen eigenen Bezug zum Medium zu finden. Die methodischen Lösungen könnten dann lauten:

- Beschränkung auf wenige Medien
- Suche nach Arbeitsformen, die eine längere Beschäftigung mit einem Medium nicht langweilig werden lassen

b) Das Prinzip der Verlangsamung steht in engem Zusammenhang zum *Prinzip der Produktion.* In vielen Bereichen nehmen Jugendliche heute eine rezeptive Haltung ein bzw. sie wird ihnen schlicht abverlangt. Das Prinzip der Produktion wird zudem in den Schulen häufig nur kurzfristig während einzelner Projektphasen berücksichtigt. Insgesamt scheint diese Vorgehensweise den meisten Lehrern zu aufwändig, zeitraubend und unergiebig. Ein ergebnisorientierter Unterricht kommt mit den herkömmlichen Methoden schneller zum vorgegebenen Unterrichtsziel. Schüler-Produktion verlangsamt Lernprozesse. Wenn man dies aber nicht ausschließlich als Nachteil, sondern als Chance zur Intensivierung begreift, kann der Religionsunterricht Jugendliche in anderer Form ansprechen, im günstigen Falle sogar an Qualität gewinnen.

c) Auch das dritte Prinzip, das *Prinzip der Freiheit oder Kreativität,* ist in enger Verbindung mit den beiden vorhergehenden zu sehen. Die Lösung von starren Vorgaben oder einer dominierenden Ergebnisorientierung räumt den Jugendlichen die Möglichkeit ein, sich einzelnen Themen individuell zu nähern. Hier steht dann nicht mehr die Frage nach dem, was der Lehrer wohl hören will, im Vordergrund, sondern der jeweils eigene, subjektive Zugang zum Thema. Die Öffnung des Unterrichts für individuelle Zugänge lässt den Unterrichtsgegenstand in verschiedenen Aspekten erscheinen. Die Möglichkeit zum kreativen Ausdruck lässt die Jugendlichen nicht nur zu Produzenten, sondern auch zu „Erklärern" ihrer Produkte werden. Dabei ist es wichtig, Fragen und Probleme nicht unbedingt im Unterricht lösen zu wollen. Offene Fragen können die Kommunikation verlängern und die Glaubwürdigkeit des einzelnen Lehrers in den Augen seiner Schüler erhöhen.

Im Unterricht lassen sich diese drei Prinzipien am besten umsetzen, wenn man die Jugendlichen ein Lied, bevor man es bespricht oder erklärt, *zeichnerisch, pantomimisch, tänzerisch oder spielerisch (z. B. als Videoclip)* weiterführen oder umsetzen lässt. Dabei muss jedes Mal neu entschieden werden, ob die Jugendlichen frei zeichnen, einen vorgegebenen Rahmen auszeichnen, Dias bemalen, eine Gemeinschaftsproduktion (z. B. eine Tapetenrückseite) herstellen, Collage- und Maltechniken miteinander verbinden oder ein vorgegebenes Bild zur Musik nachzeichnen. Die Methodenentscheidung richtet sich nach dem Verhalten der Klasse im Allgemeinen, nach ihren Interessen und Fähigkeiten, nach Gruppenkonstellationen, ihrem Verhältnis zum Lehrer, nach der Notwendigkeit eines Methodenwechsels, den Vorerfahrungen, dem Alter der Jugendlichen, usw.

d) Die genannten Prinzipien weisen den Schülerinnen und Schülern ein wesentliches Maß an Verantwortung für den eigenen Lernprozess zu. Man könnte auch so sagen: Die genannten Prinzipien fußen auf dem *Prinzip der Verantwortung,* das den Schülerinnen und Schülern abverlangt wird. Für den Lehrer heißt das im Unterricht: Zurückhaltung üben. Mit der allein physischen Präsenz und Nähe wird „die Verantwortung für den Arbeitsablauf an die Lehrerin zurückgegeben."[14] So ist der Lehrer zwar für die Organisation des Unterrichtsablaufs sowie als Impulsgeber gefragt, im weiteren Verlauf bei gruppeninternen Prozessen aber ist Zurückhaltung geboten, und nur in Ausnahmefällen sollte in Arbeitsprozesse frühzeitig eingegriffen werden. Ein Gewähren lassen heißt auch ein Anerkennen von Vorannahmen und Vorwissen, das erprobt wird: „Das setzt aber voraus, daß der Lehrer in der Lage ist, sich selbst für dieses Vorwissen zu öffnen, weil er bereit ist, den Schüler in seiner Lebenswirklichkeit ernstzunehmen."[15] Für den Lehrer und die Lehrerin heißt das dann: „Weniger dirigieren, mehr moderieren."[16]

Diese angedeuteten Formen eines offenen Unterrichts lassen sich nicht von einem Tag auf den anderen verwirklichen. Auch Kreativität und Empathie sind gerade in der Schule nicht auf Abruf zu erzielen. Im Gegenteil: Das Abverlangen von Kreativität „auf Kommando" beschreibt ein Paradox und ist vergleichbar dem „Sei spontan"-Paradox. Es wird also eigentlich etwas Unmögliches Schülerinnen und Schülern abverlangt. Die speziellen Kommunikations- und Arbeitsformen dieses Unterrichtsstils müssen daher über einen längeren Zeitraum hinweg eingeübt werden, damit Schülerinnen und Schüler überhaupt in die Lage versetzt werden, sich kreativ einzubringen. Gelingt es einem Lehrer aber

---

14 Meyer 1993, 268.
15 Mädchen, zitiert nach Balgo/Voss 1995, 66.
16 Schläbitz 2005, 133; vgl. insgesamt Schläbitz 2005, 121–135.

nach entsprechender Vorlaufzeit, eine Lernatmosphäre in einer Klasse zu erreichen, die es den Jugendlichen gestattet, selbstständig und kreativ zu arbeiten, stellen anspruchsvolle Songs ein hervorragendes Medium dar, um sich vielschichtig und intensiv mit verschiedenen Fragestellungen des Religionsunterrichts auseinander zu setzen.

4. Coda

Die genannten vier Prinzipien fördern die Eigenaktivität der Schülerinnen und Schüler und setzen auf ein hohes Maß an Schülerorientierung. Schülerorientierung ernst genommen wiederum weist der reinen Wissensvermittlung einen neuen Systemplatz zu, indem diese nicht mehr verabsolutiert wird. Das Abfragen von Wissen ist danach sekundär, der produktive Umgang mit Wissen primär. Und das hat auch seinen guten gesellschaftlichen Grund: Gemeinhin wird Gesellschaft heute mit Ulrich Beck als Risikogesellschaft verstanden. Alte Sicherheiten, die vormals ein Bildungskonzept legitimierten, das material respektive kanonisch ausgelegt war, tragen nicht mehr in dem Maße wie gewohnt. „Ach, was waren das noch für Zeiten, als man sich noch sicher wähnte, dass Wachstum ein Wert ist, dass Wohlstand mit Wohlbefinden einher geht und dass Fortschritt nicht aufzuhalten ist. Die Welt war irgendwie in Ordnung, es war klar, was links und was rechts war, wer gut und wer böse war. Seit geraumer Zeit kommen diese pseudo-sicheren Eckpfeiler ins Wanken. Die alten Sortierungen greifen nicht mehr, alte Gewissheiten weichen der Verunsicherung ob des rechten Weges, des guten Geschmacks dessen, was bis gestern wahr war."[17] Unsicherheit waltet dort, wo vormals Lebenskonzepte auf die Zukunft linear und langfristig fortgeschrieben werden konnten. Der Rückbezug auf kanonisierte Werte ist demnach problematisch, da nicht zuletzt die Globalisierung einen im schnellen Wandel stehenden Wertepluralismus beschert hat, mit dem souverän und tolerant umzugehen gelernt sein sollte. „Lexikalisches Wissen veraltet schnell, nicht aber das Kontext- und Kompetenzwissen, wie man seine Wissensperspektiven erweitert und sich weiterbildet."[18] Wenn es also richtig ist, dass sich allgemein eine Umstellung vom „Wissen" zum „Lernen" vollzieht, steht der Gedanke einer formalen Bildung

17 Fritzsche 2000, 93.
18 Beck 1998, 16.

zukünftig mehr und mehr im Vordergrund. In der Begrifflichkeit des „Lernen lernen" spiegelt sich dieser Gedanke. Fachübergreifender Unterricht kann – entsprechend organisiert mithilfe der genannten vier Prinzipien – einem „Lernen lernen" zuarbeiten. Das „Lernen lernen" setzt auf gesellschaftlich relevante „Schlüsselkompetenzen", die helfen sollen, sich in einer werteunsicheren Welt zu orientieren. Schlüsselkompetenzen leiten sich daraus ab, dass ein Zurück zu alten Werten oder Bildungsidealen nicht denkbar ist und dass Werte stetig im gesellschaftlichen Miteinander neu ausgehandelt werden und unter Verantwortung stehen. Unter Schlüsselkompetenzen ist auf der Ebene eines sozialen Miteinanders zu verstehen:

- „Teamfähigkeit; Kooperationsfähigkeit; Konfliktfähigkeit; Kommunikationsfähigkeit".

- Auf der Basis persönlicher Entwicklung sind als Schlüsselkompetenzen verortet: „kompetenter Umgang mit sich selbst, d. h. Umgang mit dem Selbstwert; Selbstmanagement; reflexiver Umgang mit sich selbst; bewusste Entwicklung eigener Werte und eines Menschenbildes; die Fähigkeit zu beurteilen und sich selbst weiterzuentwickeln."

- Schließlich ist darunter subsumiert auch die Befähigung zum methodischen Wirken: „das geplante zielgerichtete Umsetzen von Fachwissen, d. h. analysieren (systematisches Vorgehen); erarbeiten von kreativen, unorthodoxen Lösungen (neben den Gleisen gehen); strukturieren und klassifizieren; in den Kontext setzen, Zusammenhänge erkennen; kritisch hinterfragen, um Innovationen zu erreichen; abwägen von Chancen und Risiken."[19]

Zu ergänzen ist dieses Bündel von Fähigkeiten und Fertigkeiten noch um die Schlüsselkompetenz Mediennutzung bzw. Medienkompetenz, die Schülerinnen und Schüler zu erwerben haben und die hier der Vollständigkeit halber noch einmal genannt wird.

Die Vermittlung entsprechender Schlüsselkompetenzen auf der Basis von Schülerorientierung setzt eine (fraglos nur idealiter zu erreichende) symmetrische Kommunikation in Szene, bei der der Lehrer mehr moderiert und der Schüler reflexiv agiert. Ein solches Lernen bleibt für Überraschungen offen und impliziert im Grunde eine gegenseitige Be-

---

19 BELZ/SIEGRIST ²2000, IV, 8f.

schulung, die immer auch entdeckend verfährt. Unterricht ist danach ein umfassender Lernprozess, der nach beiden Seiten hin – sowohl zur Lehrerseite als auch zur Schülerseite – ausstrahlt und den Unterrichtsgegenstand erst konstituiert.

Gerade Musik und Religion sind – wie die vorgestellten Beispiele zeigen – Fächer, die entsprechende Kompetenzen schulen und Schülerpersönlichkeiten auf den Weg bringen und reifen lassen (können), die sich ihrer selbst gewiss sind. Und was Musik und Religion darüber hinaus noch auszeichnet, ist leicht einzusehen, denn Musik und Religion liefern beide gleichermaßen Emphase und ein spirituelles Mehr: „Die Musik drückt das aus, was nicht gesagt werden kann und worüber zu schweigen unmöglich ist" (Victor Hugo).

Literatur

BALGO, ROLF/VOSS, REINHARD, Wenn das Lernen der Kinder zum Problem gemacht wird, in: VOSS, REINHARD (Hg.), Die Schule neu erfinden, Neuwied/Kriftel/Berlin 1996.

BECK, ULRICH, Risikogesellschaft, Frankfurt a. M. 1996.

BECK, ULRICH, Thesen für eine umfassende Bildungsreform, in: DIECKMANN, HEINRICH/SCHACHTSIEK, BERND (Hg.), Lernkonzepte im Wandel, Stuttgart 1998.

BELZ, HORST/SIEGRIST, MARCO, Schlüsselqualifikationen, Freiburg ^{2}2000.

BOLZ, NORBERT/BOSSHART, DAVID, Kultmarketing, Düsseldorf/Wien 1995.

EVERDING, MATTHIAS, Land unter!? Populäre Musik und Religionsunterricht, Münster 2000.

EVERDING, MATTHIAS, Populäre Musik im Religionsunterricht, in: BUBMANN, PETER/LANDGRAF, MICHAEL (Hg.), Musik in Schule und Gemeinde, Stuttgart 2006.

FRITZSCHE, YVONNE, Moderne Orientierungsmuster. Inflation am Wertehimmel, in: DEUTSCHE SHELL (Hg.), Jugend 2000, 13. Shell Jugendstudie, Opladen 2000.

HOLTHAUS, KLAUS, Klangdörfer Musikalische und soziale Vorgänge spielerisch erleben, Boppard 1994.

MEUELER, CHRISTOF, Pop und Bricolage, in: SPOKK (Hg.), Kursbuch Jugend-Kultur, Mannheim 1997.

MEYER, HILBERT, Unterrichtsmethoden II, Frankfurt a. M. ^{5}1993.

PETERSSEN, WILHELM H., Kleines Methoden-Lexikon, München 1999.

SCHLÄBITZ, NORBERT, Das Zeitalter der neuen Medien hat zugeschlagen, in: KLEINEN, GÜNTHER (Hg.), Musik und Kind, Laaber 2003.

SCHLÄBITZ, NORBERT, Vom Dirigieren zum Moderieren oder: Lernumwelten in flexiblen Wissenswelten, in: VOSS, REINHARD (Hg.), LernLust und Eigen-Sinn, Heidelberg 2005.

SCHULZE, GERHARD, Die Erlebnisgesellschaft, Frankfurt a. M. ^{6}1996.

SOEFFNER, HANS-GEORG, Stil und Stilisierung oder die Überhöhung des Alltags – am Beispiel ‚Punk‘, in: GUMBRECHT, H. U./PFEIFFER, K. L. (Hg.), Stil. Geschichte und Funktionen eines kulturwissenschaftlichen Diskurselementes, Frankfurt a. M. 1986.

STREIT, JANA, Praise the Lord with 150 bpm, in: JUGEND 97, 12. SHELL-STUDIE, hg. v. Jugendwerk der deutschen Shell, Opladen 1997.

VIEF, BERNHARD, Vom Bild zum Bit, in: KAMPE, DIETMAR/WULF, CHRISTOPH (Hg.), Transfigurationen des Körpers, Berlin 1989.

Thomas Breuer/Bärbel Völkel

Chronos und Kairos –
Reflexionen zum Umgang mit dem Phänomen
„Zeit" im Geschichts- und Religionsunterricht

Abstract

Fokussiert auf den Aspekt des Zeitbewusstseins unternimmt der Beitrag eine grundsätzliche Reflexion über das historische Lernen. Als gemeinsames Interesse von Geschichts- und Religionsdidaktik erscheint die Intention, sich von der Dominanz der linearen Chronologie zu befreien, indem die Wahrnehmung des Kairos geschult wird. Letztlich geht es darum, junge Menschen zu ermutigen, das Jetzt mit beiden Händen zu greifen und das Leben nicht in eine ungewisse Zukunft zu verschieben. Sie sollen befähigt werden, eine Vielzahl von Traditionen mutigen Handelns in der Geschichte auszumachen, um sich den Problemen der Gegenwart stellen zu können.

1. Einleitung

Die jüdisch-christliche Religion ist im Gegensatz zu den fernöstlichen Religionen sehr stark geschichtlich geprägt. Damit ist nicht gemeint, dass sie, wie alles andere auch, einem geschichtlichen Gestaltwandel unterliegt – das ist selbstverständlich –, sondern dass sie sich material (inhaltlich in ihren Glaubensvorstellungen) und formal (in ihren ritualisierten Glaubensakten) auf geschichtliche Ereignisse bezieht. Für das Judentum und damit auch für das christliche Alte Testament ist das zentrale Datum der Exodus, die Befreiung der Israeliten aus der Knechtschaft Ägyptens, für das Neue Testament ist die Geschichte des Bauhandwerkers Jesus aus Nazareth, sein Leben und Wirken, seine Hinrichtung durch die Römer als politischer Verbrecher und seine von seinen Anhängern geglaubte Auferweckung konstitutiv. Beides, der Exodus wie auch Leben und Tod Jesu, scheinen weltgeschichtlich eher marginale Ereignisse gewesen zu sein. Doch was heißt schon „marginal"? Nach welchen Maßstäben kann festgelegt werden, was historisch von zentraler Bedeutung ist und was eher am Rande liegt? Was macht aus dem einen Leben ein erinnerungswürdiges und aus dem anderen ein zu vernachlässigendes, was aus dem einen Ereignis ein historisches Datum und aus dem anderen eine unerhebliche Zahl? Was hebt das eine aus dem immer gleich scheinenden Fluss der Zeit heraus und lässt das andere darin untergehen?

Offenbar gibt es hierfür keine streng objektiven Kriterien. Im Deutschen Kaiserreich z. B. war der 2. September, der Sedanstag, als Tag der Erinnerung an den entscheidenden Sieg über die französischen Truppen Napoleons III. von herausragender Bedeutung für die öffentlich-politische Kultur, heute ist er praktisch vergessen. Ob die Deutschen an seiner Statt nun wissen, was am 3. Oktober geschah, erscheint allerdings fraglich.

Wenn es so ist, dass es keinen verbindlichen Kanon an wissenswerten geschichtlichen Ereignissen gibt, der unabhängig von gegenwärtigen Erkenntnisinteressen besteht, dann kann es weder im Geschichts- noch im Kirchengeschichtsunterricht darum gehen, „Fakten, Fakten, Fakten" auswendig zu lernen. Auch erscheint es zweifelhaft, ohne weitere Überlegung nur die immer gleichen Standardthemen zu behandeln und allenfalls zu überlegen, wie Religions- und Geschichtsunterricht hinsichtlich der Themen Mönchtum, Hexenverfolgung, Reformation und Nationalsozialismus kooperieren könnten. Vielmehr müsste zunächst eine grundsätzliche Reflexion über den Sinn sowie die Art und Weise historischen Lernens erfolgen. Dies soll zunächst aus Sicht der Geschichtsdidaktik geschehen, und zwar fokussiert auf den Aspekt des Zeitbewusstseins.

2. Temporalbewusstsein schulen – Kritisches zu einer wenig ausgeführten Teildimension des Geschichtsbewusstseins

Das Phänomen „Zeit" spielt in der Auseinandersetzung mit Geschichte eine zentrale Rolle, denn schließlich ist ihr Gegenstand, die Vergangenheit, tot. Diese kann dem gegenwärtigen Bewusstsein ausschließlich über das Erzählen von Geschichte(n) zugänglich gemacht werden.[1] Von daher ist die zentrale Kategorie innerhalb der Geschichtsdidaktik das Geschichtsbewusstsein, in dem alle Einstellungen zu und Vorstellungen von Geschichte enthalten sind. Da das Geschichtsbewusstsein sehr stark

1   Vgl. Fried 1996 und 2004.

auch über die Geschichtskultur, innerhalb derer ein Mensch aufwächst, geprägt wird, enthält es starke traditionale Elemente, bei denen Aspekte der Dauer vor diejenigen des Wandels gestellt werden.

Damit es nicht zu einer Stilllegung der Zukunft kommt, ist es ein elementares Anliegen im Geschichtsunterricht, das Geschichtsbewusstsein in einer Weise zu schulen, dass es flexibel und veränderungsfähig, also reflexiv werden und bleiben kann. Dies geschieht einerseits über die Arbeit an sogenannten Sinnbildungsstrukturen, bei denen es darum geht, die traditionale Sinnbildung optimalerweise in eine genetische Sinnbildungsstruktur zu überführen, die so plastisch ist, dass Elemente von Dauer und Wandel immer wieder neu und begründet gegeneinander abgewogen und umgesetzt werden können.[2]

Auf der Ebene des Geschichtsbewusstseins soll dies über die Schulung unterschiedlicher Dimensionen des Geschichtsbewusstseins geschehen. Eine zentrale Dimension ist dabei das Temporal- oder Zeitbewusstsein. Hier geht es darum, Zeit als ein Orientierungssystem nutzen zu lernen, indem die Zeitprädikate früher, heute und morgen sinnvoll an die eigene Lebensgeschichte angebunden werden. Nach Pandel erfüllt das Temporalbewusstsein vier Funktionen: Es bezieht sich auf die Länge der Zeit, die Dichte der Ereignisse in der Zeit, es werden wertende Zeitakzentuierungen vorgenommen und Zeit wird untergliedert, um als Strukturierungshilfe der Erzählbarkeit von Ereignissen zu dienen. Da Geschichte nur erzählt werden kann, ist eine narrative Untergliederung der Zeit auf einer Zeitgeraden eine unerlässliche Voraussetzung zur Generierung sinnvoller Erzählungen, die jedoch nichts mit Datierungsübungen zu tun haben. Nach Pandel unterscheidet sich das Geschichtsbewusstsein der Schülerinnen darin, wie viele Ereignisse in der Zeit gewusst werden. Er empfiehlt das Anlegen von „Ereignisnestern" in den unterschiedlichen Epochen, um die Fülle historischer Daten handhabbar zu machen. Diese sollen sich gegenseitig im Lernprozess stützen, statt relativ unverbunden in die Epochen gestreut zu werden.[3] Ereignisse haben in einem solchen Narrativierungsprozess einen funktionalen Charakter, sie sind die Grundlage sinnvoller Erzählungen zur Vergangenheit. Pandel ,setzt' diese Aspekte des Temporalbewusstseins, ohne dass hier genauer reflektiert wird, worin Chancen aber auch Grenzen einer solchen Setzung liegen. Der Schweizer

2 Vgl. RÜSEN 1994.
3 Vgl. PANDEL 2005, 10–11.

Geschichtsdidaktiker Peter Gautschi argumentiert hingegen in seinen Ausführungen zur Schulung des Temporalbewusstseins stärker entwicklungspsychologisch. Es zeigt sich aber, dass gerade durch diese Perspektive Zeit selbst einen funktionalen Charakter bekommt, indem Schülerinnen und Schüler sie in ihrer Ordnungsfunktion zunehmend kompetent nutzen lernen sollen.[4]

Im Geschichtsunterricht wird die Funktionalität historischer Ereignisse bislang jedoch kaum aufgegriffen. Diese bleiben auf der Zeitgeraden als relativ lose miteinander verbundene Daten – durch entsprechende Zeitleisten in den Klassenzimmern auch noch optisch unterstützt, oft recht bedeutungslos für Schülerinnen und Schüler. Geschichte wird so als eine Abfolge von Ereignissen wahrgenommen, die nacheinander geschehen und durch das Gesetz von Ursache und Wirkung Neues, das durchaus nicht immer mit dem Gewollten identisch sein muss, hervorbringen. Der dadurch entstehende Eindruck einer ausschließlichen Linearität von Zeit und scheinbaren Kausalität der Ereignisse hat durchaus unerwünschte Nebenwirkungen. Werden Linearität und scheinbare Kausalität unreflektiert in der Auseinandersetzung mit Geschichte aufgenommen, kann sich allzu leicht der Eindruck einstellen, Geschichte sei etwas, das einem passiere, man sei ihr hilflos ausgeliefert. Gerade eine unreflektierte Kausalität (so z. B., dass die kritischen Situationen in der Weimarer Zeit geradezu in das totalitäre Regime der Nationalsozialisten münden mussten) kann bei den Rezipienten einer solchen Geschichte den Eindruck erwecken, Vergangenheit determiniere die Zukunft. Zukunftspessimismus, wenn nicht sogar Zukunftsängste können die Folgen einer solchen Geschichtsvermittlung sein. Es stellt sich auch die Frage, ob auf der linearen Zeitgeraden das menschliche Leben dann letztlich nicht im wahrsten Sinne des Wortes ,auf der Strecke' bleibt. Vielleicht sind Schönheits- und Jugendkult letztlich nur dem Bemühen geschuldet, dieses ,unterwegs verloren gehen' möglichst lange hinaus zu zögern, indem Handlungssubjekt und Handlungsobjekt als identisch definiert werden, wenn außerhalb der eigenen Person keine erkennbar zu gestaltenden Handlungsräume wahrgenommen werden können. Dabei gibt es ja auch andere Zeitvorstellungen, wie z. B. die der zyklischen Zeit, innerhalb derer die Erfahrungen von Werden – Vergehen – Werden ganz andere Gestaltungsmöglichkeiten eröffnen, da im Grunde immer wieder ein Neuanfang möglich ist.

---

4 Vgl. Gautschi 2002, 12–13.

Eine ähnlich gelagerte Problematik mag in der Definition von Geschichte als zukunftsgerichteter Erinnerung liegen. Hier ist zwar bereits eine gewisse Zirkularität enthalten – um in der Zukunft handlungsfähig zu sein, rekurriert der Mensch auf Vergangenes und so fort. Erinnerung (Vergangenheit) hat also stets etwas mit Zukunft zu tun. Problematisch scheint allerdings, dass die Gegenwart, der einzige ‚Augenblick‘ der Zeit, in der Reflexion, Handlungsgenerierung und Handlung überhaupt möglich sind, in dieser sprachlichen Wendung gar nicht vorkommt und damit sozusagen zwischen Vergangenheit und Zukunft verschwindet – wieder ein scheinbares Indiz dafür, dass Vergangenheit und Zukunft ungebrochen ineinander übergehen. Wichtig wäre m. E., das Jetzt als eine eigenständige Zeitgröße wahrzunehmen, da es der einzige Aspekt der Zeit ist, in dem Handlung möglich wird. Das Jetzt trennt die Zukunft von der Vergangenheit, es ist ein eigenständiger Zeitraum und kein verschwindend kleiner Punkt auf der Zeitachse, kaum wahrnehmbar zwischen der langen Vergangenheit und der unsichtbaren hoffentlich noch längeren Zukunft. Dieses Jetzt birgt alle Chancen, Vergangenheit auch loszulassen und Zukunft anders zu gestalten. Das Jetzt als eigenen, sogar einzigen Raum auf der Zeitgeraden sehen zu lernen, gilt es m. E. im Zusammenhang mit der Dimension des Temporalbewusstseins zu schulen. Die Zeitebenen der Geschichte (Länge, Dichte, Zäsuren) dienen dabei einzig dem Zweck, Vergangenes strukturierter wahrzunehmen und auf sich selbst als handlungsbereites Individuum und soziales Wesen zu einer bestimmten Zeit in einem bestimmten Raum beziehen zu lernen.[5] Durch das bewusste Wahrnehmen des ‚Jetzt‘ als einer eigenständigen Größe in der Zeit kann dem Verlorengehen des Menschen zwischen Vergangenheit und Zukunft wirksam entgegen getreten werden, so meine Hoffnung aber auch These. Temporalbewusstsein zu schulen würde dann möglicherweise heißen, Gegenwartsbewusstheit zu schulen und Zeit als historisierbaren Orientierungs- und Regulierungsmechanismus nutzen zu lernen.

Zunächst einmal antwortet der Religionsdidaktiker auf die geäußerten Impulse, um diese kirchengeschichtlich anzubinden und aus religionsdidaktischer Perspektive zu ergänzen. An diesen Gedankengang anschließend wird dann das Phänomen ‚Zeitbewusstsein‘ aus

---

5   Peter Gautschi hat hier einen erheblich differenzierteren Zeitbegriff als Pandel, da er dem Temporalbewusstsein einen stärkeren Erfahrungsbezug einräumt, als Pandel dies tut. Vgl. GAUTSCHI 2000, 12–13.

geschichtsdidaktischer Sicht weitergehend reflektiert. Die eher theoretischen Überlegungen des zweiten Kapitels erhalten im 3. Kapitel aus der Sicht beider Fachdidaktiken eine schulpraktische Konkretisierung.

2.1 ,Zeitbewusstsein' in einer religionsdidaktischen Perspektive

Nicht nur für die Geschichtsdidaktik, sondern auch für die Religionsdidaktik stellt das Zeitbewusstsein eine zentrale Kategorie dar. Was ist die Zeit? „Wenn mich niemand danach fragt, weiß ich es; will ich einem Fragenden es erklären, weiß ich es nicht", gesteht Augustinus in seinen Bekenntnissen (XI, 14). Doch so wie der Bischof von Hippo es mit dieser Erkenntnis nicht bewenden lassen konnte, werde auch ich nicht umhin können, einige Gedanken zum Phänomen „Zeit" zu formulieren, ohne den Anspruch zu erheben, dieses damit in den Griff zu bekommen. Angesichts der Komplexität des Themas werde ich in Anknüpfung und Widerspruch der Spur folgen, die hier von Ihnen gelegt worden ist.

Zunächst einmal teile ich das Unbehagen an der Dominanz der Chronologie. Das Wort Chronologie leitet sich bekanntlich ab von Chronos, der griechischen Gottheit, die die alles verschlingende Zeit symbolisiert, vor der nichts Bestand hat. Chronos, so sagt die Mythologie, fraß, nachdem er seinen Vater Uranos entthront hatte, alle seine Kinder; allein Zeus, Repräsentant der Macht, wurde durch eine List gerettet. Chronos, meist dargestellt mit Sichel und Stundenglas, steht für ein Ordnungsprinzip, das alles in eine Reihenfolge bringt und die Endlichkeit aller Dinge demonstriert. Chronos steht für die messbare Zeit (Chronometer), vor der jede Minute, jede Sekunde gleich ist. Die Zeit läuft ab, ohne dass wir irgendeinen Einfluss darauf hätten. Wir können den Ablauf der Zeit weder beschleunigen noch verlangsamen, noch gar stoppen. Der Zeit als Chronos sind wir in der Tat hilflos ausgeliefert. Insofern besteht ganz zweifellos die Gefahr, dass ein Geschichtslernen unter dem Primat der Chronologie Gleichgültigkeit, Fatalismus und Resignation hervorruft oder bestärkt. Nebenbei fördert solch ein in der Praxis immer noch häufig anzutreffender Unterricht, dem es darum geht, möglichst rasch möglichst viele Daten und Fakten zu vermitteln, das grundsätzliche Desinteresse an Geschichte. Die Didaktiker Werner Jank und Hilbert Meyer vergleichen im Anschluss an Horst Rumpf die an unseren Schulen vorherrschende Hochgeschwindigkeitsdidaktik mit einer „industriellen Massenproduktion" von Unterrichtsinhalten: „Auf stromlinienförmig zubereiteten Lern-Fließbändern wird den Schülern die – vermeintlich

durch die Zerstückelung leichter zu verdauende – Häppchenkost verabreicht. Alles ist geregelt, genormt und überprüft ..."[6]. Ein solcher
Unterricht hat Teil am „Bulimie-Lernen" (viel reinstopfen und wieder
ausspucken)[7], das durch die Testeritis im Post-PISA-Zeitalter eher noch
verstärkt zu werden scheint.

Ob aber die Präferierung der zyklischen gegenüber der linearen Zeit
wirklich einen Ausweg weist? Hier, so meine ich, darf man durchaus
Zweifel hegen. Zwar ist es unbestritten, dass unsere Wahrnehmung
der Zeit auch durch zyklische Naturphänomene (Wechsel von Tag
und Nacht, Jahreszeiten) geprägt wird. Gerade der jüdische und der
christliche Festtagskalender stehen im Einklang mit den Rhythmen
der Jahreszeiten und sind keinesfalls nur Erinnerungen an historische
Ereignisse. Aber die Feste sind von ihrer Intention her auch nicht die
Wiederkehr des immer Gleichen, sondern stets neue Vergegenwärtigung. Wenn Weihnachten „alle Jahre wieder" gleichförmig abläuft, wird
es zur bloßen Routine, der sich viele durch Flucht zu entziehen versuchen. „Same procedure as last year" – das ist höchstens an Silvester bei
Miss Sophie lustig, denn dort, wo das Murmeltier täglich grüßt, wird
das Leben zum Alptraum. Nein, das Zyklische ist keine Alternative zum
Linearen, denn das Leben des Menschen verläuft nicht zyklisch, sondern
spiralförmig. Zwar erlebt der Mensch jedes Jahr den Frühling, aber er
ist jedes Jahr ein Jahr älter und um Erfahrungen reicher. Er ist nicht
mehr derselbe wie im Jahr zuvor – und wenn doch, dann hat er wie
Brechts Herr Keuner allen Grund zu erbleichen. Allzu leicht verdeckt
die Rede vom zyklischen Werden – Vergehen – Werden zudem, dass das
Leben des Menschen tatsächlich einen Anfang und ein Ende hat. Der
Erkenntnis des Todes versuchen sich viele Menschen im Westen durch
Wiedergeburtsphantasien zu entziehen. Während es im Buddhismus
gerade darum geht, den Zyklus der Wiedergeburten zu durchbrechen,
wünschen sich viele westliche Menschen die Wiedergeburt nach dem
Motto: „Neues Spiel, neues Glück!" Dem setzt der christliche Glaube die
Einzigkeit und damit auch die Einzigartigkeit eines jeden Lebens entgegen. Wenn es nicht nur dieses, sondern mehrere Leben gäbe, würde das
einzelne Leben entwertet. Erst die Begrenztheit durch den Tod macht
unser Leben zum Ernstfall. Dass das Leben des Einzelnen dabei nicht

---

6   JANK/MEYER 1994, 83.
7   So Reinhard Kahl, Gründer des Netzwerks „Archiv der Zukunft" (http://www.adz-
     netzwerk.de/andere-ueber-das-netzwerk/bulimie-lernen-abschaffen.php).

„auf der Strecke bleibt" – dafür steht die christliche Auferstehungshoffnung, nicht aber die Verdrängung des Todes als Ende der Wegstrecke im Zeitlichen.

Mir scheint, dass in der Rede von der „Dichte der Zeit" aus theologischer und religionsdidaktischer Perspektive eher ein Anknüpfungspunkt besteht. Kehren wir für einen kurzen Moment zurück zur griechischen Mythologie: Der alles verschlingende Chronos wurde besiegt durch seinen Sohn Zeus. Man könnte das so interpretieren: „Wer Macht über sich selbst gewinnt, gewinnt auch Macht über die Zeit."[8] Wem dies nicht gelingt, der wird *chronisch* krank oder *chronisch* unzufrieden.[9] Statt sich passiv der Zeit auszuliefern, kommt es darauf an, zum richtigen Zeitpunkt das Richtige zu tun. Genau hierfür steht Kairos, der Sohn des Zeus und Enkel des Chronos. Er ist der Gott des rechten Augenblicks, meist dargestellt als kahler Jüngling mit nur einer Haarsträhne: Die Gelegenheit will beim Schopf gepackt werden!

Mit der Entdeckung des Kairologischen sind wir nun ganz nah an der biblischen Botschaft. Nach dem Markusevangelium lautet Jesu erstes öffentliches Wort: „Peplérotai ho kairós – die Zeit ist erfüllt" (Mk 1, 15). Wenn aber die Zeit erfüllt und Gottes „Basileia" nahe ist, dann gilt es, diese Gelegenheit nicht verstreichen zu lassen: „Denkt um, ändert euer Leben und glaubt an die froh machende Botschaft!" Wir verstehen diesen Aufruf falsch, wenn wir in ihm nur den Ausdruck einer falschen apokalyptischen Naherwartung sehen. Sicher, die erste Generation Christen ging fehl in der Annahme, dieser Äon würde noch zu ihren Lebzeiten zu Ende gehen und eine ganz neue Weltzeit würde anbrechen. Aber zum einen gilt für jeden Einzelnen, dass er weder Zeit noch Stunde (seines Todes) kennt. Die Apokalyptik als „Lehre von der Befristung der Zeit" (J. B. Metz) hat insofern für jeden eine existenzielle Bedeutung: Carpe diem! Deshalb lassen die von Jesus gerufenen Jünger in den Erzählungen der Evangelien sogleich alles stehen und liegen. Wer begriffen hat, dass bestimmte Entscheidungen ihren Kairos haben, kann nicht darauf warten, dass sich im folgenden Jahr nochmals die gleiche Gelegenheit bietet. Zum anderen sagt uns die Apokalyptik als prophetisch-gesellschaftskri-

---

8 Weinelt 2005, hier 19: www.abenteuer-philosophie.com/artikel/102_artikel1_zeit.pdf.
9 Vgl. ebd.

tische Hoffnungssprache: ‚Eine andere Welt ist möglich!'[10] Kairologisch müsste ergänzt werden: Eine andere Welt ist nötig! Jetzt!

Der Religionsunterricht müsste beide Dimension aufgreifen: die individuell-existenzielle und die sozial-politische. Alles andere wäre eine Vereinseitigung und Verengung der biblischen Botschaft.

Mit dem Kairologischen ist somit notwendigerweise auch der Gedanke der Unterbrechung verbunden. Die Zeit ist demnach kein gleichmäßiger Fluss. Oder besser: Sie ist es nur als Chronos, nicht als Kairos. Der Mensch kann aktiv gestaltend eingreifen. Aber nicht jeder kann es zu jeder Zeit. Die Mauer konnte 1989 fallen; 1979 wäre ein solcher Versuch mit an Sicherheit grenzender Wahrscheinlichkeit zum Scheitern verurteilt gewesen. Zum Kairologischen gehört also auch, ‚die Zeichen der Zeit' zu erkennen. Nicht jedes Jetzt bietet die gleichen Chancen.

Meines Erachtens ist es in diesem Zusammenhang nicht hilfreich, von der Gegenwart als von einem Zeit*raum* zu sprechen. Tatsächlich ist die Gegenwart nur ein kleiner Punkt zwischen Vergangenheit und Zukunft. Nicht erst der gestrige Tag gehört der Vergangenheit an, sondern auch schon das, was ich vor fünf Minuten getan oder gesagt habe. Obwohl es also so scheint, als sei die Gegenwart zu vernachlässigen, weil sie chronologisch gesehen kaum ins Gewicht fällt, verhält es sich doch genau anders: Wir leben zu jedem Zeitpunkt in der Gegenwart – oder wie Cervantes sagt: „Auf der großen Zeituhr steht nur ein einziges Wort: JETZT!" Augustinus zieht daraus folgende Schlussfolgerung: „Eigentlich kann man gar nicht sagen: Es gibt drei Zeiten, die Vergangenheit, Gegenwart und Zukunft, genau würde man vielleicht sagen müssen: Es gibt drei Zeiten, eine Gegenwart in Hinsicht auf die Gegenwart, eine Gegenwart in Hinsicht auf die Vergangenheit und eine Gegenwart in Hinsicht auf die Zukunft. In unserem Geiste sind sie wohl in dieser Dreizahl vorhanden, anderswo aber nehme ich sie nicht wahr. Gegenwärtig ist hinsichtlich des Vergangenen die Erinnerung, gegenwärtig hinsichtlich der Gegenwart die Anschauung und gegenwärtig hinsichtlich der Zukunft die Erwartung" (Bekenntnisse XI, 20).

---

10 Insofern ist diese Devise von Attac eine säkular-kongeniale Transformation der apokalyptischen Hoffnungsbotschaft der Bibel. Vgl. zum Grundsätzlichen: SUTTER REHMANN 1999.

2.2 Temporalbewusstsein schulen – Konkretisierungen zu zentralen Aspekten dieser Teildimension

Dass Menschen willens waren (und es vielleicht noch sind?) der chronologisch verlaufenden Zeit einen göttergleichen Status zu geben, macht deutlich, welchen Stellenwert die physikalische Zeit im Erleben nicht nur des Einzelnen einnehmen konnte und wohl auch noch kann. Es bedeutet ja, dass der Mensch akzeptiert, der Zeit – zumindest als Chronos – ausgeliefert zu sein. Zeit existiert und verläuft nach einem solchen Verständnis unabhängig von ihm. Heute wird dies jedoch durchaus auch anders reflektiert. Zeit ist nach Norbert Elias[11] und auch aus systemtheoretischer Sicht eine vom Menschen gestiftete Beziehung zwischen zwei festgelegten Symbolen auf einer höchst komplexen Ebene und nichts, das unabhängig von ihm existiert, ein Metakonstrukt, da keine Bewegung die Zeit bewegen kann.[12] Zeit ist demnach eine Beobachtergröße, die nur für einen Beobachter existiert, der über sein Bewusstsein Handlungen koordinieren muss, für die ein Zeitkonzept sinnvoll und nützlich erscheint. Die Natur selbst benötigt keine Zeitkonzepte. Zeigen Uhren Zeit an – und damit auch unsere ablaufende Lebenszeit? Uhren und alle Zeitmessungsinstrumente überhaupt, ob von Menschen geschaffen oder nicht, sind, so Elias, einfach nur mechanische Bewegungen spezifischer Art, die von Menschen für ihre eigenen Zwecke gebraucht werden.[13] Selbst die scheinbar ohne uns ablaufende physikalische Zeit ist als solche also nur im Bewusstsein von Menschen existent und nie unabhängig von ihnen. Auch wenn der einzelne Mensch die Zeit nicht immer wieder aus eigener Kraft erfindet, sondern sich hier sozialen (Zeitkonzepten) und naturalen (z. B. Altern) Zwängen ausgesetzt sieht,[14] so sind doch beide Aspekte der Zeit lediglich dann für ihn als solche relevant, wenn sie unter der Kategorie Zeit reflektiert werden. Altern wird ja nur im Rahmen eines solchen Zeitkonzeptes zum Problem, innerhalb dessen die Begrenztheit der Lebenszeit als Drama empfunden wird.

Aus geschichtsdidaktischer Sicht ist das eine wichtige Feststellung, denn die Kategorie Zeit wird dadurch historisierbar und Zeitkonzepte – sowohl die strukturbezogenen als auch die erfahrungsbezogenen – insofern als prinzipiell aushandelbar und wandelbar erkennbar.

11 Elias 1988.
12 Vgl. Buskotte 2004, 80.
13 Vgl. Elias 1988, 96.
14 Vgl. Elias 1988, XVIII und XXX.

2.2.1 ‚Zyklische Zeit‘ – aktuelle Wiederholungen auch lange vergangener Erfahrungen

Wenn Historiker von Zyklen sprechen, meinen sie nicht eine ewige Wiederkehr des Gleichen, sondern jeweils ‚aktuell vollzogene Wiederholungen‘ im Sinne zirkulärer Bewegungen. Nach Reinhart Koselleck sind in jeder einmaligen Handlung und in jeder einzigartigen Konstellation, die von einzigartigen und einmaligen Menschen vollzogen oder ausgehalten werden, immer auch wiederholende Zeitschichten enthalten, die seine Handlungschancen ermöglichen, bedingen, begrenzen und gleichzeitig auch frei setzen. So erlebt jeder Mensch einmalige Ereignisse, die individuell wichtig bleiben, er integriert Generationen unabhängige Erfahrungssätze, wie sie z. B. Geburt und Tod darstellen und die beide als Referenzphänomene eine wichtige Bedeutung im Leben jedes Einzelnen entwickeln und es gibt in seinem Leben Wiederholungsstrukturen, die sich nicht in Einmaligkeit erschöpfen.[15] All dies prägt seinen Erfahrungshorizont. Geschichtsdidaktisch gewendet heißt dies, dass nach allgemeinen und damit möglicherweise wiederholbaren Handlungsregeln in den Zeiterfahrungen vergangener Menschen gesucht wird, aus denen heraus ein gegenwärtiges Orientierungsbedürfnis befriedigt werden kann – auf der Ebene der historischen Sinnbildung wäre das die Form der exemplarischen Sinnbildung.[16] Damit wird eine andere Akzentuierung gesetzt, als sich dies bei der Pandel’schen Definition des Temporalbewusstseins abzeichnet: Nicht die Ereignisse, sondern die Erfahrungen von Menschen in der Vergangenheit bergen Orientierungshilfen für die Gegenwart. Geschichte wird dann zu einem „Schatzhaus menschlicher Erfahrungen"[17], wobei bestimmte Erfahrungen lohnen, wiederholt zu werden. Worum es beim historischen Lernen also gehen sollte, ist nicht „Ereignisnester", sondern „Erfahrungsnester" auf der linearen Zeitachse zu bilden, selbstverständlich in konkrete Ereignisse eingebettet, die geeignet erscheinen, dem eigenen Orientierungsbedürfnis in der Gegenwart (geliehene) Erfahrungen zu ermöglichen, die der primäre Erfahrungsraum des eigenen Erlebens bislang versagte. Zyklische Zeit ist auf Zeiten langer Dauer angewiesen, um überhaupt erkennbar zu werden. Zeiten langer Dauer in diesem Sinne sind jedoch nicht mit einer Chronologie als Datierungsübung zu verwechseln.

---

15 Vgl. KOSELLECK 2003, 13 und 21.
16 Vgl. RÜSEN 1994, 87.
17 Vgl. BERGMANN 2002, 139.

2.2.2 ‚Dichte der Zeit' – was soll wann getan werden?

Wenn ich in die Zeit verstrickt bin, dann ist es oft gar nicht so einfach, den rechten Augenblick für mein Handeln zu erkennen. Es zeigt sich ja meist erst im Nachhinein, ob einer bestimmten Handlung zu einer bestimmten Zeit Erfolg beschieden war oder nicht. Den handelnden Menschen in der jeweiligen Situation bleibt stets nur zu hoffen, im rechten Zeitpunkt das Rechte getan zu haben. Angesichts dessen, dass wir aber nicht wissen, wann uns der Tod ereilt, ist dann eigentlich jeder Augenblick ein rechter Augenblick – in jedem liegt sein eigener Kairos. Man muss ihn nicht erkennen und kann ihn wohl auch nicht versäumen. Aber bereits der römische Philosoph und Politiker Seneca macht darauf aufmerksam, dass man dem Kairos des Augenblicks durchaus ausweichen kann: „Du bist beschäftigt, das Leben aber eilt dahin, unterdessen steht der Tod vor der Tür, für den du, ob du willst oder nicht, Zeit haben musst."[18] So ist es also gerade die zeitliche Begrenzung, die jeder Minute unseres Lebens Gewicht verleiht, denn vertane Zeit kann nicht wieder zurückgeholt werden. Seneca weist aber auch darauf hin, dass nicht jede Beschäftigung eine sinnvolle in Bezug auf den anstehenden Tod ist. Man kann zeitlebens sehr beschäftigt sein und dennoch sein Leben vertun. Insofern kommt es also darauf an, dem eigenen Handeln einen solchen Wert zu verleihen, dass in jedem verstreichenden Augenblick der Wert eines ganzen Lebens liegen kann. Welcher Mensch träumt nicht von einem solch sinnerfüllten Leben? Was mag aber der Grund sein, dass wir dennoch oft das Gefühl haben, diese so kostbare Zeit zerrinne zwischen unseren Fingern, das Leben eile uns davon, bevor wir es überhaupt gelebt haben?

An dieser Stelle erscheint eine kritische Reflexion dessen, was sich hinter dem Begriff ‚Dichte der Zeit' verbirgt, sinnvoll. ‚Dichte der Zeit' kann sich z. B. dann als Wahrnehmung einstellen, wenn die Quellenlage zu einem Zeitraum sehr dicht ist, es also viel Material gibt. Dies gilt vor allem für die Neuere Geschichte. Je dichter die Quellenlage, desto dichter werden die Ereignisse und – hier liegt nun eine besondere Problematik – desto verkürzter die Perspektive auf der linearen Zeitachse. Eine dichte Quellenlage begünstigt, so Elias, „Kurzfristgeschichten", denen ein übergeordneter Bezugsrahmen fehlt.[19] Sie erlaubt zwar eine

---

18 Seneca Neuübersetzung 2007, 30.
19 Vgl. Elias 1988, 176f.

komplexere Betrachtung dieses verkürzten Zeitraumes, birgt jedoch die Gefahr einer Abkoppelung von zeitübergreifenden Perspektiven. Rekurrieren Menschen in Bezug auf ihre Handlungsstrategien ausschließlich auf solche ‚Kurzfristgeschichte(n)‘, stellt sich die Frage nach einer empirischen Absicherung ihres Handelns. Ich erinnere mich an zahlreiche Gespräche mit meiner Kollegin Bea Lundt, einer Mittelalterhistorikerin, die seit vielen Jahren immer wieder mahnt, bei der Interpretation der Moderne auch die Vormoderne stärker in den Blick zu nehmen, da sich aus einer solchen übergreifenden Perspektive ganz andere Dimensionen der Wahrnehmung zeigen können, die sich durch das bislang gängige Abkoppeln der Moderne von der Vormoderne verschließen. Es geht hier nicht um das Generieren einer neuen Metaerzählung, sondern darum, in Forschungen zur Vormoderne, gerade auch vor dem Hintergrund neuester Ergebnisse ‚Erfahrungsnester‘ auszumachen, auf die von den ‚Kurzfristgeschichten‘ her rekurriert werden könnte, damit die Orientierung in der eigenen Zeit eine solidere Grundlage erhält.[20]

Reinhart Koselleck befasst sich ebenfalls mit der Dichte der Zeit, die häufig auch als beschleunigte Zeit empfunden wird, weil vieles gleichzeitig geschieht, was nicht unbedingt zueinander passt. Vor allem seit der Industrialisierung seit dem 18. Jahrhundert können z. B. innerhalb von drei Generationen Beschleunigungserfahrungen gemacht werden, die der jeweils vorangegangenen Generation unbekannt waren.[21] Auf welche Erfahrungen soll man in diesem Fall zurückgreifen? Auch Koselleck macht, ähnlich wie Seneca, Beschleunigungskriterien im menschlichen Erleben aus. Zeitverkürzungen generieren sich für ihn durch eine Fixierung auf Zielerwartungen (eschatologisch wie diesseitsbezogen), aus Vergleichen mit vergangenen Ereigniszusammenhängen (Wie lange noch?), sowie einer Kombination aus beiden. Menschen treiben mit solchen Einstellungen in einer Beschleunigungsspirale, bei der der Ort des ‚eigentlichen Lebens‘ in der Zukunft liegt.[22] In der Geschichtsdidaktik und in der Folge auch im Geschichtsunterricht sollte es demzufolge darum gehen, Geschichten aus dichten Zeiten so mit Geschichten aus länger vergangenen Zeiten zu verflechten, dass hieraus aktuelle Wiederholungen entwickelt werden können, die einen individuellen kairo-

---

20 So wird heute das ‚christliche Mittelalter‘ in der Mittelalterforschung erheblich differenzierter wahrgenommen als eine multireligiöse Gesellschaft. Vgl. hierzu z. B. BORGOLTE 2006.
21 Vgl. hierzu z. B. BORSCHEID 2004; KASCHUBA 2004.
22 Vgl. KOSELLECK 2003, 168–175.

THOMAS BREUER/BÄRBEL VÖLKEL

logischen Wert haben und Mut machen, jetzt sein Leben zu leben als
soziales Wesen – wohl wissend und dies ertragen könnend, dass erst die
Zukunft zeigen wird, ob das eigene Handeln im rechten Augenblick angelegt war.

2.2.3 Gegenwärtige Vergangenheit und gegenwärtige Zukunft – Geschichte als zukunftgerichtete Erinnerung

Die radikale Gegenwartsgebundenheit menschlichen Lebens, die bereits Augustinus beschreibt, findet sich z. B. auch in Niklas Luhmanns
Zeitkonzept. Nach Luhmann geschieht alles, was geschieht, gleichzeitig.
Vergangenheit und Zukunft sind gleichzeitig gegebene Horizonte der
Gegenwart, die wir nur sprachlich unterscheiden. Insofern kann man
höchstens von gegenwärtiger Vergangenheit und gegenwärtiger Zukunft
sprechen. Wenn jedes System stets nur in der Gegenwart und gleichzeitig zu seiner Umwelt existiert, dann ist Vergangenheit kein Startpunkt
und Zukunft kein Ziel, sondern beides sind Möglichkeitshorizonte, die
immer auch anders gefasst werden könnten. Wird Zeit im Sinne Luhmanns konstituiert, heißt das nicht, dass sie hergestellt oder kreiert,
sondern sinnhaft verfügbar gemacht wird.[23] In der Geschichtsdidaktik
wird dies mit dem Begriff ‚Sinnbildung über Zeiterfahrung‘ beschrieben. Diese prinzipielle Gegenwartsgebundenheit mag begründen, von
der Gegenwart, dem Jetzt, als einem Zeit*raum* zu sprechen. Der Begriff
Raum kann mit einer gewissen Ausdehnung assoziiert werden und diese
Ausdehnung erscheint notwendig, um die Gegenwart als Handlungs-
raum erschließen zu können. Das war ja gerade der Ausgangspunkt der
vorgestellten Überlegungen, dass das Jetzt durch seine Winzigkeit zwischen Vergangenheit und Zukunft auch nur einen winzigen Gedanken
wert ist, das ‚eigentliche‘ Leben daher in die Zukunft verschoben wird.
Augustinus fasst diese Winzigkeit umfassend – aber wir müssen dies
wohl erst lernen. Die Frage ist auch, was das denn heißt, dass Vergangenheit und Zukunft stets nur gegenwärtig anwesend sind. Der Phä-
nomenologe Edmund Husserl hat die Gegenwart ebenfalls nicht als
punktuelle Wende von der Vergangenheit zur Zukunft gesehen, sondern
als eine Größe mit eigener Ausdehnung. Husserl hat diese Ausdehnung
der Gegenwart mit dem Hören einer Melodie verglichen – und dieser
Vergleich fasziniert mich, denn er ist auch geschichtsdidaktisch ausge-

23 Vgl. BUSKOTTE 2004, 80–84.

156

sprochen hilfreich. Nach Husserl könnte der Mensch nie die Vorstellung einer Melodie aufbauen, wären die Elemente dieser nur punktförmige Zeitatome. Unsere Erfahrung bestätigt allerdings, dass die vergangenen Töne in einer gewissen Weise noch im Bewusstsein präsent sind und daher eine bestimmte Erwartungshaltung für die kommenden Töne evozieren. In dieser Spannung und dem Ineinandergreifen von Erinnerung und Erwartung baut sich dann das Zeitkontinuum auf.[24] Im Grunde meint die Definition von Geschichte als zukunftgerichteter Erinnerung nicht anderes. Die erzählte Geschichte klingt in der Gegenwart noch nach und evoziert die Erwartung einer Fortsetzung. Darin liegt eine ungemein hohe Verantwortung für Lehrende von Geschichte.

3. Religionsdidaktische Konsequenzen

Keine Frage: Es gibt Fehlformen im Umgang mit Vergangenheit und Zukunft. Man kann vor der Zukunft erstarren wie das Kaninchen vor der Schlange oder aber in utopische Träumereien flüchten. Man kann sich nostalgisch in die vergangenen, ach so besseren Zeiten zurückziehen oder aber desillusioniert zu der Ansicht gelangen, dass der Mensch immer die gleiche Bestie bleibt. Aber kann man in der Gegenwart leben, ohne sich zu Vergangenheit und Zukunft zu verhalten? Auch ein solches missverstandenes „Carpe diem" wäre zweifellos eine pathologische Form des Daseins. Was also wäre ein bekömmlicher, zum konstruktiven Handeln ermutigender Umgang mit der Geschichte? Wie kann man sich so an die Vergangenheit erinnern, dass diese Erinnerung einen nicht in der Vergangenheit festhält, sondern zum Impuls wird, heute den Kairos zu ergreifen? Wie kann man auch im schulischen Unterricht aus der Geschichte lernen, ohne allzu schnell und allzu platt Lehren aus der Geschichte für die Gegenwart zu ziehen?

Ich möchte mich im Folgenden weitgehend auf den Religionsunterricht beschränken, aber auch den einen oder anderen Seitenblick auf den Geschichtsunterricht werfen. Die Kirchen- oder (besser) Christentumsgeschichte hat im RU der letzten Jahrzehnte eine eher marginale Rolle gespielt. Die Gründe hierfür sind sicherlich vielfältiger Natur. Im evangelischen Raum mag eine falsch verstandene Sola-scriptura-Lehre ihren Teil dazu beigetragen haben. Neuerdings könnte hier und da ein

24 Vgl. ebd., 78.

einseitiger Hang zur Ästhetisierung ausschlaggebend sein. Bedeutsamer aber scheint mir eine oberflächliche Problemorientierung zu sein, die in geschichtlichen Themen keine Relevanz für die Lebenswelt der Schüler/innen erkennen kann. Dieses Manko hängt auf der einen Seite sicherlich mit einer unzureichenden Ausbildung der Lehrkräfte im Bereich der Didaktik christentumsgeschichtlicher Themen zusammen, ist aber auf der anderen Seite auch der vielfach als uninteressant und lebensfern empfundenen Praxis des Geschichtsunterrichts geschuldet, die der geschichtsdidaktischen Theorie mancherorts weit hinterher humpelt. Um tatsächlich die Herausbildung eines reflektierten Geschichtsbewusstseins statt eines lexikalischen Geschichtswissens in den Mittelpunkt des Geschichtsunterrichts zu stellen, wäre es m. E. notwendig, konsequent Abschied von der chronologischen Vorgehensweise zu nehmen. Zwar ist es unbestreitbar, dass im Laufe eines Schülerlebens auch ein chronologisches Gerüst entstehen sollte, doch ergibt sich dies keineswegs von selbst auf Grund des chronologischen Durchgangs. Meine Erfahrung in Kirchengeschichtsseminaren zeigt, dass viele Studienanfänger diesbezüglich ein völlig unzureichendes Vorwissen mitbringen und beispielsweise nicht darüber im Bilde sind, wie gemeinhin die Epoche des Mittelalters vom Altertum und der Neuzeit abgegrenzt wird. Hier hat Chronos wieder einmal alle seine Kinder „aufgefressen". Anstatt von der Steinzeit ausgehend bis ins 20. Jahrhundert zu trotten, sollte der Geschichtsunterricht daher hinsichtlich seiner Themenwahl nicht den grundsätzlichen didaktischen Fragen (nach dem Exemplarischen, nach Gegenwarts- und Zukunftsbedeutung etc.) ausweichen und sich beispielsweise an Klafkis Konzept der „Schlüsselprobleme" (Frieden, Ungleichheit, Geschlechterbeziehungen etc.)[25] orientieren. Eine oberflächliche „Modernisierung" des chronologischen Geschichtsunterrichts durch einige alltags- und regionalgeschichtliche Momente ist demgegenüber unzureichend, weil sie nur punktuell die grundsätzlich fehlende Problemorientierung aufzufangen versucht.

Was bedeutet dies nun für den Umgang mit Geschichte im Religionsunterricht?

Zunächst einmal dürfte klar sein, dass das weit verbreitete reduktionistisch-chronologische Konzept (Ausbreitung des Christentums im Römischen Reich in Klasse 5/6, Reformation in Klasse 7/8, Kirche und Nationalsozialismus in Klasse 9/10) keinen Bestand haben darf.

---

25 Vgl. Klafki 1985, 56–69.

Wie soll der Religionsunterricht einen Beitrag zum Aufbau eines Geschichtsbewusstseins leisten[26], wenn er grundsätzlich ungeschichtlich daherkommt und ein paar „unvermeidbare" Themen wie erratische Blöcke hineinragen? Es ist aber auch nicht damit getan, zwei/drei weitere kirchengeschichtliche Themen ins Curriculum aufzunehmen (was angesichts der Tendenz zur Entmaterialisierung der Bildungspläne zugunsten anzustrebender Kompetenzen ohnehin kontraproduktiv wäre). Vielmehr müsste das erinnerungsgeleitete Lernen grundsätzlich stärker gewichtet werden, denn gerade der reflektierte Blick in die Vergangenheit schult den realitätsbezogenen „Möglichkeitssinn" (Musil), der für die Gestaltung einer humanen Zukunft unabdingbar ist.

Heidrun Dierk hat vorgeschlagen, in Anlehnung an Horst Klaus Bergs und Gerd Theißens Rede von den biblischen „Grundbescheiden" bzw. „Grundmotiven" für den Kirchengeschichtsunterricht ein „theologisches Grundgerüst" zu errichten, mit dessen Hilfe kirchengeschichtliche Themen erschlossen und theologisch qualifiziert werden könnten. Ihre (grundsätzlich erweiterbare) Liste von Grundmotiven lautet: „Schöpfung, Sünde und Entfremdung, Befreiung (Exodus, Wunder, Umkehr und Rechtfertigung), Hoffnung, Leidenschaft und Gemeinschaft."[27] Dem möglichen Vorwurf einer einseitig fachlich-theologischen Auswahl von Unterrichtsinhalten begegnet Dierk mit dem Hinweis auf die Korrespondenz von biblischen Grundmotiven und elementaren Lebenserfahrungen. So richtig dies ist, so sehr bezweifle ich, dass der theologische Gerüstbau der richtige Ausgangspunkt für das historische Lernen im Religionsunterricht ist. Natürlich stellt sich immer auch die Frage nach der theologischen Relevanz, das spezifisch Christliche darf nicht klammheimlich aus dem RU verdrängt werden, doch hat auch die Themenwahl im RU nicht primär nach den Vorgaben der Fachwissen-

---

26 Gegen den Defätismus A. Rieders, der meint, der kirchengeschichtliche Unterricht solle nicht länger „hehre Ziele wie die Konstituierung von Geschichtsbewusstsein als wesentlichen Faktor christlich menschlicher Identität" verfolgen, sondern darum bemüht sein, „die letzten Spuren von Kirchlichkeit in unserer Gesellschaft zu sichern": RIEDER, ALBERT, Kirchengeschichte, in: BOSOLD, IRIS/KLIEMANN, PETER (Hg.), Ach, Sie unterrichten Religion? Methoden, Tips und Trends, Stuttgart/München 2003, 290–294, hier 294, Zit. nach: ROGGENKAMP 2007, 4. – Diese konservativbescheidene Auffassung ist angesichts der pädagogischen Aufgaben *zu* bescheiden: Sie kapituliert vor den real existierenden Problemen und verrät damit die genuine religionspädagogische Funktion des Religionsunterrichts, zur religiösen Identitätsbildung Heranwachsender beizutragen.

27 DIERK 2007, 36. Ausführlicher: Vgl. DIERK 2005, 189–200.

schaft zu erfolgen, sondern muss didaktisch legitimiert werden. Somit sollte auch der RU als schulischer Unterricht sich den epochaltypischen Schlüsselproblemen stellen und von hier aus seine Themen entwickeln. Zu den von Klafki formulierten Schlüsselproblemen Friedensfrage, gesellschaftlich bedingte Ungleichheit sowie menschliche Sexualität und Geschlechterbeziehungen könnte der RU einiges beitragen, gerade auch durch die Integration historischen Lernens. Dabei müsste die europäische und globalgeschichtliche Perspektive stärker als bisher Berücksichtigung finden. Hier hätte auch eine kritische Geschichte der christlichen Mission und Expansion ihren Ort.[28]

Ebenso darf die Genderfrage nicht durch eine Unterrichtseinheit über Elisabeth von Thüringen als erledigt gelten. Die Erkenntnis, dass history nicht nur his story ist, muss vielmehr den Kirchengeschichtsunterricht durchgehend prägen. Wichtig ist, dass Frauen nicht nur als Opfer kirchlicher Männerherrschaft erscheinen, sondern auch als Subjekte wahrgenommen werden. Die ägyptischen Wüstenmütter, die mittelalterlichen Beginen und die diakonisch engagierten Frauen des 19. Jahrhunderts dürfen daher nicht länger weitgehend vergessene Randerscheinungen des Kirchengeschichtsunterrichts bleiben. Gleichfalls wäre an mutige Frauen wie Gertrud Luckner, Margarethe Sommer oder Katharina Staritz zu erinnern, die während der NS-Zeit für jüdische Verfolgte eingetreten sind.

Klafki hat die Liste seiner Schlüsselprobleme bewusst als offen bezeichnet. Ein zentrales Problem unserer Zeit, das er (noch) nicht im Blick hatte, ist das der interreligiösen Verständigung. Der Religionsunterricht beschäftigt sich zwar seit einiger Zeit mit diesem Themenkreis, doch wurde die historische Dimension der Begegnung von Angehörigen unterschiedlicher Religionen bislang eher vernachlässigt. Dabei bietet insbesondere das maurische Spanien ein interessantes Lernfeld.[29]

Als weitere Schlüsselprobleme möchte ich individuelle und gesellschaftliche Ängste sowie den Umgang mit Zeit benennen. Ängste gehören zur conditio humana. Sie können lebensschützend sein, aber auch

28 Kritisch heißt bekanntlich unterscheidend. Es geht also nicht um eine einseitige Kriminalisierung der Kirchengeschichte im Sinne K.H. Deschners. Andererseits ist auch eine christlich-ideologisierende Sicht wie die des jetzigen Papstes Benedikt XVI. in Frage zu stellen, der meinte behaupten zu müssen, dass die indianischen Ureinwohner sich still nach dem Christentum gesehnt hätten und ihnen durch die Kolonialisierung keine fremde Kultur aufgezwungen worden sei: Vgl. http://www.sueddeutsche.de/panorama/artikel/513/114399/ vom 16.05.2007.
29 Vgl. Breuer 2006.

pathologisch. Jede Zeit kennt ihre spezifischen Ängste. Diese können missbraucht werden, um Menschen besser beherrschen zu können. Besonders die Angst vor Tod, Teufel und Jüngstem Gericht, aber auch andere existenzielle Ängste wären ein wichtiges Thema für den Religionsunterricht.

Dass der Umgang mit Zeit ein zentrales Problem darstellt, dürfte in den bisherigen Ausführungen bereits deutlich geworden sein. Unser Leben in der Beschleunigungsfalle stellt nicht zuletzt die Religionspädagogik vor große Herausforderungen.[30] Dem Moloch Beschleunigung scheinen auch Schule und Hochschule nicht entkommen zu können. Der RU kann sich nicht als „Aus-Zeit" verstehen und so der gesellschaftlichen Wirklichkeit entfliehen.[31] Er wird aber in Anerkennung seiner eigenen Grenzen durch die Betonung der anamnetischen Dimension des jüdisch-christlichen Glaubens[32] zur Selbstaufklärung des modernen Menschen über seinen Umgang mit der Zeit beitragen können.

Zu guter Letzt sei auf ein Feld verwiesen, auf dem die Religion in ihrer jeweiligen Zeit Raum gewonnen hat: der Kirchenbau. Kirchen sind – auch wenn sie darauf nicht reduziert werden dürfen – im historischen Sinne zentrale Erinnerungsorte. Eine geschichtlich reflektierte Kirchenraumpädagogik[33] bietet daher vielfältige Chancen für ein anschauliches, auch sinnenhaft-ästhetisches Lernen, das eindrücklich vor Augen führt: Geschichte ist Gegenwart!

4. Geschichtsdidaktische Konsequenzen

Klafkis Schlüsselprobleme nehmen auch im Fach Geschichte einen hohen Stellenwert ein.[34] Das kann sich allerdings gerade in diesem besonderen Fall als durchaus heikel erweisen.

Problemorientierung gilt als ein zentrales Prinzip historischen Lernens, wobei hier aus Gegenwartsproblemen entstandene Fragenkomplexe gemeint sind. Der Blick in die Geschichte soll dabei dem Zweck dienen, einerseits nach Ursachen, die zum Entstehen gegenwärtiger Probleme beigetragen haben oder nach bedingt vergleichbaren Fällen, die

---

30 Vgl. dazu den instruktiven Beitrag von GRÜMME 2006.
31 Vgl. WUNDERLICH 1997.
32 Vgl. METZ 2006.
33 Vgl. DEGEN 2001; RUPP 2006.
34 Vgl. v. REEKEN 1999, BERGMANN 2002.

das Problem erklärbarer machen, zu suchen. Meist ist es die beobachtete Diskrepanz zwischen einem erwünschten Zustand und einem beobachteten Defizit, die Anlass zur Auseinandersetzung gibt. Es wird hier nicht in Abrede gestellt, dass es das Anliegen jedes problemorientierten Geschichtsunterrichts ist, Problemlösungen zu erarbeiten und zu reflektieren. Beim Blick in die Geschichte entstehen jedoch möglicherweise unerwünschte Nebenwirkungen. Die nach wie vor überwältigend großen existenziellen Probleme, vor denen wir stehen und die sich trotz größter Mühen von Menschen in der Vergangenheit nie reduzieren, sondern vielmehr die Tendenz zeigen, ständig größer und dramatischer zu werden, scheinen das Handeln von Menschen in der Vergangenheit zu disqualifizieren. Hätten unsere Vorfahren klüger und sinnvoller gehandelt, würde es uns heute besser gehen. Lernen die Schülerinnen und Schüler in der Auseinandersetzung mit den Erfahrungen und Handlungen Menschen früherer Zeiten, dass es diesen offensichtlich trotz größten Bemühens nicht gelungen ist, die Anzahl der Probleme geringer werden zu lassen, dann erstaunt es kaum, wenn sie sich in eine solche Tradition wenig erfolgreichen Handelns nicht einreihen wollen. ,Nicht gelungen' ist dann der Ton, der in dieser erzählten Geschichte nachklingt und die Erwartung entstehen lässt, ,gelingt wohl nie'. In der Folge erscheint es durchaus nachvollziehbar, wenn für das Handeln in der Gegenwart die Konsequenz gezogen wird, lieber nichts als ,wieder' nicht das Richtige zu tun – ein verhängnisvolles Konzept von Ursachendenken kommt hier zum Ausdruck.

Auf Schülerinnen und Schüler bezogen heißt das, dass sie ihr eigenes Handeln als Mitglied einer Gesellschaft dann als chancenlos einschätzen und sich durch einen auf Misslingen ausgerichteten Focus tatsächlich auch so erfahren, wenn sie das Handeln von Menschen in der Geschichte bereits als wenig erfolgreich bewertet haben und diese Erwartung auf die Zukunft übertragen. Gelingt es jedoch, sich vom Problem zu lösen – also das Ziel zum Programm zu machen, dann kann der Blick weg vom Problem hin auf seine Überwindung gerichtet werden. Das Problem wird sozusagen in die zweite Reihe verwiesen, während Lösungsstrategien einen erweiterten Platz in der Wahrnehmung erhalten. Geschichte müsste demnach problemüberwindungsorientiert angegangen werden, um Mut zu einem empirisch abgesicherten Handeln in der Gegenwart zu machen. Dann kommen nämlich auch alle jene Strategien in den Blick, die sich in der Zeit nicht durchsetzen konnten. Fragen werden laut, wer sich gegen wen warum mit welcher Meinung und welchen Mitteln durchgesetzt hat. Es kann auch danach gefragt werden, ob die unterlegenen Strategien dauerhaft wirkungslos blieben. Schaut man sich z. B. die Geschichte der Olympe de Gouges an, die bereits um 1790 für die Rechte der Frauen kämpfte, als politisch tätige Frau dann jedoch unter der Guillotine ihr Leben verlor, dann kann man mit Fug und Recht behaupten, dass diese Frau versagt hat. Schaut man auf der Zeitgeraden dann jedoch gut 50 Jahre weiter, ist festzustellen, dass mit dem Aufkommen der ersten Frauenbewegung auch die Ideen der Olympe de Gouges wieder an Gewicht gewinnen und eine dann zu diesem Zeitpunkt enorme Dynamik entwickeln, die mit dem Frauenwahlrecht im Jahr 1918 einen ersten vorläufigen Höhepunkt erhält. Hier zeigen sich wiederholende Aspekte auf der linearen Zeitebene, von denen Koselleck spricht: Widerständigkeit und Eigensinn mögen zwar in der ‚Kurzzeitgeschichte' erfolglos geblieben sein, erweisen jedoch auf die Länge der Zeit gesehen als aktuelle Wiederholung einer Erfahrung durchaus folgenreiche Konsequenzen im Sinne eines Annäherns an das Wünschenswerte und Angestrebte.

Wird Geschichte unter dem Aspekt unterschiedlicher Optionen wahrgenommen, dann können – und hier ist die lange Dauer der linearen Zeitachse dann unverzichtbar – Traditionen mutigen und erfolgversprechenden Handelns erkannt werden, in die sich einzureihen durchaus lohnend erscheinen kann.[35] Der nachklingende Ton in der Geschichte wäre dann ‚schon einiges erreicht', der erwartete Ton klingt wie ‚das könnte und sollte aber noch besser werden'. ‚Da mache ich mit' wäre dann eine durchaus vielversprechende Handlungsoption in der Gegenwart. Um mit den Begrifflichkeiten vom Anfang unseres Gesprächs zu arbeiten: Erfahrungen des Misslingens stellen sich dann allzu leicht ein, wenn man Geschichte ereignisorientiert unterrichtet, da sich in der Wahrnehmung stets nur eine Handlungsoption als Erfahrungsgrundlage erkennen lässt, die zudem als wenig hilfreich wahrgenommen wird. Dient das Ereignis jedoch als Basis für die Suche nach weiteren Erfahrungsnestern auch auf der Zeitachse, dann kommen auf einmal durchaus vielfältige Möglichkeiten in den Blick, auf die rekurriert werden könnte.

Ein Geschichtsunterricht, in dem die Probleme unserer Zeit – gerade auch in dem von Ihnen erweiterten Sinne – als Skandal gesehen werden, kann sich nicht mehr ernsthaft einer Chronologie verpflichtet sehen. Vielmehr muss die Frage erlaubt sein, ob der reflektierte Umgang mit

---

35 Vgl. VÖLKEL 2006, 204–215.

Geschichte als einem Steinbruch, aus dem die für uns heute jeweils nütz-
lichen und hilfreichen Erfahrungen ,heraus gehauen' werden, diese für
uns nicht erst lebensweltlich bedeutsam werden lässt. Wer die Schulung
von Temporalbewusstsein als Schulung von Gegenwartsbewusstheit im
Sinne zukunftgerichteter Erinnerung versteht, für den macht ein solcher
Zugang durchaus Sinn.

Ein anderer im Sinne historischen Erfahrungslernens hilfreicher Ansatz kommt von dem Geschichtsdidaktiker Peter Schulz-Hageleit, der
einen lebensgeschichtlichen Ansatz für den Geschichtsunterricht vertritt. Hier wird die Frage nach der Bedeutung historischer Inhalte für
unser Leben gestellt. Wird im Geschichtsunterricht z. B. die Ebstorfer
Weltkarte aus der Zeit um 1300 besprochen, in der Jerusalem als Mittelpunkt der Welt dargestellt ist, so kann in einem Geschichtsunterricht als Lebenskunde die Frage danach gestellt werden, was Menschen
zum Mittelpunkt ihres Weltbildes machen, was ich zum Mittelpunkt
meines Weltbildes mache und welche Folgen solche Entscheidungen in
der Geschichte nach sich zogen, bzw. welche Verantwortung für mich
aus meiner Entscheidung erwachsen mag. Schulz-Hageleit vertritt die
Auffassung, dass jeder Geschichtslehrer und jede Geschichtslehrerin für
jeden historischen Inhalt die Frage beantworten können muss, worin
der Sinn des jeweils konkreten Inhaltes für ihn oder sie selbst liegt, da
Geschichte ansonsten für die Lerngruppe kaum sinnbildend erschlossen
werden kann.[36] Dies gilt dann gerade auch für einen chronologischen
Geschichtsunterricht, so lange dieser politisch noch gewollt ist. Alle
Lehrenden des Faches Geschichte sollten in Bezug auf die historischen
Inhalte, die sie vermitteln, die Frage beantworten können, die bereits
Seneca an die Überlieferung historischen Wissens gestellt hat. Die normative Ausrichtung dieser Aussagen spitzt deren Gewicht drastisch
zu – aber liegt im Kairos nicht auch eine solche Handlungsnorm verborgen? „(…) ist das für irgendetwas gut, wenn man es weiß?"[37] „Wen
wird das (Wissen, Anm. B. V.) tapferer, wen gerechter, wen anständiger
machen?"[38] „Alle Jahrhunderte dienen ihm (dem Weisen, Anm. B. V.)
wie einem Gott. Ist eine Zeit für ihn vergangen, dann hält er sie in der
Erinnerung fest. Ist sie gegenwärtig, nutzt er sie. Wird sie kommen,

---

36 Vgl. u. a.: Schulz-Hageleit 1988 und 2002.
37 Seneca Neuübersetzung 2007, 46.
38 Ebd., 48.

dann nimmt er sie vorweg. Sein Leben wird dadurch lang, dass er alle Zeiten in eine einzige zusammenfasst."[39] „Jetzt sollst du leben!"[40]

5. Abschließende Überlegungen

Temporalbewusstsein schulen heißt also sowohl aus religionsdidaktischer wie aus geschichtsdidaktischer Sicht, Schülerinnen und Schüler zu ermutigen, das Jetzt mit beiden Händen zu greifen und das Leben nicht in eine ungewisse Zukunft zu verschieben. Es geht darum, eine Vielzahl von Traditionen mutigen und erfolgreichen Handelns in der Geschichte auszumachen, um sich den aktuellen Problemen der Gegenwart stellen zu können, Mut zu fassen, sich in eine solche Tradition einzureihen und die wiederholungswürdigen Erfahrungen aufzugreifen oder aber, historischen Inhalten einen lebensweltlich bedeutsamen Sinn zu geben. Kann ein historischer Inhalt in keines dieser Konzepte eingebunden werden, hat er, so die These, im Klassenzimmer nichts zu suchen. In einer Auseinandersetzung mit bedingt vergleichbaren[41] Situationen in der Geschichte können Schülerinnen und Schüler exemplarisch erschließen, welche Strukturen das Handeln der Menschen damals beeinflussten, wie sie diese in ihre Entscheidungsprozesse integrierten, um anschließend das Handeln zu wagen. Der Rückblick über Geschichte erlaubt uns, auch die Konsequenzen dieses Handelns mit in den Blick zu nehmen – ein Vorzug, der in der vergangenen aktuellen Situation nicht möglich war. Auf diese Weise können wir erkennen, zu welchen Ergebnissen das vergangene Handeln geführt hat und diese Ergebnisse mit in die eigenen Überlegungen beim Entwickeln unserer Handlungsstrategien einbeziehen. Worum es bei der Schulung des Temporalbewusstseins letztlich geht, ist, Jugendlichen Mut zu machen und Strategien an die Hand zu geben, die ihnen ein empirisch gesichertes Handeln in der Gegenwart erlauben mit hoffnungsvollen Perspektiven für die Zukunft.

Dies kann nicht in einem Unterricht geschehen, der ausschließlich Ereignisse aneinander reiht, so erinnernswert diese auch sein mögen im

---

39 Ebd., 53–54.
40 Ebd., 31.
41 In einer Auseinandersetzung mit den Erfahrungen Menschen vergangener Zeiten gilt es stets, die Alterität der Vergangenheit mit zu berücksichtigen, um einer voreiligen Angleichung vergangener Zeiten an die Gegenwart vorzubeugen.

Sinne eines Kulturgutes. Schülerinnen und Schüler müssen kompetent im Umgang mit der Zeit als einem absichtsvollen menschlichen Konstrukt gemacht werden, damit sie dies einerseits für sich selbst nutzen können, andererseits aber auch in der Lage sind, Zeitkonzepte als historisierbar und damit als wandelbar zu erkennen. Vielleicht gelingt es ihnen dann auch, in Zeiten zunehmender Beschleunigung Entschleunigungstendenzen einzubringen, die es erlauben, immer wieder in das Jetzt zurückzufinden.

Literatur

BERGMANN, KLAUS u. a. (Hg.), Handbuch der Geschichtsdidaktik, 3. Aufl., Düsseldorf 1985.

BERGMANN, KLAUS, Geschichte als Steinbruch? Anmerkungen zum Gegenwartsbezug im Geschichtsunterricht, in: ZFGD JAHRESBAND 2002, hg. i. A. d. Konf. für Geschichtsdidaktik, Schwalbach/Ts. 2002, 138–150.

BIEHL, PETER, Die geschichtliche Dimension religiösen Lernens. Anmerkungen zur Kirchengeschichtsdidaktik, in: JAHRBUCH FÜR RELIGIONSPÄDAGOGIK (JRP), Bd. 18: Religionsdidaktik, Neukirchen-Vluyn 2002, 135–143.

BORGOLTE, MICHAEL, Christen, Juden, Muselmanen. Die Erben der Antike und der Aufstieg des Abendlandes 300 bis 1400 n. Chr., München 2006.

BORSCHEID, PETER, Das Tempo-Virus. Eine Kulturgeschichte der Beschleunigung, Frankfurt a. M. 2004.

BREUER, THOMAS, Begegnungen zwischen Christentum und Islam in Europa. Historische Perspektiven, in: Theophil-online (07. 02. 2004): http://www. theophil-online.de/vielf%E4lt/mff%E4ltig4.htm.

BUSKOTTE, FRANK, Der Stellenwert von Zeit, Gedächtnis und Geschichtswissenschaft in der Systemtheorie, in: BECKER, FRANK (Hg.), Geschichte und Systemtheorie. Exemplarische Fallstudien, Frankfurt a. M. 2004, 76–107.

DEGEN, ROLAND, Lernort Kirchenraum, in: METTE, NORBERT/RICKERS, FOLKERT (Hg.), Lexikon der Religionspädagogik, Bd. 2, Neukirchen/Vluyn 2001, 1224–1227.

DIERK, HEIDRUN, Kirchengeschichte elementar – Entwurf einer Theorie des Umgangs mit geschichtlichen Traditionen im Religionsunterricht, Münster 2005.

ELIAS, NORBERT, Über die Zeit, Arbeiten zur Wissenssoziologie, Frankfurt a. M. 1988.

FRIED, JOHANNES, Wissenschaft und Fantasie, in: JAHRBUCH DES HISTORISCHEN KOLLEGS, Oldenburg 1996, 23–47.

FRIED, JOHANNES, Der Schleier der Erinnerung. Grundzüge einer historischen Memorik, München 2004.

GAUTSCHI, PETER, Geschichte lehren. Lernwege und Lernsituationen für Jugendliche, Bern ²2000.

GRÜMME, BERNHARD, Religionsunterricht im Beschleunigungszwang. Beschleunigung der Lebenswelten als Herausforderung an eine erfahrungsbezogene Religionspädagogik, in: TThZ 4 (2006), 265–279.

HALBFAS, HUBERTUS, Wurzelwerk. Geschichtliche Dimension der Religionsdidaktik, Düsseldorf 1989.

Hasberg, Wolfgang, Kirchengeschichte in der Sekundarstufe I, Trier 1994.

Höhn, Hans-Joachim, Zeit-Diagnose. Theologische Orientierung im Zeitalter der Beschleunigung, Darmstadt 2006.

Kaschuba, Wolfgang, Die Überwindung der Distanz. Zeit und Raum in der europäischen Moderne, Frankfurt a. M. 2004.

König, Klaus, Kirchengeschichtsdidaktische Grundregeln, in: Gross, Engelbert/König, Klaus (Hg.), Religionsdidaktik in Grundregeln. Leitfaden für den Religionsunterricht, Regensburg 1996, 182–202.

König, Klaus, Lernen aus der Geschichte des Christentums/Kirchengeschichtsdidaktik, in: Bitter, Gottfried/Englert, Rudolf/Miller, Gabriele/Nipkow, Karl Ernst (Hg.), Neues Handbuch religionspädagogischer Grundbegriffe, München 2002, 225–228.

Koselleck, Reinhart, Zeitschichten. Studien zur Historik, Frankfurt a. M. 2003.

Leimgruber, Stephan, Erinnerungsgeleitetes Lernen, in: Hilger, Georg/ Leimgruber, Stephan/Ziebertz, Hans-Georg, Religionsdidaktik. Ein Leitfaden für Studium, Ausbildung und Beruf, München 2001, 340–348.

Metz, Johann Baptist, Memoria passionis. Ein provozierendes Gedächtnis in pluralistischer Gesellschaft, Freiburg 2006.

Pandel, Hans-Jürgen, Geschichtsunterricht nach Pisa, Schwalbach/Ts. 2005.

Reeken, Dietmar von, Wer hat Angst vor Wolfgang Klafki? Der Geschichtsunterricht und die „Schlüsselprobleme", in: GWU 50 1999, 282–291.

Roggenkamp, Antje, Lernort Geschichte, in: Glaube und Lernen 22 (2007), 4–14.

Rupp, Hartmut (Hg.), Handbuch der Kirchenpädagogik. Kirchenräume wahrnehmen, deuten und erschließen, Stuttgart 2006.

Ruppert, Godehard/Lachmann, Rainer/Gutschera, Herbert/Thierfelder, Jörg, Einführung: Kirchengeschichte im Religionsunterricht, in: Lachmann, Rainer/Gutschera, Herbert/Thierfelder, Jörg (Hg.), Kirchengeschichtliche Grundthemen. Historisch – systematisch – didaktisch, Göttingen 2003, 11–42.

Rüsen, Jörn, Historisches Lernen. Grundlagen und Paradigmen, Köln/Weimar/Wien 1994.

Seneca, Das Leben ist kurz! Neuübersetzung v. Marion Giebel, Stuttgart 2007.

Schreiber, Waltraud (Hg.), Die religiöse Dimension im Geschichtsunterricht an Europas Schulen. Ein interdisziplinäres Forschungsprojekt, Neuried 2000.

Schulz-Hageleit, Peter, Geschichte, Psychologie und Lebensgeschichte. Fünf Aufsätze, Berlin 1988.

SCHULZ-HAGELEIT, PETER, Grundzüge geschichtlichen und geschichtsdidaktischen Denkens, Frankfurt a. M. 2002.

SCHWEITZER, FRIEDRICH, Art.: Zeit, in: LEXRP 2, Neukirchen 2001, Sp. 2238–2242.

SCHWENDEMANN, WILHELM/WAGENSOMMER, GEORG (Hg.), Erinnern ist mehr als Informiert sein. Aus der Geschichte lernen (2), Münster 2004.

SUTTER REHMANN, LUZIA, Time expired. Inspirationen zur apokalyptischen Zeitvorstellung, in: BIBEL UND KIRCHE 54 (1999), 178–185.

VÖLKEL, BÄRBEL, Der diskrete Charme der nicht erzählten Geschichte(n). Welche Chancen für die Geschichtsdidaktik und den Geschichtsunterricht stecken im Konstruktivismus?, in: BERNHARDT, MARKUS u. a. (Hg.), Bilder – Wahrnehmungen – Konstruktionen. Reflexionen über Geschichte und historisches Lernen, Schwalbach/Ts. 2006, 204–215.

WEHLER, HANS-ULRICH, Aus der Geschichte lernen? Essays. München 1988, 11–18.

WUNDERLICH, REINHARD, Zeit-Proben. Tendenzen in der Religionspädagogik im Umgang mit der Zeit, in: KATBL 122 (1997), 366–377.

Bernhard Grümme/Wolfgang Sander

Von der „Vergegnung"[1] zum Dialog? Das Verhältnis von Religionsdidaktik und Politikdidaktik

Abstract

Entgegen allen Annahmen der Säkularisierungstheoretiker ist das Christentum immer noch ein Politikum. Die christliche Botschaft selber hat immer eine politische Pointe. Und auch der Religionsunterricht ist ein politischer Faktor. Mindestens aus diesen Gründen müsste doch eigentlich der RU religionsdidaktisch in seinen politischen Dimensionen entfaltet werden und zugleich Gegenstand politikdidaktischer Reflexionen sein. Eine fächerübergreifende Kooperation von RU und Politikunterricht wäre zu erwarten.

Dagegen konstatiert der vorliegende Beitrag einen weitgehenden Gesprächsabbruch zwischen Religionsdidaktik und Politikdidaktik. Er markiert aus der Logik beider Fächer die Dringlichkeit eines solchen Gesprächs und zeigt schließlich Felder eines solchen Dialogs auf.

Eigentlich müsste die politische Dimension in der Religionsdidaktik stets präsent sein. Es können „allein schon der Geist wie auch die Methode des Unterrichts ein Beitrag für die politische Erziehung sein. Ob die Schüler in ihrer Personalität und in ihrer Würde als junge Glieder des Volkes Gottes geachtet werden, ob ein einseitig autoritärer Geist den Unterricht beherrscht oder das Prinzip des aktiven Mittuns, das ist nicht ohne Folgen für die Weckung politischer Anlagen."[2] Was der katholische Religionspädagoge Theodor Filthaut bereits in den 1960er Jahren ausführt, hätte vom Kern des RU her eigentlich die Religionsdidaktik bestimmen müssen: eine grundlegende Reflexion seiner politischen Relevanz im Kontext einer normativ bejahten demokratischen Ordnung.

Andererseits müsste auch die Religion im Fokus der Politikdidaktik liegen. Nach einem weiten Politikbegriff, der nicht staatstheoretisch oder institutionstheoretisch kurzgeschlossen wird, gilt zwar die These,

---

1   Martin Buber, Begegnung. Autobiographische Fragmente, Heidelberg ³1978, 11.
2   Filthaut 1965, 30.

dass in allem Politik, aber nicht alles Politik ist.[3] Jedoch ist das Politische
ein wesentlicher Horizont aller menschlichen Lebensbereiche. So gesehen bekommen Fragen der Ökonomie, der Kultur, der Freizeitgestaltung, der Werthaltungen, der Gestaltung des Zusammenlebens, der Bildung, aber auch Fragen der Religion einen politischen Charakter, auch
wenn sie darin nicht aufgehen. Die Didaktik der Politischen Bildung
unterscheidet zwischen der Politischen Bildung als Unterrichtsfach und
als Unterrichtsprinzip.[4] Bildet Ersteres das Proprium der Politikdidaktik, so gilt Letzteres für alle ordentlichen Fächer der Schule. Angesichts
dessen und angesichts der Öffentlichkeitsrelevanz von Religion überhaupt wäre auch eine gewisse Aufmerksamkeit für den RU auf Seiten der
Politikdidaktik zu erwarten gewesen.

Doch obwohl sie so eigentlich aufeinander verwiesen sind, scheinen
weder die Religionsdidaktik das Politische noch die Politikdidaktik die
Religion hinreichend wahrgenommen zu haben. Bis in die Gegenwart
bleibt das Verhältnis von RU und Politikunterricht allem Anschein nach
prekär.

Der vorliegende Text will in der gebotenen Kürze zunächst wesentliche Elemente dieses schwierigen Verhältnisses herausarbeiten, um dann
nach der Erläuterung der Dringlichkeit ihrer Beziehung Dialogfelder
und Perspektiven für eine schulische Kooperation von Religionsdidaktik
und Politikdidaktik zu beleuchten.

1. Lost in translation? Kritische Bilanz einer unzureichenden wechselseitigen Wahrnehmung

1.1 Aus Sicht der Religionsdidaktik

Die Religionsdidaktik muss eingestehen, dass sie über weite Strecken
ihrer Geschichte die politische Dimension ausgeklammert hat. Jedenfalls hat diese bis auf wenige Ausnahmen keinen Niederschlag in der
religionsdidaktischen Konzeptbildung gefunden. Bislang wird der RU
kaum in politischen Bezugnahmen verantwortet und in Kategorien
durchbuchstabiert, die auch politikdidaktisch anschlussfähig sind. Im
Bestreben, den angeblich unpolitischen Charakter von Religion und RU

3 Vgl. SANDER 1985, 21.
4 Vgl. REINHARDT 2005, 60ff.

zu sichern, hat die Religionsdidaktik sich keine kritische Rechenschaft gegeben hinsichtlich der faktisch in ihr erfolgten und insbesondere in vordemokratischen Ordnungen oft durch die Herrschenden intendierten Legitimation von Herrschaft durch den RU.[5] Ähnliches lässt sich für die religionsdidaktischen Konzeptionen des 20. Jahrhunderts zeigen. Sowohl für die Evangelische Unterweisung als auch für das Konzept des Kerygmatischen RU oder für den Hermeneutischen RU gilt, dass aus unterschiedlichen Gründen die jeweilige politische Dimension mehr oder weniger ausdrücklich negiert wurde.[6]

Im Unterschied dazu qualifiziert es das zwischen 1965 und 1975 entwickelte Konzept des Problemorientierten Religionsunterrichts, den RU dezidiert und selbstreflexiv in seinem politisch-sozialen Bedingungsgefüge zu verorten. Der RU durchbrach damit die zeitlose Existentialisierung und Individualisierung seiner Begriffe und sensibilisierte für deren politische Relevanz. Wenn im RU von Armut die Rede ist, dann darf dies nicht von vornherein spiritualisiert oder in die individuelle Existenz hineinverlagert werden. Es sind immer auch ökonomische, gesellschaftliche, politische Faktoren, strukturelle Machtzusammenhänge und Unterdrückungs- und Ausbeutungsmechanismen analytisch zu bestimmen.[7]

Ein Meilenstein für die politische Selbstvergewisserung des RU findet sich im Papier der Gemeinsamen Synode der Bistümer in der Bundesrepublik Deutschland zum RU. Hier wird der RU konvergenztheoretisch an der Schnittstelle theologischer und pädagogischer Begründungen als ordentliches Lehrfach in seinem Beitrag zum schulischen Bildungsauftrag ausgewiesen. Die Schüler sollen zu einem engagierten kritischen Handeln in Kirche und Gesellschaft motiviert werden, wobei es weder zu einer unkritischen, die theologische Dimension verkürzenden Adaption politischer Kategorien kommen soll noch zu einer Theologisierung des Politischen. So wie Glaube und Erfahrung produktiv-kritisch korreliert werden, so auch die Glaubensdimension und die politische Dimension. Ein solcher RU erhebt die ganze „Tagesordnung der Welt" zu seinem Thema und lehnt idealistisch-ontologische Festschreibungen bestimmter Zustände als unveränderlich ebenso ab wie den prometheischen Versuch einer völligen menschlichen Selbstbestimmung. Nur

---

5   Vgl. Nipkow 2003, 156–208.
6   Vgl. Rickers 1985, 101; Rickers 2001, 1531–1534; Sander 1980, 33–79.
7   Vgl. Knauth 2003; Grümme 2005.

durch die religiöse Dimension kann der Schüler „instandgesetzt werden, sein ganzes Leben zu bewältigen, die Veränderbarkeit vieler Mängel und Missstände zu erkennen und das wirklich Unabänderliche anzunehmen, als Schicksal oder als Geschenk."[8]

Abgesehen von analytischen Unschärfen im Demokratie-, Gesellschafts- und Herrschaftsbegriff und in der Abstraktheit im Verständnis des Schülers, das dessen sozialen Status nicht berücksichtigt, wird man sagen müssen, dass in kirchlichen oder schulamtlichen Verlautbarungen dieses Niveau politischer Sensibilisierung und Selbstreflexivität nicht mehr erreicht wurde. In dem Papier der EKD „Identität und Verständigung" wird noch versucht, die politischen Dimensionen im Kontext des Pluralismus zur Geltung zu bringen. In den neueren Papieren der Deutschen Bischofskonferenz zur religiösen Bildung oder zu Bildungsstandards im RU wird wohl auf gesellschaftliche Belange abgehoben. Im Vordergrund stehen indessen ethische bzw. sozialethische Aspekte, weniger politisch-gesellschaftliche Kategorien. Man kann den Eindruck gewinnen, es ginge dem RU vorwiegend um eine Orientierungsfähigkeit inmitten der pluralistischen Auflösung von Geltungsansprüchen im postmodernen Unverbindlichkeitsklima. Nicht mehr die politische Dimension, nicht mehr strukturelle Gerechtigkeitsfragen bilden eine zentrale religionsdidaktische Bezugsgröße, sondern die kulturelle Dimension. Ähnliches ließe sich für die Bildungsstandards für den RU in Baden-Württemberg zeigen. Dazu passt es, dass für die wissenschaftliche Religionspädagogik, die sich in zunehmendem Maße als Verbundwissenschaft begreift, weniger die Sozialwissenschaft denn die Psychologie als wichtige Bezugsdisziplin gilt.[9]

So ergibt sich ein ambivalentes Bild: Die politische Dimension war partiell zumindest gelegentlich im Blick, hat aber nie maßgeblichen Einfluss auf eine Selbstreflexion der Religionsdidaktik gewonnen.

Eine solche Ambivalenz spiegelt auch der gegenwärtige religionsdidaktische Diskurs wider.

Religionsdidaktische Unterrichtsmaterialien nehmen weitverbreitet Themen in den Blick, die nach einem weiten Politikverständnis politikdidaktisch relevant sind. Wie jedoch am Beispiel von Materialien zum Thema „Dritte/Eine Welt" analysiert wurde, werden – von Ausnahmen abgesehen – die strukturellen Belange von ökonomischer und politischer

---

8   Der Religionsunterricht in der Schule 1974, 23f., 29f.
9   Vgl. LEIMGRUBER 2004, 202.

Verantwortung zumeist marginalisiert zugunsten einer humanen gesinnungsethischen Ausrichtung.[10] Den Heranwachsenden wird so nicht hinreichend die strukturelle Dimension des Politischen verdeutlicht und damit die transformatorische Relevanz für eine Umgestaltung von politischen und gesellschaftlichen Verhältnissen.

Abgesehen von wenigen Ausnahmen sucht die Religionsdidaktik eine fächerverbindende Erörterung bestimmter Themen mit der Didaktik der Politischen Bildung nicht.[11] Was die religionsdidaktischen Konzeptionen angeht, so ist es in dem hier zur Verfügung stehenden Rahmen unmöglich, das Spektrum der für unsere Fragestellung relevanten Ansätze auszuloten. Ich will nur wenige nennen, um mich dann exemplarisch auf einen Aspekt zu konzentrieren, der mir diesbezüglich besonders aussagekräftig zu sein scheint. Da sind solche, die aus dem Geist der Aufklärung heraus im Lichte eines starken Subjektbegriffs eine konstruktiv-kritische Didaktik gegen postmoderne Bestreitungen vorlegen, im Lichte eines kritisch-emanzipatorischen Bildungsbegriffs sich inmitten sozialer und kultureller Differenzen verorten und sich in Auseinandersetzung mit Schlüsselproblemen wie Arbeit, Frieden, Gewalt oder Gerechtigkeit didaktisch konkretisieren.[12] Da sind solche, die konträr dazu in einem dekonstruktivistischen Zugang und mit einem schwachen Subjektbegriff als Profane Religionspädagogik die für überfällig erachtete Forschung zur religionspädagogischen Verhältnisbestimmung von Religion und Politik aufnehmen.[13] Da ist das Compassionprojekt, das zwar stark sozialethisch ausgerichtet ist, dabei strukturelle Fragen politischer Herrschaftsbedingungen oder einer Wirtschaftsordnung eher zurückstellt, aber dennoch von erheblicher Relevanz für die politische Bildung ist.[14] Da sind solche, die die politische Dimension nicht von vornherein im Fokus haben, sondern erst aus einem beziehungsdidaktischen Ansatz heraus erreichen, ohne dies bis in gesellschaftstheoretisch angeschärfte Kategorien durchzubuchstabieren.[15] Oder da sind solche, die wie etwa Konzepte des Interreligiösen Lernens[16], der Eine-Welt-Re-

10 Vgl. Rickers 2001, 1532
11 Vgl. Schlag 2004, 253; Rickers 2001, 1533.
12 Vgl. Lämmermann 2005, 143–148, 246–314.
13 Vgl. Zillessen 2001, 9.
14 Vgl. Kuld/Gönnheimer 2000.
15 Vgl. Boschki 2003.
16 Vgl. Leimgruber 2007.

ligionspädagogik, der Friedenspädagogik[17] oder einer Interkulturellen Religionspädagogik die politische Dimension im Horizont der Globalisierung[18] und des Pluralismus[19] ausformulieren. Weiterführend sind der Ansatz von Thomas Schlag, die Politische Bildung als Dimension einer evangelischen Religionspädagogik auszuweisen, die zukunftsfähig sein will[20], sowie die handlungstheoretischen Zugänge bei Helmut Peukert und Norbert Mette auf katholischer Seite.[21]

Doch so eindrucksvoll sich diese Ansätze im Einzelnen auch präsentieren mögen, so haben sie es schwer gegenüber einer derzeit stark ausgeprägten Dominanz ästhetischer Konzepte. Damit muss nicht zwangsläufig die Abblendung der politischen Dimension verbunden sein. Dort, wo eine mehrdimensionale Ästhetik im Rückgriff auf aisthesis, poiesis und katarsis vollzogen wird, dort wird mit einer wahrnehmungsgestützten Urteilsfähigkeit auch politische Reflexions- und Urteilskompetenz anvisiert.[22] Anders verhält es sich dagegen dort, wo nicht das analytische, kognitive Verstehen, nicht eine Orientierung an Gerechtigkeitsfragen und anderen Schlüsselproblemen als Dimension ästhetischen Lernens wichtig werden, sondern der „ästhetische Zugang einer angemessenen Inszenierung, die ihre Lebensdienlichkeit, ihre ‚Heiligkeit' im Moment der Bewusstwerdung selbst aufscheinen lässt."[23] In dem Maße, wie damit die prophetische und so auch gesellschaftskritische Dimension des Christentums vernachlässigt wird, wird nicht wahrgenommen, dass „sich Selbstwerdung im Medium eines Allgemeinen vollzieht, im Kontext menschlicher Lebensverhältnisse, die selbst bildungsbedürftig sind."[24]

Die ästhetische Orientierung steht im größeren Zusammenhang einer kulturhermeneutischen Ausrichtung der Religionspädagogik. Aus dieser Richtung ergeht an die Adresse einer politisch-gesellschaftlichen Hermeneutik der Vorwurf einer kategorialen Verengung. Es gebe Dimensionen von Religion, die durch eine „nur soziale und politische" Hermeneutik nicht einzulösen seien, und die selber gerade in einer auf

17 Vgl. NIPKOW 2007; SPIEGEL 1989.
18 Vgl. SCHREIJÄCK 2003.
19 Vgl. ZIEBERTZ 2002.
20 Vgl. SCHLAG 2004.
21 Vgl. METTE 1994.
22 Vgl. GRÜMME 2007, 331–334.
23 KUNSTMANN 2002, 429–430.
24 BIEHL 2003, 145.

Funktionalität ausgerichteten Gesellschaft ein „nicht zu gering" zu veranschlagendes kritisches Potenzial besitzen.[25] Anstatt das Evangelium auf einen politischen und sozialen Handlungsimpuls zu reduzieren, geht es im Religionsunterricht „in erster Linie" darum, sich selbst und die Welt *„deuten* zu lernen, bevor daraus Handlungsimpulse entbunden werden."[26]

Mit diesem ideologiekritischen Impetus kann gewiss die kulturhermeneutisch ausgerichtete Religionsdidaktik zu Recht auf ihre politische Relevanz hinweisen. Eine medienweltorientierte Religionsdidaktik hat hier ihre Verdienste.[27] Doch müsste die ideologiekritische Intention noch schärfer entfaltet werden, indem diese sich im Lichte einer Dialektik von Theorie und Praxis mit gesellschaftstheoretischen Kategorien verschränkt. In diesem Zusammenhang wäre eine aus sozialphilosophischen wie theologischen Vorgaben entwickelte Religionspädagogik weiterführend, die aus einer theologischen Option für die Armen und für die Anderen die Diskurse über kulturelle Differenzen mit dem Gerechtigkeitsdiskurs verbindet.[28] Das unterscheidet sie von einer Variante kontextueller Religionspädagogik, die Religion und Lebenswelt stark kulturtheoretisch und nicht gesellschaftstheoretisch fasst.[29] Diese Religionspädagogik könnte pädagogisch durch das Gespräch mit der Pädagogik der Befreiung von Paulo Freire vertieft und auf grundlagentheoretischer Ebene durch eine handlungstheoretische Beschreibung von Praxis fundiert werden.[30] Diese wäre in ihrer Ausrichtung auf eine „Identität in universaler Solidarität" als eine kreativ-transformatorische, freiheitsstiftende wie kritische Praxis zu bestimmen[31], die sich für die gesellschaftlichen wie institutionellen Ausgestaltungen von Erziehung und Bildung wie für die gesellschaftlich-geschichtlichen Bedingungen der solidarischen Existenz der Subjekte verantwortlich weiß.[32] Ein solcher bildungstheoretisch grundierter RU, der sich so als „Sprachschule der Freiheit" (Ernst Lange) artikuliert, wäre von seiner Struktur her an das Gespräch mit der Politikdidaktik anschlussfähig.

---

25 Dressler 2004, 1372.
26 Ebd., 1372 (Hervorhebung im Original).
27 Vgl. Pirner 2001.
28 Vgl. Knauth 2003, 352.
29 Vgl. Heimbrock 2004, 177ff.
30 Vgl. Senft 1997, 28–30.
31 Mette 1994, 139.
32 Vgl. Peukert 1987, 82; Grümme 2009, 137–156.

1.2 Aus Sicht der Politikdidaktik

Aus der Perspektive der Politikdidaktik sind die schulische religiöse Erziehung und Religionsunterricht zunächst als bedeutsames Element der Vorgeschichte des *eigenen* Faches der politischen Bildung von Interesse. Da politische Bildung in der Schule, wie in der Einleitung bereits erwähnt wurde, nicht nur als Unterrichtsfach (unter unterschiedlichen Fachbezeichnungen in den Bundesländern wie z.B. Sozialkunde, Politik, Gemeinschaftskunde) vertreten ist, sondern auch als Unterrichtsprinzip anderer Fächer gesehen werden muss, gehört politische Bildung (als Fach) einerseits zu den jüngsten und (als Unterrichtsprinzip) andererseits zu den ältesten Aufgaben der Schule. Über lange Zeit fand politische Erziehung in der Schule im Wesentlichen im Medium des Religionsunterrichts statt. In der Frühzeit des öffentlichen Schulwesens im 16. und 17. Jahrhundert gingen religiöse und politische Motive für die Gründung von Schulen unmittelbar ineinander über: Um der „Erhaltung Christlicher Religion und guter Pollicey" willen sei die Schule notwendig, lesen wir etwa in der brandenburgischen Kirchenordnung von 1540, wobei „Pollicey" nicht wie heute eine bestimmte Institution meinte, sondern für die öffentliche Ordnung insgesamt stand.[33] Tatsächlich kam in der Folgezeit und ganz besonders nach dem 30-jährigen Krieg der religiösen Erziehung bei der Herausbildung des modernen Territorialstaats eine wesentliche *politische* Integrationsfunktion zu: „Glaube und kirchliches Leben einigen die Bevölkerung eines Territoriums geistig und sozial. Sie rechtfertigen die Herrschaft der von Gott gesetzten Obrigkeit; ihre dogmatische Reinheit, auf deren Wahrung auch die Schule immer wieder verpflichtet wird, ist die wichtigste innere Garantie für die politische Einheit des Territoriums."[34]

Diese politische Aufgabe des Religionsunterrichts lässt sich besonders deutlich zeigen, wenn in politischen Krisen – wie z.B. nach der Französischen Revolution oder nach der gescheiterten 1848er-Revolution – die politische Restauration durch die Stärkung einer christlich-konservativen Erziehung in der Schule pädagogisch abgesichert werden sollte. Besonders drastisches Beispiel hierfür sind die Stiehlschen Regulative von 1854, die den Religionsunterricht aus Gründen der politischen Erziehung ganz ins Zentrum der Schule und einer antidemokratischen

---

33 Vgl. SANDER 2004, 16.
34 LESCHINKSY/ROEDER 1976, 71.

Ausbildung der Lehrer stellten.[35] Aber auch nach 1945 lässt sich, so besonders deutlich im Konzept der Evangelischen Unterweisung in der Ausprägung von Helmuth Kittel, noch zeigen, wie die Ablehnung der modernen Freiheitsgeschichte zum untergründigen politischen Erziehungsprogramm des Religionsunterrichts werden kann.[36]

Diese – in inhaltlicher Hinsicht aus heutiger Perspektive überwiegend problematische – historische Bedeutung des Religionsunterrichts für die politische Erziehung ist heute in der Politikdidaktik weitgehend in Vergessenheit geraten. Aber auch in den letzten Jahrzehnten, unter den Bedingungen der Demokratie, gab es nur sporadische Ansätze zu einem intensiveren Dialog mit der Religionspädagogik, was umso erstaunlicher ist, als im Bereich der außerschulischen Bildung die Kirchen bis heute bedeutsame Träger von Einrichtungen politischer Bildung sind. Zwar wurde in der jüngeren Geschichte der politischen Bildung häufig über das Verhältnis von Fachlichkeit und fächerübergreifendem Lernen diskutiert, bis hin zu konkreten Versuchen der Integration mit Nachbarfächern, aber diese Diskussionen und Konzepte konzentrierten sich meist auf die Beziehungen zu Geschichte und Geographie, in den 1980er- und 1990er Jahren unter Stichworten wie ökologische Bildung oder politische Relevanz von Biotechnologie auch auf die Naturwissenschaften. Demgegenüber ist die nach wie vor erhebliche Relevanz von religiösen Vorstellungen für die politische Sozialisation und die nach wie vor bedeutsame politische Rolle religiöser Gruppen, allen voran der großen Kirchen[37], von der Politikdidaktik als ein für die politische Bildung interessantes und bedeutsames Lernfeld kaum wahrgenommen worden. Man wird davon ausgehen müssen, dass hier auch von Seiten der politischen Bildung viele Chancen für die Entwicklung von interessanten und innovativen Lernvorhaben verpasst worden sind. Über die Gründe für diesen Mangel können hier nur Vermutungen angestellt werden; möglicherweise hat die im Mainstream der Sozialwissenschaften lange populär gewesene Säkularisierungsthese den Blick für die bleibende politische Relevanz der Religion versperrt.

Erst in den allerletzten Jahren beginnt sich dies zu ändern. Die „Wiederkehr der Götter"[38] wird auch in der politischen Bildung immer deut-

---

35 Vgl. Sander 2004, 34f.
36 Vgl. Sander 1980, 35–48.
37 Vgl. Sander 1996.
38 So pointiert Graf 2004.

licher wahrgenommen. Dies schlägt sich beispielsweise in einer recht massiven Zunahme von Titeln zur politischen Relevanz von Religion im Publikationsangebot der Bundeszentrale für politische Bildung (www. bpb.de), in Fachtagungen sowie in Unterrichtsmaterialien zu religiösen Fragen für die politische Bildung (beispielsweise in mehreren Themenheften der Zeitschrift „Wochenschau") nieder. Vieles spricht dafür, dass derzeit die politische Bildung die Religion neu wahrnimmt. Triebfeder hierbei ist aber nicht eine Neuentdeckung der politischen Relevanz des Christentums in Deutschland, sondern in erster Linie die seit den Terroranschlägen von 2001 ins öffentliche Bewusstsein gedrungene Politisierung und Radikalisierung in Teilen des Islam mit den bekannten internationalen und innergesellschaftlichen Folgen, bis zu einem gewissen Grade aber auch die politische Rolle des christlichen Fundamentalismus besonders in den USA.

2. Notwendigkeit und Chancen eines neuen Dialogs

2.1 Die Relevanz des Politischen für den RU

Die Aufarbeitung des schwierigen Verhältnisses zwischen Religionsdidaktik und Politikdidaktik ist auch deshalb aus religionsdidaktischer Sicht überfällig, weil die politische Dimension für den RU aus mehreren Gründen eine schlechthin integrale Qualität besitzt.

Theologisch gesehen ist der Glaube ein Eintreten in eine bestimmte praktische Lebensform. Als solcher besitzt der Glaube immer auch eine politische Tiefenstruktur.[39] Entsprechend der Einheit von Gottes- und Nächstenliebe ist Gott in der liebenden Zuwendung zum Nächsten zu finden, die unausweichlich in den Prozessen von Geschichte und Gesellschaft situiert ist. Glaube und Leben, Erkenntnis und Handeln, Mystik und Politik sind schlechthin untrennbar, auch wenn sie nicht aufeinander reduziert werden dürfen. Es war vor allem die Neue Politische Theologie, die gerade als Theologie nach Auschwitz die Einsicht in den politischen Charakter aller Theologoumena zu Bewusstsein gebracht hat.[40]

Damit sind es religionsdidaktisch gesehen zunächst einmal die Inhalte des RU, die ohne ihre politische Dimensionierung um ihre Brisanz ge-

---

39 Vgl. SCHOCKENHOFF 2007, 24.
40 METZ 2006.

bracht würden. Vor allem aber sind es die auf religiöse Urteilsfähigkeit, Handlungs- und Sprachfähigkeit ausgerichteten bildungstheoretischen Ziele, es ist der pädagogische Ansatz, es sind die von Seiten der Politik und auch der Gesellschaft selber unmittelbar oder mittelbar ergehenden Funktionalisierungen, die eine – hier nicht mehr auszuführende – Vergewisserung der politischen Dimensionen erfordert hätten.

Kein anderes Fach wird im gleichen Maße durch politische Vorgaben begründet und reglementiert. Nach Art. 7 GG ist es der Staat, der den RU trägt, damit dieser seinen Beitrag zur Werteordnung der demokratischen Gesellschaft leisten möge, der aber aus Gründen der weltanschaulichen Neutralität dessen konkrete Durchführung an die Religionsgemeinschaften delegiert. Andererseits sind Versuche der Politik, eigene Positionen durch Rekurs auf religiöse Hintergrundannahmen zu legitimieren oder durch den Eintrag in einen religiösen Horizont ihres politischen Charakters zu entkleiden, nicht zu übersehen. Die Kompensation gesellschaftlicher Orientierungsdefizite und der Auflösung verbindlicher Werte wird zu einer gesellschaftlichen Aufgabenzuschreibung an den RU. Wenn Eltern zunehmend vom RU eine religiöse Erziehung erwarten, dann weist dies auf das gesellschaftliche Anforderungsprofil. Angesichts solcher Avancen oder gar Inanspruchnahmen müsste das, was man im Anschluss an Jean-Jacques Rousseau und Robert H. Bellah Zivilreligion nennt, zu einem religionsdidaktischen Problem werden.[41]

Und auch methodisch ist die politische Dimension virulent. Ob ein RU autoritär oder dialogisch gestaltet wird, ob die Schülerinnen und Schüler an der Themenfindung, an der Auswahl der Medien und Methoden beteiligt, ob sie in ihren Beiträgen als wesentliche Träger des Unterrichts gesehen werden und damit bereits im RU selber wesentliche Züge demokratischer Partizipation einüben oder nicht, ob Schüler lernen, Konflikte in geregelter Weise auszutragen, andere Meinungen wahrzunehmen und Kompromisse auszuhandeln, dies ist politisch höchst relevant. So gilt für den RU die grundlegende Erkenntnis der politischen Bildung: In jedem Fach, also auch im RU, wird – ob bewusst oder unbewusst – politisch gebildet. Religionsdidaktik muss prinzipiell veranschlagen, dass sie „eine unabweisbar pol.(itische) Bildungsaufgabe" mit einer theoretischen wie praktischen Seite hat.[42] Täte sie dies nicht, wäre das aus einem doppelten Grund prekär. Zum einen lauerte in ei-

41 Vgl. Englert 2007, 59–69; Höhn 2007, 137–162.
42 Rickers 2001, 1532.

ner solchen Unbewusstheit das Problem einer unbewussten Affirmation des Gegebenen. Überdies läge darin eine gefährliche Tendenz zur politischen Indoktrination und zur eigenen Ideologisierbarkeit. Zum anderen würden die Potenziale des RU für den Bildungsauftrag der Schule nicht hinreichend ausgelotet, würde er nicht auch in politisch sensiblen Kategorien, sondern vorwiegend ethisch oder sozialethisch formuliert.

2.2 Die Relevanz der Religion für die politische Bildung

In der Politikdidaktik gibt es heute ein weitgehend geklärtes und auf breiter Basis konsensfähiges Verständnis von den Zielen und Aufgaben schulischer politischer Bildung.[43] Mit Blick auf das Unterrichtsfach der politischen Bildung hat sich dies unter anderem in einem Entwurf der wissenschaftlichen Fachgesellschaft in der Politikdidaktik für nationale Bildungsstandards niedergeschlagen.[44] Als normative Leitidee politischer Bildung gilt die Entwicklung und Förderung *politischer Mündigkeit* bei den Adressaten; als konkrete Kompetenzbereiche werden in den Bildungsstandards politische Urteilsfähigkeit, politische Handlungsfähigkeit und methodische Fähigkeiten definiert. Das Wissen, um das es in der politischen Bildung hierbei im Kern geht, bezieht sich weniger auf deklaratives Wissen zu Details aktueller Politik als vielmehr auf grundlegende konzeptuelle Vorstellungen („Basiskonzepte"[45]), von denen aus Schülerinnen und Schüler ihre Wahrnehmungen und Interpretationen politischer Phänomene strukturieren und konstruieren.

Religion kommt vor diesem – hier nur in groben Strichen zu umreißenden – Hintergrund zunächst als Weltdeutung und soziale Praxis in den Blick, deren Verständnis in bestimmten Fällen für die Urteilsbildung zu konkreten politischen Problemen und Konflikten zwingend notwendig ist. Dies ist derzeit, wie bereits angedeutet, mit Blick auf die Bedeutung des Islam für die Konflikte im Nahen und Mittleren Osten, den internationalen Terrorismus und bestimmte Integrationsprobleme in Folge der Migration in westlichen Demokratien besonders deutlich erkennbar. Auch ist die Frage nach der Kompatibilität bestimmter Traditionen im Islam mit Demokratie und Menschenrechten eine Frage von strategischer politischer Relevanz sowohl in der innergesellschaftlichen

---

43 Vgl. zum aktuellen Stand der politikdidaktischen Diskussion Pohl 2004; Sander 2005.
44 Vgl. GPJE 2004.
45 Vgl. zum Stand dieser Diskussion Sander 2007.

Integrationspolitik als auch für die außen- und sicherheitspolitische Orientierung Deutschlands, der Europäischen Union und der NATO. In der Innenpolitik westlicher Gesellschaften sind religiöse Gruppen und Organisationen, allen voran die christlichen Kirchen, auch heute bedeutsame politische Akteure und Mitspieler im pluralen Kräftespiel. Die Rechtsstellung des RU in Deutschland ist ja selbst schon ein Beispiel hierfür.

Darüber hinaus können religiöse Einstellungen und Motivationen wesentliche Determinanten für politisches Denken sein. Menschenbild, Geschichtsverständnis, ethisch-moralische Konzepte (z. B. von Gerechtigkeit), Zukunftserwartungen – solche Vorstellungen werden unter Umständen von Glaubensüberzeugungen geprägt und prägen ihrerseits die Maßstäbe von Menschen für die Beurteilung konkreter Politik. Damit werden sie zu einem für die politische Bildung wichtigen Feld. Zu den Basiskonzepten politischer Bildung gehören unter anderem Vorstellungen zu Macht, Recht und Gemeinwohl; die Geschichte religiösen Denkens, gerade auch die Christentumsgeschichte, zeigt in aller Deutlichkeit, dass religiöse Vorstellungen sich in vielschichtiger Weise auch auf solche politischen Basiskonzepte beziehen – vom Römerbrief bis zum Gottesgnadentum, von der Zwei-Reiche-Lehre bis zur Barmer Erklärung, um wenigstens Stichworte zu nennen. Zu erwarten ist, dass solche religiösen Vorstellungen dann unmittelbar oder mittelbar politische Wirkungen haben.

Dies gilt durchaus nicht nur für Menschen mit einem reflektierten religiösen Selbstverständnis und aktiver Zugehörigkeit zu einer Religionsgemeinschaft. Es ist in hohem Maße wahrscheinlich (wenngleich noch wenig erforscht), dass auch die für die modernen Gesellschaften bedeutsamen neuen, oft synkretistischen Formen einer privatisierten Religion politische Wirkungen entfalten, indem sie die Wahrnehmung und Deutung der Individuen von gesellschaftlich-politischen Fragen und Problemen beeinflussen. Dies betrifft nicht nur die Vielfalt sich mehr oder weniger explizit als religiös verstehender Gruppen auf dem „Religionsmarkt", sondern auch die „nicht-explizite" (Matthes), „unsichtbare" (Luckmann) oder „neutralisierte" (Stoodt) Religion, die sich in individuellen, kaum reflektierten Patchworks aus Fragmenten heterogener religiöser Traditionen zusammensetzt. Keineswegs muss dieser Zusammenhang zwischen religiösen und politischen Grundvorstellungen dem Einzelnen bewusst sein. Es wird sich vielmehr oft um „implizites Wissen" handeln, das aber nicht minder wirksam als die reflektierte religiöse Einstellung politische

Konzepte von Menschen beeinflussen kann. Es ist durchaus zu befürchten, dass dies nicht selten auf eine sowohl in theologischer als auch in politischer Hinsicht problematische Weise geschieht, man denke nur an Heilserwartungen oder manichäische Weltbilder. Vielleicht könnte dies, ebenso wie der religiöse Fundamentalismus, ein gemeinsames Sorgethema von Religionspädagogik und Politikdidaktik sein.

3. Zentrale, chancenreiche und herausfordernde aktuelle Dialogfelder

Vor diesem Hintergrund zeigt sich einerseits, wie dringend die Religionsdidaktik auf einen Dialog mit der Politikdidaktik angewiesen ist, will sie ihrem eigenen Gegenstand und Zielspektrum gerecht werden. Fragen der politischen Strukturen, Symbolisierungen und Prozeduren, Fragen der konkreten Entscheidungsprozesse oder der Institutionen, Fragen des Verhältnisses von Gesellschaft und Staat können durch die Religionsdidaktik allein nicht mehr kompetent angegangen werden. Es fehlt das analytisch-hermeneutische begriffliche Rüstzeug, um über ethische oder sozialethische Belange in die Sphäre des Politischen vorzustoßen. Andererseits könnte die Religionsdidaktik gerade in einem Dialog ihr Profil auch kritisch gegenüber Begrenzungen der Politikdidaktik einbringen – als Beitrag zum Bildungsauftrag der Schule.

Folgende Dialogbereiche erscheinen aus *religionsdidaktischer* Perspektive vordinglich (Grümme):

a)   In ihrem Selbstverständnis als Verbunddisziplin müsste die Religionspädagogik über den Diskurs mit Psychologie, Sozialwissenschaften, Pädagogik hinaus auch mit der Politikdidaktik in Dialog treten. Dies könnte sie sensibilisieren für die politischen und ideologischen Implikationen ihrer Ziele, Denkkategorien, Inhalte und Unterrichtsprinzipien sowie für die gesellschaftlichen Verwertungszusammenhänge im Kontext öffentlicher Bildungsprozesse.

b)   Ein derzeit bildungstheoretisch und bildungspolitisch angezielter kompetenzorientierter RU hätte darauf zu achten, dass die angestrebten Schülerkompetenzen der politischen Dimension religiösen Lernens gerecht werden. Wegen der Einheit von Mystik und Politik gilt dies auch für Kompetenzen einer anzubahnenden religiösen Wahrnehmungsfähigkeit und Sprachfähigkeit. Die Profilierung sozialer Kompetenz etwa wäre dann über einen ethischen Referenzrahmen hinaus bis in gesellschaftstheoretische und strukturelle Belange voranzutreiben. Hierfür wäre das Gespräch mit der Politikdidaktik wichtig.

c) Insbesondere im Horizont der pluralistischen Religionspädagogik werden beeindruckende empirische Forschungsergebnisse zur Schülerreligiosität vorgelegt. Ein Gespräch mit der Politikdidaktik könnte ein abstraktes Schülerbild vermeiden helfen, das nicht hinreichend zwischen unterschiedlichen sozialen Lebensbedingungen differenziert.

d) In der Religionslehrerforschung wird derzeit das Gewicht von einem rollentheoretischen auf einen biographieorientierten Ansatz verlagert. Aus dem Gespräch mit der Politikdidaktik heraus wäre dabei auf die gesellschaftlich-politischen Zusammenhänge kategorial aufmerksam zu machen.

e) In der religionspädagogischen Schulbuchforschung und Lehrplanarbeit wäre von einem Dialog mit der Politikdidaktik eine politisch-gesellschaftliche Anschärfung der verwendeten Kategorien und Begriffe zu erwarten. So ließe sich das oben genannte gesinnungsethische Defizit vieler Materialien im RU ausräumen.

f) Umgekehrt hätte freilich auch die Religionsdidaktik der Politikdidaktik etwas zu sagen. Es geht nicht nur darum, Wahrnehmungsdefizite von Religion einzuklagen. Dies gilt für die Würdigung der karitativen, diakonischen, sozialen Leistungen der Kirchen und des von ihnen angestoßenen, gesellschaftlich wie politisch hoch relevanten konziliaren Prozesses für Frieden, Gerechtigkeit und Bewahrung der Schöpfung in politikdidaktischen Handbüchern und Schulbüchern des Politikunterrichts; dies gilt für den Rang einer christlichen Normen- und Wertebildung für die Werteerziehung.[46] Es geht auch darum, die jüdisch-christliche Anthropologie kritisch-produktiv gegen utilitaristische Annahmen wie gegen einen ungebrochenen emanzipatorischen Fortschrittsglauben einzuklagen. Gewiss gibt es innerhalb der Politikdidaktik respektable Versuche einer Selbstpositionierung nach Auschwitz. Doch könnten gerade von einer anamnetisch verfassten Religionspädagogik korrektive Im-

---

46 Vgl. Sutor 2006, 42.

pulse ausgehen.[47] Dann wäre umso stärker deutlich zu machen, dass sich der spezifische Beitrag des RU zum schulischen Bildungsauftrag nicht in Wertevermittlung erschöpft, sondern darin, die Gottesfrage wach zu halten und diesbezüglich ein erfahrungsbezogenes kritisches Urteil zu ermöglichen.[48]

Aus *politikdidaktischer* Perspektive erscheinen die folgenden Dialogfelder als besonders dringlich (Sander):

a) Die schon seit den 1960er Jahren entwickelten Konzeptionen eines problemorientierten RU oder einer Korrelationsdidaktik bieten viele Anknüpfungspunkte für Dialog und Kooperation der beiden Fächer. Das Grundmuster dieser Ansätze, nach der möglichen Bedeutung der christlichen Überlieferung für die Bewältigung heutiger Probleme des gesellschaftlichen Zusammenlebens zu fragen, erfordert der Sache nach eine angemessene – und das heißt unter den Bedingungen der heutigen Schule: vor dem Hintergrund wissenschaftlichen Wissens vertretbare – Auseinandersetzung mit eben diesen Problemen. Hier nun allerdings steht der RU im Grunde vor der Schwierigkeit, dass er *aus seiner eigenen fachlichen Kompetenz heraus* eine solche Auseinandersetzung gar nicht leisten kann, sondern auf die Expertise der Sozialwissenschaften angewiesen ist, wenn die Analyse jener Probleme, auf deren Bewältigung hin nach der Bedeutung der christlichen Überlieferung gefragt werden soll, nicht in Dilettantismus enden soll. Nicht zu Unrecht warnt Sutor in diesem Zusammenhang: „Die sach- und fachgerechte Korrelation ist unabdingbar, weil sie vor dem leider verbreiteten ‚theologischen Kurzschluss' bewahren kann, welcher meint, aus Glaubenslehren oder aus ethischen Prinzipien unmittelbar die richtige Lösung weltlicher Handlungsprobleme ableiten zu können."[49] Hier wäre gewissermaßen die Korrelation mit dem Politikunterricht der nahe liegende Weg, der aber nach allen Beobachtungen nur selten begangen wird. Umgekehrt ist von der politischen Bildung zu erwarten, dass im Sinne des im Fach vertretenen Prinzips der Kontroversität und Multiperspektivität bei der Diskussion von alternativen Lösungskonzepten für politische Probleme auch religiös begründete Ansät-

---

47 Vgl. BOSCHKI 2005.
48 Vgl. THIERSE 2001, 14f.; GRÜMME 2009, 50–62, 103–116.
49 SUTOR 2006, 43f.

ze, beispielsweise aus Positionen der Kirchen, in angemessener Form zur Geltung kommen, wofür wiederum aus den gleichen Gründen fachlicher Qualität die Kooperation mit dem RU notwendig sein kann.

b)   Die noch kaum erforschten politischen Implikationen der neuen individualisierten und privatisierten Formen von Religion, deren mögliche Bedeutung für die politische wie für die religiöse Sozialisation sowie die Möglichkeiten der schulischen Auseinandersetzung mit ihnen könnten ein wissenschaftliches Interessengebiet sein, das für Religionspädagogik und Politikdidaktik gleichermaßen von Interesse ist. Hier wäre unter anderem nach Möglichkeiten der Diagnostik solcher dem Einzelnen oftmals kaum bewusster Formen von Religion im Weltverstehen von Schülerinnen und Schülern zu fragen.

c)   Die unterrichtliche Auseinandersetzung mit politisch problematischen Formen von religiösem Fundamentalismus könnte ein weiteres verbindendes Interesse der beiden Fächer und Fachdidaktiken sein. Dies betrifft in der heutigen politischen Lage in erster Linie den islamischen Fundamentalismus, wenngleich das Problem der potenziell freiheitsfeindlichen und antidemokratischen Effekte fundamentalistischer Regressionsformen von Religion auch in Geschichte und Gegenwart anderer Weltreligionen zu beobachten ist, so bekanntlich auch im Christentum. Für die politische Bildung wäre hier religionswissenschaftliche und theologische Expertise aus dem Religionsunterricht gewiss hilfreich.

d)   Gerade der letztgenannte Punkt wirft allerdings die Frage auf, *mit welchem* Religionsunterricht es die politische Bildung als potenziellem Kooperationspartner zu tun hätte. Gemeint ist damit das Problem des schillernden Profils des RU zwischen kirchlich-konfessionellem und pädagogisch-allgemeinem Selbstverständnis und den diversen Misch- und Zwischenformen in der Praxis.[50] Es ist hier nicht der Ort, die Frage genauer zu diskutieren, ob die Position der Kirchen – und hier vor allem der katholischen Bischöfe –, an einer restriktiven, auf Konfessionalität setzenden Interpretation von Art. 7 GG festhalten zu wollen, auch unter dem Aspekt des

---

50   Vgl. z. B. die Übersicht bei Grethlein 2005, 129–140.

Einbringens der christlichen Überlieferung in schulische Bildungsprozesse auf längere Sicht gesehen klug ist. Immerhin ließe sich aus
dieser Perspektive ja auch fragen, ob nicht die Auseinandersetzung
mit Kernelementen dieser Tradition in einem allgemeinen Religionsunterricht, an dem tatsächlich *alle* Schülerinnen und Schüler
teilzunehmen hätten, die bessere Alternative wäre gegenüber evan-
gelischem und katholischem RU, die neben islamischem RU und
Ethik (sowie womöglich in bestimmten Städten und Regionen künftig auch noch jüdischem oder freikirchlichem Religionsunterricht)
nur noch einen kleiner werdenden Teil der Schülerschaft erreichen –
einmal unterstellt, dass sich dies finanziell und schulorganisatorisch
tatsächlich auf Dauer durchhalten ließe. Ich sehe im zweiten, sich
derzeit aber als Konsequenz aus der Haltung der Kirchen gegenüber
Art. 7 GG abzeichnenden Weg die Gefahr der Selbstmarginalisie-
rung des RU in der Schule. Unter dem Aspekt der Fächerkooperation wäre jedenfalls ein allgemeiner RU für alle Schüler besser als ein
Konglomerat von mehreren Miniaturfächern, bei der ein Politikleh-
rer sich beispielsweise bei der Frage nach religiösen Motivationen
und Legitimationen in internationalen Konflikten fragen müsste,
ob er sich nun tatsächlich mit gleich drei, vier Kolleginnen und Kollegen aus der Fächergruppe „Religion" zusammensetzen soll. Die
denkbare Alternative eines allgemeinen RU wäre leicht realisierbar,
wenn die Kirchen erklärten, dass diese Lösung mit ihren Grundsät-
zen in Übereinstimmung steht, denn allein dies wird in Art. 7.3 GG
verlangt. Würde zudem auf dem Wege einer Vereinbarung zwischen
den Ländern und den Kirchen eine beratende und unterstützende
Rolle der Religionsgemeinschaften für diesen RU festgelegt, könnte
im kirchlichen Engagement für diesen Unterricht Wirklichkeit werden, was die Synode der EKD 1958 in einem Wort zur Schulfrage
so formulierte: „Die Kirche ist zu einem freien Dienst an einer freien
Schule bereit."[51]

---

51 Zit. nach Gloy 1969, 76.

4. Perspektiven und Anregungen für Kooperationen in der Schule

Wie oben dargelegt, hat jedes Fach im Lichte der Unterscheidung von Unterrichtsfach und Unterrichtsprinzip eine politikdidaktische Dimension. Für den RU kommt hinzu, dass die Inhalte und Ziele selber von erheblicher politischer Relevanz und so immer auch in politiksensiblen Kategorien zu fassen sind. Es zeichnet den RU gerade aus, dass die Formen des Lernens rückgebunden sind an das inhaltliche Profil des Faches. In einem als Sprachschule der Freiheit begriffenen RU ist die Kommunikation in einem normativen Sinne wesentlich „agapegemäße Kommunikation" (Rainer Lachmann). Daraus ergeben sich mehrere Möglichkeiten für die Zusammenarbeit von Religionsdidaktik und Politikdidaktik:

Angesichts seiner politischen Dimension wäre im RU ein spiritualisierender Zugriff beispielsweise zur Bergpredigt, zum Armutsbegriff, zum Erlösungs- und Heilsverständnis oder zum Glaubensbegriff defizitär. Gleichwohl sind es doch vordringlich Themen mit historischem, ethischem, anthropologischem und kulturellem Einschlag, die sich für eine Kooperation beider Fächer im engeren Sinne anbieten. Exemplarisch bieten sich Themen im Kontext des konziliaren Prozesses von Frieden, Gerechtigkeit und Bewahrung der Schöpfung für eine Zusammenarbeit auf den Feldern von Friedenssicherung, Globalisierung, Kapitalismus oder der Institutionen der politischen Willensbildung nationaler und internationaler Art ebenso an wie das Thema der Einen Welt, der Begegnung verschiedener Kulturen und Religionen oder des Verhältnisses von Religion und Politik, von Staat und Kirche in Geschichte und Gegenwart. Eine politiksensible Kulturhermeneutik im RU wäre auf eine Kooperation insbesondere auf den Feldern der kritischen Medienerziehung verwiesen. Projekte sozialen Lernens, die aus dem RU hervorgehen, würden durch politikdidaktische Impulse auf gesellschaftsstrukturelle Dimensionen und die Notwendigkeit gesellschaftlicher Transformation im politischen Engagement aufmerksam gemacht werden.

Als methodisches Grundgerüst einer solchen Kooperation bieten sich Formen des fachübergreifenden und fächerverbindenden Lernens an, wie die Arbeiten an Projekten, Phasen eines gemeinsamen Unterrichts bei einem Lehrer oder Phasen von Teamteaching.

Literatur

Biehl, Peter, Die Wiederentdeckung der Bildung in der gegenwärtigen Religionspädagogik – Ein Literaturbericht, in: Ders./Nipkow, Karl Ernst, Bildung und Bildungspolitik in theologischer Perspektive, Münster 2003, 111–152.

Boschki, Reinhold, „Beziehung" als Leitbegriff der Religionspädagogik. Grundlegung einer dialogisch-kreativen Religionsdidaktik, Ostfildern 2003.

Boschki, Reinhold, Bedingungen und Möglichkeiten einer anamnetischen Kultur in Europa. Individuelle, gesellschaftliche und religionspädagogische Aspekte des Gedenkens, in: RpB 55 (2005), 99–112.

Der Religionsunterricht in der Schule. Ein Beschluß der Gemeinsamen Synode der Bistümer in der Bundesrepublik Deutschland (Heftreihe Synodenbeschlüsse 4), Bonn 1974.

Dressler, Bernhard, Rez.: Knauth, Thorsten: Problemorientierter Religionsunterricht. Eine kritische Rekonstruktion, Göttingen 2003, in: Theologische Literaturzeitung 129 (2004), 1369–1373.

Englert, Rudolf, Religionspädagogische Grundfragen. Anstöße zur Urteilsbildung, Stuttgart 2007.

Filthaut, Theodor, Politische Erziehung aus dem Glauben, Mainz 1965.

Gloy, Horst (Hg.), Evangelischer Religionsunterricht in einer säkularisierten Gesellschaft, Göttingen ²1969.

GPJE (Gesellschaft für Politikdidaktik und politische Jugend- und Erwachsenenbildung), Nationale Bildungsstandards für den Fachunterricht in der Politischen Bildung an Schulen. Ein Entwurf, Schwalbach 2004.

Graf, Friedrich Wilhelm, Die Wiederkehr der Götter. Religion in der modernen Kultur, München 2004.

Grethlein, Christian, Fachdidaktik Religion, Göttingen 2005.

Gross, Engelbert/König, Klaus (Hg.), Religiöses Lernen der Kirchen im globalen Dialog. Weltweit akute Herausforderungen und Praxis einer Weggemeinschaft für Eine-Welt-Pädagogik, Münster 2000.

Grümme, Bernhard, Gegen „die Anästhesie des Anderen" (K. Wimmer). Zur Relevanz des problemorientierten Religionsunterrichts, in: Orientierung 18 (2005), 191–193.

Grümme, Bernhard, Vom Anderen eröffnete Erfahrung. Zur Neubestimmung des Erfahrungsbegriffs in der Religionsdidaktik (Religionspädagogik in pluraler Gesellschaft, Bd. 10), Freiburg i. Br./Gütersloh 2007.

Grümme, Bernhard, Religionsunterricht und Politik. Bestandsaufnahme – Grundsatzüberlegungen – Perspektiven für eine politische Dimension des Religionsunterrichts, Stuttgart 2009.

Heimbrock, Hans-Günter, Religionsunterricht im Kontext Europa. Einführung in die kontextuelle Religionsdidaktik in Deutschland, Stuttgart 2004.

Höhn, Hans-Joachim, Postsäkular. Gesellschaft im Umbruch – Religion im Wandel, Paderborn 2007.

Knauth, Thorsten, Problemorientierter Religionsunterricht. Eine kritische Rekonstruktion, Göttingen 2003.

Kuld, Lothar/Gönnheimer, Stefan, Compassion – Sozialverpflichtetes Lernen und Handeln, Stuttgart u. a. 2000.

Kunstmann, Joachim, Religion und Bildung. Zur ästhetischen Signatur religiöser Bildungsprozesse (Religionspädagogik in pluraler Gesellschaft, Bd. 2), Freiburg i. Br./Gütersloh 2002.

Lämmermann, Godwin, Religionsdidaktik. Bildungstheologische Grundlegung und konstruktiv-kritische Elementarisierung, Stuttgart 2005.

Leimgruber, Stefan, Interreligiöses Lernen, München 2007.

Leimgruber, Stefan, Religionspädagogik als Verbunddisziplin, in: Schweizer, Friedrich/Schlag, Thomas (Hg.), Religionspädagogik im 21. Jahrhundert (Religionspädagogik in pluraler Gesellschaft, Bd. 4), Freiburg i. Br./Gütersloh 2004, 199–208.

Leschinsky, Achim/Roeder, Peter Martin, Schule im historischen Prozeß. Zum Wechselverhältnis von institutioneller Erziehung und gesellschaftlicher Entwicklung, Stuttgart 1976.

Mette, Norbert, Religionspädagogik, Düsseldorf 1994.

Metz, Johann Baptist, Memoria passionis. Ein provozierendes Gedächtnis in pluralistischer Gesellschaft, Freiburg i. Br. 2006.

Nipkow, Karl Ernst, Der schwere Weg zum Frieden. Geschichte und Theorie der Friedenspädagogik von Erasmus bis zur Gegenwart, Gütersloh 2007.

Nipkow, Karl Ernst, Zur Bildungspolitik der evangelischen Kirche. Eine historisch-systematische Studie, in: Biehl, Peter/Ders., Bildung und Bildungspolitik in theologischer Perspektive, Münster 2003, 153–251.

Peukert, Helmut, Die Frage nach der Allgemeinbildung als Frage nach dem Verhältnis von Bildung und Vernunft, in: Pleines, Jürgen-Eckardt (Hg.), Das Problem des Allgemeinen in der Bildungstheorie, Würzburg 1987, 69–88.

Pirner, Manfred L., Fernsehmythen und religiöse Bildung. Grundlegung einer medienerfahrungsorientierten Religionspädagogik am Breispiel fiktionaler Fernsehunterhaltung, Frankfurt a. M. 2001.

Pohl, Kerstin (Hg.), Positionen der politischen Bildung I. Ein Interviewbuch zur Politikdidaktik, Schwalbach 2004.

REINHARDT, SIBYLLE, Politikdidaktik. Praxishandbuch für die Sekundarstufe I und II, Berlin 2005.

RICKERS, FOLKERT, Art.: Politische (Erziehung; Sozialisation) Bildung, Politisches Lernen, in: LEXRP 2 (2001), 1528–1534.

RICKERS, FOLKERT, Religion, in: SANDER, WOLFGANG (Hg.), Politische Bildung in den Fächern der Schule. Beiträge zur politischen Bildung als Unterrichtsprinzip, Stuttgart 1985, 96–115.

SANDER, WOLFGANG (Hg.), Handbuch politische Bildung, 3., völlig überarb. Aufl., Schwalbach 2005.

SANDER, WOLFGANG, Politik in der Schule. Kleine Geschichte der politischen Bildung in Deutschland, Marburg 2004.

SANDER, WOLFGANG, Politische Bildung als Fach und Prinzip. Aspekte und Probleme politischer Bildung im fächerübergreifenden Zusammenhang, in: DERS. (Hg.), Politische Bildung in den Fächern der Schule. Beiträge zur politischen Bildung als Unterrichtsprinzip, Stuttgart 1985, 7–33.

SANDER, WOLFGANG, Politische Bildung im Religionsunterricht. Eine Untersuchung zur politischen Dimension der Religionspädagogik, Stuttgart 1980.

SANDER, WOLFGANG, Religion und Politik – zur spezifischen Sozialisationsfunktion der Kirchen im säkularisierten Staat, in: CLAUSSEN, BERNHARD/ GEISSLER, RAINER (Hg.), Die Politisierung des Menschen. Instanzen der politischen Sozialisation. Ein Handbuch, Opladen 1996, 365–374.

SANDER, WOLFGANG, Vom „Stoff" zum „Konzept". Wissen in der politischen Bildung, in: POLIS 4 (2007), 20–24.

SCHLAG, THOMAS, Politische Bildung als Dimension einer zukunftsfähigen evangelischen Religionspädagogik – Ethisch-theologische Reflexionen im interdisziplinären Kontext, in: SCHWEITZER, FRIEDRICH/DERS. (Hg.), Religionspädagogik im 21. Jahrhundert. (Religionspädagogik in pluraler Gesellschaft, Bd. 4), Freiburg i. Br./Gütersloh 2004, 252–265.

SCHOCKENHOFF, EBERHARD, Grundlegung der Ethik. Ein theologischer Entwurf, Freiburg i. Br. 2007.

SCHREIJÄCK, THOMAS (Hg.), Religionsdialog im Kulturwandel. Interkulturelle und interreligiöse Kommunikations- und Handlungskompetenzen auf dem Weg in die Weltgesellschaft, Münster u. a. 2003.

SENFT, JOSEF, Anerkennung des Anderen. Paradigma sozialethischer und religionspädagogischer Bildung, in: ORIENTIERUNG 61 (1997), 28–30.

SPIEGEL, EGON, Gewaltverzicht. Grundlagen einer biblischen Friedenstheologie, Kassel [2]1989.

SUTOR, BERNHARD, Politische Bildung im Religionsunterricht?, in: KURSIV. JOURNAL FÜR POLITISCHE BILDUNG 4 (2006), 36–44.

THIERSE, WOLFGANG, Für die Zukunft. Erwartungen der Politik an religionspädagogisches Handeln, in: RpB 46 (2001), 5–15.

ZIEBERTZ, HANS-GEORG, Gesellschaft und Öffentlichkeit, in: SCHWEITZER, FRIEDRICH u. a., Entwürfe einer pluralitätsfähigen Religionspädagogik (Religionspädagogik in pluraler Gesellschaft, Bd. 1), Freiburg i. Br./Gütersloh 2002, 204–226.

ZILLESSEN, DIETRICH (Hg.), Religion, Politik, Kultur. Diskussionen im religionspädagogischen Kontext, Münster 2001.

CHRISTIANE MEYER/ELISABETH NAURATH/BETTINA ROSENHAGEN

Räume erschließen, bewahren und gestalten. Impulse für ein fächerübergreifendes Lernen im Geographie- und Religionsunterricht

Abstract

Christliche Theologie spricht von der Menschwerdung Gottes auf Erden, in der die irdische Wirklichkeit eine Neubestimmung findet, die zunächst als trennend erscheinende Bereiche von ‚Gott und Welt' verbindet. Insofern betrachten beide Fachwissenschaften – Theologie und Geographie – Orte und Räume menschlichen Handelns und Lebens in der Welt aus verschiedenen und zugleich auch aus sich gegenseitig ergänzenden Perspektiven. Der Raumbegriff rückt damit als Schlüsselkategorie in den Fokus des Interesses eines fächerübergreifenden religions- und geographiedidaktischen Dialoges und wird in drei Richtungen entfaltet: Räume erschließen, Räume bewahren und Räume gestalten. Auf dieser Basis lassen sich zukunftsweisende Synergie-Effekte im gemeinsamen Bildungsprozess erzielen, indem Möglichkeiten der Öffnung religiöser Wirklichkeitswahrnehmung und -deutung im Kontext der Beschäftigung mit naturwissenschaftlich-technischen Erkenntnissen sowie der Geographie als Natur- und Gesellschaftswissenschaft hinsichtlich relevanter religionssoziologischer, -psychologischer oder -phänomenologischer Dimensionen aufgezeigt werden.

1. Der Eröffnungsraum eines interdisziplinären Gesprächs

Religion braucht Räume, in denen sie zum Ausdruck bringen kann, was gelebter Glaube meint. Theologie reflektiert im weitesten Sinne die Berührung von Himmel und Erde und sucht die Verortung der Metaphysik in Zeit und Raum. Christliche Theologie spricht vom Kommen Gottes auf die Erde, von der Menschwerdung Gottes, die alle irdische Wirklichkeit neu bestimmt. Genau darin liegt begründet, dass die Blickrichtung der Theologie, die vom Heilshandeln Gottes in Geschichte und Gegenwart spricht, weniger nach oben als nach unten, weniger in die Sterne als auf die Erde weist. Die Erde als Raum und Ort menschlichen Lebens und Handelns markiert daher das gemeinsame Interesse von Theologie und Geographie. Das, was auf den ersten Blick die Diskrepanz beider Wissenschaften ausmacht, nämlich das Reden über ‚Gott und die Welt‘, über ‚Himmel und Erde‘ ist inkarnationstheologisch gerade darin überwunden, dass es um eine Synopse beider Blickrichtungen geht. Eben darin wird aber auch die Religion (respektive die Theologie) für die Wissenschaft der Geographie interessant: In der Betrachtung, Beschreibung und Reflexion des Raumes und der räumlichen Strukturen der Erde kommen die raumwirksamen Handlungen des Menschen als Umwelthandeln im weitesten Sinne ins Bewusstsein. Seit es Menschen auf der Erde gibt, hat die Religion als Form und Ausdruck des Umgangs mit der Welt Auswirkungen auf die Beschreibung der Erde, die Geographie. Gerade in der Brückenfunktion der Geographie zwischen Natur- und Sozialwissenschaften liegt die Chance zum konstruktiven Dialog, dem wir im Folgenden insbesondere aus fachdidaktischer Perspektive nachgehen wollen.

Der Eindruck zum Status quo der fachwissenschaftlichen wie auch fachdidaktischen Berührungspunkte zwischen Geographie und Theologie ist ambivalent. Zum einen: Wir stehen noch am Anfang einer Vernetzung beider Didaktiken und können kaum auf gewachsene Strukturen einer Fächerkooperation zurückgreifen.[1] Zum anderen aber liegt es auf der Hand, dass ein konstruktiv-kritischer Dialog immense Chancen angesichts der Dringlichkeit gemeinsamer Themen bietet, die keinesfalls ungenutzt bleiben sollten. Um Form und Inhalt dieses Dialogprozesses sichtbar zu machen, soll die Form eines schriftlich fixierten Gesprächs gewählt werden, so dass einerseits der lebendige Charakter des Dialogs mit allen eventuellen Kommunikationsbarrieren (unterschiedliche Sprachmuster, Fachbegriffe etc.), andererseits aber auch die Chance der kreativen Entwicklung von weiterführenden Gedanken bzw. Handlungsstrategien deutlich wird. Der subjektive Kontext der Dialogpartner demonstriert hierbei die Möglichkeit zur Kooperation im Hier und Jetzt, die dabei immer auch über sich hinaus weist und insofern transformierbar und verallgemeinerbar ist.

Fragt man aus der Perspektive der Religionspädagogik nach der Rolle der Geographie im Religionsunterricht, so liegt die Assoziation der

---

1   Bereits 1990 wurde von Seiten der Religionspädagogik angemahnt, dass insbesondere in fachdidaktischer Hinsicht eine ‚undialogische, verzerrte Kommunikation‘ zwischen Theologie und Naturwissenschaft bestehe; vgl. DIETERICH 1990.

Landkarte Palästinas nahe, die schon in der Grundschule in allen Lehrplänen zu ‚Leben und Umwelt Jesu' auftaucht. Mit bunten Farben sollen die Schüler und Schülerinnen Oberflächenstrukturen eines ihnen fremden Landes malen. Als Ergebnis findet sich dann das ‚Heilige Land' mit blauem See Genezareth, mit grüner Jordanebene, braunen Höhenzügen und gelblichen Wüstengebieten in jedem Religionsheft. Fraglich bleibt, ob diese Bebilderung des geographischen Raumes der biblischen Texte die Verstehenswege der Kinder wirklich öffnet oder letztlich den Eindruck der Ferne wie bei ‚Märchen-aus-1001-Nacht' verstärkt. Denn warum beispielsweise die Wüste ein typischer Ort der Gottesbegegnung in der Versuchungsgeschichte Jesu (oder bei der Begegnung Mohammeds mit dem Erzengel Gabriel) ist, dürfte für mitteleuropäische Kinder nur schwer nachvollziehbar sein. Andererseits liegt gerade in der Begegnung mit dem Fremden ein Impuls, die eigene Lebenswelt neu wahrzunehmen. Auch der Symbolgehalt biblischer Orte wie der Wüste ist geeignet, tiefere Ebenen des Verstehens anzusprechen, um zum Beispiel Segensbilder (‚wie ein Baum gepflanzt an Wasserbächen', Ps.1) zur Wirkung zu bringen. Von Seiten der Religionspädagogik ergibt sich die Frage an die Geographiedidaktik: Welche Chancen liegen in einem kartographischen Zugang zur Lebenswelt des Alten und Neuen Testaments im Grundschulalter, in dem die Kinder gerade ihre nächste Umgebung zu entdecken beginnen? Welche Bedenken gibt es? Welche Berührungspunkte beider Fächer sind im Blick auf die Fragen der Schüler und Schülerinnen relevant?

Aus der Perspektive der *Geographiedidaktik* ist die Landkarte Palästinas, die die Schüler in der Grundschule zeichnen und die ihnen eine Orientierung im Heiligen Land ermöglichen soll, ein erster Schritt zu einer *mental map,* die die Schüler aufbauen können. Aber diese *mental maps* werden ganz unterschiedlich sein, je nachdem, wie weit die Schüler schon Vorwissen haben und wie hoch ihr Abstraktionsvermögen ist. Gegen ein solches Vorgehen habe ich (C. M.) keine Bedenken, da Kinder in dem Alter für Fremdes offen sind und diesem neugierig begegnen. Eine anspruchsvolle Kartenarbeit in diesem Zusammenhang ist eine Unterrichtseinheit zur Madaba-Karte[2], der ältesten im Original erhaltenen kartografischen Darstellung des so genannten Heiligen Landes. Die Künstler des Madaba-Mosaiks hatten das Bild des Landes im Blick auf dessen heilige Stätten zusammengesetzt, wie sie es als Pilger in ihren

---

2 Vgl. SCHREIER 2005.

Vorstellungen speicherten. Die Arbeit mit dieser Karte in der Grundschule vermittelt über die Piktogramme und Symbole somit ebenfalls religionsgeographische Vorstellungen und ermöglicht zudem das Einüben der Himmelsrichtungen, da die Karte nach Osten ausgerichtet ist. Obwohl der didaktische Leitspruch „Vom Nahen zum Fernen" nach wie vor gilt und damit an die unmittelbare Erfahrungswelt der Kinder angeknüpft wird, erfahren die Kinder über die Medien viel über andere Länder und Kulturen. Zudem entstammen sie womöglich selbst unterschiedlichen Kulturkreisen. Daher sind auch Entdeckungen im Fremden für den Unterricht bei der Einführung in das Kartenverständnis bedeutsam.[3] Insofern leistet Kartenkompetenz einen Teilbeitrag zu den beiden Leitzielen des Geographieunterrichts, die in den Bildungsstandards im Fach Geographie für den Mittleren Schulabschluss[4] herausgestellt werden. Hierzu zählen „die Einsicht in die Zusammenhänge zwischen natürlichen Gegebenheiten und gesellschaftlichen Aktivitäten in verschiedenen Räumen der Erde und eine darauf aufbauende raumbezogene Handlungskompetenz."[5]

Aus Sicht der Geographiedidaktik gibt es daher viele Berührungspunkte mit der Theologie, da religionsgeographische Themen, „das heißt ‚Religionen und ihre Raumbeziehungen', (…) nahezu täglich in regionalen, nationalen und internationalen Nachrichten vertreten (sind)."[6] *Religionen und Religionsgemeinschaften* haben Einfluss auf Räume, wirken somit *als raumprägende und raumverändernde Kräfte*. So können ‚Religion-Raum-Beziehungen' in verschiedenen Themenbereichen des Geographieunterrichts untersucht werden: Die Verbreitung von Religionen spielt in Verbindung mit dem Konzept der Kulturerdteile eine Rolle, das in einigen Bundesländern im Rahmen des Geographieunterrichts behandelt wird.[7] Hierzu können z. B. religiös geprägte Siedlungen und Städte in verschiedenen Kulturerdteilen betrachtet werden. Letztlich vermittelt dieses Konzept neben dem Fachwissen[8] auch Orientierungswissen und trägt somit zum Kompetenzbereich ‚Räumliche Orientierung' bei, auch wenn dieses seit den 1980er Jahren immer wieder

---

3   Vgl. SCHREIER 2009.
4   Vgl. DGfG 2007.
5   Ebd., 5.
6   RINSCHEDE 2006, 4.
7   Ebd., 5ff.
8   Vgl. DGfG 2007, 10ff.

in Frage gestellt wurde.[9] In Bezug auf die *Umweltbildung* kann das Umweltverhalten und somit die Stellung des Menschen gegenüber der Natur thematisiert werden. Umweltethik ist für die Kompetenzbereiche Beurteilung/Bewertung und Handlung bedeutsam.[10] Religion-Umwelt-Beziehungen können hierzu einen Beitrag leisten. Auch *religiöse Konflikte* (z. B. Nahost-Konflikt, Nordirland-Konflikt, Kaschmir-Konflikt) sind ein fächerverbindendes Thema, das den Schülern und Schülerinnen Hintergründe zum politischen Weltgeschehen vermitteln kann. Unterschiedliche Perspektiven kommen hierbei zum Tragen und können in Form von Rollenspielen vertieft werden, wobei die Argumentationsfähigkeit geschult wird und somit kommunikative Kompetenz angestrebt wird.[11] In Bezug auf das Themengebiet *Religion und Bevölkerung* können Religionsgemeinschaften in Deutschland betrachtet und erklärt werden.[12] Das Thema ,Migration' wird adäquat vor dem Hintergrund der Religionszugehörigkeit von Migranten und Migrantinnen behandelt.[13] Hier spielen auch Wirtschaftsverhältnisse im Kontext von Religionszugehörigkeit im Rahmen des Geographieunterrichts (z. B. für die USA, Europa, Japan, China und Indien) hinein. *Religionstourismus* ist ein Themengebiet, das in allen Jahrgangsstufen auch fächerverbindend mit dem Religionsunterricht behandelt werden kann: Beobachtungen, Befragungen, Kartierungen, Zählungen usw. zum Pilgertourismus bzw. zu Wallfahrtsorten können zur Informationsbeschaffung durchgeführt werden und tragen somit zum Kompetenzbereich Methoden/Erkenntnisgewinnung bei.

Diese Auflistung macht deutlich, dass es zahlreiche fächerverbindende Aspekte gibt, die sowohl aus geographiedidaktischer als auch aus religionspädagogischer Perspektive von Interesse sind. Mit Blick auf die 2006 erstmalig publizierten nationalen Bildungsstandards bieten diese Themen zudem Anknüpfungspunkte an die sechs postulierten Kompetenzbereiche für das Schulfach Geographie. Diese Ausführungen lassen erkennen, dass der Raumbegriff geradezu als Schlüssel zum fächerübergreifenden Dialog zwischen Religions- und Geographiedidaktik gesehen werden kann.

---

9   Vgl. Dürr 1987; Rhode-Jüchtern 2009, 54ff.
10 Vgl. DGfG 2007, 24ff.
11 Vgl. Ebd., 22f.
12 Vgl. Henkel 2006.
13 Vgl. Rinschede 2006, 7.

2. Räume und ihre Erschließung

2.1 Geographische Räume und ihre Erschließung

Die Geographie beschäftigt sich mit Räumen und sie (er)schafft Räume. Dabei können unterschiedliche Raumbegriffe verwendet werden[14], die gleichsam chronologisch die Entwicklung der Geographie widerspiegeln:

1. Räume werden als Container gesehen, d. h. sie werden in ihrer physisch-materiellen Totalität natur- und sozialwissenschaftlich bzw. humanwissenschaftlich erfasst. Der Fokus liegt hierbei auf natürlichen und anthropogenen Prozessen, die die Landschaft gestaltet haben.

2. Räume werden als Systeme von Lagebeziehungen materieller Objekte betrachtet. Hierbei liegt der Fokus auf der Bedeutung von Standorten oder auf Distanzrelationengefügen bzw. auf Verbreitungs-, Verknüpfungs- und Ausbreitungsmustern.

3. Räume werden als Kategorie der Sinneswahrnehmung gesehen, mit deren Hilfe Individuen ihre Welt einordnen. Durch die damit verbundenen Bewertungen unterschiedlicher Wahrnehmungen wird Wirklichkeit pluralisiert. Dies führt dazu, dass schließlich

4. gefragt werden muss, „wer unter welchen Bedingungen und aus welchen Interessen wie über bestimmte Räume kommuniziert und sie durch alltägliches Handeln fortlaufend produziert und reproduziert."[15]

Am Beispiel eines Waldstückes in Osnabrück sollen diese unterschiedlichen Raumbegriffe veranschaulicht werden.[16] Auf der Basis einer Vegetationsaufnahme wurde dieses Waldstück im Sinne des ersten Raumverständnisses als Anthrisco-Fraxinetum, also als Trümmerschuttwald, eingestuft. Mit Hilfe von Karten im Staatsarchiv sowie von Luftbildaufnahmen vom Katasteramt der Stadt Osnabrück konnte rekonstruiert werden, dass es sich bei dem Waldstück um einen bewusst angelegten Park Ende des 19. Jahrhunderts handelte, aus dem im Verlaufe der Jahrzehnte durch geringe bzw. fehlende Pflege ein Ahorn-Parkwald entstan-

---

14 Vgl. WARDENGA 2002.
15 Ebd.
16 Es handelt sich um einen kleinen Wald mit einer Fläche von etwa einem Hektar auf dem ehemaligen Klöckner-Gelände in Osnabrück; vgl. MEYER 1995.

den ist. Die zweite Raumperspektive wird mit der vegetationskundlichen Einstufung durch Landschaftsplaner angesprochen, die dem Wald aufgrund der Verbreitung von Erlen im Uferbereich der Hase (Fluss) eine besondere Bedeutung als Auwald verliehen haben. Der Begriff Auwald oder Aue ist hierbei zudem mit positiven Konnotationen verbunden („und weidest mich auf einer grünen Aue"). Der dritte Raumbegriff wird durch die Wahrnehmung von Schülern, Studenten sowie Anwohnern erfasst, die den Wald aufgrund einiger Müllberge (Anzeichen von Verwahrlosung) als tendenziell hässlich, aber auch als urwüchsig, interessant, unharmonisch, schmutzig und verkommen charakterisierten. Diese widersprüchlichen Wahrnehmungen des Waldes führten schließlich zu der Frage, warum Landschaftsplaner das Waldstück ganz anders einordneten als die beiden anderen Gruppen. Dies hing damit zusammen, dass durch die Beseitigung des Mülls und Pflegemaßnahmen für einen urtypischen „Auwald" eine ökologische Aufwertung erfolgen sollte, so dass diese Maßnahme eine andere Maßnahme (z. B. Abholzungen für den Bau eines Hotels) als Ausgleich kompensiert. Die Landschaftsplaner konstruieren somit einen Wald auf Basis der Eingriffsregelung in der Bauleitplanung. Das bedeutet: Räume werden ‚gemacht', sie sind soziale Konstruktionen der Wirklichkeit, wie es der vierte Raumbegriff darlegt.

Die vorgestellten Raumperspektiven werden auch für den Geographieunterricht betont.[17] Gerade der vierte Raumbegriff bietet Anknüpfungspunkte zu einer Vertiefung von Thematiken. Im Zuge des so genannten Cultural Turn der Kulturgeographie spielt z. B. die Untersuchung sozialer Beziehungen in kultureller Hinsicht eine Rolle, wobei es um die Reflexion von Fragen der Identität (angefangen von nationaler Identität über regionale Identität bis hin zur personalen Identität) geht und die Pluralität und Hybridität von Lebensformen betont werden.[18] Geographisch-theologische Identitätsbildung von Jugendlichen kann in diesem Zusammenhang betrachtet werden.[19]

2.2 Theologische Perspektive: Religiöse Räume und ihre Erschließung

Der Blickpunkt theologischen Raumverstehens setzt beim dritten respektive vierten Aspekt des geographischen Begriffs an und vertieft

---

17 Vgl. DGfG 2007, 6.
18 Vgl. GEBHARDT u. a. 2003, 5.
19 Vgl. SCHERZ 2003.

die subjektiven Deutungskategorien von Raumverstehen, während die ersten beiden Kategorien weitgehend unbeachtet bleiben. Hier besteht offensichtlich die Chance, in einen konstruktiven, die eigene Perspektive erweiternden Dialog zu treten. Die Theologie beschäftigt sich insofern mit Räumen, als Religion Räume gestaltet und gelebte Religion Räume braucht. Innerhalb der Praktischen Theologie respektive der Religionspädagogik kommt verschiedenen Arten von Räumen, in denen sich Religion zeigt und Formen annimmt, Bedeutung zu. Diese stehen interdependent in Beziehung und können folgendermaßen kategorisiert werden: Ortsräume, Leibräume, Verhältnis- und Beziehungsräume, Zeiträume, Worträume und Sprachräume.[20]

Ortsräume: Sprachgeschichtlichen Hinweisen folgend stellt Bollnow fest[21], dass der Begriff Ort im räumlichen Zusammenhang etwas Punktuelles, sich in einer bestimmten Lage Befindendes und damit Fixiertes bezeichnet. Auf einen Ort könne hingezeigt werden. Konstitutiv sei für ihn, dass er einen festen Punkt im Raum, z. B. auf der Erdoberfläche beschreibt. Ein Ort könne verlassen, aber nicht ausgetauscht werden, er habe demnach etwas Bestimmtes in Abgrenzung zu anderen Orten. In der biblischen Überlieferung und in der Geschichte des Christentums spielen Ortsräume eine entscheidende Rolle, wobei sie in ihrem symbolischen Gehalt und religiösen Deutungspotential als etwas ‚Hinzeigendes‘ verstanden werden.[22] So ist beispielsweise Jericho ein Oasenort in Israel, dessen üppige Vegetation von Besuchern bestaunt, aber auch als der Ort einer Blindenheilung durch Jesus wahrgenommen werden kann. Biblische Ortsräume eröffnen in dieser Perspektive Symbolräume, die auf Glaubenserfahrungen verweisen. In der biblischen Überlieferung sind religiöse Orte nie neutral, sondern ihnen wohnt ein ‚Ruf‘ inne, der auf dort zugetragene oder erinnerte Geschehnisse verweist.[23] Die Orte im Leben Jesu zeichnen sich gerade dadurch aus, dass sie nicht vorrangig Orte des Heiligen, sondern Orte des Profanen waren. Jesus zog als Wanderprediger durch unbekannte Dörfer, die erst durch sein Handeln religiöse Bedeutung erhielten: „Die zentrale Aussage der Jesusbotschaft, dass Gott den exklusiven Raum seiner Heiligkeit verlässt, um den Men-

---

20 Vgl. KLIE 2003; LEONHARD 2006b; LEONHARD ³2008, 206f. Gelebte Religion wird hier als Religion, „deren Spuren in lebensweltlichen und praktischen Zusammenhängen als Ereignis wie Erlebnis aufgespürt werden" (ebd., 205) verstanden.
21 Vgl. BOLLNOW ⁹2000, 38f.
22 Vgl. GRÜNBERG 2006; SCHERZ 2005, 57.
23 Vgl. GRÜNBERG 2006.

schen in ihrem Alltag zu begegnen, findet in der Wahl der biblischen Schauplätze ihre Entsprechung"[24]. Orte und Landschaften der Bibel bilden demnach nicht einen neutralen Hintergrund, vor dem sich biblische Geschichten ereigneten, sondern sie sind „Subjekte im Theatrum mundi et Dei"[25]. Insofern müsste auch der Raum im geographischen Sinne stärker berücksichtigt werden.

Sakrale Bauten als Orte der religiösen Manifestation[26] entstanden dagegen im Fluss der religiösen Tradition. Sie wurden und werden zumeist an exponierten Stellen innerhalb eines Dorfes, innerhalb einer Stadt bzw. eines Stadtteils errichtet und sind gut zu erreichen. Zunächst bieten sie, in der Mitte einer Stadt oder sogar auf einer Erhöhung erbaut, einen Orientierungspunkt im Lebensraum der Bewohner wie Bewohnerinnen, indem sie diesen strukturieren.[27] Insofern ist der Sakralbau ein symbolischer Raum, der zum Erkunden und Entschlüsseln einlädt. Einerseits konstruieren Menschen mit Hilfe von Sakralbauten die Mitte ihrer religiös-sozialen Wirklichkeit, in dem der Sakralbau als Ort gemeinschaftlich gelebter Religion fungiert: „Schließlich sind es Räume, die auf das hinweisen, was einem menschlichen Leben und einem Gemeinwesen eine Mitte geben will."[28] Andererseits weist der Sakralbau in seinem Symbolgehalt auf Grund und Ziel der Religion hin, indem der christliche Kirchenraum – außen wie innen – in besonderer Weise die Begegnung mit dem Heiligen ermöglicht bzw. ermöglichen soll. Der Symbolcharakter des Raumes koinzidiert mit religiöser Erfahrung, indem beispielsweise die Kirche mit Altar und Kanzel in der Ausrichtung nach Osten auf die aufgehende Sonne und damit auf das Ostergeschehen verweist.[29] Dies steht beispielhaft für die atmosphärische Wirkung von Kirchen, die insofern auch als ‚gestimmte Räume' wahrgenommen werden.

So entstehen in der Begehung und (religiösen) Deutung von Ortsräumen auch *Leibräume* in einer Doppelfunktion: Einerseits erlebt das Subjekt durch seinen Leib seine räumliche Umwelt, andererseits bildet der Leib selbst einen Eigenraum, wird demnach zum Teil des ihn um-

---

24 Scherz 2005, 65.
25 Grünberg 2006.
26 Vgl. Mendl 2008, 89.
27 Vgl. Rupp 2006, 25.
28 Rupp 2006, 25.
29 Vgl. Möller 1990, 171ff.

gebenden Raumes.[30] Der Leib als ‚beseelter Körper‘[31] ermöglicht der Person unterschiedliche Wahrnehmungsdimensionen: „Er verankert uns im jeweiligen Hier, von dem aus sich Spielräume der Bewegung auftun. Empfindend steht er im unmittelbaren Einklang oder Mißklang mit den Rhythmen des weltlichen Geschehens, wahrnehmend erkundet er die Vielfalt der Dinge."[32] Insofern kann die Gestimmtheit des Raumes in unterschiedlicher – subjektiv bestimmter – Intensität als erdrückend, beglückend, erheiternd, feierlich oder auch entspannen wahrgenommen werden. In diesem Zusammenhang thematisiert Schmitz „Gefühlsräume"[33], die durch räumliche Atmosphären wie Kraftfelder leibliche Regungen hervorrufen können. Die wahrgenommen Gefühlsatmosphären werden jedoch erst zu einem Gefühl, indem sie den Leib einbetten und affektive Betroffenheit und Ergriffenheit evozieren.[34] In religionspädagogischer Perspektive sind Leibräume[35] – wie man auch am Beispiel der großen Resonanz zur Kirchen(raum)pädagogik ablesen kann – von erheblicher Bedeutung: Indem Schülerinnen und Schüler religiöse Orte leib-räumlich erschließen, erkunden sie den Symbolort und erspüren gleichermaßen die räumlichen Atmosphären. So bietet z. B. der gemeinsame Gang über den Friedhof die Gelegenheit, eine Vielzahl von Symbolen der Hoffnung auf ein Leben über den Tod hinaus kennen zu lernen. Gleichzeitig verweist die Atmosphäre der Trauer und Stille auf die Endlichkeit des irdischen Lebens. Erst indem Schülerinnen und Schüler im Horizont ihres eigenen Lebenskontextes Symbolort und räumliche Atmosphären gemeinsam erschließen, können sie über sich selbst als Wahrnehmende reflektieren.

Lebens- und Verhältnisräume: Die Eigenart eines Raumes kann durch seine physikalische Materialität nicht ausreichend beschrieben werden. Die Erfahrung lehrt, dass Räume unterschiedlich erlebt werden. Der

---

30 Vgl. BOLLNOW ⁹2000, 287.
31 Vgl. Zur philosophie- und theologiegeschichtlichen Entwicklung des Leibbegriffs in: NAURATH 2000.
32 MERLEAU-PONTY 1965, 15.
33 Vgl. SCHMITZ 1969, 343ff.; SCHMITZ 1996, 55; SCHMITZ 1998, 63.
34 Während Schmitz vornehmlich die Wahrnehmung von Atmosphären über eine affektive Betroffenheit definiert, betont Böhme die Erzeugung von Atmosphären durch dingliche Qualitäten: „Die Atmosphäre ist die gemeinsame Wirklichkeit des Wahrnehmenden und des Wahrgenommenen. Sie ist die Wirklichkeit des Wahrgenommenen als Sphäre seiner Anwesenheit und die Wirklichkeit des Wahrnehmenden, insofern er, die Atmosphäre spürend, in bestimmter Weise leiblich anwesend ist" (BÖHME 1995, 34).
35 Vgl. LEONHARD 2006a.

gleiche Raum kann in verschiedenen Situationen oder Settings von der gleichen Person unterschiedlich wahrgenommen werden. Es gilt aber auch: Verschiedene Personen haben in dem gleichen Raum unterschiedliche Wahrnehmungen.[36] So wird ein Kirchenraum bei einer Kirchenführung anders wahrgenommen als zu einem Gottesdienst. Ein Konfirmand bzw. eine Konfirmandin erlebt den Kirchenraum während seiner bzw. ihrer Konfirmation anders als seine/ihre Familie. Räume stellen insofern Lebensverhältnisse dar, in denen gelebt wird und die erlebt werden.[37] In diesem Kontext ist es sinnvoll, für das Raumverständnis eine entscheidende Differenzierung vorzunehmen: Räume können als ‚Behältnisse‘ aber auch als ‚Verhältnisse‘ betrachtet werden.[38] Sie können demnach nicht ausschließlich als fixierte und materielle Gegebenheiten beschrieben werden: „Sie sind zugleich materiale und kulturell geformte, sozial-historisch bedingte wie schöpferisch anzueignende, komplexe Verhältnisse."[39] In diesem Zusammenhang können die Zugänglichkeit von Räumen und ihre Erschließung abhängig von Alter, Geschlecht, Schicht oder Kultur sein. In Räumen konstituieren sich soziale Rollen und diese werden ebenfalls in den Raum hineingetragen.[40] Die im Raum herrschenden Lebensverhältnisse werden hierbei jeweils neu ausgehandelt: „Jeder Raum ist eine begrenzte, gestaltete, lebenssteuernde Welt, die ich bin und in der ich bin: Ich als Raum bin in einem Raum. Deshalb gehört zur Identitätsdefinition immer auch eine Ortsangabe. Wer bin ich?, das heißt immer auch: Wo bin ich?"[41] Dieser oft auch Spannungen in sich bergende Zusammenhang führt zum Verständnis von Räumen als lebenssteuernde Machtfelder. Dies erklärt der Praktische Theologe Manfred Josuttis, indem er Personen, Gegenständen, Stimmungen oder Funktionen eine raumgestaltende und lebenssteuernde Kraft zuweist.[42]

Insofern ist es sinnvoll, einen didaktischen Fokus auf Lebens- und Verhältnisräume zu legen. Bei der Thematisierung von Schöpfung können sich Schülerinnen und Schüler beispielsweise bei einem Spaziergang durch die Natur als einen Teil der Schöpfung erleben. Sie sind, gemeinsam mit anderen Menschen, denen sie begegnen, Teil des Naturraumes,

---

36 Vgl. KLIE 2003, 200f.; FAILING 1998, 99f.
37 Vgl. BOLLNOW ⁹2000, 18; FAILING 1998, 99.
38 Vgl. FAILING 1998, 99; KLIE 2003, 201.
39 FAILING 1998, 99.
40 Vgl. Ebd., 103.
41 JOSUTTIS 1998, 35.
42 Vgl. Ebd., 36.

den sie begehen und erfahren sich als Geschaffene, gleichzeitig erleben sie sich in ein Verhältnis zu dem von ihnen Betrachteten gesetzt und können den Auftrag zur Gestaltung der Welt reflektieren. Exemplarisch steht die Schöpfungsthematik für den Konnex, den Theologie zwischen Vorfindlich-Immanentem – wie den Naturrhythmen im Lauf der Jahreszeiten (z. B. Frühling) – und einem darüber hinausweisenden Deutungsraum des Transzendenten – wie in den Festen des Kirchenjahres (z. B. Ostern als Fest der Auferstehung) – überbrückt.

Folglich sind aus religionspädagogischer Perspektive auch *Zeiträume* für den Raumbegriff relevant, um verschiedene Erfahrungen und Wahrnehmungen von Zeit als Raumgefühl einzubeziehen. Hierbei werden jedoch unterschiedliche Messeinheiten zugrunde gelegt. Religiöse Zeitrhythmen wie das Kirchenjahr haben einen symbolischen und tradierenden Charakter. Neben rituellen religiösen Zeiteinheiten werden Zeiterfahrungen in der biblischen Tradition besonders in der Weisheitsliteratur überliefert. Vor dem Hintergrund menschlicher Grunderfahrungen werden Entstehung und Endlichkeit thematisiert (Pred 3, 1–11) oder die Frage nach einer sinnvollen Gestaltung von Lebenszeit (Koh 9, 7–10). Deutlich zeigt sich im theologischen Raumverständnis die Weitung der Perspektive, die insbesondere dadurch entsteht, dass neben objektiv Messbarem subjektive Momente wie Erleben, Erfahrungen und Deutungen einbezogen werden. So entstehen *Sprachräume* durch Kommunikation und bilden insofern auch *Begegnungsräume*. Durch die Begegnung mit dem gesprochenen Wort, z. B. in der Predigt, begegnet der Hörende immer auch sich selbst, indem er sein Leben in Beziehung zum Gesprochenen setzt. Im (interreligiösen) Dialog kann das Fremde durch ein kommunizierendes Gegenüber vergegenwärtigt und das Eigene gespiegelt werden. Auch die Dimension der *Worträume,* die davon ausgeht, dass gesprochenes Wort erst durch seine Verlautbarung vernehmbar wird und die Klangfarbe von Worten Stimmungen leiblich erfahrbar macht[43], ist eine Raumdimension, die über einen geographischen Raumbegriff hinaus geht.

Insofern wird zusammenfassend deutlich, dass die Diversität der Raumbegriffe im geographischen und theologischen Kontext geeignet ist, im Blickwechsel die je eigene fachspezifische Perspektive zu weiten. Aus konstruktivistischer Sicht dürfte für die Geographiedidaktik die Relevanz subjektiver Deutungskategorien hinsichtlich der Erschlie-

---

43 Vgl. KLIE 2003, 202ff.; LEONHARD ³2008, 206.

ßung von Räumen weiterführend sein, indem beispielsweise Handlungs-spielräume sowohl in ihrer Komplexität als auch in ihrer Bedingtheit hinsichtlich den Raum erst konstruierender Einstellungen und Menta-litäten realistischer bewertet werden können. Aus religionsdidaktischer Perspektive dient die Konkretisierung mittels naturwissenschaftlicher Methoden (Zahlen, Fakten, Daten) dazu, das Vorfindliche, Faktische und Messbare als Korrektiv von Postulaten und Deutungen zu sehen und damit die Relevanz des Unterrichts durch Konkretisierung und Lebensnähe zu erhöhen. Als Brückenfunktion beider Didaktiken lässt sich die ethische Perspektive ausmachen, die sich bei genauerem Hinse-hen jedoch auch als ästhetische Perspektive erweist. Im Folgenden soll daher am Beispiel der für beide Fächer intendierten ‚Raumerhaltung‘ das theologisch begründete Motiv der ‚Bewahrung der Schöpfung‘ in Bezug zum geographiedidaktischen Impuls der Nachhaltigkeit als eine einander ergänzende und bereichernde Dimension fächerübergreifender Unterrichtsdidaktik vorgestellt werden.

3. Raumerhaltung/Räume bewahren

Die Bewahrung des Lebensraumes auf der Basis christlicher Schöp-fungstheologie ist ein zentrales Thema religiöser Bildung in schulischen, aber auch außerschulischen Handlungsfeldern der Religionspädagogik. Auch wenn in der gegenwärtigen öffentlichen Diskussion die Auseinan-dersetzung zwischen Schöpfung und Evolution[44] in den Vordergrund getreten ist, soll hier angesichts der Dringlichkeit eines Kollapses des ökologischen Systems (Klimawandel, Artensterben etc.) der Fokus auf der Herausforderung zur Umweltbildung liegen. Zur Beantwortung der Frage nach den Chancen eines umweltbildenden, fächerübergreifenden

---

44 Selbstverständlich reizt auch die Beschäftigung mit dem anhaltenden Diskurs zwi-schen Geistes- und Naturwissenschaftlern, ob die biblischen Schöpfungstexte als in mythologischer Form abgefasste theologische Deutungen, dass Gott Himmel und Erde geschaffen habe, in unauflösbarer Diskrepanz zu gängigen Evolutionstheo-rien stehen. Die aktuelle Debatte um die so genannten Kreationisten, die von der Verbalinspiration der Schöpfungstexte des AltenTestaments (Gen 1,1–2,4a/Gen 2,4b–25) ausgehen, zeigt die bleibende Herausforderung, Glauben und Denken in einen konstruktiv-kritischen Zusammenhang zu bringen. Vgl. hierzu auch: EVAN-GELISCHE KIRCHE IN DEUTSCHLAND (Hg.): Weltentstehung, Evolutionstheorie und Schöpfungsglaube in der Schule, EKD-Texte 94, Hannover 2008.

Dialogs zwischen Theologie und Geographie spielen beide Themen-
komplexe ohnehin ineinander.

Dies soll am Beispiel synästhetischer Bildung[45] konkretisiert werden: Kinder wollen die Welt mit ‚Herz, Mund und Händen‘ begreifen,
d. h. anfassen, fühlen, schmecken, aber auch verstehen: ‚Warum können
Glühwürmchen leuchten? Warum können Menschen nicht fliegen? Wer
hat den Regenbogen in den Himmel gemalt?‘ Weil die Welt der Kinder
voller Wunder ist, die sie tagtäglich entdecken, ist es pädagogisch bedeutsam, ihnen das Staunen und Fasziniertsein zuzugestehen und ihnen
bei der Entwicklung ihres Wirklichkeits- und Weltverständnisses zur
Seite zu stehen. Aus theologischer Perspektive ist es nicht nur legitim,
sondern geradezu erforderlich, die Entdeckerfreude der Kinder an dieser
‚Wunderwelt‘ nicht frühzeitig zu entzaubern. Das schließt nicht aus, naturwissenschaftliche Zusammenhänge kindgerecht zu erklären und den
Forscherdrang mit rationalen Antworten zu fördern. Wenn Kinder aber
merken, dass auch Erwachsene ihr Staunen nicht verlernt haben und
sich auch nicht alles bis ins Letzte erklären können, bleibt sozusagen ein
‚heiliger Rest‘ an geheimnisvoller Weltdeutung. Hier haben die Phan-
tasien, die Mythen, die Kosmo- und Anthropogonien als Welterklä-
rungsversuche ihren Platz. Diese im Laufe der Menschheitsgeschichte
tradierten Meta-Geschichten wollen Zusammenhänge ziehen, Raum für
das Entstehen eigener Bilder lassen und eben darin weisheitliche bzw.
religiöse Sinnvermittlung bieten. Denn die Kette der kindlichen Fragen
stößt auch bei guten naturwissenschaftlichen Kenntnissen und Erklärungsversuchen an ihr natürliches Ende, wenn sie mit der Sinn-Frage
verknüpft wird. Zum Beispiel: Auch wenn man sehr ausführlich und naturwissenschaftlich fundiert erklären kann, *wie* das Phänomen eines Re-
genbogens entsteht, bleibt eine geheimnisvolle Dimension, *warum* dieses
‚himmlische Farbspiel‘ seit Menschengedenken seine Faszination ausübt
und in religiöser Hinsicht zu mythologischen Deutungen angeregt hat.

Kinder lieben diese Warum-Fragen, die nie an ein Ende kommen und
sie lieben Geschichten, die ihre Vorstellungswelt anschaulich bereichern.
Dass Kosmogonien phylogenetisch zu den frühesten schriftlichen Zeug-
nissen der Menschheit gehören, entspricht wahrscheinlich ontogenetisch
der Offenheit der Kinder für Weltdeutungsgeschichten vor rationalen Erklärungen. Religionspädagogisch wird daher im Rahmen einer Umweltbildung an theologische Deutungen der Schöpfungsgeschichte(n) und

---

45 Vgl. SPINNER 2002.

Schöpfungspsalmen (z. B. Ps 104) angeknüpft. Der theologische Begriff der ‚Schöpfung' ist deshalb hilfreich, weil mit der Gottesvorstellung als *prima causa* diesen letzten Fragen eine Sinn erfüllende Antwort gegeben werden soll. Gerade deshalb ist der Schöpfungsglaube so bedeutsam – und hier zeigt sich im Blick auf die gegenwärtig diskutierte und geforderte ‚ästhetische Bildung' der entscheidende Konnex –, weil hier die Sinnfrage an die Sinnlichkeit geknüpft ist. Naturerfahrung ist für Kinder in erster Linie Sinneserfahrung: das Riechen am Lavendel, das Hören von Vogelgezwitscher, das Spüren von Gras unter den Füßen …[46] Im Philosophieren bzw. Theologisieren mit Kindern wird im wahrsten Sinne des Wortes nach dem ‚Sinn' dieser Sinneseindrücke gefragt, um sich ein Bild von der Wirklichkeit zu konstruieren. Vor allen Erklärungsversuchen sind die biblischen Schöpfungstexte Beschreibungen der Natur, die als ästhetische Wahrnehmungen in leiblichen Bildern begriffen werden, wenn es beispielsweise in Ps 104, 14f. heißt: „Du lässest Gras wachsen für das Vieh und Saat zu Nutz den Menschen, dass du Brot aus der Erde hervorbringst, dass der Wein erfreue des Menschen Herz und sein Antlitz schön werde vom Öl und das Brot des Menschen Herz stärke."[47] Der Ausdruck der Bewunderung über die Vielfalt, Großartigkeit und Vitalität der Schöpfungswerke betont den theologischen Aspekt des Beschenktseins (der Gabe), an die sich emotional im Glauben die Herausforderung und der Anspruch der Pflege und Fürsorge durch den Menschen (als Aufgabe) anschließt. Vielleicht könnte man sagen: Die Vision eines guten und heilen Zustandes ist nötig, um einen sensiblen und kritischen Blick für die Gegenwart zu bekommen und gleichzeitig Motivation zur eigenen Verantwortungsbereitschaft zu entwickeln.

Auch im Kontext der *historischen Geographie* spielt die Perspektive von Naturerfahrung und Schöpfung auf der Basis biblischer Psalmen eine Rolle, wie am Beispiel von zwei großen Universalgelehrten des 19. Jahrhunderts verdeutlicht werden kann: Zum einen ist der erste Professor für Geographie, *Carl Ritter,* zu nennen, dessen Weltbild theologisch-teleologisch bzw. physikotheologisch und somit metaphysisch verankert

---

46 Felix Emmrich, Christine Labusch und Sönke von Stemm (2009) knüpfen an den staunenden Zusammenhang von Schöpfungserfahrungen an, indem sie einen Spaziergang zum Staunen anhand des Schöpfungspsalms 104 für die Kinder- und Jugendarbeit entworfen haben; vgl. auch BUSEKIST 2006, 13.

47 Würtz (2008) plädiert in diesem Zusammenhang als Abschluss einer Schöpfungseinheit mit Jugendlichen dafür, ein Schöpfungsfest mit einem Schöpfungsmahl nach Ps 104, 14 zu gestalten.

war.[48] Die Erde sah er als „Gottes Schöpfung"[49] und charakterisierte sie als „Inbegriff höchster Zweckmäßigkeit, Schönheit, Vortrefflichkeit – eine Gotteswelt! Eine Offenbarung göttlicher Weisheit in der Form einer sichtbaren Welt"[50] – nach David im 104. Psalm, dem gottbegeisterten Sänger. In Beziehung auf die vernunftbegabten Bewohner ist die Erde „nicht nur der Boden, die Wiege, der Wohnort, sondern auch das Erziehungshaus, die große Erziehungsanstalt des Menschengeschlechts [‚was' C. M.] für den Forscher aus der Geschichte der Menschheit auf das entschiedenste hervor[geht]."[51] Außer dem Naturdasein habe die Erde als Planet durch ihren Einfluss auf die geistige Welt eine weit höhere Bestimmung. Die Erde sei ein „kosmisches Individuum"[52] mit ethischer d. h. sittlicher Bestimmung. Nur dem menschlichen Körper, der Menschengestalt, sei noch derselbe analoge ethische Charakter mit seiner Erde gemeinsam. Aufgrund der so gedeuteten höheren Bestimmung der Erde als Erziehungsanstalt muss sie nach Ritter als ‚Werk der göttlichen Vorsehung', als „ein mitwirkendes Glied in der Ordnung der Dinge"[53], das ein höheres Verhältnis „nicht blos zum Naturreiche, sondern auch zum Geisterreiche"[54] aufweise, auch höher organisiert sein. Ein fachübergreifender Zusammenhang in historischer Perspektive deutet sich darin an, wenn er schreibt: „Die Erforschung der Verhältnisse dieser höheren Organisation, ihrer Gesetze und Erscheinungen, muß natürlich einen wesentlichen Theil unserer geographischen Wissenschaft ausmachen."[55] Carl Ritter vertrat letztlich eine ‚Bildung an der Bildung' mit drei unterschiedlichen Bildungsbegriffen. Die individuelle Menschenbildung im Sinne von geistiger Freiheit (erster Begriff der Bildung) setzt an der Erforschung der Naturbildungen (zweiter Begriff der Bildung) an im Sinne von der „Erforschung der Verhältnisse dieser höhern Organisation [der Erde, C. M.], ihrer Gesetze und Erscheinungen"[56] sowie an deren Widerspiegelung in den Völkern (dritter Begriff von Bildung) im Sinne

48 Vgl. SCHULTZ 2000, 221.
49 RITTER 1862, 11.
50 Ebd., 12.
51 Ebd.
52 Ebd., 19.
53 Ebd., 11.
54 Ebd.
55 Ebd., 13.
56 Ebd.

der „unendliche(n) Mannigfaltigkeit in den Erscheinungen, wie in den Bildungen und Charakteren, so auch in den Bestrebungen der Völker."[57]

Auch wenn das Rittersche Gedankengut im 20. Jh. als geodeterministisch etikettiert und als nicht mehr zeitgemäß eingestuft wurde (seine physikotheologische Sichtweise gehört auch eher ins 18. Jh.), so hat er doch eine Vision eines guten und heilen Zustandes der Erde, die auch für die heutige Gegenwart und Zukunft notwendig ist.

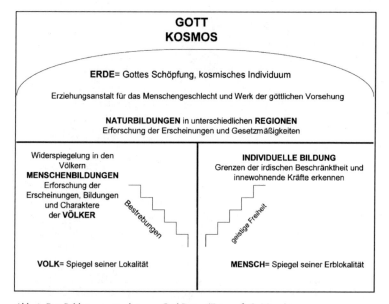

Abb. 1: Das Bildungsverständnis von Carl Ritter (Entwurf: C. Meyer)

Der zweite große Universalgelehrte ist *Alexander von Humboldt* als „der Entdecker, der Sternschauer, der Weltbürger."[58] Auch Humboldt geht auf den Psalm 104 ein. Humboldts Darstellungen klingen weniger euphorisch, dafür aber achtungsvoll-anerkennend: „Es ist ein charakteristisches Kennzeichen der Naturpoesie der Hebräer, daß, als Reflex des Monotheismus sie stets das Ganze des Weltalls in seiner Einheit umfaßt, sowohl das Erdenleben als die leuchtenden Himmelsräume. (…) Die Natur wird nicht geschildert als ein für sich Bestehendes, durch eigene

57 Ebd., 15/Abb. 1.
58 Vgl. MATUSSEK 2004, 163.

Schönheit Verherrlichtes; dem hebräischen Sänger erscheint sie immer in Beziehung auf eine höher waltende geistige Macht. Die Natur ist ihm ein Geschaffenes, Angeordnetes, der lebendige Ausdruck der Allgegenwart Gottes in den Werken der Sinnenwelt. (…) Man möchte sagen, daß in dem einzigen 104ten Psalm das Bild des ganzen Kosmos dargelegt ist."[59] In Humboldts reflexiven Darstellungen der hebräischen Poesie schwingen trotz der analytischen Distanz die größte Achtung und der tiefste Respekt mit.

Diese Achtung vor der Schöpfung ist eine Haltung, die sowohl der Religionsunterricht als auch der Geographieunterricht zu vermitteln haben. Während Ritter aus seinem tiefen theologischen Verständnis argumentiert, vertritt Humboldt in Bezug auf die Schöpfung eine ästhetische Orientierung, die den Genuss betont. Ihm geht es somit auch um eine sinnlich-ästhetische Bildung. Er unterscheidet dabei zwei Arten des Naturgenusses: Zum einen beschreibt er „das dunkle Gefühl des Einklangs"[60], den jemand in dem offenen, kindlichen Sinne beim „Eintritt in die freie Natur empfinde. Dieser *affektive* Naturgenuss ist verbunden mit der geheimnisvollen Kraft, die auf das Gemüt wirkt: erheiternd und lindernd, stärkend und erfrischend, besänftigend. Er entspringt „aus dem Contraste zwischen dem sinnlich Unendlichen und der eigenen Beschränktheit" und wirkt auf den Menschen in „jedem Erdstriche" und „auf jeder Stufe intellectueller Bildung."[61] Der andere, der *kognitive* Naturgenuss, den Humboldt beschreibt, ist zugleich verbunden mit seinem Bildungsverständnis: „Der andere Genuß gehört der vollendeteren Bildung des Geschlechts und dem Reflex dieser Bildung auf das Individuum an: er entspringt aus der Einsicht in die Ordnung des Weltalls und in das Zusammenwirken der physischen Kräfte. (…) wie endlich die Philosophie der Natur, ihrem alten dichterischen Gewande entzogen, den ernsten Charakter einer denkenden Betrachtung des Beobachteten annimmt; treten klare Erkenntniß und Begrenzung an die Stelle dumpfer Ahndungen und unvollständiger Inductionen."[62] Dieser zweite Genuss beinhaltet sowohl Humboldts Antrieb als auch sein Ziel von Bildung, wohingegen der erste nur einen unbestimmten Antrieb darstellen kann. Die Verschiedenartigkeit des Naturgenusses

59 HUMBOLDT 1845, 210f.
60 Ebd., 10.
61 Ebd.
62 Ebd.

und die wissenschaftliche Ergründung der Weltgesetze bilden daher für ihn ein Ganzes. Insofern äußert er die Besorgnis, „daß die Natur bei dem Erforschen in das innere Wesen der Kräfte von ihrem geheimnißvollen Zauber verliert, daß der Naturgenuß durch das Naturwissen nothwendig geschwächt werde."[63] Sein Lebenswerk „Kosmos" (Humboldt 1845/2004) sollte daher nicht Opfer dieser Schwäche werden.

Die Bedenken, die hier deutlich werden, besitzen auch einen geographischen Bezug, und lassen sich adäquat an das religionspädagogische Beispiel vom Regenbogen anknüpfen. In dem Sachbuch „Physik in der Berghütte. Von Gipfeln, Gletschern und Gestein" versucht der Autor James Trefil dem Leser genau den von Humboldt beschriebenen Naturgenuss so zu übermitteln, dass er auf einer realen Bergtour Dinge sieht, die er vorher womöglich nicht bemerkt oder zu deuten gewusst hätte, um so den Genuss einer Bergwanderung zu erhöhen. Dies gilt auch für einen Regenbogen, den man noch mehr genießen kann, wenn man mehr über seine Entstehung weiß.[64]

Wenngleich Humboldt sich im Gegensatz zu Ritter nicht zum Christentum bekennt. „keinen Gott anerkennt und keine Religion vertritt"[65], so verkörpert er doch die Bildung an der Bildung, die Carl Ritter implizit beschreibt: „Er hat eine lebendige Neugier auf alle möglichen Phänomene. Er wendet sich seinen Gegenständen unvoreingenommen zu. Er stellt Fragen. Und er zieht Verbindungen, die immer wieder überraschen."[66] Humboldt hat das kindliche Staunen, das Fasziniertsein und die Entdeckerfreude sein Leben lang beibehalten. Sein Handeln und Wirken in Form einer komplexen, ganzheitlichen Herangehensweise sind in heutiger Zeit vor dem Hintergrund von Umweltbildung, Klimawandel, globalem Denken wieder gefordert. Abgesehen von der Erforschung von Wechselwirkungen ist zudem seine humanitäre Haltung hervorzuheben, die sich dadurch auszeichnete, dass er Andersartigem vorurteilsfrei und achtungsvoll gegenübergetreten ist. Diese Haltung für ein friedliches Miteinander wird im gegenwärtigen Schulunterricht unter anderem mit dem fächerübergreifenden Ziel der interkulturellen Kompetenz verbunden. Auch hierzu existieren Anknüpfungsmöglich-

63 Ebd., IX.
64 Vgl. Trefil 1992, 11.
65 Ette/Lubrich 2004, 909.
66 Ebd., 906.

keiten an den Religionsunterricht, indem unterschiedliche religiöse Vorstellungen miteinander verglichen werden.

Zum Vergleich der Umgangsweise mit dem Psalm 104 lässt sich somit abschließend festhalten, dass er einerseits wie bei Carl Ritter durch einen tiefen Glauben von innen heraus leuchten kann, andererseits durch eine respektvolle Achtung vor dem Andersartigen beleuchtet werden kann. Beide Haltungen spielen sowohl im Religionsunterricht als auch im Geographieunterricht eine wesentliche Rolle und tragen erheblich zur Persönlichkeitsbildung bei, denn sie betonen den Aspekt des Beschenktseins.

Der respektvolle Umgang mit der Erde bzw. mit der Natur ist mit der geographiedidaktischen Leitvorstellung „Bewahrung der Erde" verbunden, die seit den 1990er Jahren von dem Wissen und Wollen bestimmt ist, das gestörte Verhältnis zu unserer Umwelt, zu unserer Mitwelt und zu unserer Nachwelt wieder gut zu machen. Übergeordnet verknüpft ist damit das Leitbild „Überleben der Menschheit", das als Hauptziel der Erziehung und Bildung verstanden wird.[67] In diesem Zusammenhang bietet das Thema „Wasser" einen hervorragend geeigneten Ansatz für fächerübergreifendes Lernen zwischen Geographie und Religion. Wasser hat im christlichen Leben in der Taufe eine hohe symbolische Bedeutung: „Die große lebensspendende und -erhaltende sowie reinigende und heilende Kraft des Wassers ließ es den Menschen in allen großen Kulturen als heilig erscheinen."[68] So pilgern noch heute Millionen von Menschen zu heiligen Quellen (Lourdes) oder Strömen (Ganges). Aus geographiedidaktischer Perspektive spielt das Thema Wasser z. B. in Bezug auf den Wasserkreislauf und die Trinkwasserversorgung eine besondere Rolle. So beruht beispielsweise das Konzept des ‚Integrierten Wasserressourcen Managements' (IWRM) auf dem Grundsatz, dass Wasser und die damit zusammenhängenden Ressourcen, wie Boden, landwirtschaftliche Nutzpflanzen und Artenvielfalt, in koordinierter Weise bewirtschaftet werden müssen, um so den unterschiedlichen ökonomischen, sozialen und ökologischen Ansprüchen gerecht zu werden.

Zusammenfassend zeigt sich, dass die für beide Wissenschaften gemeinsame Perspektive der Bewahrung unseres Lebensraumes ein verbindendes Element darin finden, dass die Gestaltung des Raumes nicht nur zur Analyse des ‚Status quo' dient, sondern auch im Kontext eines

67 Vgl. RINSCHEDE ³2007, 21.
68 LÜKENGA 1998, 6.

rasanten gesellschaftlichen, wirtschaftlichen und ökologischen Wandels konstruktive Interventionen nahelegt. Auch hierbei sind die fachspezifischen Kriterien des Raumbegriffs zur Strukturierung hilfreich.

4. Räume gestalten

Die kulturgenetische Stadtgeographie[69] setzt sich mit Städten in unterschiedlichen Kulturräumen auseinander: Beispielsweise steht in der islamisch-orientalischen Stadt die Hauptmoschee im Zentrum.[70] Die Morphogenese einer bestimmten orientalischen Stadt wäre dem ersten Raumbegriff zuzuordnen, während die Platzierung der Moscheen in einer Stadt sowie ihre Besucherfrequenz Fragestellungen der zweiten Raumkategorie darstellen. Wie Moscheen von unterschiedlichen Besuchergruppen wahrgenommen werden, wäre eine Fragestellung zum dritten Raumbegriff. Schließlich können Interessennutzungskonflikte zum Bau einer Moschee in einer deutschen Stadt[71] der vierten Raumkategorie zugeordnet werden. Alle diese Aspekte haben mit Religion als raumgestaltender Kraft zu tun. 1999 hat G. Rinschede erstmalig ein Lehrbuch zur Religionsgeographie herausgegeben. Darin werden u. a. folgende Inhalte beschrieben: Ursprung, Verbreitung und Entwicklung von Religionen, Religion und Gemeinschaft, Religion und natürliche Umwelt, Religion und Politik, Religion und Bevölkerung, Religion und Siedlung, Religion und Wirtschaft, Religion und Tourismus, Religion und moderne Massenmedien.

Für den Schulunterricht scheinen mir in diesem Zusammenhang religiös geprägte Siedlungsformen und der Religionstourismus geeignete Anknüpfungspunkte zu sein, da damit zwei Daseinsgrundfunktionen aus der Lebenswelt der Kinder angesprochen werden: wohnen (z. B. in einer von Religion geprägten Stadt) und sich erholen (z. B. auf dem Jakobsweg). Zum dritten und vierten Raumbegriff sind übergeordnete kritische Fragestellungen denkbar. So wird in den Medien der ‚Kampf der Kulturen‘ (nach Huntington) propagiert; demgegenüber fragt E. Wunder provokativ, ob Religionen als „Schmieröl"[72] bei Kon-

---

69 Vgl. HEINEBERG ³2006, 257ff.
70 Ebd., 288ff.
71 Z. B. SCHMITT 2004.
72 WUNDER 2006.

flikten wirksam seien. Er resümiert schließlich zur Beantwortung dieser Frage, dass eine Revitalisierung der Religion für Europa und für die USA „bis auf Weiteres ein im Großen und Ganzen lediglich fiktionales Wunsch- oder Schreckbild [bleibt], dem bei nüchterner Betrachtung kaum ein empirisches Faktum entspricht. [...] [F]ür den ‚Mythos des 21. Jahrhunderts' – eines sich entfesselnden Kampfes zwischen den Kulturen als globalem Religionskonflikt – gibt es [...] keine glaubwürdigen Anhaltspunkte. Dennoch sind solche Mythen politisch gefährlich, sie könnten zur selbst erfüllenden Prophezeiung werden."[73] Im Schulunterricht sollte daher eine kritische Auseinandersetzung mit diesem Mythos erfolgen z. B. unter der Fragestellung „Wie tragfähig ist bei genauerer Prüfung die Vorstellung eines religiös definierten ‚Kampfes der Kulturen'?"[74] Insofern ist auch die Frage, was in Deutschland mit der Religion geschieht, im Rahmen eines fächerübergreifenden Projekts aus geographiedidaktischer Perspektive spannend: Offensichtlich bestätigt sich, dass religiöse Pluralisierung – so wie es das Säkularisierungs-Modell vorhersagt – mit einer Entkonfessionalisierung und einer Erosion religiösen Gemeinschaftshandelns einhergeht.[75]

Dass *Rituale* Ordnungen stabilisieren, die es dem Menschen erlauben, sich im Chaos der Welt zu verorten, steht im Blickpunkt des Ansatzes „‚Raum und Ritual' im Kontext von Karten kultureller Ordnung."[76] Diese Verortung ist mit Schlüsselbegriffen wie ‚Identität' und ‚Heimat' verbunden, „die auf die Suche nach Sinngebung, Orientierung und Seinsvergewisserung verweisen und in Zeiten von Globalisierung und Migration hohe Konjunktur haben."[77] Drei qualitative Dimensionen definieren hierbei den Charakter des Rituals: „Programm und Planung", „Routine und Ritus" sowie „Strategie und Symbol."[78] Insofern Rituale ein Programm in sich tragen, sind sie beispielsweise in Stadtgrundrissen und Bauvorschriften ablesbar (wie beim Beispiel der islamisch-orientalischen Stadt). Rituale gliedern und ordnen auch den Rhythmus der Zeiten durch Tagesabläufe sowie durch wichtige Zäsuren im Jahreslauf und Übergänge menschlichen Lebens (Konfirmation und Beschneidung sind solche Übergangsrituale). In manchen Kulturen begleiten und glie-

---

73 Ebd., 18.
74 Ebd., 16.
75 Vgl. WUNDER 2004, 185.
76 Vgl. ESCHER/WEICK 2004.
77 Ebd., 253.
78 Ebd., 255.

dern Rituale praktisch das ganze Leben eines gläubigen Menschen – manche rituelle Handlungen sind zudem beinahe Routine: „Ein Nachdenken über ein solches rituelles Tun findet kaum statt."[79]

Die wichtigsten Ordnungsstrategien sind jedoch *Symbole:* „Ohne Symbole funktioniert keinerlei Ordnungssetzung. Religionen und vor allem ihre Rituale sind von strategischen Handlungen und Symbolwelten durchdrungen."[80] Insofern kann Geographie als Wissenschaft von der räumlichen Ordnung beschrieben werden, da es ihre Aufgabe ist, „‚Karten kultureller Ordnung‘ über die durch unsere alltägliche Erfahrung und lebensweltliche Wahrnehmung geordnete und ungeordnete Lebenswelt herzustellen."[81] Rituale verweisen wiederum auf Karten kultureller Ordnung. Der dritte und vierte Raumbegriff sind der neuen Kulturgeographie zuzuordnen, die Reflexionen über die Rolle des Raumes bzw. der Geographien unserer Lebens- und Alltagswelt anstrebt (so genannter *spatial turn*), die den Raum als Diskurs, als Text begreift (so genannter *linguistic turn*) und die den Raum in einem weitergehenden Verständnis als Zeichensystem versteht (so genannter *semiotic turn*).[82] Gerade dieses Feld scheint mir (C. M.) in fächerübergreifender Perspektive zur Religionspädagogik zukunftsweisend zu sein, da in der Religionsgeographie die raumprägende Kraft des Religiösen betont und insofern fokussiert wird, dass Religion Räume verändert und gestaltet.

In religionspädagogischer Hinsicht sind ergänzend verschiedene Tendenzen der Veränderung von Religion in der Gesellschaft zu vernehmen: Zum einen ist ein Rückgang der an kirchliche Institutionen gebundenen Religiosität zu verzeichnen, zum anderen findet eine Pluralisierung von Religion u. a. durch Migration und Globalisierung statt. Die Zuwanderung in den letzten Jahrzehnten in die Bundesrepublik veränderte die ‚religiöse Landschaft‘ erheblich: So verzeichnet bspw. das Handbuch der „Religion in Berlin"[83] für die Bundeshauptstadt inzwischen mehr als 360 Religionsgemeinschaften. Multireligiosität und Multikulturalität beschreiben die Situation in deutschen Städten und entsprechend auch in ihren Schulen. Dies führt geradlinig in die Notwendigkeit, interreligiöse Kompetenzen im Religionsunterricht zu vermitteln. Die Behandlung von Weltreligionen und multireligiösen Gesellschaften werden

---

79 Ebd., 257.
80 Ebd., 258.
81 Ebd., 260.
82 Vgl. GEBHARDT u. a. 2003, 4.
83 GRÜBEL/RADEMACHER 2003.

auch vor dem Hintergrund des Wahrheitsanspruchs und der Friedensfähigkeit von Religionen thematisiert. Eine kritische Auseinandersetzung mit der Darstellung von Religionen in den Medien spielt hierbei eine entscheidende Rolle.[84]

Die Begegnung mit der Thematik ‚Weltreligionen' gehört demnach zur Lebenswelt von Schülerinnen und Schülern und erfordert zum Beispiel gemäß dem Kompetenzmodell des Comenius-Instituts für den Evangelischen Religionsunterricht in der Sekundarstufe I folgende Intention: „Sich mit anderen religiösen Überzeugungen begründet auseinandersetzen und mit Angehörigen anderer Konfessionen bzw. Religionen respektvoll kommunizieren und kooperieren."[85] Dabei ist es für den Unterricht grundlegend, eine Begegnung mit Personen ebenso wie eine Begehung des Ortes didaktisch zu reflektieren. Grundbedingung einer respektvollen Begegnung ist, das Vorverständnis der Schülerinnen und Schüler, das oftmals medial geprägt ist, zu hinterfragen und mittels wissenschaftlicher Analysen (z. B. in Kooperation mit dem Geographieunterricht) zu diskutieren. Hilfreich ist es, wenn Schülerinnen und Schüler die Orte der ihnen fremden Religion selbst aufsuchen und sich somit Begegnungsräume eröffnen: „Gleichsam als Königsweg ist die intersubjektive Begegnung zu verstehen. Wenn sich Angehörige unterschiedlicher Religionen auf Augenhöhe begegnen und eine Zeit lang Gemeinschaft pflegen, ereignet sich einprägsames und nachhaltiges interreligiöses Lernen. Im ‚Dialog des Lebens' wird die gemeinsame Fremdheit aufgebrochen, lassen sich Menschen von anderen ansprechen und unter Umständen herausfordern. Die Begegnung erfordert dann einen Raum des Erfahrungsaustauschs."[86] Das Aufsuchen von religiösen Ortsräumen eröffnet in diesem Sinne sowohl Sprach- als auch Verhältnisräume. Die Schülerinnen und Schüler lernen nicht nur Modi einer respektvollen Kommunikation und Begegnung, sondern auch die Wahrnehmung religiöser Orte als kontextuell geprägte ‚heilige Orte'. Entscheidendes Element der Begehung religiöser Räume ist das Überschreiten einer Wahrnehmungsschwelle zwischen profan und heilig.[87] Was den Schülern zunächst fremd und damit profan erschien, lernen sie nun unmittelbar erkennen und erfahren es im besten Fall als sakral. Das Absetzen

---

84 Vgl. z. B. BÖTTGE/SCHWEITZER 2008, 10–51.
85 FISCHER/ELSENBAST 2006, 20.
86 LEIMGRUBER 2007, 101f.
87 Vgl. LEONHARD/MEYER ³2008, 265.

des Hutes (beim Betreten einer Kirche), das Ausziehen und Ablegen der Schuhe beim Eintritt in die Moschee und das Aufsetzen der Kippa vor dem Betreten der Synagoge stellt eine Veränderung dar, die der jeweils eintretende Gläubige an seinem äußeren Erscheinungsbild vornimmt. Diese verweist darauf, dass er die Schwelle vom Profanen zum Heiligen überschreitet. Die teilnehmende Beobachtung solcher Veränderungen und ihres Verweischarakters kann Schülerinnen und Schüler für die Schwelle zwischen Profanem und Heiligen wie auch zwischen Vertrautem und Fremden sensibilisieren.

5. Ausblick

Im interdisziplinären Dialog zeigen sich zahlreiche Verbindungslinien zwischen der Geographie- und der Religionsdidaktik: Hierzu zählen vor allem die Raumverhaltens- und Raumhandlungskompetenz durch Bildung für eine nachhaltige Entwicklung, Umweltbildung, interkulturelles und globales Lernen und Werte-Bildung. Weil für den Geographieunterricht Probleme wie soziale Ungleichheit, globale Disparitäten, Umweltgefährdung und Minderheitenkonflikte[88] evident sind, kann ein interdisziplinärer Diskurs mit einem Fach wie dem Religionsunterricht, in dessen Mitte Wertebildung als Vermittlung der Ehrfurcht vor der Schöpfung (mit dem Anliegen der Naturbewahrung, Nachhaltigkeitsorientierung, gerechten Verteilung der Ressourcen, aber weiter gedacht auch als Anbahnung von Völkerverständigung, Toleranz und Frieden) bereichernd sein. So zeigte sich, dass die fachspezifisch disparaten Raumvorstellungen in ihren jeweiligen Schwerpunktsetzungen das Spektrum der Voraussetzungen des Denkens und der Spielräume des Handelns weitet. Fächerübergreifende Projekte bieten die Möglichkeit, sich diesen übergeordneten Leitzielen und Perspektiven zu nähern. Teilkompetenzen wie „weltoffen und neue Perspektiven integrierend Wissen aufbauen" und „interdisziplinär Erkenntnisse gewinnen und handeln"[89] können mittels einer fächerübergreifenden Herangehensweise im Kontext schulischen Unterrichts lebensnah realisiert werden. Darin liegt für Schüler und Schülerinnen wie auch für Lehrkräfte die Chance, neue Zusammenhänge und Sichtweisen zu entdecken, sowie

---

88 Vgl. RINSCHEDE 2007, bes. 31, 55.
89 Vgl. DE HAAN 2007.

Synergien zu konstruieren. Selbstverständlich kann es hierbei nicht nur um traditionell als Domäne der Theologie angesehene ethische Impulse gehen. Vielmehr ist eine Öffnung religiöser Wirklichkeitswahrnehmung und -deutung im Kontext der Beschäftigung mit naturwissenschaftlich-technischen Erkenntnissen intendiert wie auch eine Sensibilisierung der Geographie als Natur- und Gesellschaftswissenschaft hinsichtlich relevanter religionssoziologischer, -psychologischer oder -phänomeno-logischer Dimensionen. Übergeordnet können viele der besprochenen Aspekte zur Erschließung, Bewahrung und Gestaltung des Raumes aus dem Miteinander von natur- und geisteswissenschaftlichen Herangehensweisen die Förderung synthetischer Deutungsmuster wie auch nachhaltiger Entwicklungsstrategien voranbringen und damit einem gemeinsamen Bildungsprozess dienen.

Literatur

BÖHME, GERNOT, Atmosphäre. Essays zur neuen Ästhetik, Frankfurt a. M. 1995.

BÖTTGE, BERNHARD/SCHWEITZER, FRIEDRICH, Vertrauen in das Unverfügbare, in: BAUMANN, U./SCHWEITZER, FRIEDRICH, (Hg.), Religionsbuch Oberstufe, Berlin 2008, 10–51.

BOLLNOW, OTTO FRIEDRICH, Mensch und Raum, Stuttgart ⁹2000.

BUSEKIST, A. VON, Mit allen Sinnen die Schöpfung bestaunen, in: IN RELIGION, H. 3. (2006), 31.

DGFG – Deutsche Gesellschaft für Geographie, Bildungsstandards im Fach Geographie für den Mittleren Schulabschluss – mit Aufgabenbeispielen, Bonn 2007.

DIETERICH, VEIT-JAKOBUS, Naturwissenschaftlich-technische Welt und Natur im Religionsunterricht. Eine Untersuchung von Materialien zum Religionsunterricht in der Weimarer Republik und in der Bundesrepublik (1918–1985). 2 Bde. (Europäische Hochschulschriften 22), Frankfurt 1990.

DÜRR, HEINER, Kulturerdteile, Eine „neue" Zehnweltenlehre als Grundlage des Geographieunterrichts?, in: GEOGRAPHISCHE RUNDSCHAU, H. 4 (1987), 228–232.

EMMRICH, F./LABUSCH, C./STEMM, S. VON, Ein Staun-Spaziergang mit dem Schöpfungspsalm 104, in: LOCCUMER PELIKAN, H. 1 (2009), 25–28.

ESCHER, A./WEICK, C., „Raum und Ritual" im Kontext von Karten kultureller Ordnung, in: BERICHTE ZUR DEUTSCHEN LANDESKUNDE, Bd. 78, H. 2 (2004), 251–268.

ETTE, OTTO/LUBRICH, OLIVER, Die andere Reise durch das Universum. Nachwort von Ottmar Ette und Oliver Lubrich, in: HUMBOLDT, A. VON, Kosmos. Entwurf einer physischen Weltbeschreibung, Frankfurt a. M. 2004, 905–920.

EVANGELISCHE KIRCHE IN DEUTSCHLAND (Hg.), Weltentstehung, Evolutionstheorie und Schöpfungsglaube in der Schule, EKD-Texte 94, Hannover 2008.

FAILING, WOLF-ECKART, Die eingeräumte Welt und die Transzendenzen Gottes, in: FAILING, W.-E./HEIMBROCK, H.-G. (Hg.), Gelebte Religion wahrnehmen. Lebenswelt-Alltagskultur- Religionspraxis, Stuttgart u. a. 1998, 91–122.

FISCHER, DIETLIND/ELSENBAST, VOLKER (Hg.), Grundlegende Kompetenzen religiöser Bildung. Zur Entwicklung des evangelischen Religionsunterrichts durch Bildungsstandards für den Abschluss der Sekundarstufe I, Münster 2006.

GEBHARDT, HANS/REUBER, PAUL/WOLKERDORFER, GÜNTER, Kulturgeographie – Leitlinien und Perspektiven, in: GEBHARDT, H./REUBER, P./WOLKERDORFER, G. (Hg.), Kulturgeographie. Aktuelle Ansätze und Entwicklungen, Berlin 2003, 1–27.

GRÜBEL, N./RADEMACHER, S. (Hg.), Religion in Berlin. Ein Handbuch, Berlin 2003.

GRÜNBERG, WOLFGANG, (2006), Der Raum schaffende Gott – „Deus in minimus maximus", in: MAGAZIN FÜR ÄSTHETIK UND THEOLOGIE, 42, http://www.theomag.de/42/wog2.htm; (Zugriff 10.02.2009).

HAAN, GERHARD DE, Bildung für nachhaltige Entwicklung als Handlungsfeld, in: PRAXIS GEOGRAPHIE, H. 9 (2007), 4–9.

HEINEBERG, HEINZ, Stadtgeographie, Paderborn ³2006.

HENKEL, REINHARD, Religionsgemeinschaften in Deutschland, in: GEOGRAPHIE UND SCHULE, 162 (2006), 10–15.

HUMBOLDT, ALEXANDER VON, Kosmos. Entwurf einer physikalischen Weltbeschreibung (Edition der Ausgabe von 1845), Frankfurt a. M. 2004.

JOSUTTIS, MANFRED, Vom Umgang mit heiligen Räumen, in: KLIE, T. (Hg.), Der Religion Raum geben. Kirchenpädagogik und religiöses Lernen, Münster 1998, 34–43.

KLIE, THOMAS, Ecclesia quarens paedagogiam. Wege zur Semantik Heiliger Räume, in: KLIE, THOMAS (Hg.), Der Religion Raum geben. Kirchenpädagogik und religiöses Lernen, Münster 1998, 5–16.

KLIE, THOMAS, Geräumigkeit und Lehrkunst. Raum als religionsdidaktische Kategorie, in: KLIE, T./LEONHARD, S. (Hg.), Schauplatz Religion. Grundzüge einer Performativen Religionspädagogik, Leipzig 2003, 192–208.

LEIMGRUBER, STEPHAN, Interreligiöses Lernen, München 2007.

LEONHARD, SILKE, Leiblich lernen und Lehren. Ein religionsdidaktischer Diskurs, Stuttgart 2006. [a]

LEONHARD, SILKE, Lernraum und Lebensort: Religionspädagogische Gedanken um Leib und Ort, in: ZEITSCHRIFT FÜR RELIGIONSUNTERRICHT UND LEBENSKUNDE, H. 2 (2006), 3–5. [b]

LEONHARD, SILKE/MEYER, KARLO, Heilige Räume von Religionen begehen – entdecken, erkunden, erschließen, in: NOORMANN, H./BECKER, U./TROCHOLEPZCY, B. (Hg.), Ökumenisches Arbeitsbuch Religionspädagogik, Stuttgart ³2008, 262–265.

LEONHARD, SILKE, Religion zeigen – ästhetische Bildung und performative Didaktikansätze, in: NOORMANN, H./BECKER, U./TROCHOLEPZCY, B., (Hg.), Ökumenisches Arbeitsbuch Religionspädagogik, Stuttgart ³2008, 205–209.

LÜKENGA, WALTER, Wasser als Ressource. (Unterricht Geographie, Bd. 12), Köln 1998.

MATUSSEK, MATTHIAS, Der geniale Abenteurer, Spiegel 58, Nr. 38 (2004), 162–174.

MENDL, HANS, Religion erleben. Ein Arbeitsbuch für den Religionsunterricht. 20 Praxisfelder, München 2008.

MERLEAU-PONTY, MAURICE, Phänomenologie der Wahrnehmung. Aus dem Französischen übersetzt und eingeführt durch eine Vorrede von Rudolf Boehm, Berlin 1965.

MERTIN, ANDREAS, Und räumlich glaubet der Mensch. Der Glaube und seine Räume, in: KLIE, T. (Hg.), Der Religion Raum geben. Kirchenpädagogik und religiöses Lernen, Münster 1998, 51–76.

MEYER, C., Verwandlungen eines Trümmerschuttwaldes. Interpretationen eines Anthrisco-Fraxinetum durch Schüler, Studenten, Vegetationskundler und Landschaftsplaner. (unveröffentlichte Examensarbeit an der Universität Osnabrück (2005))

MÖLLER, CHRISTIAN, Die Predigt der Steine, in: SEIM, J./STEIGER, L. (Hg.), Lobe Gott, FS Rudolf Bohren, München 1990, 171–178.

NAURATH, ELISABETH, Seelsorge als Leibsorge. Perspektiven einer leiborientierten Krankenhausseelsorge, Praktische Theologie 47, Stuttgart 2000.

RHODE-JÜCHTERN, TILMANN, Eckpunkte einer modernen Geographiedidaktik. Hintergrundbegriffe und Denkfiguren, Seelze-Velber 2009.

RINSCHEDE, GISBERT, Religionsgeographie, Braunschweig 1999.

RINSCHEDE, GISBERT, Religionsgeographie und Geographieunterricht, in: GEOGRAPHIE UND SCHULE, 162 (2006), 4–10.

RINSCHEDE, GISBERT, Geographiedidaktik, Paderborn u. a. ³2007.

RITTER, CARL, Allgemeine Erdkunde. Vorlesungen an der Universität zu Berlin, Herausgegeben von H. U. DANIEL, Berlin 1862.

RUPP, HARTMUT, Handbuch der Kirchenpädagogik, Stuttgart 2006.

SCHERZ, FLORIAN, Steht die Kirche noch im Dorf? Geographisch-theologische Identitätsbildung von Jugendlichen, in: PRAXIS GEOGRAPHIE, H. 12 (2003), 40–43.

SCHERZ, FLORIAN, Kirche im Raum. Kirchliche Raumplanung zwischen theologischer Reflexion und konkreter Gestaltung, Gütersloh 2005.

SCHMITT, THOMAS, Religion, Raum und Konflikt – Lokale Konflikte um Moscheen in Deutschland: das Beispiel Duisburg, in: BERICHTE ZUR DEUTSCHEN LANDESKUNDE, Bd. 78, H. 2 (2004), S. 193–212.

SCHMITZ, HERMANN, Der Gefühlsraum. System der Philosophie III/2, Bonn 1969.

SCHMITZ, HERMANN, Atmosphären als ergreifende Mächte, in: BIZER, C. (Hg.), Theologisches geschenkt (Festschrift für Manfred Josuttis), Bovenden 1996, 53–58.

SCHMITZ, HERMANN, Der Leib, der Raum und die Gefühle, Stuttgart 1998.

SCHREIER, HELMUT, Die Madaba-Karte in der Grundschule, in: PRAXIS GRUNDSCHULE, H. 6 (2005), 30–34.

SCHREIER, HELMUT, Karten-Welten. Impulse für das raumbezogene Lernen, in: WELTWISSEN SACHUNTERRICHT, H. 1 (2009), 5–6.

SCHULTZ, H. D., Die ‚Ordnung der Dinge‘ in der deutschen Geographie des 19. Jahrhunderts (mit Ausblick ins 20. Jh.), in: DIE ERDE, H. 131 (2000), 221–240.

SPINNER, KASPAR H. (Hg.), SynÄsthetische Bildung in der Grundschule. Eine Handreichung für den Unterricht. Schriftenreihe des Zentralinstituts für Didaktische Forschung und Lehre der Universität Augsburg Bd. 2 (2002).

TREFIL, JAMES, Physik in der Berghütte. Von Gipfeln, Gletschern und Gestein, Reinbek 1992.

WARDENGA, UTE (2002), Räume der Geographie – zu Raumbegriffen im Geographieunterricht, http://homepage.univie.ac.at/Christian.Sitte/FD/artikel/ute_wardenga_raeume.htm (Zugriff 10.09.2008).

WÜRTZ, S., Schöpfung rezeptionsästhetisch entdecken (Sek II), in: KLIE, T./ LEONHARD, S. (Hg.), Performative Religionsdidaktik. Religionsästhetik-Lernorte-Unterrichtspraxis, Stuttgart 2008, 193–201.

WUNDER, EDGAR, Was geschieht in Deutschland mit der Religion?, in: BERICHTE ZUR DEUTSCHEN LANDESKUNDE, Bd. 78, H. 2 (2004), 167–192.

WUNDER, EDGAR, Religionen – Schmieröl im Kampf der Kulturen?, in: GEOGRAPHIE UND SCHULE, H. 162 (2006), 15–18.

Thomas Retzmann/Thomas Schlag

Ökonomische Bildung – wirtschaftsdidaktische und religionsdidaktische Perspektiven

Abstract

Da wirtschaftliche Fragen die individuelle und gemeinsame Lebensführung in vielfältiger Weise durchziehen, ist ökonomische Bildung für die Orientierung in den aktuellen Lebensverhältnissen unverzichtbar. Unter der bildungstheoretischen Grundannahme ökonomischer Bildung als eines lebensrelevanten schulischen Fach- und Querschnittsthemas werden deren Ziele, Inhalte und Methoden aus wirtschaftsdidaktischer und religionsdidaktischer Perspektive aufgezeigt und Möglichkeiten des disziplinen- und fächerübergreifenden Dialogs benannt. Diese doppelte Perspektive hat ihre Gemeinsamkeit in der anthropologischen Grundfrage nach der Würde ̣ ̣ ̣
schen und ihren wesentlichen Lebenszielen, Interessen und Bea
Kontext der gegenwärtigen Wirtschaftsdynamik. Vor diesem H
ökonomische Bildung am Ort der Schule als wesentliche Dime
bedeutsamer Allgemeinbildung, Mündigkeitsentwicklung una
keitsentfaltung profiliert.

Schulische Bildung vollzieht sich in den komplexen Verhältnissen jugendlicher Lebenswelten und zielt auf die selbstständige Orientierung Jugendlicher und deren mündige Auseinandersetzung mit den Dynamiken in der pluralistischen Gesellschaft ab. Für die individuelle und gemeinschaftsbezogene Orientierung in den aktuellen Lebensverhältnissen kann ökonomische Bildung als ebenso unverzichtbar angesehen werden wie die Dimensionen politischer und rechtlicher Bildung.

Für alle drei genannten Dimensionen gesellschaftsbezogener Bildung gilt: Mangelnde Kenntnis und unsachgemäßes Urteilen über die jeweiligen Sachzusammenhänge wird Jugendliche zu Einschätzungen und Entscheidungen führen, deren negative Konsequenzen sie alsbald in ihrer eigenen Lebensführung möglicherweise dramatisch zu spüren bekommen – sei es durch massive Auswirkungen auf die eigenen politischen, rechtlichen und finanziellen Möglichkeiten, sei es durch damit verbundene gesellschaftliche Exklusionswirkungen. Das Fehlen notwendiger Kompetenz im Umgang mit ökonomischen Fragen kann dabei besonders prekäre Gestalt annehmen, insofern diese unmittelbare und unter Umständen lange anhaltende Auswirkungen bis hinein in die berufliche und private Sphäre nach sich ziehen kann. Zu denken ist hier etwa an Formen jugendlicher Konsumorientierung, die zu massiver Überschuldung und damit zu dauerhaft prekären Existenzbedingungen führen kann.

Nun könnte man im Sinn einer fachdidaktischen Aufgabenverteilung davon ausgehen, dass Grundfragen ökonomischer Bildung durch einen entsprechend kompetenzorientierten Ökonomieunterricht bereits ausreichend abgedeckt werden. Gerade weil ökonomische Fragen die individuelle und gemeinsame Lebensführung in vielfältiger Weise durchziehen, ist eine Fokussierung der ökonomischen Bildung auf ein spezifisches Unterrichtsfach sinnvoll und angemessen und so auch im Fächerkanon in vielen Bundesländern vorgesehen. Von daher entspricht eine Behandlung des Ökonomischen in einem eigenen Fachunterricht der Sache und der Kompetenz der Lehrkräfte zweifellos. Gleichwohl erscheint es sinnvoll, die Sensibilisierung für ökonomische Fragen in anderen Unterrichtsfächern zu unterstützen und durch Einnahme anderer, z.B. religiöser und theologischer Perspektiven den Denkhorizont zu erweitern. Denn gerade die Tatsache, dass ökonomische Entscheidungsfragen Jugendlichen in unterschiedlichsten Lebenszusammenhängen begegnen und wichtige Kriterien für sachgemäße Entscheidungen durchaus aus ganz unterschiedlicher Perspektive gewonnen werden können, eröffnet Möglichkeiten für eine Thematisierung ökonomischer Aspekte in anderen Unterrichtsfächern und die Suche nach kreativen, fächerübergreifenden Unterrichtsmöglichkeiten.

Unter der bildungstheoretischen Grundannahme ökonomischer Bildung als eines lebensrelevanten schulischen Fach- und Querschnittsthemas sollen deshalb im Folgenden sowohl wirtschaftsdidaktische als auch religionsdidaktische Perspektiven auf diese aufgezeigt werden. Dafür erscheint es sinnvoll, sich zuerst aus den je eigenen didaktischen Perspektiven der Frage ökonomischer Bildung anzunähern. Deshalb steht am Anfang des Beitrags die ausführliche Behandlung ökonomischer Bildung und deren Ziele, Inhalte und Methoden aus der Perspektive der Wirtschaftsdidaktik. Im Anschluss daran wird in religionsdidaktischer Perspektive ganz bewusst an die aufgezeigten wirtschaftsdidaktischen Perspektiven angeknüpft, indem diese aufgenommen und durchaus kritisch kommentiert sowie von einer spezifisch religionspädagogischen Perspektive aus beleuchtet werden. Schließlich werden in einem letzten gemeinsamen Teil Möglichkeiten des

disziplinenübergreifenden didaktischen Dialogs anvisiert und fächerübergreifende Implikationen benannt.

1. Ökonomische Bildung – Ziele, Inhalte und Methoden aus wirtschaftsdidaktischer Perspektive

Die Wirtschaftsdidaktik versteht und konzipiert die moderne ökonomische Bildung als einen unverzichtbaren Beitrag zu einer zeitgemäßen Allgemeinbildung. Vorbehalte gegen die Bildsamkeit des Ökonomischen, die in früheren Zeiten (fälschlicherweise) im Namen des
Humanismus erhoben wurden, erscheinen damit problematisch. Dem-
entsprechend wird die Relevanz der *ökonomischen Allgemeinbildung* für
die Bewältigung der *wirtschaftlichen Anforderungen,* die sich in aktuellen
und zukünftigen *Lebenssituationen* stellen, zunehmend von allen gesellschaftlichen Gruppen (an-)erkannt. Es ist im Grunde genommen eine
triviale Feststellung, dass sich die *ökonomische Urteils- und Handlungskompetenz* der Menschen in dem Maße fortentwickeln muss, in dem sich
die Lebenswelt ,ökonomisiert'. Nur dann kann das Individuum seine
Autonomie bewahren. Ohne ein ökonomisch fundiertes Verständnis
von Wirtschaft, Gesellschaft und Staat lassen sich die Anforderungen
der zunehmend komplexer werdenden Wirtschafts-, Arbeits- und Lebenswelt nicht kompetent bewältigen, können die Strukturen und
Funktionsweisen der modernen, funktional ausdifferenzierten Gesellschaft nicht verstanden und die Bedingungen, unter denen soziale und
moralische Werte tatsächlich Geltung erlangen können, nicht erkannt
und mitgestaltet werden. Damit die allgemein bildenden Schulen ihren Auftrag, mündige Bürger heranzubilden, einlösen können, müssen
die Schülerinnen und Schüler Kompetenzen erwerben, die ihnen eine
selbstbestimmte und sozial verantwortete Teilhabe an Wirtschaft, Gesellschaft und Staat ermöglichen. Bar jeder ökonomischen Bildung blieben die Menschen in der Moderne fremdbestimmt und in wirtschaftlichen Angelegenheiten unselbstständig – stets auf die Hilfe und das
Wohlwollen Anderer angewiesen, die über ökonomische Bildung verfügen, oder gar bösen Absichten derjenigen allzu schutzlos ausgeliefert, die
ihre ökonomische Bildung rücksichtslos ge- und missbrauchen.

Im Folgenden wird der domänenspezifische Beitrag der ökonomischen Bildung zu einer zeitgemäßen Allgemeinbildung skizziert, indem zunächst die Ziele (Kapitel 1), sodann die Inhalte (Kapitel 2) und

schließlich die Methoden (Kapitel 3) ökonomischer Bildung dargelegt werden.

1.1 Fachliche Kompetenzen als Ziele der ökonomischen Bildung

Die Deutsche Gesellschaft für ökonomische Bildung definiert „ökonomische Bildung" als „das individuelle Vermögen sich in ökonomisch geprägten Lebenssituationen und Entwicklungen einer immer schneller sich verändernden Wirtschaftswelt zu orientieren, zu urteilen, zu entscheiden, zu handeln und mitzugestalten. Ökonomische Bildung soll Menschen zu einem mündigen Urteil, zur Selbstbestimmung und zur verantwortlichen Mitgestaltung befähigen."[1] Ökonomische Bildung kulminiert, so wird fortgeführt, in der individuellen Fähigkeit, „zum eigenen Wohl wie auch zum Wohle Aller"[2] ökonomisch zu urteilen, zu argumentieren, zu entscheiden und zu handeln. In dieser Zielformel sind das individuelle und das allgemeine Wohl gleichgewichtig enthalten.

Durch ökonomische Bildung sollen Kinder und Jugendliche Kompetenzen aufbauen, die ihnen die autonome Bewältigung gegenwärtiger und zukünftiger Lebenssituationen sowie eine sozial verantwortete Teilhabe an der Gesellschaft ermöglichen. Der fachliche Kern ökonomischer Bildung wurde von der Deutschen Gesellschaft für ökonomische Bildung in Form von fünf Kompetenzen konkretisiert[3]: Der ökonomisch Gebildete kann (mindestens)

• Entscheidungen ökonomisch begründen,

• Handlungssituationen ökonomisch analysieren,

• ökonomische Systemzusammenhänge erklären,

• die Rahmenbedingungen der Wirtschaft verstehen und mitgestalten und

• Konflikte perspektivisch und ethisch beurteilen.

Diese fachlichen Kompetenzen werden im Folgenden dargelegt.

---

1   DeGöB 2004, 3.
2   DeGöB 2004, 5.
3   Vgl. DeGöB 2004, 6ff.

1.1.1 Entscheidungen ökonomisch begründen

Die Menschen sind nahezu ständig gefordert, Entscheidungen zu treffen. Viele alltägliche Entscheidungen sind Routine geworden, erfordern kaum mehr ein Nachdenken. Andere Entscheide fallen intuitiv, ohne sie argumentativ rechtfertigen zu können. Wiederum andere erfordern ob ihrer existenziellen Folgen ein sorgfältiges Abwägen der Alternativen. Sich entscheiden zu müssen, kann als eine anthropologische Grundkonstante angesehen werden; sich (richtig) entscheiden zu können als überlebenswichtig. Ökonomische Bildung konzentriert sich *extensional* auf Entscheidungen, die in privaten Haushalten, Betrieben und Unternehmen sowie in Einrichtungen des Staates typischerweise getroffen werden. *Intensional* schließt sie nur rationale Entscheidungen ein, die auf einem Vergleich von Alternativen nach Nutzen- und Kostengesichtspunkten basieren. Es wird dabei unterstellt, dass das einzelne Wirtschaftssubjekt das individuell beste Ergebnis erzielen möchte. In elaborierter Form beruht die Entscheidung auf der Anwendung ökonomischer Abwägungsverfahren. Entscheidungen ökonomisch zu begründen heißt, sie „in der Grammatik individueller Vorteils-/Nachteilskalküle"[4] zu buchstabieren. Die Besonderheit der ökonomisch-rationalen Begründung von Entscheidungen ist in dem Versuch der Optimierung in Anbetracht der Knappheit zu sehen. Der Auswahl der bei gegebenem Informationsstand besten Handlungsalternative gehen die Zuordnung von Ergebnissen zu den Alternativen und die subjektive Bewertung der Ergebnisse am Maßstab der eigenen Präferenzen voraus. Vereinfachend gesagt müssen die Schüler lernen, drei – hier so genannte – Schlüsselfragen zu stellen und zu beantworten:

1. Welche (objektiven) Folgen hat jede gegebene Handlungsalternative für mich – unmittelbar aber auch langfristig?

2. Wie ist dieses Ergebnis anhand meiner (subjektiven) Präferenzen zu bewerten?

3. Welche Handlungsalternative ist für mich die Beste?

Dieses Bildungsziel könnte dahingehend missverstanden werden, dass die ökonomische Bildung den rücksichtslosen Egoismus und das „selfish system", welche sich ohnehin zunehmend ausbreiten, auch noch syste-

---

4   KROL 2003, 20.

matisch fördere. Dies ist nicht der Fall. Zwar kultiviert die ökonomische Bildung mit der Förderung dieser Fähigkeit zweifellos die Zweckrationalität des Handelns im Sinne Webers. Es geht darum, die besten Mittel zur Zielerreichung ausfindig zu machen. Worin der Zweck des Handelns besteht, bleibt an dieser Stelle offen. Die individuellen Präferenzen können sich auf die Verfügung über materielle und immaterielle Güter (Waren und Dienstleistungen) richten, aber auch auf die Verwirklichung ethischer Werte. Die zur Zweckbestimmung erforderliche Wertrationalität des Handelns wird jedoch bei den nachfolgenden Kernkompetenzen berücksichtigt. Sie machen geltend, dass dieses individuelle Vorteilsstreben nicht in ungebührlicher Weise zu Lasten anderer gehen darf. Die Fähigkeit, zum eigenen Vorteil zu handeln, hat ein systemimmanentes – im Sinn der domänenspezifischen Kompetenzen – Korrektiv. Politisch gesehen korrespondiert diese ökonomische Urteils- und Handlungsfähigkeit des Individuums mit der grundgesetzlich garantierten Freiheit der Persönlichkeitsentfaltung. Was wäre diese Freiheit wert, dürfte sie gar nicht in Anspruch genommen werden? Im Übrigen kann das Individuum seine ökonomische Rationalität selbstverständlich zum Wohle seiner Mitmenschen einsetzen, z. B. weil jenen diese Fähigkeit fehlt. Dann sucht es die Handlungsalternative, die für jene die Beste ist. Wer nicht über diese Zweckrationalität im ökonomischen Urteilen und wirtschaftlichen Handeln verfügt, kann seinen Mitmenschen keinen derartigen Dienst erweisen. Er kann keine derartige Hilfe leisten, weil er selbst auf entsprechende Unterstützung angewiesen ist.

1.1.2 Handlungssituationen ökonomisch analysieren

Die Ermittlung der Handlungsalternativen, die das Individuum überhaupt hat, geht der ökonomischen Abwägung der Handlungsalternativen zeitlich und logisch voraus. Das Individuum sollte seinen Handlungsspielraum sowie dessen Grenzen kennen, bevor es sich daran macht, die beste unter den gegebenen Alternativen auszuwählen. Um die Handlungsmöglichkeiten systematisch auszuloten, müssen die gegebenen Handlungsbeschränkungen (in der ökonomischen Terminologie: die Restriktionen) ermittelt werden. Restriktionen können ökonomische Faktoren (Preise, Einkommen, Vermögen, …) ebenso wie außerökonomische Faktoren (Gesetze, Normen, Werte, …) sein. Handlungsalternativen, die ein Individuum z. B. aus Gründen der Illegalität oder der Illegitimität von vornherein ausscheidet, fließen erst gar nicht in das zuvor erwähnte ökonomische Kalkül ein. An dieser Stelle kann die Wertrationalität des Handelns individualethisch zur Geltung kommen, indem das Individuum die beste unter den gegebenen, legalen und legitimen Alternativen wählt – ökonomisch gesehen eine Optimierung unter Nebenbedingungen.

Verhaltenswirksam werden diese Handlungsbeschränkungen „erst durch das Wissen um ihre Existenz"[5]. Die vom autonom Handelnden selbst vorzunehmende ökonomische Analyse der Handlungssituation zielt auf die Verbesserung seines diesbezüglichen Informationsstandes. Im Zuge der systematischen Entwicklung dieser Kompetenz müssen die Schülerinnen und Schüler lernen, folgende Schlüsselfragen zu stellen und zu beantworten:

1. Welche objektiven und subjektiven Faktoren (Restriktionen) beschränken meinen Handlungsspielraum?

2. Welche Handlungsalternativen habe ich?

Bislang bewegt sich die ökonomische Analyse der Handlungssituation noch im „Hier-und-Jetzt". Doch die situativen Umstände können sich wandeln und in unserer sich dynamisch entwickelnden Wirtschaft und Gesellschaft vollzieht sich der Wandel offenbar immer rasanter und teils auch radikaler als je zuvor in der Zivilisationsgeschichte der Menschheit. Daher muss die unverzichtbare Fähigkeit zur umsichtigen Wahrnehmung der aktuellen Handlungssituation um die ebenso notwendige Fähigkeit erweitert werden, zukünftige Lebenssituationen zu antizipieren. Im Rahmen der ökonomischen Bildung sollte daher auch die Fähigkeit zur Bildung rationaler Erwartungen systematisch trainiert werden. Dann können mögliche, zukünftige Entwicklungen schon hier und heute berücksichtigt werden. Denn es ist ja nicht so, dass zukünftige Lebenssituationen stets schicksalhaft und unabwendbar über das Individuum hereinbrechen, sondern in sehr vielen Fällen von ihm durch vorgängige Entscheidungen mehr oder weniger beeinflusst werden – ein Aspekt, der unter dem Stichwort „Pfadabhängigkeit" zu beleuchten ist. Die dazugehörigen Schlüsselfragen lauten:

---

5   Krol 2003, 21.

1. Wie wird meine zukünftige Lebenssituation durch mein aktuelles Handeln beeinflusst? Beschränkt oder erweitert mein aktuelles Handeln meine zukünftigen Handlungsmöglichkeiten?

2. In welcher Lebenssituation werde oder könnte ich mich zukünftig befinden?

Indem diese Schlüsselfragen gezielt gestellt werden, nimmt das Individuum nicht allein die singuläre Handlungssituation in den Blick, sondern eine zeitliche Folge von Lebenssituationen, die z. T. kausal miteinander verknüpft sind. Das Individuum lernt durch ökonomische Bildung, sich selbst als Gestalter der eigenen Lebenssituation zu begreifen. Es erlebt die Selbstwirksamkeit seiner Person, welche eine wichtige Bedingung gelingenden Lebens zu sein scheint.

1.1.3 Ökonomische Systemzusammenhänge erklären

Die Heranwachsenden finden ein historisch entstandenes Wirtschaftssystem vor, innerhalb dessen sie agieren müssen. Es funktioniert nach Regeln, die sich kaum durch bloße Erfahrung, sondern in der Regel nur durch reflexive Erkenntnis erschließen lassen. Dies gilt besonders dort, wo die Systemlogik kontraintuitiv ist. Ist ein bloßes Versuch-und-Irrtums-Lernen in wirtschaftlichen Entscheidungssituationen generell hochriskant, so ist es in diesen Fällen schier unmöglich, „aus Erfahrung klug zu werden". Um sachgerecht urteilen und handeln zu können, sollten daher alle Menschen über ein Grundverständnis des Wirtschaftssystems verfügen. Der ökonomischen Bildung kommt daher traditionell die Aufgabe zu, die Funktionsweise des marktwirtschaftlichen Systems einsichtig zu machen. Die Bezugnahme auf die marktwirtschaftliche Ordnung der Wirtschaft ist für die ökonomische Bildung so zentral wie die Bezugnahme auf die demokratische Verfassung des Staates für die politische Bildung.

Ein Charakteristikum dieses marktwirtschaftlichen Systems ist, dass es den Wirtschaftssubjekten größtmögliche Freiheit am Markt gewährt. Die einzelnen Wirtschaftssubjekte erstellen ihre Konsum- und Produktionspläne autonom – ohne Direktive durch eine zentrale Steuerungsinstanz. Die ungezählten Handlungspläne der Wirtschaftssubjekte werden durch den Markt koordiniert. Der Austausch von Leistungen wird freiwillig vollzogen, sofern eine Win-Win-Situation vorliegt, weil dann beide Marktseiten davon profitieren (Tauschvorteile realisieren). Der

Wettbewerb unter den Anbietern ist ein weiteres wesentliches System-merkmal der Marktwirtschaft. Dieser kann als ein Prozess kollektiver Selbstschädigung angesehen werden, von dem die Nachfrager durch tendenziell sinkende Preise und steigende Qualität profitieren.[6]

Das Modell des Wirtschaftskreislaufs ist jenes curriculare Standard-element ökonomischer Bildung, das am häufigsten dazu herangezogen wird, ökonomische Systemzusammenhänge auf der Makroebene zu erklären. Das Modell zeigt einerseits, wie die verschiedenen Sektoren der Volkswirtschaft durch Güter-, Faktor- und Geldströme miteinan-der verbunden sind, und andererseits die Abhängigkeit verschiedener Märkte voneinander. Die Interdependenzen von Güter-, Faktor- und Kapitalmärkten werden sichtbar, systemisches Denken wird trainierbar. Mittels Kreislaufanalysen können anhand exemplarischer, ggf. aktueller und politisch brisanter Beispiele (z. B. die Immobilien-, Finanz- und Wirtschaftskrise) die unmittelbaren ebenso wie die mittelbaren Auswir-kungen (Fern- und Nebenwirkungen) von Veränderungen eines System-elements auf andere Systemelemente ermittelt werden. Als Schlüsselfra-gen zur Förderung systemischen Denkens können gelten:

1. In welcher Weise sind die Wirtschaftssubjekte bzw. -sektoren, Märk-te und Volkswirtschaften miteinander verbunden?

2. Welche unmittelbaren Wirkungen verursacht die Handlung eines Wirtschaftssubjekts im Wirtschaftssystem?

3. Welche nicht unmittelbar sichtbaren Fern- und Nebenwirkungen verursacht dieselbe Handlung im Wirtschaftssystem?

Zunehmend werden weitere Methoden für den Ökonomieunterricht entwickelt und erprobt, die das vernetzte und systemische Denken trai-nieren (siehe Kap. 3). Hervorzuheben sind die Netzwerktechnik und System Dynamics. Anders als der Wirtschaftskreislauf sind sie nicht auf volkswirtschaftliche Analysen begrenzt, sondern können auch das betriebliche und unternehmerische Geschehen auf der Mesoebene der Institution modellieren und dadurch das vernetzte und systemische Denken fördern.

Schließlich können im Rahmen der ökonomischen Bildung neben der Interdependenz der (Wirtschafts-)Systemelemente auch die Wech-

---

6   Vgl. HOMANN/BLOOME-DREES 1992, 31ff.

selwirkungen von Systemen, z. B. von wirtschaftlichem und politischem System, von wirtschaftlichem und ökologischem System erörtert werden. Durch die wiederholte Auseinandersetzung mit variierenden ökonomischen Systemzusammenhängen können sich die Lernenden die komplexe Wirtschaftswelt immer besser selbst erklären.

1.1.4 Rahmenbedingungen des Wirtschaftens verstehen und mitgestalten

Das in der Marktwirtschaft mögliche eigennützige Streben der Marktteilnehmer setzt Energien frei, die im Ergebnis Allen in Form eines historisch einmaligen Wohlstandsniveaus zugute kommen sollen. Mit dem Versprechen „Wohlstand für Alle" zu schaffen, wurde die soziale Marktwirtschaft im Nachkriegsdeutschland bekanntlich legitimiert und etabliert. Unter bestimmten, idealen Bedingungen sorgt die von Adam Smith so genannte „unsichtbare Hand" des Marktes dafür, dass sich als individuell unbeabsichtigte Nebenfolge eigennützigen Handelns ein gesellschaftlich wünschenswertes Ergebnis einstellt. Auf dieser grundlegenden Erkenntnis aufbauend gilt es im Konkreten zu prüfen, wie die für effiziente Märkte erforderlichen Bedingungen politisch am besten gewährleistet werden können (Marktdesign). Ansonsten kommt es zu Marktversagen. Durch ökonomische Bildung lernen die Schülerinnen und Schüler, dass das von ihnen vorgefundene Wirtschaftssystem politisch mitgestaltbar ist. Vorgängiges staatliches Handeln ist sogar oftmals eine notwendige Voraussetzung für effizientes, wirtschaftliches Handeln auf Märkten. So bedarf es beispielsweise einer stabilen Geldordnung und einer stabilen Rechtsordnung, damit das System funktionieren und die Wirtschaft prosperieren kann. Bei näherem Hinsehen erweist sich das Wirtschaftssystem also nicht nur als mitgestaltbar, sondern auch als mitgestaltungsbedürftig. Politisches Handeln ist nicht erst bei der konkreten Ausgestaltung der Spielregeln des Wirtschaftens vonnöten, sondern schon bei der Etablierung einer marktwirtschaftlichen Ordnung. Unser marktwirtschaftliches System wurde durch politische Akte konstituiert und es wird durch fortlaufende politische Akte reguliert oder dereguliert. In der ökonomischen Bildung hat es deshalb eine lange Tradition, das Verhältnis von Markt und Staat in vielfältiger Weise zu thematisieren. Dadurch trägt die ökonomische Bildung zur politischen Bildung bei. Sie orientiert sich dabei an der Leitidee des mündigen Wirtschaftsbürgers.

Zur Entwicklung der Fähigkeit, die Rahmenbedingungen des Wirtschaftens zu verstehen und mitzugestalten, sollen die Schülerinnen und Schüler die Bearbeitung folgender Schlüsselfragen erlernen:

1. Worin besteht das Allgemeinwohl?

2. Wird dieses Allgemeinwohl unter den gegebenen Rahmenbedingungen durch das eigennützige und rationale Handeln der Wirtschaftssubjekte erreicht oder verfehlt?

3. (Wie) Kann der institutionelle Rahmen des Wirtschaftens so verändert werden, dass Eigennutz und Allgemeinwohl nicht auseinander fallen?

Bei der Gestaltung der Spielregeln des Wirtschaftens kann die Wertrationalität des Handelns erneut zur Geltung kommen, diesmal institutionenethisch. Dies meint, dass die Rahmenbedingungen des Wirtschaftens so gestaltet werden sollten, dass anerkannte Werte wie Freiheit, Sicherheit und Wohlstand beachtet und realisiert werden. Ökonomen sind im Allgemeinen der Auffassung, dass die Institutionenethik in der modernen Wirtschaft bedeutsamer ist als die Individualethik, um moralische Werte zur Geltung zu bringen. Individuen müssen durch wirtschaftliche, rechtliche und gesellschaftliche Institutionen auch in moralischer Hinsicht entlastet werden. Dieser dem Grund nach richtigen These liegt nach Auffassung des Autors dennoch ein verkürztes Verständnis von Individualethik zugrunde, weil in der Regel ausgeblendet wird, dass die Spielregeln nur dann diesen Werten verpflichtet sind, wenn es Menschen gibt, die sich aus ethischer Überzeugung persönlich dafür stark machen. In diesem Sinne wird hier die Individualethik als die Bedingung der Möglichkeit von Institutionenethik aufgefasst.

1.1.5 *Konflikte perspektivisch und ethisch beurteilen*

Mit der Marktwirtschaft werden Rivalitätsbeziehungen zwischen den Wirtschaftssubjekten in Form des Wettbewerbs etabliert. So konkurrieren die Anbieter um die Kaufkraft der Nachfrager. Und die Nachfrager konkurrieren um die angebotenen Güter. Die Sozialbeziehungen von Anbietern und Nachfragern untereinander können demnach treffend als Konkurrenz beschrieben werden. Für die auf beiden Marktseiten auftretenden Verteilungskonflikte ist die geradezu allgegenwärtige Knappheit ursächlich. Wenn unterschiedliche Personen Anspruch auf dieselben

Ressourcen erheben, wird aus dem technischen Knappheitsproblem ein sozialer Konflikt. Der (vollkommene) Markt löst diesen Verteilungskonflikt in der Weise, dass die Güter von den Anbietern mit den geringsten Herstellungskosten produziert und von den Nachfragern mit der höchsten Zahlungsbereitschaft konsumiert werden.

Zwischen den beiden Marktseiten herrscht ebenfalls ein Interessengegensatz: Die Anbieter möchten möglichst hohe Verkaufspreise erzielen, während die Nachfrager möglichst geringe Einstandspreise zahlen wollen. Bei jedem Tausch liegen konfligierende Interessen bezüglich der Aufteilung des daraus resultierenden Kooperationsgewinns vor.[7] In marktwirtschaftlichen Systemen wird dessen Aufteilung grundsätzlich dem „freien Spiel der Kräfte" auf dem Markt überlassen. Angebot und Nachfrage bestimmen den Preis. Der Ausgang hängt dann auch von einer etwaigen Machtposition der Marktparteien ab. Ist das Ergebnis gesellschaftlich unerwünscht – wird es als ungerecht angesehen –, kann das Verteilungsergebnis z. B. durch Steuererhebung und Transferzahlungen verändert werden.

Der Interessenkonflikt ist bei öffentlichen Gütern anders gelagert. Ihre Bereitstellung ist zwar im Interesse Aller, doch hat niemand ein Interesse daran, selbst dazu beizutragen, weil man von deren Nutzung nicht ausgeschlossen werden und als Trittbrettfahrer von ihrer Bereitstellung durch andere profitieren kann. Die Einführung einer Zwangsbeteiligung durch den Staat ist ein geeigneter Weg, jeden an den Lasten der Bereitstellung öffentlicher Güter zu beteiligen. Zu fragen ist dann, wie die individuell zu tragende Last bemessen werden sollte, damit sie dem ethischen Anspruch der Verteilungsgerechtigkeit genügt.

Die im Ökonomieunterricht anzustrebende Kompetenz, Konflikte perspektivisch und ethisch zu beurteilen, fußt auf den nicht zu leugnenden Interessengegensätzen der Wirtschaftssubjekte. Konflikte sind weder immer vermeidbar noch grundsätzlich unerwünscht. Die Lernenden sollen im Rahmen der ökonomischen Bildung die Möglichkeit erhalten, typische Verteilungskonflikte, die Ausgangspositionen im Wettbewerb, die Verteilungsregeln und -ergebnisse perspektivisch und ethisch (siehe ausführlich Retzmann 2006) zu reflektieren. Die im Lehr-Lern-Prozess erkenntnisleitenden Schlüsselfragen lauten:

---

7   Vgl. Homann/Suchanek 2000, 7.

1. Wessen Interessen rivalisieren bezüglich der Verteilung welcher Güter, Lasten und Positionen?

2. Genügen die herrschenden Verteilungsregeln dem Anspruch der Fairness?

3. Genügen die Verteilungsergebnisse dem Anspruch der Gerechtigkeit?

Diese Kompetenz verweist schließlich auf das normative Postulat des nachhaltigen Wirtschaftens, denn mit dem Prinzip der Nachhaltigkeit wird intra- und intergenerationale Gerechtigkeit gefordert. Ökonomische Bildung kann einen spezifischen Beitrag zur Bildung für eine nachhaltige Entwicklung leisten.

1.2 Gegenstand und Perspektive des Ökonomieunterrichts

Von ökonomischem Lernen kann immer und nur dann gesprochen werden, wenn wirtschaftlich relevante Unterrichtsinhalte zugleich aus einer ökonomischen Perspektive heraus beleuchtet werden. Die Inhalte des Ökonomieunterrichts können weder allein über den Gegenstandsbereich „Wirtschaft" (Private Haushalte, Betriebe und Unternehmen, Märkte, Internationale Wirtschaftsbeziehungen usw.) bestimmt werden, noch allein über die ökonomische Perspektive. Aufgabe der Fachdidaktik und der Lehrenden in den Schulen ist es daher, potenziell bildungswirksame Verhältnisse von ökonomischer Perspektive und Untersuchungsgegenstand zu identifizieren. Exemplarisch ist ein Unterrichtsgegenstand, wenn von den Schülerinnen und Schüler an ihm und durch ihn eine grundsätzliche ökonomische Erkenntnis erworben werden kann, welche auf andere wirtschaftliche Sachverhalte transferierbar ist.

Eine wichtige Aufgabe der Curriculumkonstrukteure besteht daher darin, zunächst mögliche und sodann sogar besonders geeignete Relationen von Erkenntnismethode und -gegenstand zu bestimmen, um das Prinzip der Exemplarität einzulösen. Hält man beispielsweise den Prinzipal-Agenten-Ansatz der ökonomischen Theorie grundsätzlich für erhellend, so muss im Hinblick auf die Zielgruppe überlegt werden, anhand welcher Beispiele aus der Wirtschaftspraxis (z. B. Arzt-Patient, Arbeitnehmer-Arbeitgeber oder Vermögensberater-Geldanleger) die Fähigkeit zur Analyse der Beziehung von Prinzipal und Agent am besten ausgebildet werden kann.

1.2.1 Zentrale Inhaltsfelder des Ökonomieunterrichts

In den Kerncurricula für den Ökonomieunterricht werden immer wieder fünf Inhaltsfelder ausgewiesen: *Private Haushalte, Betriebe/Unternehmen, Staat, Wirtschaftsordnung und Ausland.*[8] Diese sind abgeleitet aus dem Modell des Wirtschaftskreislaufs für eine offene Volkswirtschaft mit Staatstätigkeit. Sie repräsentieren die wichtigsten Akteure im Wirtschaftsgeschehen unter Berücksichtigung ihrer ordnungspolitisch gestalteten Beziehungen zueinander sowie der internationalen Verflechtungen der Volkswirtschaft. Diese zentralen Inhaltsfelder des Ökonomieunterrichts lassen sich mit Blick auf die Schülerinnen und Schüler rollentheoretisch rekonstruieren: Zum Menschsein gehört in der Moderne wesentlich das Dasein als *Verbraucher, Erwerbstätiger und Wirtschaftsbürger.* Unter Inklusion der regulativen Idee der Mündigkeit ergeben sich daraus die drei Leitbilder für die ökonomische Bildung:

- *Der mündige Verbraucher:* Alle Schülerinnen und Schüler werden später einen eigenen Haushalt gründen und führen müssen. Eine solide ökonomische Grundbildung ist dabei von nicht zu überschätzender Bedeutung, wie uns unter anderem die Zahl von über 3,5 Millionen überschuldeten Haushalten in der Bundesrepublik Deutschland drastisch vor Augen führt. Die ökonomische Verbraucherbildung kann daran anknüpfen, dass die Adressaten bereits Konsumenten und Mitglieder eines privaten Haushaltes sind. Dadurch kann sie besonders leicht den Prinzipien der Lebenssituationsorientierung und der Problemorientierung des Ökonomieunterrichts genügen. Zudem kann sie zu einem recht frühen Zeitpunkt in der Bildungsbiografie zum wirtschaftlichen Handeln befähigen.

- *Der mündige Erwerbstätige:* Die Beteiligung an Erwerbsarbeit ist nicht nur die Grundlage der materiellen Existenz, sondern auch entscheidend für die gesellschaftliche Integration. Wer nicht in das Beschäftigungssystem integriert ist, läuft Gefahr, an den Rand der Gesellschaft zu geraten: wirtschaftlich, sozial und politisch. Die idealtypische Figur des mündigen Erwerbstätigen umfasst den abhängig beschäftigten Arbeitnehmer ebenso wie den selbstständigen Unternehmer. Zum Inhaltsfeld „Betriebe/Unternehmen" gehört die umfassende Auseinandersetzung mit der modernen Berufs-

8   Siehe Kaminski 2001.

und Arbeitswelt, insbesondere mit den aktuellen betrieblichen und unternehmerischen Strukturen, Prozessen, Problemen und Strategien aber auch die Unterstützung bei der individuellen Berufsorientierung und Berufswahl. Schließlich gelangen Schülerinnen und Schüler am Ende der allgemeinen Schulpflicht ins Ausbildungssystem, welches dem Beschäftigungssystem vorgelagert ist. Die betriebliche und unternehmerische Wirklichkeit ist den Schülern tendenziell jedoch fremd, meist nur ausschnitthaft und subjektiv gefärbt aus zweiter Hand bekannt. Um diese Distanz punktuell aufzuheben und den betrieblichen Leistungsprozess anschaulich zu machen, werden in der Schule Methoden der Realbegegnung (z. B. Betriebserkundungen und -praktika) eingesetzt.

- *Der mündige Wirtschaftsbürger:* Ökonomische Bildung trägt immer auch zur politischen Bildung bei, weil sie sich von der regulativen Idee des mündigen Bürgers leiten lässt. Als eine solche politische Bildung sollte sie die institutionellen Rahmenbedingungen des Wirtschaftens kritisch in den Blick nehmen und deren Funktionalität bzw. Dysfunktionalität für nachhaltiges Wirtschaften prüfen.

Verbraucherbildung und Berufsorientierung sind nicht per se ökonomische Bildung (und sie erschöpfen sich auch nicht in ökonomischer Bildung). Zur ökonomischen Bildung werden die diesen Feldern zuzurechnenden Gegenstände erst und nur dadurch, dass sie in ein Ziel-Inhalts-Konzept eingebettet sind, welches die ökonomische Perspektive auf die Gegenstände zur Geltung bringt.

1.2.2 Zentrale Perspektiven des Ökonomieunterrichts

Es ist eine auf den ersten Blick unabweisbare Wahrheit: Ökonomische Bildung beschäftigt sich mit der Wirtschaft. Die Bedeutung der ökonomischen Bildung leitet sich daher nicht zuletzt von der Bedeutung der Wirtschaft in der heutigen Welt ab sowie von der zunehmenden Ökonomisierung vieler Lebensbereiche. Weil die Wirtschaft eine immer bedeutender werdende Größe im sozialen und politischen Raum sowie im Leben des Einzelnen ist, ist die ökonomische Allgemeinbildung immer wichtiger. Diese einfache Wahrheit ist aber nur eine Teil-Wahrheit. Mit Teilgebieten des Gegenstandsbereichs „Wirtschaft" beschäftigen sich ganz unterschiedliche wissenschaftliche Professionen wie die Rechtswissenschaft, Soziologie, Politikwissenschaft, Philosophie, Theologie,

Psychologie, Medizin, Sprachwissenschaft, Chronobiologie usw. Aus der wachsenden Bedeutung der Wirtschaft allein kann die wachsende Bedeutung der ökonomischen Bildung also nicht zwingend geschlussfolgert werden. Die wachsende Bedeutung der ökonomischen Bildung liegt daher nicht zuletzt an ihrem Spezifikum, der ökonomischen Perspektive. Indem sie den Maßstab der Effizienz zur Geltung bringt, hilft sie Verschwendung zu vermeiden – auf der Mikroebene individuellen Handelns ebenso wie auf der Mesoebene der Organisationen und auf der Makroebene der Volks- und Weltwirtschaft. Das Streben nach Effizienz kann in einer Welt der Knappheit selbst Ausdruck eines ethischen Anspruchs sein, z. B. bei der möglichst effizienten Verwendung und damit Schonung natürlicher Ressourcen bei der Güterversorgung. Da allenthalben Verwendungskonkurrenzen und Zielkonflikte vorliegen, ist überdies eine Optimierung des Mitteleinsatzes nötig, um die individuelle oder kollektive Wohlfahrt zu maximieren. Ökonomische Bildung hilft den einzelnen Menschen, das Beste aus ihrem Leben zu machen, ein gelingendes Leben zu führen. Und sie hilft der Gesellschaft, die materielle Grundlage unserer Existenz zu sichern. Zwar ist das Streben nach einer immer besseren Güterversorgung der Bevölkerung zunächst gewiss bloß ein wirtschaftlicher Wert, dessen gesellschaftlicher Stellenwert sich jedoch erschließt, wenn Lebensverhältnisse betrachtet werden, die man gewöhnlich als „Armut" bezeichnet.

Es ist die Aufgabe der Wirtschaftsdidaktik, fachtypische Denkschemata zu identifizieren, welche in Bildungsprozessen die Einnahme der ökonomischen Perspektive (durchaus bevorzugt auf Gegenstände des Realitätsbereichs „Wirtschaft") gewährleisten. Kruber hat – wie andere Wirtschaftsdidaktiker neben ihm – die für die ökonomische Bildung wichtigsten Kategorien ökonomischen Denkens herausgearbeitet.[9] Sie lauten stichwortartig: Knappheit, Rationalität, Planung, Zielkonkurrenz und Entscheidung, Bedürfnisdruck, Dynamik, Rahmengebundenheit, Tausch und Kreislauf, Stufenmerkmal, Funktionalität und Abstraktheit. Diese versteht Kruber als allgemeine Strukturen eines Wirklichkeitsbereichs – aus der Sicht einer Wissenschaft. Die Funktion dieser Kategorien ist es, für den Ökonomieunterricht exemplarische Gegenstände auszuwählen, an denen durch Einnahme der ökonomischen Perspektive verallgemeinerungsfähige Erkenntnisse gewonnen werden können.[10]

9 Vgl. Kruber 1997, 60ff.
10 Vgl. Kruber 1994, 47.

Was die ökonomische Perspektive genauerhin ist, ist nicht in Stein gemeißelt, sondern im Laufe der Theoriegeschichte einem Wandel unterworfen gewesen. Es besteht kein Anlass zu der Vermutung, dass dieser abgeschlossen sein könnte. Insofern ist es die bleibende Aufgabe der Wirtschaftsdidaktik, einem solchen Wandel der Bezugswissenschaft durch laufende Fortschreibung des Ökonomiecurriculums zu entsprechen.

1.3 Methoden des Ökonomieunterrichts

Mit Blick auf die normativ legitimierten Bildungsziele einerseits und die als exemplarisch erwiesenen Bildungsinhalte andererseits müssen schließlich effektive Methoden zur Kenntnisvermittlung und Kompetenzentwicklung identifiziert werden. Es gibt in der Wirtschaftsdidaktik eine breite Diskussion zu den Methoden für den Ökonomieunterricht.[11] Es werden Methoden zur Entscheidungsfindung, zur Förderung des systemischen Denkens, der Realbegegnung u. v. m. diskutiert. Zur Förderung der individuellen Entscheidungskompetenz eignet sich beispielsweise die *Nutzwertanalyse,* zur Förderung des systemischen Denkens die *Netzwerktechnik.* Die *Fallmethode* trainiert die Fähigkeit, Handlungssituationen umsichtig zu analysieren. Die *Szenariotechnik* macht die langfristigen Wirkungen unterschiedlicher Rahmenbedingungen der Wirtschaft anschaulich. Die *Pro-Kontra-Diskussion* gilt als geeignet, die wirtschaftsethische Urteilskompetenz zu stimulieren. *Praxiskontakte Wirtschaft* ermöglichen Schülerinnen und Schülern Primärerfahrungen und fördern erfahrungsbasiertes Lernen anhand offener und authentischer Probleme. Das große Spektrum sinnvoll anwendbarer Methoden, welche teils typisch oder gar exklusiv für die ökonomische Bildung sind, teils auch in anderen Fächern bekannt sind, wird durch folgende Übersicht angedeutet. Die Lernwirksamkeit der Unterrichtsmethoden kann meist nur – immerhin – argumentativ plausibel gemacht werden. Empirische Belege liegen dagegen nur für einige Methoden vor. Hierin ist ein zukünftiges Betätigungsfeld für die Wirtschaftsdidaktik zu sehen.

---

11 Neben zahlreichen Einzelpublikationen gibt es einschlägige Methodenlehrbücher (für viele: KAISER/KAMINSKI 1999) und Methodentrainings (RETZMANN 2008) für die ökonomische Bildung.

Methoden für die ökonomische Bildung von A bis Z

Analyse und Bewertung von Statistiken und Schaubildern	Produktlinienanalyse
Arbeitsplatzerkundung/-beschreibung	Projekt
Betriebserkundung	Rollenspiel/Szenisches Spiel
Dilemmadiskussion	Schülerbetriebspraktikum
Experimente	Schülerfirmen
Fallstudien	Sozialökonomische Kartographierung
Mind-Mapping-Technik	System-Dynamics
Netzwerktechnik	Szenariotechnik
Nutzwertanalyse	Vergleichender Waren- und Dienstleistungstest
Partnerpuzzle	WebQuests
Planspiele (z. T. computergestützt)	Wettbewerbe
Potenzialanalyse	Wikis
Praxiskontakte Wirtschaft	Zukunftswerkstatt

2. Ökonomische Bildung – Ziele, Inhalte und Methoden aus religionsdidaktischer Perspektive

Fragen des gesellschaftsbezogenen Kompetenzerwerbs sind in der religionspädagogischen Reflexion sowie im Religionsunterricht gegenüber den Aspekten religiöser Bildung in den vergangenen etwa zwei Jahrzehnten bisher eher vernachlässigt worden.

Dies mag nach den durchaus problematischen Erfahrungen mit dem Religionsunterricht der 70er und frühen 80er Jahre damit zusammenhängen, dass man mit Recht erhebliche Kritik an Politisierungs-, Ideologisierungs- und Instrumentalisierungstendenzen religiöser Bildung geäußert hatte. Von daher wurde im Sinn einer religionsbezogenen Neuorientierung seit den 80er Jahren stärkeres Augenmerk auf unmittelbar religiöse Fragen, Traditionen und Sachverhalte des Faches gelegt. Dies hat etwa in Gestalt eines symboldidaktischen und performativen Religionsunterrichts zu intensiven Reflexionen über die Bedingungen gelingender religiöser Kommunikation und Anschaulichkeit im Unterricht geführt. Ohne Zweifel gelangten damit wieder verstärkt religiöse Themen in den Blick, die man bis dahin für nicht mehr attraktiv genug gehalten hatte, um damit Jugendliche für das Fach und seine Inhalte zu begeistern. In diesem Zusammenhang einer Konzentration auf religiöse Kernthemen und Sachverhalte gerieten nun allerdings im Gegenzug Fragen der individuellen und gemeinsamen Lebensführung Jugendlicher in ökonomischer Perspektive tendenziell eher aus dem Blick.

Im Sinn einer neuerlich wachsenden Sensibilität für den Zusammenhang von religiöser und ethischer Bildung sind deshalb in jüngerer Zeit verstärkte religionspädagogische Reflexionen etwa zur Frage der Wertebildung oder zum Verantwortungslernen angestellt worden. In diesem Zusammenhang wird gegenwärtig vermehrt die Frage nach dem Beitrag des Religionsunterrichts zum Erwerb von Toleranz und Empathie gestellt. In der Perspektive einer politisch sensiblen und für die jugendliche Lebensführung relevanten religiösen Bildung kommen damit auch materiale ethische Fragen wie etwa jene nach der religiösen Begründung und Ausgestaltung von Menschenrechten, aber eben auch die Fragen nach einer gerechten Weltgesellschaft neu in den Blick.

Diese neuerliche Aufmerksamkeit für die ethische und politische Dimension religiöser Bildung findet ihren Niederschlag auch in den aktuellen religionspädagogischen Reflexionen über Bildungsstandards und Kompetenzorientierung. In einem maßgeblichen Modell werden als Kompetenzen religiöser Bildung neben dem Wahrnehmen und Vertreten der persönlichen Glaubensüberzeugung eben auch genannt: „Entscheidungssituationen der eigenen Lebensführung als religiös relevant erkennen und mithilfe religiöser Argumente bearbeiten" und „Religiöse Grundideen (z. B. Menschenwürde, Nächstenliebe, Gerechtigkeit) erläutern und als Grundwerte in gesellschaftlichen Konflikten zur Geltung bringen."[12]

Der Bereich des Ökonomischen wurde und wird allerdings im Religionsunterricht gerade in seinen gesellschaftspolitischen Dimensionen und Implikationen bisher kaum in den Blick genommen. Ökonomisch relevante Themen wurden explizit innerhalb der Lehrpläne allerhöch-

12 FISCHER/ELSENBAST 2006, 17ff.

stens im Zusammenhang der Frage von „Arbeit und Arbeitslosigkeit", „Gerechtigkeit/Ungerechtigkeit" oder Sachfragen der Dritten Welt und Diakonie thematisiert und dabei kaum explizit mit der Vermittlung ökonomischer Grundkenntnisse verbunden. Zudem zeigt sich bis heute ein deutliches Gefälle in der Thematisierung ökonomischer Fragen je nach entsprechender Schulart. So wird etwa, aus sachlich nahe liegenden Gründen, im Berufsschulreligionsunterricht vergleichsweise großes Gewicht auf Aspekte des Arbeitens und der Wirtschaft gelegt, während etwa im allgemeinbildenden Bereich nur wenig Raum für die Thematisierung berufsbezogener Lebensperspektiven vorgesehen ist.

Gilt nun, wie anfangs aufgezeigt, in bildungstheoretischer Hinsicht ökonomische Bildung als ein lebensrelevantes schulisches Querschnittsthema, so steht die religionspädagogische Reflexion und schulische Praxis des Religionsunterrichts vor der Frage, wie sie sich diesem Thema zukünftig in sach- und menschengemäßem Sinn widmen will. Dazu wird im Folgenden der Begriff der Ökonomiebezogenheit verwendet und dabei bewusst weit verstanden: Weder soll damit gemeint sein, dass alle Themen des Religionsunterrichts von vornherein auf ökonomische Zusammenhänge bezogen werden sollen noch gar religiöse Bildung erst in dieser Zielrichtung zu ihrer eigenen Sache kommt. Vielmehr soll unter Ökonomiebezogenheit *eine* spezifische und zugleich wesentliche Möglichkeit religiöser Bildung verstanden werden, sich mit ökonomischen Sachfragen und deren Rahmenbedingungen auf eine Weise zu befassen, die ihren eigenen generellen Bildungsintentionen im Blick auf jugendliche Lebensführung entspricht.

2.1 Fachliche Kompetenzen als Ziele einer ökonomiebezogenen religiösen Bildung

Die übergreifende Zielsetzung ökonomischer Bildung, der zufolge Jugendliche Kompetenzen aufbauen können sollen, die ‚ihnen die autonome Bewältigung gegenwärtiger und zukünftiger Lebenssituationen sowie eine sozial verantwortete Teilhabe an der Gesellschaft ermöglichen', hat ihr sachliches religionspädagogisches Pendant in der Intention, Jugendlichen die notwendigen Kompetenzen zur eigenen Lebensbewältigung zu vermitteln. Insofern teilen die wirtschafts- und religionsdidaktische Perspektive die Einsicht und Absicht, Jugendlichen ökonomische Bildung als lebenswichtige Ressource bereitzustellen und dabei gerade nicht in funktionalistischer Weise primär auf deren zukünftige Arbeitsmarkt- und Konkurrenzfähigkeit abzuzielen. Demzufolge darf sich die Religionspädagogik mit guten Gründen von der immer wieder geäußerten Vermutung verabschieden, ökonomische Bildung stehe lediglich im Dienst ökonomistischer oder gar kapitalistischer Entmündigungsabsichten. Von daher lassen sich auch die oben genannten wirtschaftsdidaktischen Kompetenzen im Folgenden in der Weise aufnehmen, dass sie nicht von vorneherein unter das Verdikt eines vermeintlich unzulässigen ökonomischen Paradigmas gestellt, sondern aufgrund ihrer Zielsetzung ökonomischer Mündigkeit ernst genommen werden.

Nun kann dies in der Praxis natürlich nicht heißen, dass eine religionsunterrichtliche Thematisierung des Ökonomischen immer erst den langen Weg von der wirtschaftsdidaktischen Annäherung bis hin zu einem religionsdidaktischen Transfer gehen kann und muss. Dies ist schon aus unterrichtspraktischen Gründen weder möglich noch sinnvoll. Allerdings sollten mindestens die wirtschaftsdidaktischen Standards mit im Blick sein, wenn sich der Religionsunterricht auf ökonomische Bildung einlässt. Denn nur so kann vermieden werden, dass es am Ende zu einer mehr oder weniger klischeehaften Stigmatisierung des Ökonomischen oder gar Selbstimmunisierung gegenüber dem wirtschaftlichen Leben kommt und damit dann auch die religionsdidaktische Perspektive von vorneherein auf tönernen Füßen steht.

Dies schließt gleichwohl aus, dass die ökonomischen Sachfragen und wirtschaftsdidaktischen Vermittlungsaspekte einfach der „anderen" Fachdisziplin überlassen bleiben sollen. Denn stellt ökonomische Bildung eine Querschnittsaufgabe dar, dann muss auch „von außen her" ein kritischer Blick auf die zugrunde gelegten Voraussetzungen möglich sein. Insofern steht die folgende religionsdidaktische Reflexion zu den einzelnen Kompetenzen bewusst in einer anknüpfenden und kritisch-konstruktiven Absicht.

2.1.1 Entscheidungen begründen

Im ersten fachdidaktischen Teil wurde die These aufgestellt und entfaltet, dass ökonomische Bildung in wirtschaftsdidaktischer Perspektive dazu beiträgt, individuelle Entscheidungen nach Maßgabe ökonomischer Rationalität zu begründen. Dies mag nun aus religiöser Perspektive eine zu enge Form von Entscheidungsbegründung darstellen, da sie den jeweiligen Akteur als beinahe blutleeren „homo oeconomicus" ins Bild zu setzen scheint und die Assoziation eines weitgehend gefühllosen Wirtschaftmechanismus auslöst. Zu betonen ist allerdings, dass diese Entscheidungsbegründungskompetenz erstens durchaus wertneutral verstanden werden kann und zweitens damit der Aspekt der Persönlichkeitsentfaltung gerade nicht ausgeschlossen ist.

In religionsdidaktischer Perspektive stellt sich gleichwohl die Frage, ob das Faktum, „sich entscheiden zu müssen", lediglich als eine „anthropologische Grundkonstante" zu verstehen ist, oder ob hier nicht im Sinn der Rechtfertigungslehre zugleich auch in theologischem Sinn von möglichen Entlastungen eigener Entscheidungsnot die Rede sein muss. In diesem Kontext ist der „Auswirkung der ökonomischen Logik zu widersprechen, dass der Mensch seinen Wert durch ökonomische Leistung erringt."[13] Zudem ist zu fragen, ob das Handeln zum eigenen Vorteil immer und automatisch ein „systemimmanentes Korrektiv" hat.

Die ökonomische Begründung von Entscheidungen ist insofern in religionsdidaktischer Perspektive auch auf ihre Grenzbedingungen und Unverfügbarkeiten hin zu beleuchten, die sowohl in den Entscheidungsfähigkeiten der einzelnen Person als auch in den systemischen Bedingungen ökonomischen Handelns liegen.

2.1.2 Handlungssituationen analysieren

In eine gleiche Argumentationsrichtung gehen auch die religionsdidaktischen Überlegungen zum zweiten Aspekt des fachlichen Kompetenzerwerbs. Auch hier ist es für den Religionsunterricht, der ökonomische Aspekte thematisiert, notwendig, in seiner Weise dazu beizutragen, dass Jugendliche die zugrunde liegenden Handlungssituationen bzw. ihre tatsächlichen Handlungsmöglichkeiten zu analysieren verstehen. Dass hier aus wirtschaftsdidaktischer Perspektive gefordert wird, nicht nur zur umsichtigen Wahrnehmung der je aktuellen Handlungssituation zu bilden, sondern auch dazu, „zukünftige Lebenssituationen zu antizipieren", leuchtet unmittelbar ein. Dazu sind die aufgeführten Schlüsselfragen nach dem Zusammenhang von aktuellem Handeln und zukünftiger Lebenssituation auch für den Religionsunterricht von orientierender Bedeutung. Denn die Sensibilisierung für die eigenen Gestaltungsmöglichkeiten stellt einen wesentlichen Ausgangspunkt für die sachliche Auseinandersetzung mit den faktischen Rahmenbedingungen dar und betont damit richtigerweise die individuelle Gestaltungsverantwortung.

---

13 BIEHL/JOHANNSEN 2003, 191.

Damit verbindet sich zugleich die weiterreichende gesellschaftspolitische Frage, ob die Rahmenbedingungen für die dazu notwendige Bildungs-gerechtigkeit tatsächlich in ausreichendem Maß vorhanden sind.

Allerdings sollte in diesem Zusammenhang auch der Aspekt prinzi-pieller Kontingenz individuellen Handelns mitthematisiert werden, da-mit nicht der Eindruck entsteht, als ob „Selbstwirksamkeit" tatsächlich ungebrochen möglich ist und die Antizipation zukünftiger Lebenssitu-ationen tatsächlich uneingeschränkt denkbar wäre: „Das sich selbst be-stimmende Subjekt wird erst souverän, wenn es seine Selbstbehauptung (gelegentlich) aufgeben kann."[14]

2.1.3 Systemzusammenhänge erklären

Dass die Klärung der wirtschaftlichen Systemzusammenhänge für eine ökonomische Bildung ebenso unverzichtbar ist wie die Berücksichtigung anderer systemischer Wechselwirkungen, versteht sich der Sache nach von selbst. Religiöse Bildung, die sich auf ökonomische Sachverhalte und deren Bedeutung für die Lebensführung einlässt, muss insofern mindestens ansatzweise diese Systemzusammenhänge ebenfalls berück-sichtigen. Dabei gilt grundsätzlich, dass Religion nicht im Gegensatz zur „weltlichen Welt, ihren Ökonomien und Technologien"[15] steht, sondern sich immer weltlich artikuliert. Die Alternative „Geld oder Leben ... ist kurzschlüssig, wenn sie moralisch verstanden wird, als sei das Leben freizuhalten vom Geld, von seinem Segen und seiner Drohung."[16] Dass Ökonomie und Religion als wesentliche Bezugsgrößen menschlichen Existierens immer auch in einer intensiven systemischen Wechselwir-kung stehen, haben nicht erst Max Webers Überlegungen zum Verhält-nis von protestantischer Ethik und dem Geist des Kapitalismus bzw. wirtschaftlicher Rationalität und Organisation gezeigt.

Nun ist es im Rahmen des Religionsunterrichts nicht zu leisten, gleichsam ein Propädeutikum ökonomischer Grundkenntnisse zu ver-mitteln. Dazu ist bei den lehrenden Akteuren in der Regel weder eine ausreichende Kompetenz noch im Blick auf den Gesamtlehrplan ausrei-chend Zeit vorhanden. Allerdings tun Religionslehrkräfte gut daran, bei der Thematisierung ökonomischer Fragen und aktueller Friktionen des wirtschaftlichen Systems wenigstens ansatzweise auf die Komplexität

---

14 ZILLESSEN 2005, 129.
15 ZILLESSEN 2006, 94.
16 ZILLESSEN 2006, 96.

der Sachverhalte hinzuweisen und damit allen Versuchungen, vermeintlich „einfache Lösungen" zu propagieren, zu widerstehen. Zugleich ist gerade an diesem Punkt des Kompetenzerwerbs deutlich, dass alle religionsdidaktischen Bestrebungen eines fächerübergreifenden bzw. fächerverbindenden Unterrichts so intensiv wie möglich auf diese hard facts wirtschaftlicher Funktionsweisen rekurrieren müssen, wenn sie nicht die eigentlichen Problemlagen von vornherein durch Formen didaktischer Banalisierung unterlaufen wollen.

2.1.4 Rahmenbedingungen des Wirtschaftens verstehen und mitgestalten

Dass auch die weiter reichenden Rahmenbedingungen des Wirtschaftens aus religionsdidaktischer Perspektive mitzubeachten sind, leuchtet nach dem bisher Gesagten unmittelbar ein. Insbesondere an die hier genannten Schlüsselfragen im Zusammenhang von Allgemeinwohl und Eigennutz kann religiöse Bildung unmittelbar anknüpfen.[17] Ebenso kann Religionsdidaktik in Fragen der Mitgestaltung von dem aufgezeigten, differenzierten Zusammenhang von Institutionen- und Individualethik für ihre Thematisierungen erheblich profitieren. Dabei ist es nicht an erster Stelle entscheidend, auf welche Seite sich religiöse Bildung in der Frage des kausalen Zusammenhangs von Individualethik und Institutionenethik schlägt, sondern dass sie die Jugendlichen überhaupt für beide Seiten der Medaille sensibilisiert. Konkret gilt es, den Fehler zu vermeiden, mögliche ökonomische Sachprobleme entweder allein durch den moralischen Appell an den Einzelnen bzw. die Klage über mangelnde Moral von Managern, Großkonzernen etc. zu „lösen" oder vice versa alles in eine Generalkritik der vermeintlich institutionellen Defizite des Wirtschaftssystems zu überführen. In beiden Fällen würde die Zielsetzung des Erwerbs individueller Mündigkeit und Gestaltungsfähigkeit von vorneherein unterlaufen werden.

Dies gilt selbst angesichts der gegenwärtigen Finanz- und Wirtschaftskrise: Auch hier trägt eine reine Suada über die Raffgier und den Egoismus der entscheidenden Akteure zwar gewissermaßen kathartische Funktion, auf Dauer jedoch unterminiert sie die Motivation Jugendlicher, ihrerseits nach besseren konstruktiven Verhaltensweisen und Beteiligungsmöglichkeiten innerhalb des bestehenden Systems zu suchen. In-

---

17 Vgl. dazu Kirchenamt der EKD, 1991.

sofern hat auch religiöse Bildung mindestens indirekt dazu beizutragen, immer wieder auf die ursprüngliche Grundidee und die Prinzipien eines gerechten und solidarischen Sozialstaats- und Wirtschaftssystems hinzuweisen. Hier kann im Übrigen nicht zuletzt auf die religiösen Intentionen der Väter der bundesrepublikanischen sozialen Marktwirtschaft – zu denken ist hier etwa an die Vertreter der Freiburger Schule – rekurriert werden.

2.1.5 *Konflikte perspektivisch und ethisch beurteilen*

Nicht wenige theologische Äußerungen zu konkreten wirtschaftlichen Prozessen und einzelnen Ereignissen erwecken den Eindruck, als ob schon allein die Tatsache unterschiedlicher Interessen, von Konkurrenz und Wettbewerb sowie faktischer Verteilungskonflikte gleichsam den eigentlichen Bedürfnissen und Idealen mitmenschlichen Zusammenlebens zutiefst zuwider läuft. Analog zu den sicherlich berechtigten Vorstellungen eines konfliktfreien Zusammenlebens werden dann Wunschbilder auf das ökonomische Leben projiziert, durch die an selige Zeiten erinnert werden soll, die es aber wohl ohnehin so nie gegeben hat. Das Grundproblem solcher harmonistischer Wahrnehmungsmuster, die dann gelegentlich auch im Religionsunterricht ihren Niederschlag finden, liegt darin, dass bestimmte normative Vorstellungen in die Wirtschaftswelt eingetragen werden, ohne dass die interne Systemlogik ökonomischer Prozesse überhaupt gesehen oder erst recht wahrgenommen wird. Wird aber dann wirtschaftliches Handeln und primär als Markt der Gnadenlosigkeit und des grenzenlosen egoistischen Akkumulationskalküls beschrieben, verschließt sich religiöse Bildung von vornherein einem freien Blick auf die Normativität des Faktischen. Anders gesagt: Die nur allzu berechtigte und notwendige Frage nach der Gerechtigkeit und Nachhaltigkeit des Wirtschaftens wird im Religionsunterricht erst und nur dann angemessen thematisiert werden können, wenn die faktischen Interessens- und Verteilungskonflikte nicht von vornherein als etwas Schädliches und Zerstörerisches angesehen werden, sondern wenn diese überhaupt erst einmal als notwendige Systembedingungen zur Kenntnis genommen werden. Kurz gesagt: Die Sensibilisierung Jugendlicher für nachhaltiges Wirtschaften tut gut daran, nicht mit einer Fundamentalkritik des politischen und ökonomischen Systems und einer Heuristik des Verdachts gegenüber seinen Akteuren zu beginnen, da ansonsten alle konkreten Überlegungen im luft- bzw. systemfreien Raum verbleiben.[18] Dies schließt gerade das Erlernen einer „Diskursfähigkeit im Blick auf eine kritische Auseinandersetzung mit wirtschaftlichen Positionen ein, die mit dem Verweis auf sog. ökonomische Sachzwänge problematisches bzw. unverantwortliches Handeln rechtfertigen."[19]

2.2 Gegenstand und Perspektiven eines ökonomiebezogenen Religionsunterrichts

Ökonomisches Lernen im engeren Sinn gehört zweifelsfrei in den Bereich eines eigenen Unterrichtsfaches. Der Religionsunterricht tut sich insofern keinen Gefallen, wenn er seine eigenen Themen primär in ökonomischen Kategorien beschreibt. Allerdings bedarf auch der Religionsunterricht, will er wirtschaftlich relevante Sachverhalte thematisieren, einer eigenen gleichsam ökonomischen Perspektive. Nicht in dem Sinn, dass er sich zum besseren Erklärer, gar zum besseren Experten in Wirtschaftsfragen machen will, aber in dem Sinn, dass er bereit ist, selbst von einer niveauvollen Wirtschaftsdidaktik zu lernen und diese mit seiner eigenen Sicht der Dinge in eine konstruktive Verbindung zu bringen, indem er die darin aufleuchtenden ethischen Schlüsselprobleme in eigener Perspektive bearbeitet. Dazu wird er nota bene andere Unterrichtsgegenstände ins Licht rücken, als dies im ökonomischen Fachunterricht der Fall ist und gleichwohl in gleicher Grundintention existenzielle Grundfragen des Wirtschaftens zum Thema machen. Insofern eröffnen gerade auch eine Reihe von Themen des Religionsunterrichts Möglichkeiten einer genuin religionsdidaktischen Exemplarität ökonomiebezogener Bildung.

2.2.1 Zentrale Inhaltsfelder eines ökonomiebezogenen Religionsunterrichts

Blickt man auf die Kerncurricula des Religionsunterrichts, so lassen sich unter der „regulativen Idee der Mündigkeit" eine Reihe von ökonomiebezogenen Themenstellungen identifizieren. Zu nennen sind hier etwa Arbeit und Beruf; Gerechtigkeit, Verantwortung und Solidarität; Globalisierung und Nachhaltigkeit sowie das stärker institutionenbezogene Themenfeld Diakonie und damit zusammenhängend das Thema „Arm

18 Vgl. SCHLAG 2005.
19 BIEHL/JOHANNSEN 2003, 192.

und Reich". All diese Themen lassen sich in exemplarischer Weise für eine ökonomische Bildung in der Zielperspektive individueller Mündigkeit fruchtbar machen.[20] Von dort aus kann auch der Religionsunterricht durchaus an die genannten Leitbilder des mündigen Verbrauchers, des mündigen Erwerbstätigen und des mündigen Wirtschaftsbürgers anknüpfen.

Allerdings besteht die besondere Herausforderung eines ökonomiebezogenen Religionsunterrichts hier darin, diese Leitbilder seinerseits auf die weiterreichende Frage individueller Lebenspräferenzen und eines gemeinschaftsbezogenen, verantwortlichen Urteilens und Handelns auszudehnen. In diesem Sinn könnte man in Umkehrung des Gesagten formulieren, dass nicht nur gilt: „zum Menschsein gehört in der Moderne wesentlich das Dasein als Verbraucher, Erwerbstätiger und Wirtschaftsbürger", sondern auch: „zum Dasein als Verbraucher etc. gehört das Menschsein in der Moderne".

Konkret gesprochen bedeutet dies, Aspekte der individuellen Bildungsbiografie über ökonomische Fragen hinaus in der Weise zu thematisieren, dass für Fragen nach dem eigenen Glück, der gewünschten Zukunft und den nicht-materiellen Perspektiven gelingenden Lebens sensibilisiert wird. Hier sind etwa Themen wie Erfolg, Leistung, Wohlergehen ihrerseits auf ihren existentiellen Kern hin zur Sprache zu bringen. Dies beinhaltet dann auch den Dialog über persönliche Zielsetzungen hinsichtlich der eigenen Berufsvorstellungen und beruflichen Zukunft und gegebenenfalls die Problematisierung von rein monetären und materiellen Interessen sowie den Umgang mit realen Erfahrungen des Scheiterns eigener Berufswünsche angesichts der faktischen wirtschaftlichen Rahmenbedingungen. Anders gesagt besteht eine elementare religionsdidaktische Aufgabe auch darin, Jugendliche dazu zu befähigen, mit realen wirtschaftlichen Erfahrungen so umzugehen, dass sie ein mögliches Scheitern nicht automatisch auf ein individuelles Ungenügen oder ihre Leistungsgrenzen zurückführen, sondern eben diese auch in konstruktivem Sinn mit den äußeren Rahmenbedingungen in Verbindung bringen können. Religiöse Bildung hat in diesem Zusammenhang dann die Aufgabe, Jugendliche auch vor solchen Ansprüchen zu schützen, die ihnen von äußeren Bedingungen aufgezwängt werden und denen sie beim besten Willen nicht zu entsprechen vermögen. Grundsätzlich gilt es jedoch, Jugendliche auch durch religiöse Bildung

---

20 Vgl. Schröder 2006.

in ihrer Selbstständigkeit und Verantwortlichkeit zu stärken: „In jedem und jeder steckt etwas Unternehmerisch-Kreatives. Diese Potenziale gilt es im Interesse aller zu entdecken und zu fördern."[21]

2.2.2 Zentrale Perspektiven eines ökonomiebezogenen Religionsunterrichts

Wenn für ökonomische Bildung gilt, dass sie den einzelnen Menschen dazu verhelfen will, „das Beste aus ihrem Leben zu machen" und „ein gelingendes Leben" zu führen, dann gilt für eine ökonomiebezogene Bildung, dass der Begriff des Gelingens seinerseits in heilsamer Weise immer wieder problematisiert und relativiert wird. Dazu ist es schließlich angeraten, die Wirtschaft zwar als bedeutende, aber eben nicht als absolut entscheidende bzw. alles bestimmende Größe „im sozialen und politischen Raum sowie im Leben des Einzelnen" zu thematisieren. Insofern besteht die anspruchsvolle und herausfordernde Aufgabe des Religionsunterricht hier darin, Jugendliche einerseits zu einer kompetenten Selbstorientierung in ökonomischen Fragen zu motivieren, andererseits aber auch mögliche Totalfokussierungen auf Geld, wirtschaftlichen Erfolg und Leistungseffizienz in menschengemäßer Weise immer wieder zu relativieren. Insofern gilt es hier, Aspekte der Ressourcenausbeutung und Verschwendung nicht nur in globaler Hinsicht zur Sprache zu bringen, sondern sie auch für die Gefahren der Ausbeutung und Verschwendung der persönlichen Energie- und Zeitressourcen zu sensibilisieren.

Hier liefern gerade biblische und theologische Überlieferungen geeignete Anhaltspunkte für einen gelingenden, pflegenden und nachhaltig wirksamen Umgang sowohl mit den gemeinsamen als auch mit den persönlichen Energien und Ressourcen sowie für die eigene Urteilsfähigkeit hinsichtlich der Frage, was im Leben wirklich wichtig ist und zählt. Zu denken ist hier etwa an die prophetische Kritik an der Vernachlässigung und Ausbeutung bestimmter Gesellschaftsgruppen (etwa Amos 3ff.), die Träume und Auslegung über die sieben fetten und sieben dünnen Kühe bzw. Ähren (Gen 41) oder in individueller Perspektive die Geschichte vom reichen Jüngling (Mt 19,16–26), vom reichen Kornbauer (Lk 12,16–21), von den Arbeitern im Weinberg (Mt 20,1–16) oder von den anvertrauten Talenten (Mt 25,14–30).

---

[21] Kirchenamt der EKD [2]2008, 124.

Die religionsdidaktische Kunst besteht dann darin, diese biblischen Überlieferungen so in ihrer elementaren Bedeutung für jugendliche Urteilsbildung zum Vorschein kommen zu lassen, dass dies nicht als völlig fremde und damit unangemessene Vergleichspunkte empfunden werden, sondern in ihnen gerade paradigmatische Verhaltensweisen menschlichen Lebens deutlich werden. Zu vermeiden sind dabei funktionalistische Analogiebildungen zwischen vergangenen biblischen Überlieferungen und modernen Herausforderungen des Wirtschaftslebens bzw. des wünschenswerten und problematischen ethischen Verhaltens. Kontraproduktiv wäre es somit, wenn solche biblischen und theologischen Bezugspunkte – etwa die Frage eines protestantischen Berufsethos oder die Rede von der Geschöpflichkeit und Mitgeschöpflichkeit[22] – gleichsam als lebensferne bzw. lebensfremde, moralinsaure und idealistische Gegenentwürfe zu den faktischen ökonomischen Verhältnissen der Gegenwart empfunden würden. Vielmehr werden diese Bezugspunkte nur und erst dann von wertorientierender Bedeutung für die Urteilsbildung Jugendlicher sein, wenn an ihnen bestimmte Schlüsselprobleme und Schlüsselfragen mitmenschlichen Verhaltens entdeckt werden können. Im Sinn einer konstruktivistischen Religionspädagogik gilt hier, dass sich die Wahrheitsfrage gerade auch in ökonomischen Fragen eben nicht nur empirisch und logisch, sondern immer auch hermeneutisch und sozial entscheidet.[23]

2.3 Methoden eines ökonomiebezogenen Religionsunterrichts

Hinsichtlich der Methoden zur Kompetenzentwicklung kann der Religionsunterricht in vielfältiger Weise an die oben angestellten wirtschaftsdidaktischen Überlegungen anknüpfen. Grundsätzlich hat sich auch innerhalb der Religionspädagogik längst die Einsicht durchgesetzt, dass sowohl ein belehrender Frontal-, als auch ein reiner Textorientierter Unterricht nur mit wenig nachhaltigen Wirkungen rechnen kann. Gegenüber bloßer Kenntnisvermittlung werden gegenwärtig Methoden favorisiert, die stark auf erfahrungs- und projektorientierte Zugänge und Elemente setzen. Nun wird ein ökonomiebezogener Religionsunterricht sicherlich gut daran tun, nicht gleichsam Unterrichtsprozesse zu initiieren, die bestimmte Wirtschaftsentscheidungen etwa durch entspre-

---

22 Vgl. RICH 1991.
23 Vgl. MENDL 2005.

chende Planspiele zu simulieren versuchen. Allerdings sind insbesondere handlungsorientierte Methoden wie die aktive Auseinandersetzung mit Dilemmasituationen, Rollenspiele oder auch Zukunftswerkstätten ohne Frage dazu geeignet, eine konkrete ökonomische Situation ihrerseits „zur Anschaulichkeit zu bringen."[24] Wichtig ist es allerdings, gerade bei solchen stark wirkenden Methoden, seinerseits die gemeinsame Auslegung möglicher biblischer Bezugspunkte sowie die theologisch reflektierte Auseinandersetzung daran anzuschließen. Zudem sind Erfahrungen und Begegnungen mit der realen Betriebswelt, aber auch der Diakonie bzw. mit deren Akteuren immer auch eine wichtige Möglichkeit im Religionsunterricht, um von dort aus mit Jugendlichen über die entsprechenden ökonomischen Fragen in ein intensiveres Gespräch eintreten zu können. Insofern kann sich religiöse Bildung gerade auch für die Frage geeigneter Lernsituationen für den Kompetenzerwerb von der wirtschaftsdidaktischen Perspektive inspirieren lassen, damit Schülerinnen und Schüler sich tatsächlich als eigenständige Subjekte ihres eigenen Lernprozesses[25] erleben und erfahren können.

Grundsätzlich gilt aber auch hier die didaktische Einsicht, dass nicht Methoden, sondern Menschen für das eigentliche Gelingen von Bildungsprozessen sorgen werden.[26] Dies bedeutet dann, dass sich gerade Religionslehrkräfte bei der Thematisierung von ökonomischen Fragen immer auch der möglichen Ambivalenz ihrer eigenen Grundhaltung – etwa zwischen eigener Konsumorientierung und Kapitalismuskritik oder zwischen Managerschelte und eigenem Gewinnstreben – bewusst werden und dies auch entsprechend transparent zu machen haben. Denn nur dann läuft der Unterrichtende nicht Gefahr, von seinen Schülerinnen und Schülern Einstellungen und Haltungen zu erwarten, die er selbst weder vor sich selbst noch nach außen zu repräsentieren vermag. So gilt, dass nüchterne Bestandsaufnahmen „der Wirklichkeit in Wirtschaft und Arbeitswelt" unumgänglich sind: aber das heißt zugleich, dass „immer einiges zu wünschen übrig"[27] bleibt. Man könnte auch von Verheißungsvollem sprechen.

24 Vgl. Bader 2005.
25 Vgl. Obst 2008, 171.
26 Vgl. Lämmermann 2007, 25ff.
27 Zillessen 2006, 110.

3. Gemeinsame Perspektiven

Der Ökonomieunterricht und der Religionsunterricht teilen die gemeinsame Zielsetzung, die Mündigkeit Jugendlicher im Umgang mit ökonomischen Fragen bzw. deren Fach-, Human- und Sozialkompetenz zu befördern und dabei zugleich zur besseren Orientierung in Fragen der individuellen und gemeinsamen Lebensführung beizutragen. Berührungsängste zwischen beiden Fachdidaktiken wie zwischen den Verantwortlichen der Unterrichtsfächer mögen deshalb zwar aufgrund der durchaus zwiespältigen gemeinsamen Geschichte verständlich sein, gleichwohl sollte im Interesse der Jugendlichen selbst zukünftig stärker nach den gemeinsamen inhaltlichen Zielen gesucht werden als immer wieder aufs Neue die unterschiedlichen Weltwahrnehmungen zum Distanzierungs- und Trennungsgrund zwischen Ökonomie und Theologie zu machen.

Dies gilt umso mehr, als im Kontext der fachdidaktischen Grundsatzdiskussion inhaltliche Verbindungen zwischen den jeweiligen Bildungszielen ausgesprochen augenfällig sind. Gerade im Zug der weitreichenden Bildungsstanddebatte lassen sich hier die gemeinsamen Zielsetzungen gerade im Blick auf die Verantwortungsfähigkeit und Mündigkeit junger Menschen im ökonomischen Kontext betonen.

Diese Gemeinsamkeiten sind insofern bemerkenswert, als die ökonomische Bildung in diesem Beitrag ausschließlich in ihrer ureigenen Fachlichkeit betrachtet wurde. Die erläuterten individuellen Urteils- und Handlungskompetenzen sind – wie bei Bildungsstandards gefordert – domänenspezifisch. Sie betonen den spezifischen Beitrag einer Wissensdomäne zur Allgemeinbildung. In der Didaktik der ökonomischen Bildung wird gelegentlich vom Proprium der ökonomischen Bildung gesprochen, welches Unterricht über Wirtschaft erst zum Ökonomieunterricht macht.

Weil der Ökonomieunterricht über die Fachkompetenz hinaus auch die Methodenkompetenz, die Sozialkompetenz und die Humankompetenz (Selbstkompetenz) fördern will und soll, dürften die Gemeinsamkeiten bei den Zielen sogar noch größer sein. Von daher ergeben sich in unterschiedlicher Hinsicht Möglichkeiten einer verstärkten gegenseitigen Wahrnehmung und Kooperation am Bildungsort Schule: Hier kann insbesondere an einen gemeinsamen fächerübergreifenden Unterricht gedacht werden, der etwa durch gemeinsame Projekte oder auch die Organisierung gemeinsamer Lernfelder durchgeführt werden kann. Hier ist etwa an Projekte zu denken, bei denen die Frage von Produktplanung und ökologischer Nachhaltigkeit oder von Investition und Ressourcenverwendung so verkoppelt werden, dass die rational zu treffenden Grundentscheidungen ihrerseits ethisch reflektiert werden. Zudem lässt sich auch das Thema „Verantwortung im Beruf" sowohl im Sinn rationalen Wirtschaftens als auch im Blick auf die dahinter liegenden individuellen Verantwortungsmaßstäbe durch konkretes Experimentieren mit Entscheidungskonflikten als handlungs- und reflexionsorientiertes Lernfeld konzipieren.

Denkbar ist schließlich, die konkreten ökonomischen Entscheidungsträger im lokalen Umfeld sowohl im Bereich der Wirtschaft als auch in Kirche und Diakonie mit ihren Kompetenzen in solche Lernfeldaktivitäten zu integrieren, damit die Gefahr einer reinen Laborsituation von vornherein vermieden wird. Im guten Fall trifft man dabei sogar auf unternehmerisch Handelnde, die die Zielsetzungen ihres eigenen Wirtschaftens bewusst auch religiös begründen und dies entsprechend zu artikulieren wissen, was dann die Möglichkeiten der religiös-ethischen Reflexion Jugendlicher zusätzlich erhöhen kann.

Von daher eröffnen sich durch solche fächerübergreifenden Perspektiven anthropologische Grundfragen nach den grundsätzlichen Lebenszielen, Interessen, Bedürfnissen und schließlich der Würde junger Menschen im Kontext der modernen Gesellschaft und ihrer Wirtschaftsdynamik. In diesem Sinn entstehen gerade durch solche gemeinsamen didaktischen Perspektiven vielfältige Möglichkeiten, ökonomische Bildung am Ort der Schule als wesentliche Dimension lebensbedeutsamer Allgemeinbildung und sinnvoller Persönlichkeitsentfaltung zu profilieren.

Bei aller Betonung von Gemeinsamkeiten auf der Ebene der Ziele lassen sich auch Unterschiede feststellen. Doch diese stehen einer Kooperation nur dann im Wege, wenn man die Konfrontation der Schülerinnen und Schülern mit unterschiedlichen Zielen und Perspektiven im Unterricht nicht für bildsam hält. Indes – muss auf die gesellschaftliche Pluralität nicht mit Multiperspektivität pädagogisch-didaktisch geantwortet werden? Und Multiperspektivität setzt gerade die Unterschiedlichkeit der Perspektiven voraus. Nur wer sich scheut, kritisch hinterfragt zu werden, wird sich dem nicht stellen. Doch Dogmatismus sollte in der Schule ohnehin keinen Platz haben.

Literatur

BADER, REINHARD, Berufliche Handlungskompetenz und ihre didaktischen Implikationen, in: GESELLSCHAFT FÜR RELIGIONSPÄDAGOGIK UND DEUTSCHER KATECHETENVEREIN (Hg.), Neues Handbuch Religionsunterricht an berufsbildenden Schulen (BRU-Handbuch), Neukirchen-Vluyn 2005, 44–57.

BIEHL, PETER/JOHANNSEN, FRIEDRICH, Einführung in die Ethik. Ein religionspädagogisches Arbeitsbuch, Neukirchen-Vluyn 2003.

DEGÖB – DEUTSCHE GESELLSCHAFT FÜR ÖKONOMISCHE BILDUNG (Hg.), Kompetenzen der ökonomischen Bildung für allgemein bildende Schulen und Bildungsstandards für den mittleren Schulabschluss, Köln 2004.

FISCHER, DIETLIND/ELSENBAST, VOLKER (Red.), Grundlegende Kompetenzen religiöser Bildung. Zur Entwicklung des evangelischen RUs durch Bildungsstandards für den Abschluss der Sekundarstufe I, Münster 2006.

HOMANN, KARL/BLOME-DREES, FRANZ, Wirtschafts- und Unternehmensethik. Göttingen 1992.

HOMANN, KARL/SUCHANEK, ANDREAS, Ökonomik. Eine Einführung, Tübingen 2000.

KAISER, FRANZ-JOSEF/KAMINSKI, HANS, Methodik des Ökonomieunterrichts, 3., vollständig überarbeitete Auflage, Bad Heilbrunn/Obb 1999.

KAMINSKI, HANS, Kerncurriculum ökonomische Bildung, in: KAMINSKI, H./ HÜBINGER, B./ZEDLER, R./STAUDT, W., Soziale Marktwirtschaft stärken. Kerncurriculum Ökonomische Bildung (Reihe: Zukunftsforum Politik Nr. 26), Sankt Augustin 2001, S. 8–30.

KIRCHENAMT DER EKD (Hg.), Gemeinwohl und Eigennutz. Wirtschaftliches Handeln in Verantwortung für die Zukunft. Eine Denkschrift der Evangelischen Kirche in Deutschland, Gütersloh 1991.

KIRCHENAMT DER EKD (Hg.), Unternehmerisches Handeln in evangelischer Perspektive. Eine Denkschrift des Rates der Evangelischen Kirche in Deutschland, Gütersloh [2]2008.

KROL, GERD-JAN, Ökonomische Verhaltenstheorie, in: MAY, H. (Hg.), Handbuch zur ökonomischen Bildung, München/Wien [7]2003, 17–29.

KRUBER, KLAUS-PETER (Hg.), Didaktik der ökonomischen Bildung, Baltmannsweiler 1994.

KRUBER, KLAUS-PETER, Stoffstrukturen und didaktische Kategorien zur Gegenstandsbestimmung ökonomischer Bildung, in: DERS. (Hg.), Konzeptionelle Ansätze ökonomischer Bildung. Bergisch Gladbach 1997, 55–74.

LÄMMERMANN, GODWIN, Religionsunterricht mit Herz, Hand und Verstand. Eine Methodenlehre für ganzheitlichen Unterricht, Neukirchen-Vluyn 2007.

Mendl, Hans (Hg.), Konstruktivistische Religionspädagogik. Ein Arbeitsbuch, Münster 2005.

Obst, Gabriele, Kompetenzorientiertes Lehren und Lernen im Religionsunterricht, Göttingen 2008.

Retzmann, Thomas, Didaktik der berufsmoralischen Bildung in Wirtschaft und Verwaltung, Norderstedt 2006.

Retzmann, Thomas (Hg.), Methodentraining für den Ökonomieunterricht, Schwalbach/Ts. 2007.

Rich, Arthur, Wirtschaftsethik I. Grundlagen und Perspektiven, Gütersloh ⁴1991.

Schlag, Thomas, Demokratie-Lernen in der Berufsschule, in: Gesellschaft für Religionspädagogik und Deutscher Katechetenverein (Hg.), Neues Handbuch Religionsunterricht an berufsbildenden Schulen (BRU-Handbuch). Neukirchen-Vluyn 2005, 579–585.

Schröder, Bernd, Ökonomische Verteilungsgerechtigkeit: Geld und Eigentum, in: Lachmann, R./Adam, G./Rothgangel, M. (Hg.), Ethische Schlüsselprobleme. Lebensweltlich – theologisch – didaktisch. Göttingen 2006, 145–163.

Zillessen, Dietrich, Theologie im BRU, in: Gesellschaft für Religionspädagogik und Deutscher Katechetenverein (Hg.), Neues Handbuch Religionsunterricht an berufsbildenden Schulen (BRU-Handbuch). Neukirchen-Vluyn 2005, 126–131.

Zillessen, Dietrich, Religionsunterricht auf dem Marktplatz. Verheißungen als Angebot und Nachfrage, in: Goebel, H./Obermann, A. (Hg.): Unterwegs in Sachen Religion. Zum Religionsunterricht an berufsbildenden Schulen. Münster 2006, 93–110.

KATRIN BEDERNA/LAURA MARTIGNON

Es war einmal ein enges Paar …: Matheologie?

Abstract

Nach einer kurzen Bestandsaufnahme zur fachdidaktischen Diskussion und faktischen Unterrichtskooperation werden mit den Themen „Beweisen und Argumentieren", „Unendlich", „Vollkommen" und „Komplexitätsreduktion" Dialogfelder aus fachwissenschaftlicher Perspektive skizziert, die für junge Menschen bedeutsam sind. Für die Kooperation von Mathematik- und Religionsunterricht gilt wie auch für die zwischen naturwissenschaftlichem Unterricht und Religionsunterricht, dass sie sich auf für Schülerinnen und Schüler besonders relevante Themen konzentrieren, bei ihren Alltagstheorien zum Verhältnis von Mathematik und Religion ansetzen und deren Fortentwicklung stimulieren muss. Aus diesem Prinzip folgen Kooperationsanregungen für die Fachdidaktiken und die Unterrichtsfächer, die abschließend exemplarisch konkretisiert werden.

Einleitung

„Wie können Sie bloß Mathematiklehrerin sein, wenn Sie doch Religionslehrerin sind?" So fragten regelmäßig die Schülerinnen und Schüler der Religionskurse der Sekundarstufe II. Methodisch und auch thematisch scheinen Mathematik und Theologie aus Schülersicht disjunkt zu sein. Während die Naturwissenschaften und die Theologie durch den älteren Schülerinnen und Schülern präsente Konfliktfelder aus Anthropologie, Kosmologie, Ethik und Methodik aufeinander verwiesen sind, kennen Theologie und Mathematik solche offensichtlichen Berührungspunkte nicht. Mathematikunterricht und Religionsunterricht sind insofern keine geborenen Partner.

Mit dieser Feststellung könnten unsere Ausführungen zur Kooperation von Mathematik- und Religionsunterricht bereits enden – wären nicht beide Fächer in die Weltbildkonstruktion von Kindern und Jugendlichen involviert und wären nicht für beide ähnliche wissenschaftstheoretische Fragestellungen bedeutsam. Zudem gehören zu den Objekten der Mathematik solche wie das Vollkommene und das Unendliche, deren Theorien offenbar nicht rein innermathematisch, sondern auch religiös motiviert sind. Nicht zuletzt konvergieren beide Fächer in Teilen auch formal, insofern es eine der Aufgaben der Theologie ist, mit rein logischen Schlussverfahren gute Gründe für den Glauben beizubringen und beide, Mathematik und Theologie, sich selbst immer wieder transzendieren. Der Dialog sowohl der beiden Fachwissenschaften als auch der Fachdidaktiken und der Unterrichtsfächer ist dieser Ausgangslage entsprechend leise und lückenhaft. Doch scheint letzterer, wenn schon nicht notwendig, so doch viel versprechend zu sein zur Ausbildung von religiöser und mathematischer Kompetenz der Schülerinnen und Schüler, insbesondere hinsichtlich der Sprach- und Modellierungsfähigkeit und der Fähigkeit zur Vernetzung verschiedener Weltzugänge.

Nach einer kurzen Bestandsaufnahme zur fachdidaktischen Diskussion und faktischen Unterrichtskooperation (1) wollen wir deshalb hier mit den Themen „Beweisen und Argumentieren", „Unendlich", „Vollkommen" und „Komplexitätsreduktion" Dialogfelder aus fachwissenschaftlicher Perspektive skizzieren (2), die für junge Menschen bedeutsam sind. Für die Kooperation von Mathematik- und Religionsunterricht gilt wie auch für die zwischen naturwissenschaftlichem Unterricht und Religionsunterricht, dass sie sich auf für Schülerinnen und Schüler besonders relevante Themen konzentrieren, bei ihren Alltagstheorien zum Verhältnis von Mathematik und Religion ansetzen und deren Fortentwicklung stimulieren muss.[1] Aus diesem Prinzip folgen Kooperationsanregungen für die Fachdidaktiken und die Unterrichtsfächer, die abschließend exemplarisch konkretisiert werden sollen (3).

1. Kooperation von Mathematik- und Religionsunterricht und Dialog der Fachdidaktiken. Eine Bestandsaufnahme

Mathematik- und Religionsunterricht kooperieren in der Schulwirklichkeit äußerst selten. Es gibt jedoch zahlreiche niederschwellige Bezüge der beiden Unterrichtsfächer aufeinander, die im Schulalltag auch faktisch als solche wahrgenommen und umgesetzt werden. Sie lassen sich wie folgt systematisieren, hier aufsteigend geordnet nach der fachlichen Relevanz der Bezüge im Unterrichtsgeschehen:

---

1   Vgl. ROTHGANGEL 2003, 136; KROPAČ 2003, 138.

a) *Elemente der religiösen Tradition als Einsprengsel im Mathematikunterricht*

Anlässe zum mathematischen Nachdenken finden sich in der christlichen Tradition viele, insbesondere im Kirchbau (Zahlen und geometrische Formen, Symmetrien), in biblischen Texten (bspw. der Näherungswert von π in 1 Kön 7, 23) und allgemein in der Symbolwelt (Zahlen und Formen). Auch die moderne Frage nach der Kompatibilität einer Weltkonzeption, in der Zufall und Wahrscheinlichkeit konstituierend sind, mit den Vorstellungen der Schüler zu Prädestination und Handeln Gottes („Gott würfelt nicht"[2]) kann theologische Überlegungen im Mathematikunterricht anregen. Zumeist bleiben diese Anlässe im Mathematikunterricht allerdings bloße Einsprengsel, werden also nur als Startpunkt bzw. Einkleidungen verwandt bzw. kurz gestreift und nicht in ihrem Eigensinn wahrgenommen.

b) *Mathematische Werkzeuge im Religionsunterricht*

Bisweilen benötigt auch der Religionsunterricht spezifisch mathematische Kompetenzen, so bei empirischen Erhebungen oder Aufbereitung von Daten durch die Schülerinnen und Schüler (Statistik, Modellierung, Mittelwertbildung etc.), im Rahmen der Kirchenpädagogik (Messen, elementare Zahlentheorie, geometrische Grundkenntnisse) oder ethischer Fragestellungen (Gerechtigkeit und Wahlparadoxien). Auch hier gilt ähnlich wie unter a), dass eine Vertiefung der mathematischen Sache und eine explizite Verbindung der Unterrichtsfächer kaum stattfindet, dass also die mathematischen Methoden bloßen Werkzeugcharakter haben.

c) *Personelle Schnittstellen*

Die Mathematik- und Theologiegeschichte hat viele personelle Überschneidungen – von Nikolaus Cusanus über Blaise Pascal bis hin zu Georg Cantor –, kennt jedoch auch Atheisten wie George Hardy, die sich in der Begründung ihres Atheismus explizit auf ihre mathematisch-physikalische Forschung berufen.[3] Im Mathematikunterricht beschränkt sich der Bezug auf Mathematiker leider zumeist auf Jahreszahlen, obwohl die Schülerinnen und Schüler durch vertiefte biographische Überlegungen Mathematik als lebendiges

---

2 Albert Einstein (siehe Pais 1982, 466–482).
3 Hardy 1993.

Modellierungsgeschehen kennen lernen könnten, dem willkürliche bzw. weltanschaulich oder religiös motivierte Entscheidungen bei der Objektwahl zugrunde liegen. Durch die Einbettung von Mathematik in eine ideengeschichtliche Perspektive und durch eine biographische Betrachtungsweise kann die Vorstellung von Mathematik als fertigem, von den Schülerinnen und Schülern nur zu begehendem Gebäude durchbrochen werden. Das Kennenlernen von ‚Theomatikern‘[4] und ‚mathematischen Atheisten‘ kann zudem in beiden Unterrichtsfächern dem spätestens in der Pubertät entstehenden schülertypischen Dualismus von Mathematischem und Religiösem begegnen und kann die Diskussion der Zusammenhänge beider Weltzugänge anregen.

d) *Erhellung religiöser Phänomene durch mathematische Betrachtung*
Paradigmatisch ist hier die Erschließung kirchlicher Räume als Orte religiösen Lernens: Die Kirchenpädagogik will Kindern und Jugendlichen behilflich sein, die Dimensionen der Kirchenräume (Beheimatung, Transzendenz, Tradition, Ritual, Ordnung) zu erschließen und sie als Orte gelebten Glaubens zu deuten.[5] Dabei muss Mathematik nicht bloß Werkzeugcharakter haben. Die Schülerinnen und Schüler können vielmehr als ‚Theomatiker‘ Symmetrien, Zahlenverhältnisse (Goldener Schnitt) oder Akustik erforschen, was wiederum in gemeinsame ästhetische, schöpfungstheologische und symboltheoretische Überlegungen einfließen kann. Ähnliches gilt auch für eine schöpfungstheologische Betrachtung der natürlichen Umwelt (Ordnungsstrukturen, Symmetrien, Zahlen und ihre Symbolik).

e) *Gemeinsame thematische Erarbeitung*
In der Praxis bedeutsam, weil für Jugendliche relevant, ist hier die wissenschaftstheoretische Frage nach dem Erkenntnisanspruch der Bezugswissenschaften Mathematik und Theologie. Sowohl faktisch als auch in den Alltagstheorien der Jugendlichen wird unter der Überschrift „Wissen und Glauben" zumeist nur das Verhältnis der Naturwissenschaften zur Theologie verhandelt und die Frage nach

---

4   Dieser Begriff entstand im Zuge des von der Universität Tübingen ausgerichteten Romseminars 2006 (Theologie und Mathematik), geleitet von Rainer Nagel und Gregor Nickel.
5   Vgl. Rupp 2006, 18; Glockzin-Bever/Schwebel 2002.

Mathematik und Theologie (nicht zuletzt aufgrund der hier komplexeren Verhältnisbestimmung) ausgeklammert. Doch verspricht gerade Letzteres, insbesondere die Beweisthematik und die Frage des Existenzbegriffs, ein vertieftes Verstehen beider Weltzugänge und deren Verschränkung.

Gleicherweise kompetenzerweiternd ist die Thematisierung des Begriffs „Unendlich", die aus entwicklungspsychologischen Gründen[6] allerdings ebenfalls erst gegen Ende der Sekundarstufe I bzw. in der Sekundarstufe II möglich und in der Praxis seltener anzutreffen ist. ‚Das Unendliche' ist unserer Erfahrung nach für Schülerinnen und Schüler sehr motivierend. Die Betrachtung dieses Polysems aus doppelter Fachperspektive erhöht die begriffliche Sensibilität der Schülerinnen und Schüler und zeigt paradigmatisch, wie einerseits ein mathematisches Objekt u. a. aus religiösen Gründen konstruiert und teils sogar als glaubensrelevant begriffen wird, wie andererseits ein Begriff von außen in die jüdisch-christliche Theologie einwandert, das Gottesbild beeinflusst und mathematisch wie theologisch fortentwickelt wird.

Der Begriff „Vollkommen" bietet motivierende und inspirierende Berührungspunkte (Vollkommenheit der so genannten perfekten Zahlen oder der platonischen Körper sowie der „optimalen" Lösungen von funktionalen Gleichungen – „Ihr sollt also vollkommen sein, wie es auch euer himmlischer Vater ist." Mt 5, 48).

Der Dialog der Wissenschaften Mathematik und Theologie erscheint schmal und wird meist von Mathematikern und Theologen in Personalunion bestritten.[7] Dasselbe gilt einmal mehr für den *Dialog der Fachdidaktiken*. Zwar werden immer wieder thematische Bezüge und Ideen gesammelt und den Unterrichtenden zur Erarbeitung vorgeschlagen,[8] doch ist ein echter Dialog zwischen Religions- und Mathematikdidaktik im Sinne eines produktiven sachzentrierten Miteinanders äußerst selten, da er sich von der Sache her nicht so aufdrängt wie bspw. zwischen Religions- und Geschichts-, Politik- oder Sprachdidaktik. Diskutiert werden vor allem wissenschaftstheoretische Fragen, die Beweisthematik

6 Vgl. RITTER 1994, 47f.
7 So bspw. zum Thema des Unendlichen: McDERMOTT 1986; HATTRUP 1996; NEIDHART 2007.
8 So bspw. ARMBRUST 1999; MOTZER 2005; BREIDERT 1998; REICHEL 1998.

und der Begriff „Unendlich".[9] Dies geschieht zudem nicht explizit in
didaktischer Hinsicht, sondern verbleibt auf der Ebene der sachlichen
Auseinandersetzung.

2. Inhaltliche Dialogfelder

2.1 Beweisen und Argumentieren

Im Alltag gelten Überzeugungen als rational, wenn sich gute Gründe
für sie anführen lassen und wenn alle Schlussfolgerungen kohärent voneinander abgeleitet werden. Nicht nur unter den Schülerinnen und Schülern, sondern auch in weiten Teilen von Kirche und Gesellschaft ist die
Auffassung verbreitet, solche ‚guten Gründe' fehlten im Fall des Glaubens. Er sei also eine willkürliche Angelegenheit und Theologie partizi-
piere – als Glaubenswissenschaft – an dieser Irrationalität des Glaubens.
Folgte man dieser Auffassung, so müsste man die Wissenschaftlichkeit
der Theologie aufgegeben. Jede Beteiligung der Theologie an intellektuellen Diskursen (wie auch dieser Artikel) wäre dann von vornherein unmöglich. Der Mensch ist jedoch ein Vernunftwesen und will als solches
wenigstens gute Gründe für seine Lebensentscheidung angeben können,
so auch für die Lebensentscheidung, auf den Gott Jesu Christi zu vertrauen. Wäre Glaube also tatsächlich irrational, so gäbe es für Christen
keinen einheitlichen Lebensentwurf, sie lebten in zwei Welten. Zudem
beansprucht das Christentum, von einer das Ganze der Wirklichkeit
angehenden, alle Lebensbereiche einbegreifenden Wahrheit zu künden.
Wäre es irrational, wäre dieser Anspruch obsolet. Glaube und mit ihm
die Theologie können sich also selbst nicht als unsinnige Angelegenheit
verstehen. Die Hoffnung der Christen ist nicht willkürlich und individuell. Sie will sich im Wettstreit des Lebens und der Argumente bewähren.
So heißt es im 1. Petrusbrief (3,15): „Seid stets bereit, jedem Rede und
Antwort zu stehen, der nach der Hoffnung fragt, die euch erfüllt". Hier
gute Gründe zu benennen ist Aufgabe der Theologie.[10] Gute Gründe

---

9   Lesenswert sind hier insbesondere Haunhorst 1986; Ritter 1994; Weisgerber
    1997. Eine anregende Sammlung an Unterrichtsmaterialien zum Unendlichen bietet
    Rudolf 2002.

10 Wir folgen mit dieser These und mit den sie im Folgenden stützenden Argumenten
    dem Münsteraner Dogmatiker Thomas Pröpper (Vgl. Pröpper 2001, 72–92). Zum
    wissenschaftstheoretischen Hintergrund und der Diskussion theologischer Begrün-
    dungsproblematik vgl. Türk 1998; Müller 1998.

nennen heißt allerdings nicht „beweisen". Die Wahrheit des Glaubens ist nicht rational konstruierbar. Denn erstens ist die Selbstoffenbarung Gottes eine geschichtliche und schon von daher nicht, wie beispielsweise Lessing es glaubte, in Vernunftwahrheit überführbar. Und zweitens ist die Bestimmung Gottes als Liebe die eines freien Geschehens. Dass Gott *dieser* ist und sich also den Menschen zuwendet, muss sich erst frei geschichtlich erweisen. Gute Gründe nennen heißt zuallererst rein philosophisch, ohne Rückgriff auf Glaubensprämissen, einen Gottesbegriff zu explizieren und somit zumindest die Möglichkeit der Selbstoffenbarung Gottes und die Angewiesenheit des Menschen auf diese darzulegen. Nur auf dieser Grundlage kann die Theologie teilnehmen am vernünftigen Ringen um die Wahrheit. Das heißt jedoch nicht, dass Gott selbst ‚begriffen' werden könnte. Der zu explizierende Gottesbegriff muss die Unfassbarkeit, die das Lateranense IV fordert, wenn es sagt, vom Schöpfer und Geschöpf könne keine Ähnlichkeit ausgesagt werden, ohne dass sie eine größere Unähnlichkeit einschlösse, selbst implizieren. Gleich ob der Gottesbegriff nun wie bei Thomas Pröpper in Freiheitskategorien[11] oder bei Klaus Müller in Selbstbewusstseinskategorien[12] geformt wird, impliziert gerade eine solche klare denkerische Fassung einen Überschuss. Freiheit ist unbedingter Ursprung, immer Original und nie im Begriff tatsächlich begriffen. Selbstbewusstsein bleibt durch die Trennung und Identität von Subjekt und Objekt und dadurch, dass es sich nicht selbst hervorgebracht hat und doch nicht von anderem hervorgebracht sein kann, ein Paradox. Ein Symbol für diesen Sachverhalt – also für die höchste begriffliche Klarheit gepaart mit Unfassbarkeit – findet Cusanus in der Mathematik, der Zahl π:[13] Als Verhältnis von Kreisumfang zu Kreisdurchmesser ist sie klar bestimmt und doch ist sie nie vollständig angebbar.

Theologie ist weit mehr als diese philosophische Basisarbeit. Moderne Theologie ist Hermeneutik des Glaubens, also Verstehensarbeit, Vermittlungsarbeit, vernunftgemäße Auslegung der Wahrheit des Glaubens und ihre Vergegenwärtigung. Sie ist also in erster Linie den anderen hermeneutischen Wissenschaften wie Literaturwissenschaft oder Geschichtswissenschaft verwandt und ihren wissenschaftlichen Methoden verpflichtet. Gemeinsam mit ihnen müsste sie das seit Descartes dominierende, an der Mathematik orientierte Wahrheitsideal in seine Schranken weisen. In

---

11 Vgl. Pröpper 2001, 5–22.
12 Vgl. Müller, 1994, 561–601.
13 Vgl. Nikolaus von Cues 1984, 34ff.

ihren philosophischen Grundlegungsfragen, der Explikation eines Gottesbegriffs und der Frage nach der menschlichen Angewiesenheit auf diesen Gott, ist ihre Rationalität jedoch der mathematischen – insofern die Mathematik rein logisches Schließen ist – am nächsten.

Die Mathematik befindet sich in den Augen der Schülerinnen und Schüler auf der entgegengesetzten Seite des Rationalitätsspektrums. Die hohe Gewissheit, mit der mathematische Erkenntnisse einhergehen und die sie der Theologie voraus hat, folgt allerdings nicht aus ihrer einzigartigen Vernünftigkeit, sondern schlicht aus ihrem hohen Abstraktionsgrad. Mathematik lebt in einem mentalen Raum. Sie bezieht sich nicht wie die Theologie als Hermeneutik des Glaubens auf etwas ihr Äußeres, auf eine Wahrheit, die die Fülle selbst ist, sondern ist rein formal, also inhaltsleer. Wenn ein Mathematiker „$\exists$" schreibt, ist das ein „es existiert" ohne ontologische Relevanz. Einfacher gesagt: In der Mathematik existiert ‚eigentlich' gar nichts. Dabei entdeckt sie nicht unabhängig vom Menschen existierende ewige Wahrheiten (wie eine Tradition von Platon über Augustinus bis Cantor und darüber hinaus annimmt und was Cantor die Auffassung erlaubte, die unendlichen Mengen führten direkt zum Thron Gottes). Sie ist vielmehr endliches Werk endlicher Menschen, entwirft Modelle, mit denen eventuell die Wirklichkeit besser beschrieben, durchschaut werden kann als ohne sie. Dabei sind ihre Objekte und die Wege, auf denen sie ihre Theorien konstruiert, gewählt und also kontingent. Und ihre Gewissheit hat, wie wir spätestens seit der Grundlagenkrise der Mathematik durch die Russelschen Antinomien und den Gödelschen Unvollständigkeitssatz wissen, grundsätzliche Lücken.

Wie eine so verstandene Mathematik und Theologie zusammenstimmen, lässt sich beispielhaft an Gottesbeweisen studieren. Unter ihnen gibt es explizit mathematische wie den Gödelschen Gottesbeweis von 1970.[14] Dass sich theologische Argumentation im Rahmen der Gottesbeweise des mathematischen Denkens bedient hat, gilt allerdings auch für die bekanntesten Gottesbeweise wie den ontologischen des Anselm von Canterbury, die *quinque viae* des Aquinaten oder die Pascalsche Wette, die wir im nächsten Abschnitt in didaktischer Hinsicht noch gesondert betrachten wollen. Folglich gibt es für sie verschiedenste und vieldiskutierte Varianten der Mathematisierung[15], d. h. der Übertragung

---

14 GÖDEL 1995, 430f.; eine eingängige Rekonstruktion findet sich in NEIDHART 2007, 748–756.
15 Siehe RADBRUCH 1989, 76–82 mit weiterführender Literatur.

in die Sprache der mathematischen Logik oder bei Pascal in die Sprache der Entscheidungstheorie[16] mit dem Ziel, die Beweisführung deutlicher zu verstehen und in der Rekonstruktion eindeutig überprüfbar zu machen. Da dies im Detail mathematisch sehr voraussetzungsreich und also hier in der Darstellung raumgreifend wäre, wollen wir uns auf eine Darstellung der mathematischen Denkform an der Struktur des Anselmischen Beweises beschränken.

Der Anselmische Gottesbeweis[17] – die Urform des übrigens auch von Gödel aufgenommenen ontologischen Arguments – besteht aus einem direkten Beweis in Form eines Syllogismus, innerhalb dessen ein indirekter Beweis nötig wird: Sei

a: = Gott
b: = Das, über das Größeres hinaus nicht gedacht werden kann: Es existiert kein b' mit b' > b.
c: = Etwas Existierendes.

Syllogismus

(1) $a = b$
(2) $b = c$
(3) $\Rightarrow a = c$

Die Gleichung (1), also der anselmische Gottesbegriff, ist gedanklich bereits ca. 700 Jahre zuvor von Augustinus vorbereitet.[18] Anselm führt diesen Gottesbegriff ein als Glaubensinhalt. Der Glaube identifiziert den im Gebet angesprochenen Gott Jesu mit dem „aliquid quo nihil maius cogitari possit."[19] Mathematisch gesprochen ist diese erste Gleichung also ein Axiom. Die Gleichung (2) ist zu zeigen.

Indirekter Beweis der Gleichung (2)

(i) Annahme $b \neq c$
(ii) Sei b': = b als real existierend gedacht,
     dann gilt $b' > b$
     Dies ist ein Widerspruch zur Definition von b.
     $\Rightarrow \neg\, (b \neq c) \Leftrightarrow b = c$

16 Siehe Zanoni 2006.
17 Anselm 1995, 84–87 (Proslogion 2).
18 Augustinus 1962, 137ff. (De libero arbitrio II, 6, 14).
19 Anselm 1995, 84 (Proslogion 2).

Axiomatisch vorausgesetzt ist hier wiederum die Ungleichung (ii), also dass wirkliches Sein ‚mehr' ist als begriffliches Sein (ein realer Lottogewinn ist mehr als ein nur geträumter).

Die Struktur des anselmischen Beweises ist eine typisch mathematische, Syllogismus und Beweis über Widerspruch. Die logisch-mathematische Struktur ist unangreifbar. Angreifbar sind nur die axiomatischen Voraussetzungen. Genau dort setzt denn auch die Kritik an. Triftig ist hier immer noch Kant.[20]

> „Sein ist offenbar kein reales Prädikat, d. i. ein Begriff von irgendetwas, was zu dem Begriffe eines Dinges hinzukommen könne. Es ist bloß die Position eines Dinges. [...] Denn, da diese den Begriff, jene aber den Gegenstand und dessen Position an sich selbst bedeuten, so würde, im Fall dieser mehr enthielte als jener, mein Begriff nicht den ganzen Gegenstand ausdrücken, und also auch nicht der angemessene Begriff von ihm sein."[21]

Wenn also die Existenz dem Begriff etwas hinzufügte, wäre der Begriff nicht der richtige. Die Ungleichung (ii) ist somit falsch. Was folgt damit für den Anselmischen Gottesbeweis? Er ist nicht null und nichtig. Er ist in seine Schranken verwiesen. Er hat nicht zeigen können, dass Gott tatsächlich existiert (ist also nicht aus dem Denken herausgesprungen). Zeigen kann er so allerdings, dass wir Gott nicht anders als existierend denken können.[22] Um dies zu verdeutlichen: Denken Sie sich, Sie hätten im Lotto gewonnen. Sie können sehr wohl mitdenken, dass Sie nicht tatsächlich gewonnen haben. Gott können wir – nach Anselm – jedoch *nicht* denken und zugleich denken, dass er nicht tatsächlich existiert. Gott ist also kein Lottogewinn. Gott ist vielmehr wie ein Junggeselle. Wir können diesen qua Begriff nicht als verheiratet denken. Wir können Gott nicht als nicht-existierend denken. Im Anselmischen Gottesbegriff ist die Existenz also analytisch enthalten. Das heißt jedoch für die tatsächliche Existenz Gottes leider noch gar nichts.

Was hier so verwirrend klingen mag, ist das tägliche Geschäft der Mathematiker. Wir sagten gerade: In der Mathematik existiert eigentlich gar nichts. Sie führt wie der Beweis Anselms nur zu Denknotwendigkeiten. Die Mathematik ist, will und kann nun von vornherein nichts

---

20 Mit diesem Schluss vereinfache ich aus Gründen der Darstellung: Die Kantische Argumentation wendet sich an die Cartesische Fassung des ontologischen Arguments und die Kantische Kritik findet sich in Ansätzen schon bei Thomas.
21 Kant 1995, 533f. (Kritik der reinen Vernunft B 626–627, A 598–599).
22 Anselm 1995, 86f. (Proslogion 3).

anderes. Das Gesamtsystem der Mathematik besteht aus Axiomen, Kalkülen und Theoremen. Wer Mathematik betreibt, beweist, d. h. leitet kalkülisiert aus Axiomen Theoreme her. Die Theologie hingegen will viel mehr. Sie will Wirklichkeit. Sie bezieht sich auf Geschichte und Wirklichkeit des Glaubens. Wenn sie sich in ihrer Basisarbeit – nämlich der Selbstvergewisserung der Vernunftgemäßheit ihrer Glaubensinhalte beispielsweise in den sogenannten Gottesbeweisen – auf mathematisches Denken einlässt (und sich so bereichern lässt), muss sie sich der Grenze dieses Vorgehens bewusst sein. In die Geschichte, in die geglaubte Wirklichkeit, gelangt sie so nicht. Ob die so entworfenen Modelle die Wirklichkeit besser beschreibbar machen, muss sich erst zeigen.

2.2 Die Pascalsche Sicht als didaktische Brücke zwischen Mathematik und Theologie

Obschon heutzutage Religion nicht unmittelbar mit Rationalität und Logik in Verbindung gebracht wird, war die theologische Tradition der Scholastik durch die Festlegung von strenger logischer Überprüfung ihrer Argumente charakterisiert. Die Gottesbeweise, die in 2.1 besprochen wurden, erheben den Anspruch auf logische Konsistenz, der für die Theologie jener Zeit charakteristisch war. Die Suche nach der theologischen Wahrheit musste den Regeln der Syllogismen folgen, genau wie die Suche nach mathematischer Wahrheit jenen Regeln seit dem fünften Jahrhundert vor Christus folgen musste. Es handelte sich bei beiden Disziplinen um die Sehnsucht nach absoluten Gewissheiten. Darin hatte der Beitrag des Hellenismus sowohl zur westlichen Mathematik als auch zur christlichen Theologie bestanden. Platon hatte nämlich unsere Welt in zwei Reiche aufgeteilt: in die himmlische Welt der unveränderlichen Ordnung des wahrhaft Seienden, der Ideen und des absoluten Wissens einerseits und die irdische Welt der veränderlichen Erscheinungen und der Unsicherheit andererseits. Theologen und Mathematiker hatten ihr Denken in der Welt der unveränderlichen Ordnung situiert. Sie hatten damit bewusst die Unsicherheit der alltäglichen Realität ignoriert.[23] Doch die Zeit der Reformation und Gegenreformation – zugleich die Zeit der Einführung sehr präziser Messinstrumente in den Naturwissenschaften – bewirkte eine Revolution der klassischen Schlussfolgerungsmechanismen und somit eine Veränderung der Strukturierung von

23 Daston 1988.

Theoriebildung. Allmählich setzte sich ein bescheideneres Ideal durch. Man begnügte sich damit, dass vollständige Gewissheit oft unerreichbar ist, hielt aber daran fest, dass das verfügbare Maß an Wissen ausreicht, um „vernünftige Schlüsse" zu ziehen. Während das Instrument des Schlussfolgerns vor der Aufklärung die Logik gewesen war, entwickelte sich für das Schließen unter Unsicherheit ein neues Kalkül. Blaise Pascal, einer der enthusiastischen Begründer der Wahrscheinlichkeitstheorie, war sich dessen bewusst, dass diese neue Form des Schließens auch die theologischen Fragen umformulieren würde. Pascal war dennoch ein frommer und gläubiger Christ.

Zanoni erzählt uns, wie Pascal in seinen Pensées die Frage nach der Existenz Gottes in einem völlig neuen Licht stellt.[24] Es geht nicht mehr um eine sichere Wahrheit, sondern um einen Erwartungswert. Eine Erwartung ist nicht sicher, sondern ähnlich dem Resultat einer Wette. Pascals Wette kann man so zusammenfassen: *„Ich weiß nicht, ob Gott existiert. Aber ich weiß, wenn ich an ihn glaube und er nicht existiert, dann werde ich einige Momente weltlicher Lust und Laster versäumen. Wenn ich aber nicht an ihn glaube und er dennoch existiert, dann werde ich mit ewiger Verdammung und ewigem Elend dafür bezahlen. Worauf soll ich wetten?"*

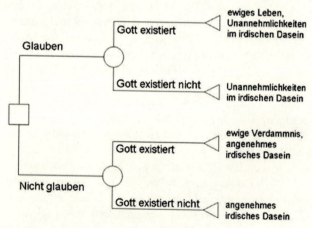

Abb. 1: Dieser Baum illustriert Pascals Entscheidungsschema.

---

24 ZANONI 2006.

Pascals Wette bietet heutzutage unter anderem auch didaktische Anknüpfungspunkte für Diskussionen über die Kombination von mathematischen und theologischen Argumenten. Sie illustriert nämlich eine
radikal neue Denkweise, die mit der Entwicklung der Wahrscheinlichkeitstheorie einherging. Glaube und Vernunft können ineinander verschränkt werden. Es ist wohl kein Zufall, meint Gigerenzer[25], dass zur selben Zeit, als das neue Denken in Wahrscheinlichkeiten und Erwartungen
Fuß fasste, der Gebrauch der Folter in Europa zurückging. Die Folter war
ein Werkzeug der Wahrheitsfindung gewesen und zwar im Sinne einer
heiligen Inquisition, für die der Zweck, nämlich die absolute Wahrheit,
alle Mittel heiligte. Die Unsicherheit als reale Charakteristik aller weltlichen und metaphysischen Themen, die als unmittelbare Konsequenz
die Einführung der Stochastik als Inferenzmethodologie hatte, bewirkte
tiefgründige Veränderungen der Weltanschauung westlicher Bürger.

Kein Mathematiker bietet eine stärkere Verbindung zwischen moderner Mathematik und Theologie als Pascal. Er verkörpert eine aufgeklärte, mathematische Geisteshaltung mit einem religiösen Lebensinhalt.
Seine These „Das Herz hat Gründe, die die Vernunft nicht versteht"
setzt der Vernunft Grenzen, die uns auf paradoxe Art wiederum vernünftig erscheinen. Wirklich vernünftig ist derjenige, meint Pascal in
den Pensées, der die Grenzen der strikt mechanistischen Ebene unserer
Repräsentation der Naturphänomene erkennt. Pascal erkannte bereits
zu seiner Zeit, dass es mehrere Beschreibungsebenen der Analyse geben
muss und dass die Ratio nicht alles allein auf das logisch Ableitbare „reduzieren" kann. Er schien jene möglichen Exzesse der Rationalität zu er-
ahnen, die ein Jahrhundert später den Terror der französischen Revolution hervorbringen würden. Wir können uns sehr wohl, beispielsweise in
Klasse 10 aller Schultypen, eine aufgeklärte und aufklärende Diskussion
über die Gedanken von Pascal vorstellen, die auf authentisch interdisziplinäre Art Brücken zwischen Religion und Mathematik schlagen kann.
Heute ist Freeman Dyson, ein bedeutender mathematischer Physiker,
der Wissenschaftler, der Pascals Ideen in moderner Form vertritt.[26]

25 Gigerenzer 2004.
26 Dyson 2005.

2.3 Unendlich

Der Mathematik und der Theologie gemeinsam ist der Drang, die eigenen Systeme und Modelle zu transzendieren und Neues zu konstruieren, beispielhaft in den Zahlbereichserweiterungen: Die Schritte von den natürlichen Zahlen zu den ganzen Zahlen und von dort zu den rationalen Zahlen mögen noch leicht mitzugehen sein. Die rationalen Zahlen liegen dicht auf der Zahlengerade (unmathematisch gesagt: sie lassen auf der Zahlengerade keine Lücken, sie bilden alles ab, zwischen zwei rationalen Zahlen, gleich wie nah sie beieinander liegen, gibt es immer eine dritte). Und doch gibt es zwischen ihnen noch unendlich viele andere nicht rationale Zahlen (eine Entdeckung, die übrigens die Pythagoräer in die Krise stürzte). Und obwohl wir damit schon alles und noch einmal alles an Zahlen haben, konstruieren die Mathematiker und Mathematikerinnen Zahlen, die nicht mehr eindimensional dem Zahlenstrahl folgen, die komplexen Zahlen, aufbauend auf etwas, das es wiederum ,eigentlich' nicht gibt: der Zahl, deren Quadrat gleich -1 ist. Ohne sie gäbe es keine Funktionentheorie und viele Eigenschaften von Funktionen, die im Reellen verborgen sind, könnten nicht genutzt werden. Und diese Überstiegsbewegung ist mit den transfiniten (also ,jenseits-endlichen' Zahlen, mit denen man über das Unendliche hinauszählen kann …) noch nicht zu Ende.[27] Diese Bewegung, die bekannten Vorstellungen und Modelle zu transzendieren, um mehr zu erkennen, ist die des Glaubens. Es muss im Leben mehr als alles geben. Es gibt – mathematisch und theologisch – immer mehr als es gibt. Verschwiegen werden darf hier natürlich nicht, dass dies nur eine formale Nähe zwischen Theologie und Mathematik ist. Und verschwiegen werden darf insbesondere nicht die Inkommensurabilität in der Verwendung des Ausdrucks „es gibt". Während das mathematische „es gibt" rein formal eine Denknotwendigkeit bezeichnet, behauptet das theologische ontologische Relevanz.

Die Bewegung des Transzendierens führt beide, Mathematik wie Theologie, zum Begriff des Unendlichen – wobei wiederum ein mathematisches und ein theologisches Unendliches unterschieden werden müssen. Didaktisch gehen wir aus von den intuitiven Vorstellungen der Schülerinnen und Schüler. Mit dem Unendlichen verbinden sie viel-

---

27 Wir bezeichnen mit der Ordinalzahl ω (unendlich) die Ordinalzahl von N. Mit diesen transfiniten Zahlen lässt sich über Unendlich hinaus unendlich weiterzählen (ω ≠ ω + 1, aber 1 + ω = ω).

leicht eine Gerade, ohne Anfang und Ende oder das „Immer weiter zählen können". Dies sind Vorstellungen *potentieller Unendlichkeit*. Diese ist selbst noch nicht sonderlich problematisch (und sie ist für eine Tradition von Aristoteles bis Poincaré und Gauß die einzige Unendlichkeit). Oder sie denken an die natürlichen Zahlen als einen Sack, der aktuell vorliegt, oder an Unfassbarkeit, unausdenkliche Fülle, Ewigkeit, die etwas anderes ist als nicht endende Zeit. Dann sind sie bei der *aktualen Unendlichkeit* (und damit bei Augustinus und Duns Scotus oder Bolzano und Cantor) – aber auch bei den großen denkerischen Problemen. Quer zu dieser Unterscheidung in potentielle und aktuale Unendlichkeit liegt die Unterscheidung zwischen 1. *unendlichen Mengen* (z.B. die Menge der natürlichen Zahlen, die Menge aller Punkte im Kontinuum) und 2. dem *qualitativ Unendlichen* (unendliche Liebe, Güte, unendliches Wissen und Können). Das Erste ist spezifisch mathematisch, das Zweite spezifisch theologisch. Doch haben sich beide Vorstellungen theologiegeschichtlich wie logisch gegenseitig hervorgetrieben.

Wir wollen im Folgenden als Beispiel für die Bezüge zwischen theologischem und mathematischem Unendlichen kurz skizzieren, wie das mathematische Unendliche bei Cantor zum theologischen wird und wie wir aus dem oben skizzierten Anselmischen Gottesbegriff eine Definition des Unendlichen gewinnen können. Dazu braucht es zuerst eine Definition einer unendlichen Menge: Eine Menge heißt unendlich, wenn es eine echte Teilmenge gibt, die zu ihr gleichmächtig ist, wenn es also eine bijektive Abbildung zwischen der Menge und ihrer echten Teilmenge gibt.[28]

Nun könnte man meinen, alle unendlichen Mengen seien gleichmächtig. Das ist aber keineswegs der Fall. Es gibt Unterschiede im Unendlichen ∞. So ist $\|N\| < \|R\|$, denn $|N$ ist abzählbar unendlich, $|R$ jedoch ist überabzählbar unendlich. Für die Klasse aller zu $|N$ gleichmächtigen Mengen führte Cantor die Kardinalzahl $\aleph_0$ ein. $\aleph_0 := \|N\|$ ist die kleinste unendliche Kardinalzahl. Es gibt unendlich viele unendliche Kardinalzahlen. Das kann man sich daran verdeutlichen, dass die Potenzmenge einer Menge immer mächtiger ist als diese selbst. Vorhin schrieben wir: „Es gibt für die Mathematik immer mehr als es gibt." Nun müssen wir hinzufügen: Es gibt für die Mathematik unendlich mehr als unendlich. Die unendlichen Mengen führen zu Paradoxa. Das

<hr />

28 Vgl. Dedekind 1965, 13 (§ 5 Nr. 64). Zur Diskussion verschiedener Definitionen des Unendlichen vgl. Neidhart 2007, 8–11.

bekannteste, formalisiert von Russel und Burali-Forti: Die Potenzmenge der Menge aller Mengen ist Teil der Menge aller Mengen und zugleich mächtiger als diese.[29] Solche Mengen – die nicht mehr widerspruchsfrei formalisierbar sind – nennt Cantor absolut unendlich.[30] „Absolut": Dieser Begriff ist nicht zufällig gewählt, sondern aus der Theologie entlehnt. Und so sind für Cantor die absolut unendlichen Mengen Symbole für Gott, im platonischen Sinn Abbilder göttlichen Seins.

Was heißt „unendlich" nun in der zweiten Verwendungsform, beim nicht mengenmäßig fassbaren Unendlichen? Eine Definition ist hier im theologischen Bereich keine Setzung wie oben, sondern Explikation eines Wortgebrauchs, deshalb ein kurzer Blick in die relevanten Texte: Der Begriff des Unendlichen ist nicht biblisch. Zwar redet die Bibel sinngemäß von Gottes Unermesslichkeit (1 Kön 8, 27: Der Himmel und die Himmel können dich nicht fassen), Allwissenheit (Sir 42, 18–21: Meerestiefe und Menschenherz durchforscht er, und er kennt alle ihre Geheimnisse), Allmacht (Hi 42, 2: Ich habe erkannt, dass du alles vermagst, nichts, was du sinnst, ist dir verwehrt), von Unerforschlichkeit (Hi 36, 26: Gott ist erhaben und wir begreifen es nicht) und Ewigkeit (Ps 90, 2; 93, 2: Gott ist ohne Anfang. Ehe die Berge geboren wurden, bist du o Gott), von Bleiben, Immerwähren in Bezug auf Gott und seine Gaben. Doch das alles ist nicht identisch mit „unendlich". Gott wird mit diesen Aussagen als Herr der Geschichte bezeichnet; hier ist die Rede von seiner Macht, Treue und Beständigkeit, von einer dichten, intensiven Zeitlichkeit, nicht von unendlichem Sein. Das mahnt uns: Vergiss, wenn du vom Unendlichen redest, wenn du mathematische Symbolik in der Gottrede verwendest, nicht, dass dein Gott ein lebendiges Gegenüber ist. Der Begriff des Unendlichen kommt also nicht aus Jerusalem zu den Christen, sondern aus Athen. Und er ist hier auch nicht von Anfang an mit dem Göttlichen verbunden. Für Aristoteles ist bspw. das Unendliche chaotisch, ungeformt und darum unerkennbar. Unendlich in dieser Weise ist die Materie.[31] Erst durch Plotin entwickelt sich die Vorstellung des göttlichen Einen als Unendlichkeit.[32] Das Unendliche wird hier nun nicht mehr mit Chaos und prinzipieller Unerkennbarkeit verbunden, sondern mit relativer (für uns Menschen) Unerkennbarkeit. Gregor

29 Vgl. insgesamt zu den Paradoxien der Mengenlehre NEIDHART 2007, 93–99.
30 Vgl. NEIDHART 2007, 70ff.
31 Vgl. ARISTOTELES 1987 (Physik III, 4–7).
32 Vgl. PLOTIN 1956, 188f. (Abschnitt 40).

von Nyssa wendet den Unendlichkeitsbegriff dann innerchristlich um zu einem positiven Ausdruck für die Vollkommenheit Gottes: Dieser sei unendlich, da undurchschreitbar, immer unendlich viel größer als das bereits Geschaute.[33] Die Entwicklung des Unendlichkeitsbegriffs in der Theologie war spätestens seit der Scholastik verschränkt mit mathematisch-logischen Überlegungen. Hier wollen wir nur noch auf einen Autor in der Frühscholastik schauen, nämlich noch einmal zu Anselm und seinem „aliquid quo nihil maius cogitari potest". Anselm spricht hier wohlgemerkt nicht vom Unendlichen. Seine Scheu vor dieser Begrifflichkeit ist zeittypisch: Sie partizipiert noch an der negativen Unendlichkeit des Aristoteles – weshalb Anselm unendlich auch nur die Sünde und das Böse nennt. Anselm dürfte hier auch nicht vorschnell „unendlich" sagen, denn man könnte ja, wie wir innerhalb der mathematischen Überlegungen sahen, über dieses Unendliche noch hinausdenken. Und doch kann „Das, über das Größeres hinaus nicht gedacht werden kann" aufgefasst werden als Definition des Unendlichen im obigen zweiten Sinn. Es ist eine nicht mehr vermehrbare Vollkommenheit, die durch keine Hinzufügung und Potenzierung übertroffen zu werden vermag. Es ist insofern ‚absolut' unendlich, unendliche Liebe, Güte, Wissen, Können. Und wie das mathematische (cantorsche) absolut Unendliche ist das anselmische paradox. Anselm selbst sagt es bereits: Das, über das hinaus nichts Größeres gedacht werden kann, ist das Größte, das wir denken können. Zugleich aber ist es größer als alles, was wir denken können, denn wir können den Gedanken fassen, dass es etwas gibt, das größer ist als das, was wir denken können.[34] Anselm fasst mit diesem Gottesbegriff also eine echte obere Schranke des Denkens, eine Grenze des unendlichen Transzendierens, den Unendlichen im Sinne der Theologie.

2.4 Vollkommen

Die Idee eines vollkommenen Gottes, der seine Geschöpfe nach seinem Abbild gestaltet, durchdringt die christliche Theologie. So beschreibt beispielsweise die heilige Theresa von Avila ihren „Camino de Perfección" (Weg zur Vollkommenheit), den Weg, den man verfolgen sollte, um

---

33 Vgl. MÜHLENBERG 1966, 110, 202.
34 „Herr, Du bist also nicht nur, über dem Größeres nicht gedacht werden kann, sondern bist etwas Größeres, als gedacht werden kann. Weil nämlich etwas derartiges gedacht werden kann: wenn Du das nicht bist, kann etwas Größeres als DU gedacht werden, was nicht geschehen kann." (ANSELM 1995, 111; Proslogion 15).

zur Vollkommenheit zu gelangen. Die Sehnsucht nach Vollkommenheit prägte und bestimmte ihre unvollkommene Existenz.[35]

Eine strukturell ähnliche Sehnsucht nach Vollkommenheit beseelte die Pythagoreische Schule und prägte ihr Gedankengut sowohl in ihren mathematischen als auch in ihren philosophisch-theologischen Ansätzen. Die pythagoreische Schule betrachtete die Welt als eine chaotische Ansammlung von Gegensätzen, die nur von einer göttlichen Instanz in Harmonie gebracht werden kann. Sie identifizierte diese göttliche Instanz mit einem Bestreben nach Ordnung und Harmonie. Späte Mitglieder der Schule entdeckten wichtige Eigenschaften des regelmäßigen Fünfecks, die als „göttlich" bezeichnet wurden. Ein „Pentagon" hat nämlich die Eigenschaft, dass seine Diagonalen, also die Seiten des so genannten Pentagramms, sich im Goldenen Schnitt schneiden. Hierbei ist die Länge des längeren Teilstückes genau die Länge einer Seite des Pentagons. Dies führte auch dazu, dass dem Pentagon und mehr noch dem Pentagramm magische Kräfte zugeschrieben wurden. Der Goldene Schnitt wurde als ein Instrument der Harmonie des Kosmos bezeichnet und wurde bewusst in der hellenistischen Architektur verwendet.

Abb. 2: Der Parthenon (gebaut im Goldenen Schnitt)

Platon betrachtete die regelmäßigen Polyeder (Tetraeder, Hexaeder, Oktaeder, Ikosaeder, Dodekaeder) als die Elementarkomponenten des

---

35 TERESA VON AVILA 2007 (Weg der Vollkommenheit).

Universums. Die Platonischen Körper, wie die regelmäßigen Polyeder genannt werden, wurden als Eckpfeiler einer Kosmologie interpretiert, an der sogar Kepler, viele Jahrhunderte später, festhielt.

Abb. 3: Die platonischen Körper

Die Vollkommenheit als definierendes Merkmal Gottes und seiner Schöpfung entwickelte sich zum Ideal menschlichen Handelns. Dieses Ideal leitete die mathematische Entwicklung einer Wissenschaft der Optimierung hervor, die wiederum von theologischen Ansätzen konsolidiert wurde. In der Natur, so schrieben die „natürlichen Theologen" bis William Paley (1802), wird Gott durch ein Bestreben nach Perfektion präsent.[36] Für dieses Bestreben nach Perfektion konnte die Variationsrechnung Methoden für die Findung optimaler Lösungen liefern, die dann sowohl die Entwicklung der Ökonomie als auch die Entwicklung der Biologie bestimmen würden.

Wir sehen die Möglichkeit, mit Schülerinnen und Schülern die Konzepte von Optimierung und Vollkommenheit sowohl mathematisch als auch theologisch zu diskutieren, unter anderem, damit ihnen ihr wissenschaftstheoretischer Zusammenhang bewusst wird. Diese Diskussion könnte im Mathematikunterricht beispielsweise in der 10. Klasse stattfinden, nachdem die wichtigsten Elemente der Differential- und Integralrechnung mitsamt Maxima und Minima vertraut geworden sind.

2.5 Komplexität und Komplexitätsreduktion

Optimalität und Vollkommenheit sind eine Seite der Medaille, wenn es sich um menschliche Entscheidungen handelt. Wir streben nach Vollkommenheit, aber unsere Zeit ist endlich und die Information, die uns zur Verfügung steht, ist nicht nur endlich, sondern manchmal sogar dürftig. Vollkommenheit als Anspruch einerseits und die Feststellung unserer Endlichkeit andererseits machen menschliches Leben aus. Optimale Entscheidungen beinhalten vollkommene Information und somit

---

36 Paley 1802.

komplexe Verfahren. Aber die häufige Kondition menschlicher Entscheidungen ist eine wahre Ressourcenknappheit; diese wiederum strebt nach Vereinfachung. Die Mathematik der guten Entscheidungen lernt von der Theologie, wie man mit Komplexität umgehen kann. Die Theologie ist die älteste Wissenschaft, die das Problem der Komplexitätsreduktion stellte und oft erfolgreich löste. Denken wir an die Vorschriften, die ursprünglich von Gott überliefert wurden: „Sechshundertdreizehn Vorschriften sind überliefert worden; dreihundertfünfundsechzig Verbote entsprechen den Tagen des Sonnenjahres, und zweihundertachtundvierzig Gebote entsprechen den Gliedern des Menschen. Hierauf kam David und brachte sie auf elf … Hierauf kam Jesaja und brachte sie auf sechs … hierauf kam Jesaja abermals und brachte sie auf zwei … vielmehr, hierauf kam Habakuk und brachte sie auf eins, denn es heißt: Der Fromme wird durch seinen Glauben leben" (Habakuk, 2, 4).[37] Ein Mensch kann die 613 Vorschriften nicht gleichzeitig erfassen. Wie kann man diese Komplexität reduzieren? Wie kann man das Gesetz Gottes „ganz einfach" ausdrücken? Diese Frage prägt die jüdisch-christliche Lehre. Bereits die 10 Gebote sind eine Reduktion der Vorschriften, die das Wesentliche beinhalten. Jahrhunderte später ist das Evangelium ein Dokument der Kraft einfacher Gleichnisse und Formulierungen.

Die moderne Mathematik der Entscheidungsfindung – Theory of Decision Making – lässt sich von dieser Komplexitätsreduktion inspirieren. Der Mensch kann theoretisch Optimalität und die damit verbundene Komplexität betrachten und sich sogar danach sehnen, aber für sein alltägliches Leben braucht er einfache Heuristiken, die unter den üblichen Einschränkungen von Zeit und Ressourcen vollbracht werden können.[38] Diese Heuristiken sind notwendigerweise auch naiv, da sie komplexe Zusammenhänge strikt ignorieren.

---

37 Babylonischer Talmud, zitiert nach Ratzinger 2007, 136.
38 Gigerenzer/Todd/the ABC Group 1999.

3. Perspektiven und Anregungen für die Fachdidaktiken und die Kooperationen in der Schule

3.1 Aus Sicht der Theologie

In der aktuellen religionsdidaktischen Diskussion gibt es in zweifacher Hinsicht Gesprächsbedarf mit der Mathematikdidaktik, zum einen seitens der Kindertheologie, zum anderen seitens der Kirchenraumpädagogik.

Kindertheologie versteht sich als didaktisches Leitbild, welches das Kind als Subjekt des Lernens in das Zentrum des Unterrichtsgeschehens rückt. Inhaltlich folgt daraus eine Konzentration auf die großen Fragen der Kinder, methodisch die Ausrichtung auf eine Hermeneutik der Aneignung, welche eine adressaten- und sachgemäße didaktische Reduktion theologischer Inhalte impliziert. Auf diese Weise finden Themen und Texte Eingang in den Unterricht der Primarstufe und des Anfangs der Sekundarstufe I, die vor 15 Jahren, wenn überhaupt, dann für die Sekundarstufe II reserviert waren.[39] Dazu gehört auch gottesbeweisförmiges Argumentieren, da die Frage nach Gründen für Glauben oder Unglauben heute eine der großen Kinderfragen ist.[40] Selbstverständlich darf die Gottrede in keiner Altersstufe primär begrifflich abstrakt sein, doch verlangt die Frage nach guten Gründen für den Glauben auch eine argumentative Auseinandersetzung. Dies könnte zum Anlass genommen werden, der Dichotomie der religiösen und mathematischen Weltzugänge bereits zu Beginn ihres Entstehens gegenzusteuern. Nicht zuletzt, wenn das Leitbild der Kindertheologie auf eine Theologie der Jugendlichen ausgedehnt wird, könnten sich hier Möglichkeiten einer fächerverbindenden Zusammenarbeit ergeben.

> „Aber Jakob zog aus von Beerscheba und machte sich auf den Weg nach Haran und kam an eine Stätte, da blieb er über Nacht, denn die Sonne war untergegangen. Und er nahm einen Stein von der Stätte und legte ihn zu seinen Häupten und legte sich an der Stätte schlafen. Und ihm träumte, und siehe, eine Leiter stand auf Erden, die rührte mit der Spitze an den Himmel, und siehe, die Engel Gottes stiegen daran auf und nieder" (Gen 28, 10–12).

---

39 Vgl. bspw. den „Unterrichtsversuch zum ‚freien bzw. unfreien Willen' in einer 5. Klasse" als Beispiel eines Theologisierens mit Kindern an der Hand „theologischer Klassiker" (hier Martin Luther, Vom unfreien Willen), Büttner/Rupp 2002, 21–78.
40 Das Kinderbuch „Gelb und Rosa" (Steig 2000) bietet hier eine anregende Gesprächsbasis.

Gegen Ende des ersten Lebensjahrzehnts entsteht in unserem Gehirn ein Wunder, das für unsere religiösen Vorstellungen so wichtig ist wie für unser Verständnis von Mathematik[41]: In unserem mentalen Vorstellungsraum können wir die unendliche Leiter zum Himmel tatsächlich *sehen.* Wir können uns Prozesse vorstellen, bei denen stets ein weiterer Schritt möglich ist, wir können uns eine unendliche Anzahl von Leitern vorstellen, die einander folgen und die jeweils unendlich viele Sprossen besitzen. Wir können uns vorstellen, wie wir hinaufklettern, indem wir Sprosse für Sprosse erklimmen oder aber auch auf die nächste Leiter springen. In unserem Vorstellungsraum können wir uns sogar unendlich viele Systeme aus unendlichen Leitern vorstellen und so weiter. Wir können aber auch, beispielsweise, mental unendlich oft aus einer Urne ziehen, eine mentale Handlung, die für die Stochastik unentbehrlich wird. Diese wunderbare Fähigkeit, das Unendliche zu konzipieren, ist bereits im ersten Schritt „zum Himmel" dokumentiert, also im Traum Jakobs. Hier böte sich vielleicht mit der Diskussion zum Thema „Jakobs Leiter zum Himmel" bereits am Ende der Grundschule ein kindertheologisches Element, das Religion und Mathematik verbinden kann. Viele berühmte Illustrationen dieser Leiter können als interessantes didaktisches Material verwendet werden.

Abb. 4: Jakobs Leiter in einer Illustration von W. Blake

41 Zur Entwicklung der Vorstellung vom Unendlichen vgl. Fischbein 1979.

Im engeren Sinne wird der Begriff des Unendlichen allerdings aus entwicklungspsychologischen Gründen erst gegen Ende der Sekundarstufe I in einem jugendtheologischen und zugleich mathematischen Angang in den Mittelpunkt gestellt werden können. Er ist einerseits mathematisch vielfältig und motivierend, bündelt andererseits viele theologische Themen der Jugendlichen, von der Frage nach einem personalen Gottesbild bis zur Bedeutung von Vorstellungen und Symbolisierungen. Dies didaktisch aufzuarbeiten wäre deshalb sicher lohnenswert.

Kirchenpädagogik inszeniert eine persönliche Begegnung mit dem Raum und darin mit der in ihr feiernden Gemeinde und dem, an den sich das Lob und der Dank der Gemeinde richtet. Kirchen sind allerdings nicht nur gebauter Glaube, sondern gebaute Mathematik. Durch Messen, Aufsuchen (vollkommener) Formen und Körper, von Zahlenverhältnissen und Symmetrien kann der Kirchenraum auf spezifischem Wege wahrgenommen werden. Die so gewonnenen Erkenntnisse vertiefen die anschließende Erklärung und Deutung. Auch die Aneignung des Kirchenraums kann bspw. durch (Nach-)Konstruktion von Maßwerkfenstern, durch Falttechniken oder Nachbau aus den zugrunde liegenden Körpern, Zeichnen eines Röntgenbilds einer Kirche[42] etc. mathematisch-künstlerisch sein. Hier ist eine Zusammenarbeit der Kirchenpädagogik mit der Mathematikdidaktik (siehe auch 3.2.3) und eine Verbindung beider Unterrichtsfächer vielversprechend.

3.2 Aus Sicht der Mathematik

Die moderne Mathematikdidaktik rät zur kontextuellen Einführung mathematischer Objekte: Mathematik soll nicht als trockenes formales System präsentiert werden, sondern als die Sprache, in der das „Buch der Natur geschrieben ist"[43], also die Sprache, die es uns ermöglicht, die Natur zu verstehen und die Sprache, die unser Wirken in der Natur rigoros und stringent gestaltet. Mathematik ist zwar abstrakt und transzendent, aber sie entsteht aus der Analyse sowohl der Naturphänomene als auch der sozialen Verträge zwischen Menschen. Sie ist vielleicht das größte Geschenk eines mathematisch denkenden Gottes, der es uns Menschen

---

42 Vgl. Rupp 2006, 241.
43 „Egli [l'universo] e scritto in lingua matematica e i caratteri son triangoli, cerchi, ed altre figure geometriche, senza i quali mezzi e impossibile a intenderne umanamente parola; senza questi e un agirarsi vanamente per un oscuro labirinto." (Galilei 1964, 631).

erlauben will, die Systeme der Natur wenigstens partiell zu verstehen und in ihrem Rahmen kohärent zu handeln. Transzendenz, Beweis, Unendlichkeit, Vollkommenheit und Komplexitätsreduktion sind Pfeiler der Verschränkung zwischen Theologie und Mathematik; ihre Genese kann den Schülerinnen und Schülern in verschiedenen Epochen ihrer Entwicklung erläutert werden. Vor allem sollen auch die Grenzen einer absolut-mathematischen Reduktion der menschlichen Realität den Schülerinnen und Schülern am Beispiel der Gedanken von Denkern wie Pascal oder, um einen ähnlich denkenden lebenden mathematischen Physiker zu nennen, auch Freeman Dyson[44] verdeutlicht werden. Obschon es bis heute so wenig Berührungspunkte zwischen Mathematik und Religion im konkreten Mathematikunterricht gegeben hat, wollen wir hier enthusiastisch empfehlen, diese Verschränkungen bewusst zu besprechen und von ihrer Aussagekraft didaktisch zu profitieren. Dabei ist es wichtig, sich nicht auf *eine* Religion einzuschränken, sondern zu versuchen, aus mehreren zu schöpfen.

3.2.1 Zahlen und Zahlenmystik

Dass Zahlen nicht nur „rein quantitative" Konstrukte zur Abzählung von Objekten sind, ist nicht nur in der westlichen Welt bekannt. Die Pythagoreische Schule sah in den Zahlen und in den Proportionen zwischen Zahlen das göttliche Instrument, um die Welt harmonisch zu gestalten. Manche Zahlen und, vor allem, manche Proportionen wurden von der Pythagoreischen Schule als heilig betrachtet. Auch die jüdische Lehre der Kabbala, die mit der Lehre des Zohars, also des Glanzes Gottes eng verwoben ist, sieht in den Zahlen göttliche Zeichen, die uns gegeben werden als Instrumente für die Interpretation der göttlichen Gesetze.

Die Zahl Sieben hat unter allen natürlichen Zahlen eine ganz besondere, beinahe magische Stellung. Wir wollen einige Instanzen der Präsenz dieser Zahl auflisten, die den Liebhabern von Religion und Mathematik sicher bekannt sind:

1. die sieben Tage der Kreation der Welt und somit die sieben Tage der Woche,

2. die sieben Todsünden,

3. die sieben Sakramente der katholischen Kirche,

---

44 Dyson 2000.

4. die sieben Elementarkatastrophen der mathematischen Katastrophentheorie[45],

5. die sieben heiligen Tempel der arabischen Welt,

6. die sieben fetten und die sieben mageren Jahre im Traum Josephs und

7. die sieben Häupter des monströsen Tiers in der Offenbarung des Johannes

Abb. 5: Die sieben Häupter des monströsen Tiers der Offenbarung

Warum scheint die Sieben, mehr als alle anderen Zahlen, eine mystische Bedeutung zu besitzen? Vielleicht ist der Grund ganz einfach. Die Psychologie lehrt uns, dass der Mensch bei mehr als sieben gleichartigen Gegenständen nicht mehr spontan ihre Anzahl wahrnehmen kann: Er muss abzählen. Sie lehrt uns auch, dass unser Kurzzeitgedächtnis mit 7±2 Informationsstückchen gut arbeitet, aber nicht mit mehr.[46] Unsere Fähigkeit, Bijektionen spontan und synchron zu bilden, kann diese Schicksalszahl höchstens um eine oder zwei Einheiten überwinden. „Die Kunst des Abzählens und somit die ganze Arithmetik geht aus dem Versuch hervor, diese natürliche Beschränkung des Menschen zu überwinden."[47]

---

45 THOM 1989.
46 MILLER 1956 (The magical number 7±2).
47 UNENDLICH PLUS EINS, Spektrum der Wissenschaft, Spezial 2/05, S. 8.

Wir haben in diesem Artikel nicht den Raum, über die vielen anderen Zahlen zu berichten, die in der Verschränkung zwischen Mathematik und Religion von Bedeutung sind. Es sei aber erinnert, dass es sich hier nicht nur um natürliche Zahlen dreht. Die „divina proportio", das göttliche Verhältnis, das bereits die Pythagoreische Schule akribisch untersucht hatte und das mehr als fünfzehn Jahrhunderte später der Franziskanerpater Luca Paciuoli – mitsamt Illustrationen von Leonardo da Vinci – in seinem Buch „De divina proportione"[48] ausführlich behandelte, entspricht der irrationalen Zahl Φ, die auch als Goldener Schnitt bekannt ist. Wir sehen es als starke Motivation für Schülerinnen und Schüler, die historische Bedeutung von Zahlen innerhalb der religiösen Lehre kennen zu lernen. Bei der „göttlichen Proportion" oder dem Goldenen Schnitt muss hier erwähnt werden, dass sie bereits Teil des Materials für die Anwendung der Mitternachtsformel zur Lösung quadratischer Gleichungen geworden ist. An der Pädagogischen Hochschule Ludwigsburg wurden auch Hauptseminare zum Goldenen Schnitt angeboten, bei denen auch die religiösen Verbindungen behandelt wurden.

3.2.2 Die Symmetriegruppen der arabischen Muster in den religiösen Bauten des Islams

Das Gebot, kein Abbild von Gott herzustellen, wurde von den drei monotheistischen Religionen in sehr verschiedener Intensität beherzigt. Der Islam ist diesem Gebot am stringentesten gefolgt. Nicht nur keine Abbildungen des Herrn, sondern auch keine Abbildungen seiner Kreaturen, Menschen, Tiere oder Pflanzen durften in der Geschichte des Islams von den islamischen Künstlern erstellt werden. Diese strenge Haltung bewirkte eine Kreativität in der Gestaltung von abstrakten Mustern und Ornamenten, die in der Welt unübertroffen bleibt. Mit diesen abstrakten Ornamenten schmückten die islamischen Künstler ihre religiösen Bauten. Andreas Speiser[49] zeigte, dass die invarianten Muster von 16 der 17 Symmetriegruppen der Ebene in den Ornamenten von arabischen Tempeln in Ägypten, in Spanien und in der Türkei realisiert wurden. Die 16 verschiedenen Muster, die die islamische Welt verwendete, sind in unserer Illustration wiedergegeben.[50] Einige wenige dieser Muster erscheinen auch als Ornamente in christlichen Bauten, insbeson-

48 FRA LUCA PACIUOLI 1988 (De divina proportione).
49 SPEISER 1923, viii, 194.
50 http://www.spsu.edu/math/tile/grammar/moor.htm (Stand: 18.09.2009).

dere in den Rosen der Glasmalerei (siehe 3.2.3). Das Thema der Symmetrieabbildungen wird in der Schule bereits in der Grundschule behandelt. Die kleinen Kinder lernen bereits in der zweiten Klassenstufe, kleine Figuren um einen Punkt und um eine Achse zu spiegeln. Später, in der Sekundarstufe, werden Symmetrieabbildungen in rigoroser Form behandelt. Wir schlagen vor, diese Gelegenheit zu nutzen, den Schülerinnen und Schülern Material aus den Mustersammlungen der religiösen Bauten anzubieten, und zwar nicht nur aus dem westlichen Raum, auch wenn die Klassifikation der 17 Symmetriegruppen der Ebene in der Schule nicht formal bewiesen werden kann.[51]

Abb. 6: 16 invariante Muster von 16 der 17 Symmetriegruppen der Ebene

51 CHORBACHI 1989.

3.2.3 Proportionen und Symmetrien der Kathedralen

Der Bau der Kathedralen gilt heute als unübertroffene interdisziplinäre Zusammenarbeit von Theologen, Architekten, Mathematikern und Künstlern. Es würde den Rahmen unserer Möglichkeiten und dieser Arbeit sprengen, auch nur einen Bruchteil der mathematischen Überlegungen darzulegen, die im Prozess der Konstruktion einer Kathedrale notwendig wurden. Wir wollen aber doch betonen, welche göttlichen Zahlen, Proportionen und Grundfiguren für den Bau der Kathedralen charakteristisch waren, und zwar an dem konkreten Beispiel der Kathedrale von Lausanne.[52] Der Besuch dieser Kathedrale kann zum spannendsten mathematischen Ereignis werden, wenn man einige Fakten kennt: Die Zahlen, die in dieser Kathedrale eine leitende Rolle spielen, sind der Goldene Schnitt und die natürlichen Zahlen 4, 5, 8 und 12. Das Fünfeck und der Goldene Schnitt sind an den menschlichen Figuren immer wieder zu erkennen. Auch die Apsis der Kathedrale ist nach dem Goldenen Schnitt konzipiert worden.

Das Taufbecken der Kathedrale von Lausanne ist achteckig, wie es die Tradition der katholischen Kirche festlegt. Interessant ist die Rose des Hauptglasfensters: eine Rose, die als Superposition von regelmäßigen Figuren konstruiert ist, die quadratisch, achteckig und zwölfeckig sind. Wir zeigen einen kleinen Ausschnitt der Rose, nämlich ihr Zentrum, sowie die Folge von Zeichnungen, die für die Konstruktion der Rose notwendig sind.

Nicht nur die gotischen Kathedralen sind streng nach den Symmetrien von Quadraten, Achtecken und sogar Zwölfecken und anhand des Goldenen Schnittes gebaut worden. Auch die Barockzeit richtete sich nach der Geometrie der Zahl vier und ihrer Vielfachen. Die Kirche Sant'Agnese dell'Agone in Rom ist ein Beispiel dafür. Wir zeigen ein Bild der Kuppel, das diese Symmetrien illustriert.

Wir stellen uns vor, dass Schülerinnen und Schüler Freude an Geometrie und Symmetrielehre finden können, wenn ihnen die Bedeutung von Symmetrie und Regelmäßigkeit (Vollkommenheit) in den religiösen Bauten des Christentums und des Islams bewusst wird.

---

52 CHAUDET 1975.

3.2.4 Religion und Mathematik

„Da uns zu den göttlichen Dingen nur der Zugang durch Symbole als Weg offen steht, so ist es recht passend, wenn wir uns wegen ihrer unverrückbaren Sicherheit mathematischer Symbole bedienen." Dieses Zitat stammt vom „Theomatiker" Nicolaus von Cues und wurde von Gregor Nickel zur Eröffnung des schon mehrfach erwähnten Rom-Seminars 2006 „Theologie und Mathematik" verwendet. Nickel betonte, dass gegen den Rat des Cusanus allerdings weder die Theologie Symbole der Mathematik verwendet noch die Mathematik ihre unverrückbare Sicherheit behalten habe. In einer Zeit der Unsicherheit können dennoch Religion und Mathematik einen spannenden Dialog führen, unter der Bedingung, dass beide Disziplinen flexibel und adaptiv miteinander umgehen. Und es ist spannend sich vorzustellen, wie Schülerinnen und Schüler die Verschränkung von Mathematik und Religion erleben können, und zwar an Konzepten wie Transzendenz, Beweis, Unendlich, Vollkommenheit, Komplexitätsreduktion, und an konkreten Beispielen der Rolle von Zahlen in der Religion sowie der Ornamente der islamischen Tempel mitsamt den Symmetriegruppen, die sie invariant lassen. Daraus kann sowohl eine stärkere Motivation für Mathematik entstehen als auch eine tiefere Bindung zu den ewigen Themen der Religion.

Literatur

Achtner, Wolfgang, Infinity in science and religion. The creative role of thinking about infinity, in: Neue Zeitschrift für systematische Theologie und Religionsphilosophie 47 (2005), 392–411.

Anselm von Canterbury, Proslogion. Untersuchungen. Lateinisch-deutsche Ausgabe von P. Franciscus Salesius Schmitt, Stuttgart-Bad Cannstatt ³1995.

Armbrust, Ansgar, Calculations between music and religion. Ein Choral nach Adam Ries. Rechnen zwischen Musik und Religion, in: PM. Praxis der Mathematik. Sekundarstufen 1 und 2, 41 (1999), 275.

Aristoteles, Physik. Vorlesungen über die Natur. Bd. 1 (Buch 1–4), hg. und übersetzt von Hans Günter Zekl, Hamburg 1987.

Augustinus, Aurelius, De libero arbitrio. Über den freien Willen, in: Ders., Theologische Frühschriften. Lateinisch/Deutsch. Übersetzt und erläutert von Wilhelm Thimme, Zürich/Stuttgart 1962.

Breidert, Wolfgang, Theologie und Mathematik. Ein Beitrag zur Geschichte ihrer Beziehung, in: von Toepell, Michael (Hg.), Mathematik im Wandel. Bd. 1. Anregungen zu einem fächerübergreifenden Mathematikunterricht, Hildesheim 1998, 78–88.

Büttner, Gerhard/Rupp, Hartmut (Hg.), Theologisieren mit Kindern, Stuttgart 2002.

Chaudet, Paul (Hg), Merveilleuse Notre-Dame de Lausanne, Lausanne, 1975.

Chorbachi, Wasma'a K., In the tower of Babel: beyond symmetry in Islamic design. Symmetry 2: unifying human understanding, Part 2, in: Comput. Math. Appl. 17 (1989), H. 4–6, 751–789.

Daston, Lorraine, Classical Probability in the Enlightenment, Princeton 1988.

Dedekind, Richard, Was sind und was sollen Zahlen? Braunschweig ¹⁰1965.

Dyson, Freeman, Progress in religion (2005) A talk by Freeman Dyson: http://www.edge.org/3rd_culture/dyson_progress/dyson_progress_p1.html (Stand: 18.09.2009).

Ders., Mathematik und Theologie, in: ThGl 90 (2000), 666–679.

Ferrandi, Clementina, La discussione del concetto di infinito tra matematica, filosofia e teologia: Georg Cantor e la Scolastica cristiana, in: Angelicum 82 (2005), 187–214.

Fischbein, Ephraim/Tirosch David/Hess, Paul, The intuition of infinity, in: Educational Studies in Mathematics 10 (1979), 3–40.

Galileo Galilei, Il Saggiatore (1623), in: Opere, Turin 1964.

Gigerenzer, Gerd, Evolution des statistischen Denkens, in: Zeitschrift für Erziehungswissenschaften 32 (2004) H. 1, 4–22.

Gigerenzer, Gerd/Todd, Peter/The ABC Group, Simple Heuristics that Make us Smart, New York 1999.

Glockzin-Bever, Sigrid/Schwebel, Horst (Hg.), Kirchen Raum Pädagogik, Ästhetik, Theologie, Liturgik Bd. 12, Münster 2002.

Gödel, Kurt, Collected works. Bd. 3, hg. von Solomon Feferman, Oxford 1995.

Hardy, Godfrey Harold, A Mathematician's Apology, in: A Mathematician's Apology, with a preface by C. P. Snow, New York 1993.

Hattrup, Dieter, Ist Gott ein Mathematiker? Georg Cantors Entdeckungen im Unendlichen, in: ThGl 86 (1996), 260–280.

Haunhorst, Benno, Mathematik und Theologie, in: rhs 29 (1986), 296–311.

Kant, Immanuel, Kritik der reinen Vernunft, in: Ders., Werke in 12 Bde., Bd. IV, hg. von Wilhelm Weischedel, Frankfurt a. M. [13]1995.

Kropač, Ulrich, Naturwissenschaft und Theologie – eine Herausforderung für religiöse Bildung, in: KBC 128 (2/2003), 137–142.

McDermott, John M., Zwei Unendlichkeiten bei Thomas von Aquin: Gott und Materie, in: THPH 61 (1986), 176–203.

Miller, George, The magical number 7±2, Psychological Review 63 (1956), 81–97.

Motzer, Renate, Fächerübergreifendes Lernen im Mathematik- und Religionsunterricht, in: Graumann, Günter (Hg.), Beiträge zum Mathematikunterricht 2005, Vorträge auf der 39. Tagung für Didaktik der Mathematik vom 28. 02. bis 04. 03. 2005 in Bielefeld, Hildesheim/Berlin 2005, 412–416.

Mühlenberg, Ekkehard, Die Unendlichkeit Gottes bei Gregor von Nyssa. Gregors Kritik am Gottesbegriff der klassischen Metaphysik, Göttingen 1966.

Müller, Klaus, Wieviel Vernunft braucht der Glaube? Erwägungen zur Begründungsproblematik, in: Ders. (Hg.), Fundamentaltheologie – Fluchtlinien und gegenwärtige Herausforderungen, Regensburg 1998, 77–100.

Ders., Wenn ich ‚ich‘ sage. Studien zur fundamentaltheologischen Relevanz selbstbewußter Subjektivität (RSTh 46), Frankfurt a. M. 1994.

Neidhart, Ludwig, Unendlichkeit im Schnittpunkt von Mathematik und Theologie, Göttingen 2007.

Nikolaus von Cues, Gespräch über das Seinkönnen, Stuttgart 1984.

Paciuoli, Luca, De divina proportione, in: Winterberg, Constantin (Hg.), Die Lehre vom Goldenen Schnitt, nach der Venezianischen Ausgabe vom Jahre 1509, Wien 1988.

Paley, William, Natural Theology, or Evidences of the Existence and Attributes of the Deity collected from the Appearances of Nature (1802), London [16]1819.

Pais, Abraham, Raffiniert ist der Herrgott … Albert Einstein. Eine wissenschaftliche Biographie, Heidelberg/Berlin 2000.

Plotin, Schriften, Bd. IVa, hg. und übersetzt von Richard Harder, Hamburg 1956.

Pröpper, Thomas, Evangelium und freie Vernunft. Konturen einer theologischen Hermeneutik, Freiburg 2001.

Radbruch, Knut, Mathematik in den Geisteswissenschaften, Göttingen 1989.

Ratzinger, Joseph, Jesus von Nazareth. Von der Taufe im Jordan bis zur Verklärung, Freiburg 2007.

Reichel, Hans-Christian, Mathematik und Theologie (gem. m. E. Köhler), in: Röttel, Karl/Köhler, Hartmut (Hg.), Mathe – ja bitte. Wege zu einem anderen Unterricht, Buxheim/Eichstätt 1998, 111–118.

Ritter, Werner H., Zum Verständnis von „Unendlichkeit" in fächerübergreifender Kooperation von Religions- und Mathematikunterricht, in: rhs 37 (1994), 42–52.

Rothgangel, Martin, Didaktik – und nicht Methodik. Worin besteht die Bedeutung der Religionspädagogik im Dialog zwischen Theologie und Naturwissenschaft? Ein Plädoyer für das Potenzial einer subjektbezogenen Religionspädagogik, in: KatBl 128 (2003), 133–136.

Rudolf, Jörg, Aspekte der Unendlichkeit. Fächerverbindender Unterricht Mathematik – Religion, in: Mathematik Lehren. Die Zeitschrift für den Unterricht in allen Schulstufen 112 (2002), 54–57.

Rupp, Hartmut (Hg.), Handbuch der Kirchenpädagogik. Kirchenräume wahrnehmen, deuten und erschließen, Stuttgart 2006.

Speiser, Andreas, Die Theorie der Gruppen von endlicher Ordnung, mit Anwendungen auf algebraische Zahlen und Gleichungen sowie auf die Kristallographie, Berlin 1923.

Steig, William, Gelb und Rosa, Hildesheim 2000.

Teresa von Avila, Weg der Vollkommenheit, hg., übers. und eingeleitet von Ulrich Dobhan. Vollständige Neuübertragung, Freiburg i. Br./Basel/Wien ³2007.

Thom, René, Structural Stability and Morphogenesis: An Outline of a General Theory of Models, Reading 1989.

Türk, Hans Günther, Positionen und Perspektiven in der Wissenschaftstheorie der Theologie, in: Ders. (Hg.), Fundamentaltheologie – Fluchtlinien und gegenwärtige Herausforderungen, Regensburg 1998, 77–100.

Unendlich Plus eins, Spektrum der Wissenschaft, Spezial 2 (2005).

Weisgerber, Gerhard, Gott beweisen: mehr als ein Denkspaß, damit der Theologe auch einmal mit dem Mathematiker ins Gespräch kommt?, in: rhs 40 (1997), 52–59.

Zanoni, Pietro, Mathematik über Theologie ... vielleicht!, in: Doll, Ramon/ Giesen, Gregor/Nübler, Johannes (Hg.), Ratio – Intellectus – Fides. Begegnung von Mathematik und Theologie, Tübingen 2006, 19–24.

Abbildungen

Abb: 2: Aus http://www.physik.uni-wuerzburg.de/~htkramer/schnitt/

Abb. 4: Aus www.payer.de/religionskritik/karikatur706.gif

Abb. 5: Aus Unendlich plus eins (Spektrum de Wissenschaft, Spezial 2/2005, S. 8)

Abb. 6: Aus Symmetric Patterns: Religious Sites (http://www.spsu.edu/math/ tile/grammar/moor.htm)

Karl Ernst Nipkow

Schöpfungsglaube, Kreationismus und Naturwissenschaft: Voraussetzungen für das Gespräch des Religionsunterrichts mit naturwissenschaftlichen Fächern[1]

Abstract

Notwendige Unterscheidungen versuchen zunächst, Missverständnisse des biblischen Schöpfungszeugnisses in Gen 1 auszuräumen, die durch eine Verwechslung mit naturwissenschaftlichen Hypothesen und einen auf wissenschaftliche Beweisführungen abzielenden kreationistischen Umgang entstehen. Der längere Teil begründet notwendige Zuordnungen: ein wechselseitiges Grenzbewusstsein, eine mehrdimensionale Erschließung der Wirklichkeit, kognitive Brücken durch relations- und kontextbezogenes komplementäres Denken, die Überwindung eines Entweder-Oder-Denkens und die Vielfalt von Wahrheitserfahrung.

Die Naturwissenschaften und die Religion gehören zu den erhabensten Schöpfungen der Menschheit. Alle öffentlichen staatlichen Schulen sollten daher altersgemäß und schulartspezifisch in Unterscheidung (Teil I) und Zuordnung (Teil II) eine naturwissenschaftliche wie religiöse und philosophisch-ethische Allgemeinbildung fördern. Sie setzt bei den betreffenden Fachlehrkräften gründliche Kenntnisse voraus. Man darf im Religionsunterricht nicht ohne ein naturwissenschaftliches Grundwissen und Urteilsvermögen über „Urknall" und „Evolution" und im Biologie- oder Physikunterricht nicht einfach so nebenbei noch über die Phänomene der Wirklichkeit als göttliche „Schöpfung" reden. Vielmehr bedarf es dazu fachspezifischer Kompetenz und planmäßiger fächerübergreifender Zusammenarbeit.

---

1 Überarbeitete und erweiterte Fassung des Vortrags am 19.11.2007 im Rahmen der Bosener Gespräche der evangelischen Kirchen für das Saarland mit Schulverwaltungs- und Ministerialbeamten und der Gastvorlesung am 28.01.2008 an der Pädagogischen Hochschule Ludwigsburg.

Theologie und Naturwissenschaften hätten sich viel zu sagen, haben sich aber in der Vergangenheit nicht hinreichend wechselseitig kennen gelernt. Die Diskussion offenbart Missverständnisse, Unklarheit und auch Unkenntnis. Eine zusätzliche Komplikation in Gestalt einer inner-christlichen Konfliktlinie ist dadurch entstanden, dass aus den Vereinigten Staaten eine Offensive zur Propagierung des Neo-Kreationismus in Europa unter dem Stichwort „Intelligent Design" eingesetzt hat.

1. Notwendige Unterscheidungen: Überwindung von Missverständnissen und die Aufgabe der Theologie im Religionsunterricht

1.1 Was ist Kreationismus?

Der „*Kreationismus*" gehört zu den Erscheinungen des Fundamenta-lismus. Er existiert in zwei Varianten und meint in seiner *ersten Form* zum einen die *wortwörtliche, biblizistische Auslegung der Schöpfungsge-schichte* von Gen 1. Ihr gemäß soll sich die Entstehung des Universums einschließlich unseres Planeten sowie die Gesamtentwicklung allen Le-bens auf der Erde mitsamt der Menschheit in ca. 6.000 Jahren vollzogen haben. Zu diesen Zahlen kommt man, wenn man die genealogischen Zeitangaben in der Bibel wörtlich versteht und addiert.

Ein zweites Merkmal des Kreationismus ist die *Leugnung evolutio-närer Entwicklung*. Gott hat für kreationistisch denkende Christen alle Arten quasi gleichzeitig geschaffen.

Vom dem umrissenen älteren Kreationismus ist der jüngere *Neo-Krea-tionismus* in den USA zu unterscheiden. Er vertritt einen „*Intelligenten Entwurf*" („*Intelligent Design*"); Gott wird als Weltplaner und Designer vorgestellt. Das sei quasi-naturwissenschaftlich nachzuweisen. Seit älte-sten Zeiten hat die abendländische Philosophie vom „*Kosmos*" gespro-chen und sich ihn als *ewig existierendes, unvergängliches Sein* gedacht. Eine geschichtsmächtig gewordene Alternative hierzu entstand im Alten Orient, der Gedanke eines *kosmisch-geschichtlichen Ablaufs*. In Altisrael entstand der Glaube an einen alles erschaffenden Schöpfergott.

Schließlich kann man den Begriff *Kreationismus pauschalisieren*. Ein Mitglied der Akademie der Wissenschaften zu Erfurt schrieb an den Verfasser in seiner Einladung zu einer Tagung von Naturwissenschaftlern, sie solle „zu einer klaren Grenzziehung zwischen wissenschaftlicher Erkenntnis und Glaubensfragen (vulgo Kreationismus) führen". In diesem Satz werden alle Formen des Glaubens an einen „Schöpfer" („creator") in leicht verächtlicher Geste („vulgo") als kreationistisch bezeichnet. Diese der Verständigung abträgliche Vermischung verzichtet darauf, den gegenwärtigen Stand der exegetischen Interpretation der Schöpfungszeugnisse und ihre systematisch-theologische Deutung zur Kenntnis zu nehmen, die den Kreationismus in beiden Formen ablehnt.

1.2 Wissenschaftsorientierung der Schule und Rolle der Theologie im Religionsunterricht. Zur Auslegung von Gen 1

Man darf sich die Schärfe und Tiefe des Konflikts nicht verstellen. Es geht in der Tat um einen grundlegenden Unterschied zwischen Gottesglauben und naturwissenschaftlicher Erkenntnis, aber nicht zwingend um einen unauflösbaren gedanklichen Gegensatz von Naturerkenntnis und Schöpfungsglaube, Naturwissenschaft und Theologie. Entsprechend gehen auch der Religionsunterricht und die naturwissenschaftlichen Unterrichtsfächer in ihrem *wissenschaftlichen Ethos* nicht völlig verschiedene Wege, weil es sich auch beim Religionsunterricht um ein wissenschaftsorientiertes Fach handelt. Die Kinder und Jugendlichen sollten an öffentlichen Schulen nicht in zwei völlig unvereinbaren Welten aufwachsen. Man kann diese Welten dann miteinander verbinden, wenn einerseits der naturwissenschaftliche Unterricht seine Grenzen beachtet und seinen legitimen methodologischen Atheismus nicht zu einem weltanschaulichen Atheismus ausweitet und sich andererseits der Religionsunterricht als ein der wissenschaftlichen Theologie verbundener, historisch-kritisch auslegender und argumentationsfähiger Unterricht darstellt. Die kreationistische Offensive bringt dieses Verhältnis durcheinander, wenn sie den *Glauben* als wissenschaftliche *Theorie* ansieht. Daher sind auch Schul- und Ministerialverwaltungen an einer Klärung interessiert. Als Pädagoge halte ich einen resultierenden Glaubenskrieg für die Schüler für schädlich, als Theologe für unnötig.

Im Religionsunterricht muss man zuerst den Schöpfungsglauben richtig verstehen und mit den Schülerinnen und Schülern textgemäß erschließen. Anders wird die Religionslehrerschaft den Naturwissenschaftlern wie den Kreationisten gegenüber nicht gesprächs- und urteilsfähig. Die primäre Aufgabe des Religionsunterrichts ist die *Interpretation der biblischen Schöpfungstraditionen*. Die Bibel textgemäß verstehen, ihre

Botschaft sachgemäß beurteilen und die Rolle der Theologie verständig begreifen können sind Merkmale *religiöser Bildung.*

Israel begegnete in Kanaan fest formulierten Formen des *Schöpfungsglaubens* (Gen 14, 18–20), der mithin nicht erst eine biblisch-alttestamentliche und später christliche Grundüberzeugung ist. Es gab im Alten Orient einen als „höchsten" Gott geglaubten „ēl aeljōn" („Gott/El, Höchster") inmitten eines Pantheons, so der Alttestamentler Walther Zimmerli.[2] Im Gegensatz dazu erklärte Israel nach längerer Entwicklung den höchsten Gott zum einzigen Gott, neben dem kein zweiter Raum hat.

Die leitenden *Interessen der Theologie* sind nicht dieselben wie im naturwissenschaftlichen Diskurs über den „Urknall" („big bang") und andere kosmologische Alternativen wie die eines „grenzenlosen Universums" („no-boundary universe"; Stephen Hawking). Den Verfassern von Gen 1 ging es erstens um die *religiöse Selbstbehauptung* gegenüber der religiösen Umwelt in Babylon, in der die übermächtige politische Gewalt einer altorientalischen Despotie mit dem Kult eine politisch-religiöse Einheit bildete und die Gestirne vergötterte. Dagegen wehrte sich Israel mit seinem strengen Monotheismus, der alle geschaffenen Wesen und Dinge zu endlichen Phänomenen degradierte – bis heute die Basis gegen jede Vergötterung! Es erfolgte eine schonungslose Entmythisierung der kosmischen Elemente. Die offensichtlich mythisch belasteten Worte „Sonne" und „Mond" werden gar nicht im Text von Gen 1 gebraucht. Von ihnen wird pragmatisch als von „Lichtkörpern" bzw. „Lampen" geredet, die den Tag und die Nacht erhellen (Gen 1, 16). Den astralen Größen mit der höchsten staatlichen und religiösen Würde wird die Erschaffung der Pflanzenwelt noch vorangestellt.[3] Von einer „großen Übereinstimmung" zwischen diesen Aussagen und denen der Evolutionsforschung kann nicht die Rede sein, wie von einer christlichen Politikerin als ihre (angebliche?) Meinung in der Presse im Sommer 2007 berichtet wurde.

Der Text gilt als von Priestern verfasst und wird seit dem 19. Jh. als „Priesterschrift" bezeichnet. Der theologische Mittelpunkt des Denkens war für die Priester der Tempel in Jerusalem, der allerdings zerstört worden war. Der heilige Raum war verloren, nicht jedoch die heilige Zeit, der Sabbat. Nach dem Alttestamentler Christoph Levin hat die

---

2   Zimmerli 1975, 25.
3   Vgl. Zimmerli 1975, 24ff.

Priesterschrift zweitens ein herausragendes *Interesse am Sabbat*. „Nur um den Sabbat schon am Ursprung der Welt zu verankern, wird die gesamte Entstehung der Welt in ein überaus künstliches Korsett von sechs Tagen gespannt."[4]

Der siebte Tag ist der Tag der Ruhe Gottes von allen seinen Werken, der Tag des besonderen Gottesdienstes. Damit gehört der Schöpfungsglaube drittens in den *Kontext des Lobes Gottes als des umfassend sorgenden Gottes,* der von seiner Schöpfung sagt, dass sie „gut", ja, „sehr gut" ist (Gen 1,31). Dieses Schöpfungslob ist exegetisch sorgfältig von selbstzweckhaften kosmologischen Spekulationen über die Weltentstehung zu unterscheiden. Es drückt sich unmittelbar und klarer in den Schöpfungspsalmen aus, im Gebet. Mit dieser Deutung und Würdigung sind wir auch von einer mit den naturwissenschaftlichen Kategorien wetteifernden pseudo-naturwissenschaftlichen, sich vom biblischen Zeugnis weg bewegenden kreationistischen Theorie weit entfernt. Die kreationistische Vermengung von Aussageebenen und Aussageabsichten bewirkt Verwirrung.

Aber stehen nicht in Gen 1 Aussagen, die nun doch die Weltentstehung betreffen? Natürlich, weil in der Antike bei Glaubensaussagen über natürliche Phänomene selbstverständlich das herrschende antike Weltbild zum Vorschein kommen musste: die Erde als Mittelpunkt in Gestalt einer Scheibe mit dem über ihr sich wölbenden Himmel, der als festes Firmament (Luther: „Feste") vorgestellt wurde, das die Erde gegenüber dem von allen Seiten drohenden Meer (Chaos) schützt. Im Religionsunterricht wird seit Jahren darüber informiert. Die Schülerinnen und Schüler werden in eine text-, zeit- und sachgemäße interpretierende Deutung eingeführt, die die einzelnen Aussagen nicht wörtlich versteht, sondern theologisch als Zeugnisse des Glaubens an einen Schöpfer mit einem unendlich fürsorgenden, liebenden Herzen, von dem es in der zweiten Schöpfungserzählung heißt, der Mensch möge diese Schöpfungswelt „bebauen und bewahren" (Gen 2,15).

Als einziges Beispiel dafür, was die Schülerinnen und Schüler schrittweise zu lernen haben, um die Glaubenssprache des Textes sachgemäß zu verstehen, sei kurz auf den Auftakt der Bibel geschaut. Hierfür beziehe ich mich auf den Tübinger Alttestamentler Hartmut Gese. In Genesis 1 wird die Erschaffung des Lichts vor der der Gestirne berichtet, „ja die Schöpfung beginnt mit dem Licht. Es ist unsinnig, die Alten für so

---

4 LEVIN 2006, 76.

einfältig zu halten, dass sie nicht gemerkt und gewusst hätten, dass das Licht von der Sonne, den Gestirnen herstrahlt."[5]

Aber: „In der biblischen Sprache kann Licht geradezu den Bedeutungsinhalt von Leben im Sinn des Wahrnehmens, ja von Bewusstsein annehmen: ‚Und das Leben war das Licht der Menschen‘ (Joh 1,4). [...] Selbstverständlich ist in Gen 1 das reale Licht gemeint sinnlicher Wahrnehmung, [...] aber in diesem Urphänomen der Wahrnehmung schlechthin ist auch jenes Licht eingeschlossen, das ein Blinder sehen kann und das Erleuchtung ist. Das Symbol transzendiert die Physis. Es ist das Licht, das dann auch das Kleid der Gottheit ist, wie es Ps 104, 1b.2a genannt wird, d. i. die Außenseite, die Erscheinungsform Gottes. Es ist das Licht der Doxa, des göttlichen Herrlichkeitsglanzes, das am Ende und Ziel des Seins leuchten wird, wenn Sonne und Mond nicht mehr sind."[6]

Ich breche ab, weil Folgendes deutlich geworden sein dürfte:

1.3 Zwischenbilanz

Wer als Naturwissenschaftler die religiöse Bildersprache verkennt, weil er sie nicht zu interpretieren versteht, und sie dann gar der Lächerlichkeit preisgibt, meint zwar einen vermeintlich als obsolet durchschauten Schöpferglauben zu brandmarken, verfehlt aber vollständig dessen Eigenart, sprachlich und inhaltlich.

Ein ungeschichtlicher biblizistischer Kreationismus und Fundamentalismus geht ebenfalls an den Aussageabsichten der biblischen Texte vorbei, weil er die Aussagen des Sieben-Tage-Zeugnisses (ich sage nicht „Bericht") wörtlich nimmt. Er liefert für die schlecht theologisch informierten Naturwissenschaftler eine falsche Folie, von der diese sich dann ähnlich falsch absetzen können. Das groteske Missverständnis des Kreationismus erzeugt die abwegige Reaktion der Astrophysiker und Evolutionsbiologen, das eine Übel das nächste. Das ist der Missstand.

Ein der religiösen Bildung verpflichteter Religionsunterricht hat stattdessen die *religiöse Sprache* verständlich zu machen. Bilder wie Licht, Finsternis, Himmel, Paradies[7] sind gleichzeitig ‚physisch‘ und ‚geistig‘ zu interpretieren. Ein solches *symbolisches Tiefenverstehen* kann früh angebahnt werden, denn es liegt den Kindern in der Kindheit nahe, ist

5   GESE 1977, 212.
6   Ebd., 213.
7   Hierzu feinsinnig und allgemeinverständlich KRAUSS 2004.

jedoch im späteren Leben weiter zu pflegen – eine Aufgabe kirchlicher Gemeindebildungsarbeit, weil Erwachsene sonst spirituell verarmen.

2. Notwendige Zuordnungen: wechselseitiges Grenzbewusstsein und mehrperspektivische, kategorial unterschiedliche Erschließung der Wirklichkeit

Wer mehrperspektivisch zu sehen und komplementär zu denken lernt, überbrückt in seiner religiösen Bildung auf der kognitiven Ebene eine anscheinend völlige Unvereinbarkeit zwischen Weltentstehungs- und Evolutionstheorien einerseits und dem Schöpfungsglauben andererseits. Diese Kompetenz setzt freilich voraus, dass man auf beiden Seiten neben der unterschiedlichen Art des Umgangs mit der Wirklichkeit – den jeweils eigenständigen, anders beschaffenen *Kategorien* der Naturwissenschaft und der Theologie – in größtmöglicher Klarheit auch die jeweiligen *Grenzen* erkennt. Religionslehrkräfte brauchen folglich neben ihrer beispielhaft skizzierten theologischen Kompetenz auch hinsichtlich der Naturwissenschaften ein elementares erkenntnistheoretisches Grundlagenwissen. Für naturwissenschaftliche Lehrkräfte ist umgekehrt ein zumindest rudimentäres Verständnis für die Kategorien der wissenschaftlichen Theologie und ein Gespür für die Vielfalt der Zugänge zur Wirklichkeit einschließlich der Rede von Wahrheit zu wünschen. Sonst ist es um Gesprächsvoraussetzungen schlecht bestellt.

2.1 Göttlicher Plan in Natur und Kosmos? Grenzen naturwissenschaftlicher Theoriebildung

Im Lichte alttestamentlicher Forschung wie systematischer theologischer Grundsätze war oben der biblizistische Kreationismus fachwissenschaftlich und religionsdidaktisch für den Religionsunterricht abgelehnt worden. Wie steht es mit dem Neokreationismus des Intelligent Design? Astrophysik und Evolutionsforschung haben Phänomene beobachtet, die es verständlich machen, dass Gläubige an einen *göttlichen Plan* glauben. Stephen Hawking fragt:

„Warum hat das Universum fast genau mit der kritischen Expansionsgeschwindigkeit begonnen, durch die sich die Modelle, nach denen das Universum irgendwann rekollabiert, von jenen unterscheiden, die eine ewige Expansion beschreiben, so dass es sich heute – zehn Milliarden Jahre später – noch immer fast genau mit der kritischen Geschwindigkeit ausdehnt? Wäre die Expansionsgeschwindigkeit eine Sekunde nach dem Urknall nur um ein Hunderttausendmillionstel Millionstel kleiner gewesen, so wäre das Universum wieder in sich zusammengefallen, bevor es seine gegenwärtige Größe erreicht hätte.[8]

Wenn man dies liest, ist man geneigt, auszurufen: Welch eine im Universum von seinem Anfang an waltende übernatürliche Intelligenz! Ist sie nicht ein Hinweis auf einen Schöpfergott?

Eine analoge Erscheinung sind „einige grundlegende Zahlen, etwa die Größe der elektrischen Ladung des Elektrons und das Massenverhältnis von Proton und Elektron."[9]

„Bemerkenswert ist, dass die Werte dieser Zahlen sehr fein darauf abgestimmt zu sein scheinen, dass sie die Entwicklung des Lebens ermöglichen. Wäre beispielsweise die elektrische Ladung des Elektrons nur ein wenig von ihrem tatsächlichen Wert abgewichen, wären die Sterne entweder nicht in der Lage gewesen, Wasserstoff und Helium zu verbrennen, oder sie wären nicht explodiert."[10]

Wir dürfen uns hinsichtlich der unzähligen Formen einer weiteren *Feinabstimmung im Pflanzen- und Tierreich* mit Hinweisen begnügen. Der Biologieunterricht erschließt sie früh bis hin zu dem in der Sek II behandelten Zusammenspiel der unzähligen neurophysiologischen Prozesse im menschlichen Gehirn. Jeder kennt das Erstaunen angesichts der „Wunder" der Natur, das ein Geschenk unserer Kindheit bis ans Ende unseres Lebens bleiben sollte!

Doch zurück zu Hawkings Erklärung. Er überlegt eine Antwort zwischen zwei Alternativen: Was er als „sehr fein" existierende Abstimmung vorfindet, könne man „entweder als Beweis für den göttlichen Ursprung der Schöpfung und der Naturgesetze werten oder als Beleg für das starke anthropische Prinzip."[11] Dieses Prinzip besagt mit Hawking: „Wir sehen das Universum, wie es ist, weil wir existieren."[12] Oder: „Wäre es anders, wären wir nicht hier!"[13] Die elementare Abstimmung bestünde mithin in der *Passung zwischen außermenschlichen Strukturen und dem wahrneh-*

8 HAWKING 2006/2007, 151f.
9 Ebd., 155f.
10 Ebd., 156.
11 Ebd., ferner BREUER 1981.
12 HAWKING 2006/2007, 154.
13 Ebd., 155.

menden menschlichen Bewusstsein, das schließlich imstande ist, jene Abstimmung zu durchschauen und zu denken.

Der Gesamtprozess der Evolution betrifft zunächst die kosmische Evolution, die ca. sieben Milliarden Jahre umfasst, einen Zeitraum, in welchem auch unser Sonnensystem entsteht, „das ungefähr fünf Milliarden Jahre alt ist."[14] Darin eingeschlossen sind außerdem die ersten ein oder zwei Milliarden Jahre im Leben der Erde; sie „waren zu heiß, als dass sich irgendwelche komplizierten Strukturen hätten entwickeln können."[15] Dann setzte die „biologische Evolution" ein, die „die restlichen drei Milliarden Jahre benötigte, [...] um von den einfachsten Organismen zu Geschöpfen zu gelangen, die fähig sind, die Zeit bis zurück zum Urknall zu messen."[16]

Erkenntnistheoretisch gesehen ist die von Hawking favorisierte zweite, nichtreligiöse Option des anthropischen Prinzips ein Zirkelschluss, weil das Sein, wie wir es vorfinden, selbstgenügsam aus sich selbst erklärt wird. Die *Frage nach dem Sinn von allem* wird von Hawking nicht befriedigend beantwortet. Die erste Alternative eines Schöpfergottes wird nicht weiter bedacht, weil sie die Merkmale einer wissenschaftlichen Theorie sprengen würde.[17]

Eine *naturwissenschaftliche Theorie* muss nämlich für Hawking „eine große Klasse von Beobachtungen auf der Grundlage eines Modells beschreiben, das nur wenige beliebige Elemente enthält, und sie muss bestimmte Voraussagen über die Ergebnisse künftiger Beobachtungen ermöglichen."[18] Nach diesem Verständnis ist eine Theorie erstens empirisch orientiert, weil sie von Beobachtungen lebt und von neuen Beobachtungen jederzeit widerlegt werden kann. Zweitens hat sie den Charakter eines Modells, d.h. eines gedanklichen Aussagezusammenhangs, der Beobachtungen voraussagen möchte. Es ergibt sich ein Kreis, der drittens ständiger Revision zwischen dem Scheitern einer Theorie und ihrer Bewährung ausgesetzt bleibt. Unter den für Hawking zum Zeitpunkt der obigen Deutung vorhandenen Bedingungen ist nur eine weitere Vervollkommnung seiner astrophysikalischen Theorie möglich, nicht ein vollständiger Paradigmenwechsel.

---

14 Ebd.
15 Ebd.
16 Ebd.
17 Siehe demgegenüber gut verständlich und überzeugend Küng 2006.
18 Hawking 2006/2007, 21.

Das heißt: Mit einem solchen naturwissenschaftlichen Wirklichkeitsverständnis verträgt sich erstens keine Aussage, die irgendetwas jenseits enggeführter, kontrollierter Beobachtungen betrifft, jenseits der physikalisch beobachtbaren Welt, eine *Metaphysik*. Zweitens sind Aussagen unbrauchbar, die etwas als unumstößlich ausgeben, etwas *absolut setzen*. „Absolut" meint wörtlich „losgelöst von" Anderem, d.h. unabhängig von Bedingungen oder Voraussetzungen. Hierdurch würde drittens der *Revisionsprozess stillgelegt*.

Ich nehme an, dass Hawking genau diese drei Merkmale an der Kirche und ihrer Theologie kritisiert: erstens die Glaubensbehauptung einer extramundanen, außerweltlichen Wirklichkeit, die sich grundsätzlich jeder Beobachtung entzieht, zweitens absolut gesetzte Aussagen über diese Wirklichkeit in Form dogmatischer Sätze, die keinen Widerspruch vertragen und darum Physiker drittens in Form von Denkverboten warnen, nach den Voraussetzungen des Urknalls weiterzufragen.

Das Weiterfragen ist Hawkings verständliches und legitimes Interesse[19], es soll aber dezidiert ein Weiterfragen ohne die Hypothese Gott sein. Man kann von Forschung innerhalb des *methodologischen Atheismus* naturwissenschaftlicher Theoriebildung sprechen. Es reizt ihn allerdings – so der Schluss seines Buches – zu einer „Großen Vereinheitlichten Theorie" zu gelangen, die restlos alles naturwissenschaftlich erklärt. Wenn wir sie hätten, „wäre das der endgültige Triumph der menschlichen Vernunft – denn dann würden wir Gottes Plan kennen."[20] Hier tendiert Hawking zu einem ebenso stolzen wie wissenschaftlich bedenklichen *weltanschaulichen Atheismus*.

2.2 Zur notwendigen mehrdimensionalen Erschließung der Wirklichkeit und ganzheitlichen Bildung in der Schule

Anhand von Wirklichkeitserfahrungen anderer Art, die vorwissenschaftlich im Leben gemacht werden, erkennt man die Einseitigkeit der naturwissenschaftlichen Perspektiven. Damit ist das Tor zur mehrperspektivischen Wahrnehmung und mehrdimensionalen Deutung der Wirklichkeit geöffnet.

Erstens lösen dieselben Phänomene der Natur, die der Naturwissenschaftler mit seinen Messverfahren untersucht, im menschlichen Werter-

---

19 S. a. Breuer 1981, 135ff.
20 Hawking 2006/2007, 227.

leben *ästhetische Empfindungen* („Wie herrlich leuchtet mir die Natur!", Goethe) oder *ethische Verpflichtungen* zur Bewahrung der natürlichen Lebensbedingungen aus. Die Phänomene der Lebenswelt, wie sie mit unseren Sinnen wahrgenommen und erlebt werden, erlauben nicht nur eine mehrperspektivische Bildung, sondern sie fordern sie der Schule ab. Eine einseitige Dominanz des naturwissenschaftlichen Umgangs ist im Blick auf den Kosmos und die Natur dem „ganzen Menschen"[21] seelisch schädlich. Zur Zeit droht den Schulen unter dem PISA-Schock-Diktat ein Abbau der Pflege der natürlichen menschlichen Wahrnehmung.

Um das Eigenrecht elementarer Erfahrungsfelder geht es ferner in *mitmenschlichen und sozialen* Lebensbereichen. Menschen, die sich lieben, erfahren ein Glück eigener Art. Wer sich um Tiere und Menschen sorgt, wird sich einer eigenen seelisch-geistigen Verbindung zu ihnen bewusst.

Sodann ist das *künstlerische Schaffen* von geistigen Erfahrungen durchdrungen. Der „materialistische Monismus" Ernst Haeckels und seiner Jünger heute, die nur „Materie" und „Energie" wahrhaben wollen, verfehlten die geistige Welt. Wir machen ständig Erfahrungen leib-seelisch-ganzheitlicher und selbstreflexiv-geistiger Art, die die messbare Wirklichkeitserfassung transzendieren.

In diesen Umkreis gehören auch *religiöse Erfahrungen*. Es war ein Vorgeschmack der Neuzeit, als mittelalterliche Theologen wie Bernhard von Clairvaux, später neuzeitliche wie Friedrich Schleiermacher, den religiösen Glauben mit dem Begriff der „Erfahrung" beschrieben haben. Religion ist nicht etwas Erfundenes. Sie wurzelt in „Offenbarungen", die mit Ian T. Ramsey und Eilert Herms[22] als „Erschließungserfahrungen" bezeichnet werden können. Damit aber sind sie anderen mitteilbar und man kann sie anderen bezeugen, die sich daraufhin auf sie einlassen und sie ebenfalls machen können. Der christliche Glaube macht *„eine neue Erfahrungen mit der Erfahrung"*[23], ist hiermit selbst aber auch auf jeden Fall eine „Erfahrung" und damit argumentationsoffen und wahrheitsfähig.[24]

Die Schule darf unter dem Druck eines internationalen ökonomischen und technologischen Wettbewerbs die *Erschließung verschie-*

---

21 EKD 2003, 25–27.
22 HERMS 1992, 242, 259, 282.
23 JÜNGEL 1972, 8.
24 Zur Problemübersicht zum Begriff „Erfahrung" zuletzt RITTER 2007.

dener Formen der Wirklichkeitserfahrung nicht abschwächen. Literatur-, Musik- und Kunstunterricht, Geschichts- und Religionsunterricht, Politik- und Geographieunterricht, Philosophie- und Ethikunterricht, nicht zuletzt Sport und Spiel, erschließen Erfahrungsfelder, die *konstitutiv* zur conditio humana gehören; in denen es um „Maße des Menschlichen" geht.[25] In diesem allgemeineren Rahmen haben die Schulen die Aufgabe, *differenzierend und integrierend, unterscheidend und zuordnend* auch das Verhältnis von Weltentstehung, Evolution und Schöpfungsglaube in klaren Kategorien darzustellen.

2.3 Grenzen und Möglichkeiten von Theologie und Religionsunterricht – oder: Zu den je anderen kategorialen Strukturen in der Wirklichkeits- und Bedeutungskonstitution

Mehrperspektivität relativiert Monopole, die beanspruchen, schlechthin im Besitz der Wahrheit zu sein, wobei meist unklar bleibt, was mit dem Wort „wahr" gemeint ist (dazu unten 2.5). Für die Astrophysik und Evolutionsbiologie ist dies oben angesprochen worden. Es war angemessen, ideologiekritisch zurückzufragen, weil sich manche Naturwissenschaftler ihrer eigenen Grenzüberschreitungen nicht bewusst sind und ein falsches Bewusstsein entwickeln. Die typische Schwäche zeigt sich immer dann, wenn sich Wissenschaft bewusst oder unbewusst in eine Weltanschauung verwandelt. Der Grund braucht an sich nicht zu verwundern, denn Wissenschaftler verfolgen als Menschen ihrer Zeit immer auch nicht-wissenschaftliche Vorlieben, sodass sich bei mangelnder Selbstkontrolle das eine mit dem anderen vermischt.

Wie steht es mit dem Grenzbewusstsein der Theologie als Wissenschaft? Die Theologie- und Christentumsgeschichte ist übervoll von Verschmelzungen der gemeinten Art. Sie betreffen politische und ökonomische, nationale und kulturelle, biologische und rassische und eben auch quasi wissenschaftliche wechselseitige Abstützungen im Verhältnis von Theologie, Metaphysik und Naturspekulation. Einschlägig ist die Geschichte der sog. Gottesbeweise. Man kann jedoch den Glauben an einen Schöpfergott nicht metaphysisch oder naturwissenschaftlich beweisen; man kann ihn überhaupt nicht wissenschaftlich beweisen, auch nicht theologisch. Stets liegt das Geschehen, durch das Menschen letztlich grundsätzlich unabhängig von ihrem Vernunftvermögen zum

25 EKD 2003.

Glauben an den lebendigen Gott in Jesus Christus kommen, der theologischen Reflexion voraus, was biographisch nicht heißt, dass nicht auch Lektüre und Studium theologischer Schriften auf den Glauben aufmerksam machen und ihn anbahnen können.

Jene Verschmelzungen sind ebenfalls verständlich. Unsere natürlichen Fragegewohnheiten und Wissensbestände veranlassen uns immer wieder, den Glauben mit Hilfe von Wissen plausibel zu machen. Wenn vom „Urknall" die Rede ist, fragen schon Kinder von dem Zeitpunkt an, zu dem sich ihr kausales Denken entwickelt: „Und wer oder was verursachte den Urknall?" Und wenn man sagt, es war Gott, sind sie einerseits befriedigt, fragen aber andererseits möglicherweise noch weiter: „Wenn Gott die Welt machte, wer machte Gott?"[26] In einem unendlichen Regress verbleibt diese Art des Fragens auf der Ebene des gewohnten Wissenserwerbs. Dies ist unbefriedigend und verführt umgekehrt Gläubige dazu, zu behaupten „Wer glaubt, weiß mehr!?", so der Titel eines gerade erschienenen Buches aus dem Umkreis der Studentenmission Deutschlands (SMD)[27], wobei der Titel zunächst offen lässt, was denn den Glauben genau charakterisiert und in welcher Perspektive er mehr weiß, ja, wann diese Aussage schlicht falsch wird, weil etwa ein Naturwissenschaftler in seinem Beruf als Fachmann selbstverständlich mehr weiß als ein noch so stark religiös Gläubiger. Theologisch sollte man heute nicht mit in sich ungeklärten, undifferenzierten Begriffen arbeiten. Besonders macht eine unklar bleibende Äquivokation von Begriffen, ihr bloßer Gleichklang, jede Klarheit zunichte. Der Ausdruck „mehr" sollte durch das Wort „anders" ersetzt werden. Es geht beim Glauben um eine *eigene, d. h. andere* Erfahrung der Wirklichkeit als beim Umgang des Astrophysikers mit dem Universum und des Evolutionsbiologen mit dem Leben.

Für das Feld des ethischen Wissens habe ich in dem eben genannten Buch die analoge Problematik unter den Fragen bzw. Thesen behandelt: „Wie sich Glaubenseinsichten und Weltwissen verschmelzen und was der Glauben mehr weiß", „Warum die Vernunft und alles Wissen für Nichtglaubende wie Glaubende Grenzen hat", „Warum ein vom Glauben an falscher Stelle behauptetes Wissen dem Glauben selbst und der Verständigung mit Nichtgläubigen schadet" und „Wie theologische und säkulare Ethik miteinander umgehen sollten."[28]

---

26 Zit. n. NIPKOW 1982, 63.
27 SAUTTER 2008.
28 NIPKOW 2008.

Ohne genaue Unterscheidungen verwechseln wir Kausalitätsfragen mit Sinnfragen, als könnten Kausalitäten je diese beantworten, und diese mit jenen, als könnte man über naturgesetzliche Zusammenhänge als Inhalte des Physik-, Chemie- und Biologieunterrichts Bescheid wissen, wenn man sie aus Sätzen ableitet, die Glaubensüberzeugungen aussprechen. Man redet aneinander vorbei und versucht etwas, was nach beiden Richtungen auch die je *anderen* Interessen verfehlt. Hawking diskutiert die Frage nach dem „Urknall" – man spricht in der Astrophysik von einer „Singularität" – als die nach den Ausgangsbedingungen für die Entstehung unseres Universums. Für ihn ist sie allerdings uninteressant, weil sie in einen ‚Bereich' führt, der völlig jenseits der „Raumzeit" liegt, in der wir sind und die überhaupt erst mit dem Urknall entsteht. Demgegenüber ist die Frage nach dem, was ‚hinter' dem Urknall war, für Kinder und Jugendliche keineswegs belanglos. Nochmals: Es meldet sich ein ganz unterschiedliches, ein anderes Interesse an; es ist das nach *Sinngebung,* das über das Wissen über Zusammenhänge von Ursache und Wirkung hinausgeht. Wir stoßen auf je eigene, *jeweils andere kategoriale Strukturen in der Wirklichkeits- und Bedeutungskonstitution.*

Auf dem Hintergrund der Kategorien der Theologen ist kurz noch ein anderer Versuch zu streifen. Die Hypothese vom Urknall war und ist noch hier und da die beliebte Anschlussstelle, an dieser Stelle Gott ins Spiel zu bringen. Hawking berichtet von einer Unterredung des Papstes mit Astrophysikern in Rom, bei der dieser sie ermutigt habe, sich weiter mit dem Universum nach dem Urknall zu beschäftigen, aber nicht den Versuch zu unternehmen, „den Urknall selbst zu erforschen, denn er sei der Augenblick der Schöpfung und damit das Werk Gottes."[29] Hier sucht die Kirche eine Lücke und Gott wird zum Lückenbüßer, könnte man leicht ironisch hinzufügen. Denn was erbringt dieser kirchliche Zugriff (und Denkverbot in einem) tatsächlich theologisch? Warum ist er als theologischer Beweisversuch des Schöpfungsglaubens nicht nur brüchig, sondern verfehlt er auch die oben in Sicht gekommene Ebene religiöser Sinnsuche und -erfahrung?

Abgesehen davon, dass im Hintergrund nun ein kirchlicher Triumphalismus lauert, bleibt Gott ein Geheimnis, über das wir nicht wie Wissenschaftler über ihre Daten verfügen. Daher ist dieser Denkweg argumentativ schwach. Das Ergebnis ist außerdem für den persönlichen Glauben existenziell dürftig. Falls Gott den Urknall bewirkt haben soll,

---

29 HAWKING 2006/2007.

scheint er sich danach zurückgezogen zu haben, weil die weitere kosmische Evolution unstrittig von Naturgesetzen bestimmt ist. War er also nur der Uhrmacher, der die Uhr aufgezogen hat, die nun von selbst läuft? Dieses deistische Gottesbild hat keine persönliche sinnstiftende Bedeutung, weil Gott zu einer fernen, abstrakten, nichtssagenden Größe wird. Kreationismus dieser Art ist eine Neuauflage der natürlichen Theologie des Deismus in der Epoche der Aufklärung.

Naturerfahrung ist ferner von menschlichen Gefühlszuständen abhängig. Wir erleben die Natur in der Tat emotional und religiös, allerdings je entsprechend unserer situationsgebundenen Wahrnehmung, einmal in der „Herrlichkeit" ihrer Erscheinungen in einer Situation hierfür empfänglicher „Heiterkeit" mit unserer „Seele" als „Spiegel des unendlichen Gottes", so Werther in Goethes Roman im Brief vom 10. Mai, dagegen in Leid, Schmerz und Ausweglosigkeit oft nur noch „wie ein lackiertes Bildchen", das keinen Sinn mehr weckt oder stützt, weil man „vor Gottes Angesicht steht wie ein versiegter Brunn(en) [...]" (Brief vom 3. November).

Dieselbe Natur, die so schön geordnet ist, enthüllt sich als gnadenloser Kampf der Einen gegen die Anderen. Von sich aus sagt sie nicht, welchen letzten Sinn sie hat. Die Betrachtung ist folglich theologisch umzudrehen; der Glaube Israels und der christliche Glaube beginnen auf der Grundlage der *Erfahrung Gottes in der Geschichte und damit in lebendigen Beziehungen*. Das vom biblischen Gott bereits erfüllte Herz nimmt ihn dann in eins auch in den Zeichen und Klängen der Natur wahr. Naturfrömmigkeit für sich genommen ist noch kein eindeutiges, „offenbares" Zeichen Gottes als des Vaters in Jesus Christus kraft des Heiligen Geistes. Zwar kann und sollte die *Aufmerksamkeit auf Gottes Wirken in seiner Schöpfung* im „Buch der Natur", wie es früher hieß, religionspädagogisch angebahnt, aber es kann aus der Natur nicht Gottes Wesen als versöhnende Liebe erkannt werden.

Die seit Kant ethisch verengte und sich seit Schleiermacher anthropologisch konzentrierende evangelische Theologie hat besonders bezeichnend durch die Existentialtheologie (Bultmann) mitverursacht, dass selbst jene spirituelle Anbahnung des Glaubens über die Wege der staunenden Betrachtung des Kosmos und der Natur unentwickelt geblieben ist. Der individualistische theologische Fokus auf die Liebe Gottes als Vergebung des einzelnen Sünders hat ferner vergessen lassen, dass alle Kreatur, die „ganze Schöpfung", „[...] nach der Freiheit von der Knechtschaft der Vergänglichkeit [...] mit uns seufzt und sich ängstet" (Röm 8,21f.) und

entsprechend die Erneuerung des Kosmos und Seins als Ganzes verhei-
ßen ist (1 Kor 15, 28). Eine in diesem Sinne eschatologisch-kosmologisch
orientierte Theologie wäre ein anderer Gesprächspartner für die Naturwissenschaft (vgl. J. A. Comenius, F. Ch. Oetinger). So liegen für die Zukunft unbeschadet der Grenzen hinsichtlich natürlicher Gottesbeweise
theologisch alte-neue Möglichkeiten noch unausgeschöpft am Wege.

2.4 Kognitive Brücken durch Einübung in relations- und kontextbezogenes (komplementäres) Denken

Oben ist der Erkenntnis Gottes aus der Natur („Naturfrömmigkeit")
die Erkenntnis von Gottes Wesen als versöhnende Liebe in Jesus Christus kraft des Heiligen Geistes gegenübergestellt worden. Die Rede vom
Wesen – eine griechische Denkfigur – ist theologisch angemessen nur
als *Beziehung* zu fassen, und zwar zweifach in einem: „Gott ist in sich
so, wie er für uns ist." So formuliert in elementarisierender Verständlich-
keit Christoph Schwöbel[30] in Anlehnung an Karl Barths und Karl Rah-
ners Interpretation der Trinitätslehre, und er nennt dies „die eigentliche
Wende in der Trinitätstheologie dieses Jahrhunderts."[31] Das Evangelium ist entsprechend „nicht eine von Gott unterschiedene Gabe an die
Menschen, sondern Gott in seinem trinitarischen Wesen"[32], Gott selbst
in Beziehung, so wie sich Jesus beim letzten Mahl als Sakrament im-
merwährender erneuerter Gemeinschaft mit seinen Jüngern gegeben hat
und bei jeder Feier des Herrenmahls fortwährend gibt. Auf die Schöpfung bezogen heißt das analog, dass auch die Erneuerung der ganzen
Schöpfung „nicht nach apokalyptischer Manier als radikale Neuschöp-
fung verstanden werden" sollte, „sondern [...] als Vollendung der ver-
söhnten Schöpfung [...], also als neuschöpferisches Handeln Gottes an
der ursprünglichen Schöpfung"[33] bzw. „in der Schöpfung."[34]

In der katholischen Religionspädagogik ist die Bedeutung der Kategorie der „Beziehung" jüngst umfassend als „kreativ-dialogisches"
„kommunikatives" „Geschehen" durchdacht worden.[35] Nochmals tritt
die andere kategoriale Art eines Beziehungsgeschehens vor Augen, die

---

30 Schwöbel 2002, 30.
31 Ders. 20., ebd.
32 Ebd., 36.
33 Schwöbel 2002, 40.
34 Moltmann 1985.
35 Boschki 2003.

schöpfungstheologisch den naturwissenschaftlichen Kategorien der Erforschung von Gesetzmäßigkeiten entgegenzustellen ist.

Der Religionsunterricht ist gleichwohl überfordert, wollte man von ihm erwarten, er könne in lebendigen Beziehungen den Glauben an Gott als Schöpfer sicher vermitteln. Die Beziehung zu Gott kann ein Mensch nicht von sich aus stiften. Da diese Unverfügbarkeit auch bei anderen Begegnungen und Begebenheiten im Leben gilt, sollte man in der säkularen Bildungstheorie neben Bildung als „Prägung", „Entwicklung" und „Selbstbildung" auch Bildung als „Veränderung durch Widerfahrnisse" hinzudenken (Nipkow 2005, 78ff.), ein „Modell", das an geschichtlicher Kontingenz und an ein „Angesprochenwerden" orientiert ist, an passivischen Vorgängen. Der Religionsunterricht kann und sollte jedoch dazu beitragen, die *unnötigen gedanklichen Barrieren* zwischen dem naturwissenschaftlichen und theologischen Denken zu überwinden, und zwar durch ein „Denken in Komplementarität" bzw. ein „relations- und kontextbezogenes (komplementäres) Denken" (RKD) („relational contextual reasoning, RCR).[36]

Die Kompetenz zu komplementärem Denken bzw. RKD ist *entwicklungsabhängig*. Reich hat eine Vielzahl von empirischen Daten in Untersuchungen gesammelt. Er entdeckte hinsichtlich der Fähigkeit zur Koordination von religiösen und naturwissenschaftlichen Weltdeutungen verschiedene Niveaus (levels):[37]

Level 1: Nur eine Sicht wird vorgetragen: ‚Ich glaube, der Geistliche hat Recht.' Oder: ‚Ich glaube, der Naturwissenschaftler hat Recht.'

Level 2: Beide Ansichten werden versuchsweise nebeneinander gestellt: ‚Ich glaube, dass Tiere und Menschen nicht ohne die Existenz Gottes entstanden sind.' (‚Heißt das, dass der Wissenschaftler Unrecht hat?') ‚Ich würde sagen, vielleicht gab es wirklich einen Urknall. Der Pfarrer hat Recht, aber ein wenig möglicherweise auch der Wissenschaftler.'

Level 3: Für eine vollständige Erklärung werden beide Weltansichten als notwendig erachtet (Beginn kontextabhängigen komplementären Denkens): ‚Nun, meiner Meinung nach haben beide Recht. Der Naturwissenschaftler musste seine Sicht gemäß der Ergebnisse der wissenschaftlichen Forschung entwickeln. Und der Pfarrer hat Recht, weil es ohne Gott (überhaupt) keine Welt gäbe. Ich sehe keinen Widerspruch.'

---

36 Reich 2002.
37 Reich 2002, 126f.

Level 4: Die Beziehung zwischen beiden Ansichten wird systematisch thematisiert: ‚Die beiden Stellungnahmen schließen sich nicht aus. Der Pfarrer spricht über sein Gewissen und seine Gefühle im Anblick der Natur, der menschlichen Begegnungen und Ähnliches. Der Naturwissenschaftler erklärt, wie die Sterne entstanden sind usw. Falls Gott die Voraussetzungen für jene Prozesse geschaffen hätte, würden die beiden Ansichten einander ergänzen. Die Welt entstand ziemlich plötzlich, vielleicht durch eine von Gott geschaffene Energie, welche es ermöglichte, dass sich Materie bildete. Ich bin unsicher, wie die Schöpfungsgeschichte in der Bibel symbolisch zu verstehen ist. Auf jeden Fall kann sich niemand die dabei involvierten Zeitspannen vorstellen.'

Level 5: Jetzt wird eine Synopse versucht und der Standort einer dritten Person eingenommen, wobei auf Modellbildungen abgehoben wird. ‚Wäre ich eine dritte Person in der Diskussion zwischen dem Pfarrer und dem Naturwissenschaftler, würde ich etwa sagen: Vielleicht sind die Dinge so geschehen, wie er sie dargestellt hat. Er hat ein Modell präsentiert, das plausibel erklärt, wie sich die Dinge seit dem Urknall entwickelt haben. Allerdings können wir natürlich nicht absolut sicher sein. Ebenso muss ich mich auch auf die Seite des Pfarrer stellen und ihn unterstützen: Es könnte in Zukunft noch überzeugendere Modelle geben. Wie dem auch sei, sie werden nicht erklären, warum es überhaupt eine Welt gibt und *warum* unser Leben so fortschreitet, wie es der Fall ist, und nicht anders. Auch ich glaube, dass man Gott in der Natur, in menschlichen Begegnungen und im eigenen Gewissen spürt.'

Die obige Sequenz hat K. H. Reich schon vor Jahren in die Diskussion eingebracht, und jeder erkennt, dass die komplexeren komplementären Denkformen der Niveaus (3) 4–5 die aus der religionspädagogischen Praxis bekannten Schwierigkeiten, in die Jugendliche in der Spannung zwischen ihrem Physik- und Religionsunterricht hineingeraten, entspannen bzw. kognitiv entlasten können; ich sage nicht ‚aus der Welt schaffen', was auch Reich abweisen würde. Wenn jedoch die heute immer noch blockierte Kommunikation zwischen Naturwissenschaft und Religion wenigstens zum Teil überwunden werden könnte, wäre für Schule und Gesellschaft viel gewonnen. In der Lehreraus- und -fortbildung an Universitäten, Hochschulen und Fortbildungseinrichtungen ist entsprechend eine mehrdimensionale religiöse Kompetenz und fächerübergreifende Gesprächsfähigkeit zu fördern.

2.5 Überwindung eines Entweder-Oder-Denkens mit zweiwertiger binärer Logik und die Vielfalt von Wahrheitserfahrung

Wenn man lediglich im Schema eines schlichten Entweder-Oder-Den-kens zweiwertiger, *„binärer"* Logik denkt, haben in der Frage der Ent-stehung von Universum, Leben und Menschheit (dies dasselbe Expla-nandum) entweder die Naturwissenschaftler oder die Theologen Recht (siehe oben). Demgegenüber beruht RKD auf einer *„trivalenten"* Lo-gik[38]: „zwei Aussagen über dasselbe Explanandum sind entweder *kompa-tibel* (beide gleichzeitig wahr), *inkompatibel* (nie *beide* ‚gleichzeitig' wahr) oder *nonkompatibel* (nicht gleichzeitig kompatibel, aber die eine Aussage ist ‚wahr' in einem bestimmten Kontext bzw. entsprechend zu einem be-stimmten Zeitpunkt, die andere in einem anderen Kontext oder anderen Zeitpunkt)."[39] Für Inkompatibilität mit der Folge eines Entweder-Oder kann auf das Prinzip der Widerspruchsfreiheit verwiesen werden, für Nonkompatibilität auf das bekannte Beispiel aus der Quantenmecha-nik, auf den Charakter des Lichts als Welle oder Teilchen je nach der Versuchsanordnung.

Eine polyvalente Logik hat Entsprechungen hinsichtlich des Ver-ständnisses von *Wahrheit.* Es lassen sich analog zu unterschiedlichen Wirklichkeitserfahrungen auch kategorial unterschiedliche Formen von „Wahrheitserfahrung" mit daraus folgenden verschiedenen „Wahrheits-ansprüchen" unterscheiden, die ich in Ergänzung zu Reich und mit Bezü-gen zur Weltentstehungs- und Schöpfungsthematik andeuten möchte.[40]

(1) Wahr in der Bedeutung von *„tatsächlich wahr"*

Es besteht nur die Alternative von *„richtig oder falsch",* je nach den Re-geln der Mathematik oder der gegenwärtigen empirischen sowie histo-rischen Beobachtbarkeit von sog. „Tatsachen", ein Ausdruck, der im 18. Jahrhundert aus der Übersetzung von engl. „matter of fact" entstand und seinerzeit noch nicht den positivistischen Sinn von „isolierter Ge-schichtstatsache oder naturgesetzlichem Faktum" hatte.[41] Von der Iden-tifizierung von „wahr" als „tatsächlich" wahr sind unsere Schüler und Schülerinnen in ihrem Bewusstsein beherrscht, wobei die Massivität des

38 REICH 2002, 3, 16.
39 Ebd., 3f.
40 In Anlehnung an einen früheren Versuch kategorialer Klärung, NIPKOW 2000.
41 STAATS 1973, 325.

naturwissenschaftlichen Wahrheitsverständnisses eine erhebliche Rolle spielen dürfte. Sie fragen nach Gott in der Formulierung „gibt es Gott?", als sei er wie beobachtbare Tatsachen oder ein quasi-mathematisch zwingend beweisbares Argumentationsresultat zu behandeln. Die kirchliche Tradition der Führung von Gottesbeweisen hat es freilich im Prinzip nicht anders gemacht.

(2) Wahr als *„geschichtlich wahr"*

Wenn man statt von „historisch" von „geschichtlich" spricht, geht es um eine ganz andere Alternative. Ohne auf die terminologischen Ursprünge des hier ebenfalls ins Spiel kommenden Begriffs der „Geschichtlichkeit" bei Hegel, Rudolf Haym, Wilhelm Dilthey und Graf Yorck eingehen zu müssen[42], bewegen wir uns jetzt in einer anderen Sphäre. Es ist die der geschichtlichen Lebendigkeit und der Deutung (Interpretation) von sinnhaltigen Ausdruckformen menschlicher Kultur. Man hat hier seit Dilthey zwischen „Erklären" in den Naturwissenschaften und „Verstehen" in den Geisteswissenschaften unterschieden. Ein Sinnphänomen lässt keine schlichte Codierung wie die zwischen „richtig" oder „falsch" zu. Man trifft auf entweder stärker *„erfahrungsgesättigte"* Überlieferung oder dürftigere *„erfahrungsarme"* Produktionen.

Die Schöpfungserzählung Gen 1 spiegelt in dichter Weise in der Deutung des Glaubens von Gott gewollte „gute", aber auch, nicht-religiös gesehen, allgemein plausible lebensnotwendige gemeinsame Lebensgüter („common goods") (Vs. 4, 10, 12, 17, 21, 25), nämlich Erde, Wasser, Pflanzen, Tiere, Sonnenlicht als Elemente der Lebenswelt (zur theologischen alttestamentlichen Deutung siehe oben). Gen 4 deckt ebenfalls in dramatischer Verdichtung am Beispiel der Geschichte vom Brudermord Kains an Abel immer wiederkehrende Erfahrungen der Aggression und Gewalt auf, und zwar selbst oder gerade zwischen Verwandten, weil damit benachbart lebenden, konkurrierenden Einzelnen, Sippen, Stämmen, Völkern, bei denen die „Ambivalence of the Sacred" sichtbar wird, um eine Wendung von R. Scott Appleby[43] zu verwenden. An der Geschichte vom Turmbau zu Babel (Gen 11) haben viele Schriftsteller längst ihren paradigmatischen Charakter erkannt und den „wahren" Gehalt, die wiederkehrende Überheblichkeit von Menschen – „Babel ist

---

42 Renthe-Fink 1964.
43 Appleby 2000.

überall"[44], auf ihre Weise aktualisiert. Wenn die Heranwachsenden den erfahrungsgesättigten Charakter solcher Geschichten erkennen, werden sie durchschauen, dass es viel zu kurz greift, wenn man fragt, ob dies oder das erzählte Ereignis „tatsächlich" genauso „historisch" stattgefunden hat. Auch die Schöpfungserzählungen werden anders eingeschätzt werden können. Es dämmert den Heranwachsenden eine Wahrheitserfahrung eigener Art auf.

(3) Wahr als religiöse und poetische Wahrheit, die *„sprachlich für sich spricht"*

Der Gegensatz zu „für sich sprechend" schließt nicht etwa aus, das poetische und religiöse Texte ausgelegt werden müssen. Die Wendung bezieht sich auf „wahr". Menschen werden von der sprachlich treffsicheren Gestaltung betroffen. Der jetzt gemeinte Gegensatz ist der zwischen *„einen persönlich betreffend und berührend"* oder *„nichtssagend an einem vorbeigehend"*.

Die Nähe zwischen religiösen und poetischen Texten ist in der Schule jedem vertraut, der gleichzeitig Religionsunterricht und in sprachlichen Fächern Literaturunterricht erteilt. Menschen erfahren Gott nicht im luftleeren Raum; nicht in ihrer puren „Existenz", wie existentialtheologische Rede manchmal nahe legen möchte, sondern in konkreten Lebenslagen. Weil der Glaube Weltbezüge hat, lässt er die ganze Wirklichkeit bzw. Welt neu erkennen. Darum ist es nicht falsch, zu sagen, dass im Glauben die Welt anders angeschaut wird, dass er eine andere „Welt-Anschauung" entbindet (Der Bindestrich verhindert die Verwechslung mit dem Terminus „Weltanschauung" im Sinne eines geschlossenen Ideensystems oder einer Ideologie).

Bibeldidaktiker wie Ingo Baldermann haben völlig angemessen beim Umgang mit Psalmen bei der sprachlichen Betrachtung angesetzt. Er hat Kindern ohne Kommentar und gezielten Impuls Psalmverse vorgelegt. „Ich versinke in tiefem Schlamm" (Ps. 69, 3). „Ich habe mich müde geschrieen" (Ps 69, 4). Wenn man sie nicht drängte, begannen die Kinder unter sich ein „nachdenkliches Gespräch, […] ‚Vielleicht hat da einer'."[45] Baldermann bemerkt, dass er „nie erlebt" habe, „dass Kinder zweifelnd nach der Wahrheit dieser Sätze fragten, so wie wir es zu tun pflegen." (72). Die Sätze sprachen in ihrem Kern für sich.

---

44 KRELLMANN 1989.
45 BALDERMANN 1996, 27.

Um naturwissenschaftlich engagierten, aber einseitig fixierten Schülern ein Gespür für den Schöpfungsglauben nahe zu bringen, sind die Schöpfungspsalmen angemessener als Gen 1. Im Ps. 8 vergleicht sich der Mensch mit dem Universum der Gestirne: „Was ist der Mensch, dass du seiner gedenkst, und des Menschen Kind, dass du dich seiner annimmst?" (Vs. 5) – ein bis heute von Menschen als „zutreffend" empfundener Unterschied. Man vergleiche Kants berühmten Satz über den „gestirnten Himmel über mir" und Hawkings Erstaunen über den Aufwand des Universums gegenüber dem kleinen Planeten einer Sonne von mittlerer Größe in einer Galaxie, die „nur eine von hundert Milliarden ist, [...] und jede dieser Galaxien umfasst einige hundert Milliarden Sterne."[46]

(4) Wahr als „zuverlässig, dauerhaft, treu, wahrhaftig"

Man redet in aufschlussreicher Weise von einem „wahren" Freund. Die alternativen Codierungen lauten jetzt „verlässlich oder unzuverlässig", „vertragstreu oder vertragsbrüchig", „wahr oder gelogen"? Wir bewegen uns auf der Ebene der sozialen „Beziehungen" und erinnern an den theologischen Gebrauch des Begriffs. Israels Erfahrung der „Bundestreue" Gottes war trotz der eigenen Untreue für den Glauben des Volkes entscheidend. Zunächst im geschichtlichen Erfahrungszusammenhang erlebt und geglaubt, wird die Wahrheit Gottes als seine Treue auf das Universum als „verlässliche Ordnung" übertragen, die auch trotz kontrafaktischer Ereignisse (Sintflut) Bestand hat (Gen 7–9) (Noahbund).

In den Psalmen ist der klagende Ruf nach „Gerechtigkeit" neben seinen Bezügen zu Überleben und Wohlergehen (ökonomisch), einer gerechten politischen Ordnung (politisch) und einem gerechten Teilen (juristisch und ethisch) eine Kategorie der universalen kosmischen Ordnung, der Weltordnung, die als gefährdet erlebt wird (ontologisch).[47] Es zeigen sich im Umfeld der Schöpfung, unserem Thema, Dimensionen, die alle ihren eigenen, ihren berechtigten anderen Sinn haben, den die moderne naturwissenschaftliche Forschung nicht entbinden kann, früher aber die Naturphilosophie reflektiert hat.

---

46 HAWKING 2006/2007, 53.
47 NIPKOW 2003, 53, mit Bezug auf JANOWSKI 1999, 220.

(5) Wahrheit, die „sich ethisch bewahrheitet"

Aus der Folge von Lebenssituationen mit moralischen Implikationen, auf die diese Überschrift zutrifft, bilden sich unsere tiefsten moralischen Überzeugungen. Sie werden als entweder „menschlich förderlich" oder „menschlich verwerflich" codiert. Das, was überzeugt, ist zum einen in der Nähe der zuletzt umrissenen „verlässlichen" heilsamen Erfahrungen anzusiedeln, wobei der Ausdruck „menschlich" einen neueren historisch entstandenen Grundwert in der auf die Antike zurückgehenden Tradition des Humanitätsdenkens signalisiert. Überzeugungen sind zum anderen Früchte „erfahrungsgesättigter" „geschichtlicher Wahrheit" im definierten Sinn (s. o. 2). Der Philosoph Franz von Kutschera fasst dies so zusammen: „Die Gesamtheit unseres Erlebens ist die letzte Grundlage unserer Urteile über objektive Tatsachen – im natürlichen wie im normativen Fall."[48]

Die biblischen Aussagen über die Schöpfung in Gen 1 und 2 haben das Wertbewusstsein der abendländischen Ethik wesentlich mitbestimmt, so die Aussagen über die Gottebenbildlichkeit des Menschen (Gen 1, 27), die neben Wurzeln in der Renaissance (Pico) zum Grundwert der „Menschenwürde" führten, und die über den Auftrag, den Garten Eden „zu bebauen und zu bewahren" (Gen 2, 15). Für die naturwissenschaftliche Forschung werden ethische Erwägungen immer wichtiger. Seit der Entdeckung der Nuklearenergie und der Bombenabwürfe auf Hiroshima und Nagasaki sind berühmte Physiker zu ethischen Mahnern geworden. „Wahre" wissenschaftliche Verantwortung wird ein Gebot der Zeit und äußert sich institutionell in universitären Zentren zur Ethik in den Wissenschaften und Nationalen Ethikräten. Gelegentlich begegnet man auch Politikern, die, wie es mir von den Beratungen zur Einführung des Art. 20a GG (Schutz der natürlichen Grundlagen des Lebens) ein Teilnehmer berichtete, von der Bewahrung der „Schöpfung" sprachen, ohne dass sie damit den biblischen Schöpfungsglauben teilen müssen. Die ethischen Implikationen sind gleichwohl in der Schule eine sehr wichtige Brücke zwischen den naturwissenschaftlichen Fächern und dem Religionsunterricht.

---

48 KUTSCHERA 1982, 243.

(6) Wahr als *„unbedingt gewiss"*

Mit dieser letzten Fassung von „wahr" ist der Ort erreicht, wo sich aus
der Sicht der Bibel der Mensch einer Glaubenswahrheit gewiss wird.
Hierauf kommt es reformatorisch an, nicht auf ein äußerlich bleibendes
Nachsprechen und Fürwahrhalten einer kirchlichen Lehre. Paulus pa-
rallelisiert dieses Geschehen mit der Schöpfung, wenn er (2. Kor. 4, 6)
beginnt: „Gott, der sprach: Licht soll aus der Finsternis hervorleuchten,
der hat einen hellen Schein in unsre Herzen gegeben". Glaubenserkennt-
nis ist ein Akt des Schöpfers in uns. Die weitere Aussage spricht von
„Erleuchtung" und damit ebenfalls von einem passiv sich ergebenden
Vorgang. Sein Inhalt ist die „Erleuchtung zur Erkenntnis der Herrlichkeit Gottes im Angesicht Jesu Christi". In einem Gemeindebrief ist für
Paulus die Pointe, „dass durch uns entstünde die Erleuchtung" auch in
anderen Herzen. Gewiss wird jemand, der in seinem Innern von der
Wahrheit „überführt" wird.

Die jetzt anstehende Alternative ist nur vordergründig die zwischen
„gewiss" und *„ungewiss"*, genauer ist sie erkenntnistheoretisch die zwischen *„persönlich unbedingt gewiss"* und *„objektiv allgemeingültig wahr"*.
An dem, was einem persönlich und Gemeinschaft stiftend mit anderen
zusammen gewiss ist, ist das Wesen von Glauben sowie der Charakter
von Religionsgemeinschaften abzulesen. In seiner Schrift „Der philosophische Glaube" hat Karl Jaspers vor einem halben Jahrhundert den
Unterschied zwischen „Glauben" und „Wissen" beschrieben, indem er
die „Wahrheit, die durch Widerruf leidet, und Wahrheit, deren Widerruf
sie nicht antastet", einander gegenübergestellt. Er illustrierte den Unterschied an Galilei, der seine naturwissenschaftlichen Erkenntnisse wi-
derrief, und Giordano Bruno, der zwar „zum Widerruf mancher, aber
nicht der für ihn entscheidenden Sätze bereit" war[49]; sie betrafen u. a. seine von der kirchlichen Lehre abweichenden religiösen Überzeugungen.
Äußerlich waren beide vor einem Inquisitionsgericht in der gleicher
Lage; sie sollten unter Androhung des Todes widerrufen. „Galilei wi-
derrief die Lehre von der Drehung der Erde um die Sonne, und man
erfand die treffende Anekdote von seinem nachher gesprochenen Wort:
und sie bewegt sich doch. Das ist der Unterschied."

„Wahrheit, aus der ich lebe, ist nur dadurch, dass ich mit ihr identisch werde; sie ist in ihrer Erscheinung geschichtlich, in ihrer objektiven

---

49 JASPERS 1948, 11.

Aussagbarkeit nicht allgemeingültig, aber sie ist unbedingt, Wahrheit, deren Richtigkeit ich beweisen kann, besteht ohne mich selber; sie ist allgemeingültig, ungeschichtlich, zeitlos, aber nicht unbedingt, vielmehr bezogen auf Voraussetzungen und Methoden der Erkenntnis im Zusammenhang des Endlichen. Wo aber der Denker, der des Grundes der Dinge inne zu sein glaubt, seine Sätze nicht zu berufen vermag, ohne dadurch die Wahrheit selber zu verletzen, das ist sein Geheimnis. Keine allgemeine Einsicht kann von ihm fordern, Märtyrer zu werden. Nur dass er es wird, und zwar wie Bruno, nicht aus schwärmerischem Enthusiasmus, nicht aus dem Trotz des Augenblicks, sondern nach langer, widerstrebender Selbstüberwindung, das ist ein Merkmal echten Glaubens, nämlich die Gewissheit von Wahrheit, die ich nicht beweisen kann wie wissenschaftliche Erkenntnis von endlichen Dingen."[50]

Jesus von Nazareth hat das Gottesreich des Vaters und sich selbst als Einheit bezeugt. Sein Leben, seine Botschaft, seine Person und sein Sterben teilten sich den Anderen als seine Identität mit, deren Bedeutung sie durch das Osterereignis gewiss wurden. Er verkündete nicht von ihm ablösbare Sätze, sondern Gott in Beziehung zu ihm selbst und er selbst in Beziehung zu Gott (vgl. oben zur Trinität).

Die Verständigung zwischen dem Religionsunterricht und naturwissenschaftlichen Fächern ist nicht zuletzt dadurch erschwert, dass die Wahrheitsansprüche auf beiden Seiten mit dem gleichen Ausdruck als „allgemeingültig" hingestellt werden. Dieses Adjektiv ist alltagssprachlich viel üblicher, kann aber in den beiden Kontexten nicht dasselbe meinen. Die Beschreibung bezüglich Jesus zeigt etwas anderes, nämlich ein kontingentes schöpferisches Widerfahrnis. Die Kirche folgt zwar dem Auftrag, das in der Taufe trinitarisch gefasste Heil „allen Völkern" zu verkünden (Mt 28,19), d. h., es als „universal geltend" und darum allen Menschen Angebotene weiterzusagen. Das Wort „universal" ist verständlich, meint aber eine allen Menschen von Gott zugedachte Wahrheit für ihr Leben, nicht eine „allgemeingültige" Erkenntnis gemäß des wissenschaftlichen Sprachgebrauchs. Es sei im Übrigen außer Acht gelassen, ob oder zumindest wieweit bei einer astrophysikalischen Theorie wegen der Revidierbarkeit ihrer Hypothesen durch neue Beobachtungen dieser Terminus in der von Jaspers vorgenommenen Gleichsetzung mit „zeitlos" noch passt. Unsere „Raumzeit", in der wir leben, ist wie das Universum als solches eine bedingte Größe (siehe das anthropische Prinzip).

50 Ebd.

Zusammengefasst ist für den Dialog zwischen den hier zur Rede stehenden Unterrichtsfächern eine kategoriale Ausdifferenzierung des Terminus „Wahrheit" die anspruchsvollste, aber auch fruchtbarste Voraussetzung. Sie vertieft den Einblick in die Mehrdimensionalität der Wirklichkeit, eine Mehrperspektivität, die der Schule um der allgemeinen menschlichen Bildung und damit des Menschseins willen zuzumuten ist und die zugleich der Eigenständigkeit der Unterrichtsfächer wie auch der entsprechenden universitären Disziplinen geschuldet wird.

Literatur

Appleby, R. Scott, The Ambivalence of the Sacred. Religion, Violence, and Reconciliation, Lanham 2000.

Baldermann, Ingo, Einführung in die Biblische Didaktik, Darmstadt 1996.

Boschki, Reinhold, „Beziehung" als Leitbegriff der Religionspädagogik. Grundlegung einer dialogisch-kreativen Religionsdidaktik, Ostfildern 2003.

Breuer, Reinhard, Das anthropische Prinzip. Der Mensch im Fadenkreuz der Naturgesetze, München 1981.

Evangelische Kirche in Deutschland (EKD), Maße des Menschlichen. Evangelische Perspektiven zur Bildungs- und Lerngesellschaft. Eine Denkschrift, Gütersloh 2003.

Gese, Hartmut, Die Frage des Weltbildes, in: Ders., Zur biblischen Theologie, München 1977, 202–222.

Hawking, Stephen, Eine kurze Geschichte der Zeit (engl. A Brief History of Time: From Big Bang to Black Holes, 1988/1996), Hamburg 2006/2007.

Herms, Eilert, Offenbarung und Glaube. Zur Bildung des christlichen Lebens, Tübingen 1992.

Janowski, Bernd, Die rettende Gerechtigkeit: Beiträge zur Theologie des Alten Testaments 2, Neukirchen-Vluyn 1999.

Jaspers, Karl, Der philosophische Glaube, München 1948.

Jüngel, Eberhard, Unterwegs zur Sache. Theologische Bemerkungen, München 1972.

Krauss, Heinrich, Das Paradies. Eine kleine Kulturgeschichte, München 2004.

Krellmann, Hanspeter (Hg.), Babel ist überall, München 1989.

Küng, Hans, Der Anfang aller Dinge. Naturwissenschaft und Religion, München/Zürich 2006 (TB-Ausgabe).

Kutschera, Franz von, Grundlagen der Ethik, Berlin/New York 1982.

Levin, Christoph, Das Alte Testament, München 2006 (1. Aufl. 2001).

Moltmann, Jürgen, Gott in der Schöpfung. Ökologische Schöpfungslehre, München 1985.

Nipkow, Karl Ernst, Grundfragen der Religionspädagogik, Bd. 3: Gemeinsam leben und glauben lernen, Gütersloh 1982 ([3]1992).

Nipkow, Karl Ernst, Wahrheitsfrage und Schule. Zur kategorialen Klärung zerbrechender Zusammenhänge, in: Härle, W./Heesch, M./Preul, R. (Hg.), Befreiende Wahrheit (Festschrift für Eilert Herms zum 60. Geburtstag), Marburg 2000, 577– 589.

Nipkow, Karl Ernst, God, Human Nature and Education for Peace. New Approaches to Moral and Religious Maturity, Aldershot 2003.

Nipkow, Karl Ernst, Denkmodelle von Bildung auf dem Prüfstand. Zur metaphorischen Tiefengrammatik von Bildung unter evolutionsgeschichtlichen, pädagogischen und theologischen Perspektiven, in: Ders., Pädagogik und Religionspädagogik zum neuen Jahrhundert, Bd. 1. Bildungsverständnis im Umbruch – Religionspädagogik im Lebenslauf – Elementarisierung, Gütersloh 2005 (²2007), 66–93.

Nipkow, Karl Ernst, Wer glaubt, weiß mehr!? – Philosophische und theologische Differenzierungen im Felde von Pädagogik und Ethik, in: Sautter, Hermann (Hg.), Wer glaubt, weiß mehr!?, Witten 2008, 102–113.

Reich, K. Helmut, Developing the Horizons of the Mind. Relational and Contextual Reasoning and the Resolution of Cognitive Conflicts, Cambridge 2002.

Renthe-Fink, Leonhard von, Geschichtlichkeit. Ihr terminologischer und begrifflicher Ursprung bei Hegel, Haym, Dilthey und York (Abhandlungen der Akademie der Wissenschaften in Göttingen. Philologisch-Historische Klasse, Dritte Folge, Nr. 59), Göttingen 1964.

Ritter, H. Werner, Erfahrung: religiöse Erfahrung/Erleben/Gefühl/Deutung, in: Gräb, Wilhelm/Weyel, Birgit (Hg.), Handbuch Praktische Theologie, Gütersloh 2007, 52–63.

Sautter, Hermann, Wer glaubt, weiß mehr!? Wissenschaftler nehmen Stellung, hg. vom Institut für Glaube und Wissenschaft (Marburg), Witten 2008.

Schwöbel, Christoph, Die Trinitätslehre als Rahmentheorie des christlichen Glaubens. Vier Thesen zur Bedeutung der Trinität in der christlichen Dogmatik (1999), in: Ders., Gott in Beziehung, Tübingen 2002, 25–51.

Staats, Reinhart, Der theologische Hintergrund des Begriffs ‚Tatsache' in: ZThK 70 (1973), 316–345.

Zimmerli, Walther, Grundriss der alttestamentlichen Theologie, 2. durchgesehene und erweiterte Aufl., Stuttgart/Berlin/Köln/Mainz 1975.

ANDREAS BENK/ROGER ERB
Religionsdidaktik und Physikdidaktik

Abstract
Neuere Entwicklungen sowohl in der Religionsdidaktik als auch in der Phy-
sikdidaktik legen eine engere Kooperation als bisher zwischen beiden Fach-
didaktiken nahe. Der Beitrag zeigt, dass sich dabei eine Zusammenarbeit
nicht nur auf Themenfeldern anbietet, die sich aus der fachwissenschaft-
lichen Verhältnisbestimmung von Theologie und Naturwissenschaft erge-
ben; eine Kooperation ist insbesondere sinnvoll und notwendig im Hinblick
auf Weltbildkonstruktionen von Kindern und Jugendlichen sowie bezüglich
der Behandlung wissenschaftstheoretischer und wissenschaftsethischer Frage-
stellungen im Unterricht. Darüber hinaus werden Anregungen zur Koope-
ration von Religions- und Physikunterricht in der Schule gegeben.

Wie die Kooperationsmöglichkeiten von Religionsunterricht und
Physikunterricht beurteilt werden, ist mitbestimmt durch die jeweils
zugrunde gelegte Verhältnisbestimmung von Theologie und Physik.
Physiker, die wie Paul Davies nicht geneigt sind, „zuzugeben, dass es
auch Dinge gibt, die prinzipiell außerhalb ihrer Zuständigkeit liegen"[1],
werden einer solchen Kooperation anders gegenüberstehen als solche,
die nicht ausschließen, dass es vielleicht „Größen, Wechselwirkungen,
Ereignisse gibt, die dem Naturwissenschaftler prinzipiell unzugänglich
sind, von denen jedoch der Dichter, der Musiker, der bildende Künstler,
der religiöse Mensch etwas ahnt und dieses in seinen Werken auszudrücken vermag."[2] Darum beginnt dieser Beitrag mit einer knappen Skiz-
ze der gegenwärtigen Situation des Dialogs von Theologie und Physik
(1). Ein Blick zurück ergibt, dass unmittelbare Kooperationen zwischen
Religionsdidaktik und Physikdidaktik die Ausnahme sind, obwohl sich
die Religionspädagogik immer wieder mit dem Unterricht in den naturwissenschaftlichen Fächern auseinandersetzte und die Physikdidaktik in
den vergangenen Jahren verstärkt einen fächerübergreifenden Physikunterricht einforderte. Neuere Entwicklungen sowohl in der Religionsdi-

---

1 DAVIES/BROWN 1992, 11.
2 LÜSCHER 1987, 10.

daktik als auch in der Physikdidaktik legen aber eine engere Kooperation als bisher nahe (2). Es wird dann gezeigt, dass sich eine Zusammenarbeit nicht nur auf Themenfeldern anbietet, die sich aus der fachwissenschaftlichen Verhältnisbestimmung von Theologie und Naturwissenschaft ergeben. Eine vertiefte Kooperation ist insbesondere auch im Hinblick auf Weltbildkonstruktionen von Kindern und Jugendlichen sowie bezüglich der Behandlung wissenschaftstheoretischer und wissenschaftsethischer Fragestellungen im Unterricht sinnvoll und notwendig (3). Vor diesem Hintergrund stehen am Ende dieses Beitrages einige Hinweise und Anregungen zur Kooperation von Religions- und Physikunterricht in der Schule (4). – Physik und Physikdidaktik können nicht isoliert von den anderen naturwissenschaftlichen Fächern und ihren Didaktiken gesehen werden, doch im Fokus des vorliegenden Beitrags liegen Physik und ihre Didaktik – manches ist fachspezifisch, anderes gilt insbesondere auch für Kooperationen mit Biologie und ihrer Didaktik.

1. Zur Situation des Dialogs von Theologie und Physik

In unserer technisch-naturwissenschaftlich geprägten Kultur ist auch das menschliche Selbstverständnis maßgeblich durch naturwissenschaftliche Erkenntnisse beeinflusst. Da sich Theologie auf den Menschen und seine Lebenswelt bezieht, ist sie damit unvermeidlich auf eine konstruktive Auseinandersetzung mit den Naturwissenschaften angewiesen.[3] Aufgrund der nachhaltigen Kontroversen zwischen Kirche und neuzeitlichen Naturwissenschaften gelang es der Theologie freilich erst in der zweiten Hälfte des 20. Jahrhunderts, ihr Verhältnis zu den Naturwissenschaften zu normalisieren und zu klären. Auf evangelischer Seite ist heute die schroffe Trennung von Theologie und Naturwissenschaft, die bestenfalls ein höfliches, aber zugleich auch beziehungsloses Nebeneinander beider Wissenschaften gewährleisten konnte, weitgehend überwunden; auf katholischer Seite ist die Naturwissenschaft zu-

---

3 Als Beleg sei hier der evangelische Theologe Hans Weder zitiert: „Kosmologische und anthropologische Aussagen des Glaubens verlangen, wenn sie wissenschaftlich ernst genommen werden sollen, eine theologische Auseinandersetzung mit den Naturwissenschaften, namentlich mit der Physik und der Biologie, die gegenwärtig den wichtigsten naturwissenschaftlichen Zugang zur Kosmologie und Anthropologie darstellen. Die Theologie ist deshalb vital am Dialog mit den Naturwissenschaften interessiert" (Weder/Audretsch 1999, 10).

mindest im Prinzip aus kirchlicher Bevormundung entlassen und ihre Autonomie akzeptiert. Es besteht in der gegenwärtigen Theologie ein nahezu einhelliger Konsens darüber, dass theologische Einsichten und naturwissenschaftliche Erkenntnisse nicht in Konkurrenz zueinander stehen, sondern sich gegenseitig ergänzen können und müssen.[4] Unbeschadet der Eigenständigkeit der Naturwissenschaften können deren Erkenntnisse theologisch gedeutet werden, d.h. die Welt, welche die Physik mit ihren Methoden erforscht, ist ein und dieselbe Welt, welche die Theologie als Schöpfung Gottes zum Thema macht. In diesem Sinn befürwortet Hans Küng „ein *Komplementaritätsmodell kritisch-konstruktiver Interaktion* von Naturwissenschaft und Religion, in dem die Eigensphären bewahrt, alle illegitimen Übergänge vermieden und alle Verabsolutierungen abgelehnt werden, in dem man jedoch in gegenseitiger Befragung und Bereicherung der Wirklichkeit als ganzer in allen ihren Dimensionen gerecht zu werden versucht."[5] Dass das Verhältnis von Naturwissenschaft und Theologie dennoch fragil bleibt, zeigen die vor allem in den USA immer wieder aufflammenden und von einflussreichen fundamentalistischen Kreisen geschürten Kontroversen um die kosmologische und biologische Evolution.[6]

Untersuchungen zeigen, dass die große Mehrheit der Religionslehrkräfte in Übereinstimmung mit der an den theologischen Fakultäten gelehrten Theologie eine konfrontative oder konkurrierende Zuordnung von Theologie und Naturwissenschaft zugunsten dialogischer Modelle ablehnt. Bei Kooperationen zwischen dem Physik- und Religionsunterricht muss allerdings berücksichtigt werden, dass ein nicht unerheblicher Anteil naturwissenschaftlicher Lehrkräfte nach wie vor naturwissenschaftliche Erkenntnisse und religiöse Einsichten für unvereinbar hält.[7]

---

4 Vgl. dazu z. B. die Beiträge evangelischer und katholischer Theologen in: SCHOCKEN-HOFF/HUBER 2004 und GRÄB 1995.

5 KÜNG 2005, 57.

6 Unter dem pseudowissenschaftlichen Deckmantel von „Intelligent Design" wird mittlerweile nicht nur in den USA, sondern auch in Europa versucht, kreationistisches Gedankengut zu verbreiten. Vgl. dazu die Dokumentation unter http://www.forum-grenzfragen.de (dort der Link „Aktuelles", Stand: 18.09.2009).

7 Vgl. dazu BENK/ERB/IMMERFALL/QUESEL. 2005a, 12–15. Die dort dokumentierte Umfrage unter Lehrerinnen und Lehrern in Baden-Württemberg ergab, dass rund 90 % der Religionslehrkräfte eine konkurrierende oder konfrontative Zuordnung von Theologie und Naturwissenschaft ablehnen; unter naturwissenschaftlichen Lehrkräften wird diese Zuordnung dagegen von immerhin 20 % vertreten, während sich ca. 40 % für eine scharfe Trennung von Naturwissenschaft und Theologie aussprechen.

Das Interesse der Theologie an einem Dialog mit den Naturwissenschaften im Allgemeinen und mit der Physik im Besonderen äußert sich auch in einer Fülle diesbezüglicher Publikationen.[8] Demgegenüber ist auf Seiten der Physik eine gewisse Zurückhaltung zu verzeichnen. Träger von Symposien und Tagungen zum Dialog sind fast immer Hochschulgemeinden, theologische Fakultäten oder kirchliche Akademien und Bildungswerke. Den Veranstaltern scheint es dabei nicht immer leicht zu fallen, für die Physik seriöse Vertreter zu gewinnen. Nicht selten wird der Dialog darum durch exotische Außenseiterpositionen bestimmt, die keineswegs als repräsentativ für die gegenwärtige Physik gelten können. Der Physiker Jürgen Audretsch macht diesbezüglich in den Naturwissenschaften eine „bedenkliche Populärwissenschaft" aus, die durch „falsche theologische Folgerungen, persönliche Meinungen und Spekulationen gekennzeichnet" und für einen ernsthaften Dialog hinderlich sei.[9] Davon abgesehen gestaltet sich der gegenwärtige Dialog von Theologie und Physik – anders als der Dialog von Theologie und Biologie – sehr sachlich und in entspannter Atmosphäre. Mit Carl Friedrich von Weizsäcker kann man „die durchschnittliche Haltung heutiger Physiker zur Religion" als „agnostisch, aber offen" bezeichnen. Nach Weizsäcker sind „bewusst antireligiöse Überzeugungen bei Physikern seltener als bei Biologen und viel seltener als bei Soziologen."[10]

Dennoch zeigt der gegenseitige Austausch bislang kaum vorweisbare Ergebnisse. Angesichts oft unbefriedigender Dialogerfahrungen nennt der Theologe und studierte Physiker Hans-Dieter Mutschler Minimalbedingungen, die alle Beteiligten akzeptieren sollten, um einen sinnvollen Dialog zu gewährleisten. Dazu zählt er an erster Stelle die grundsätzliche Anerkennung einer multiplen Interpretierbarkeit von Welt („Perspektivität menschlichen Erkennens").[11] Wer aufgrund einer (naturwissenschaftlich) reduktionistischen oder einer (theologisch) fundamentalistischen Einstellung neben seiner Sicht der Welt keine andere mehr gelten lassen kann, ist zu einem echten Dialog nicht befähigt. Von daher erscheint es nur folgerichtig, wenn Martin Rothgangel es als zen-

8   Vgl. neben vielen anderen AUDRETSCH/NAGORNI 2007; MUTSCHLER 2005; KÜNG 2005; SCHOCKENHOFF/HUBER 2004; WABBEL 2004; BENK 2000.
9   AUDRETSCH 2007, 70.
10 WEIZSÄCKER 1980, 328.
11 Vgl. MUTSCHLER 2007, 57–59; Adressat dieser Minimalbedingung sollte allerdings – anders als es bei Mutschler zu sein scheint – nicht nur die naturwissenschaftliche, sondern auch die theologische Seite sein.

trale religionspädagogische Aufgabe bezeichnet, bei Schülerinnen und Schülern die kritische Haltung im Hinblick auf Tragweite und Grenzen wissenschaftlicher Erkenntnis zu schärfen.[12]

2. Affinitäten zwischen Religionsdidaktik und Physikdidaktik – ein Blick zurück

Das Ungleichgewicht im Dialog von Theologie und Physik begegnet wieder in dem deutlich unterschiedlichen Interesse, das Religionsdidaktik und Physikdidaktik für die Belange der jeweils anderen Didaktik aufbringen.

In der Religionspädagogik befasste man sich schon früh mit der Frage, wie Kinder und Jugendliche religiöse Vorstellungen, die sie im Rahmen ihrer Sozialisation entwickeln, unter dem Eindruck naturwissenschaftlicher Kenntnisse transformieren, und es wurde thematisiert, welchen Part bei diesem Transformationsprozess der Religionsunterricht übernehmen sollte. Die Spannung zwischen religiösem Himmel und physikalischem Weltall in der kindlichen Vorstellungswelt war in den Jahren 1911 und 1912 Gegenstand von Studien in den „Monatsblättern für den Evangelischen Religionsunterricht."[13] Einerseits wurde dabei analysiert, wie Kinder religiöse Inhalte und ihnen bruchstückhaft bekannte naturwissenschaftliche Erkenntnisse verarbeiten, andererseits wurde diskutiert, ob und in welcher Weise der (Religions-)Unterricht auf diese Vorstellungen Einfluss nehmen soll. 1926 – im selben Jahr als Jean Piaget „La représentation du monde chez l'enfant" publizierte – legte der Theologe T. Voß eine Untersuchung vor, die sich mit der Entwicklung religiöser Vorstellungen befasste. Dazu protokollierte er Äußerungen von fünf- bis vierzehnjährigen Kindern u. a. über „Himmel" und „Gott" und zeigte insbesondere, wie sich vom dreizehnten Lebensjahr an die religiöse Himmelsauffassung von konkret-sinnlichen Vorstellungen ablöste.

Neben solchen entwicklungspsychologisch ausgerichteten Studien finden sich wenige Jahre nach der Entdeckung von Relativitäts- und Quantentheorie auch Überlegungen, in welchem Ausmaß und mit wel-

---

12 Vgl. ROTHGANGEL 2001, 1402.
13 Vgl. dazu und zum Folgenden die Zusammenfassungen in FETZ/REICH/VALENTIN 2001, 68–71.

cher Intention im Religionsunterricht diese naturwissenschaftlichen Erkenntnisse aufgegriffen und kommentiert werden sollen. Zwei diesbezügliche Beiträge seien hier angeführt, da sie gegenwärtige Anliegen und Befürchtungen der Religionsdidaktik ansatzweise vorwegnehmen. In einem Artikel „Das physikalische und religiöse Weltbild im Unterricht" differenziert Eugen Stock zwischen Weltanschauung und spezifisch physikalischem Weltbild und hebt darauf ab, dass „die Physik [...] weltanschaulich durchaus neutral [sei], solange sie sich selbst treu [bleibe]"[14]. Darum sei keine Rede davon, „dass die Ziele des naturwissenschaftlichen und des religiösen Unterrichts miteinander in Konflikt kommen; eher kann von einer Ergänzung gesprochen werden."[15] Willi Schmidt weist in einem anderen Beitrag darauf hin, dass die Behandlung „lebenskundlich-weltanschaulicher Gegenwartsfragen" im Religionsunterricht an den unzureichenden mathematisch-naturwissenschaftlichen Kenntnissen des Religionslehrers kranke: Wenn „er sich nicht mehr helfen kann – verweist er seine Schüler an den naturwissenschaftlichen Kollegen."[16] Schmidt scheint allerdings selbst daran zu zweifeln, ob es mit einer naturwissenschaftlichen Zusatzausbildung für Religionslehrer getan wäre, wenn er seine weiteren Befürchtungen äußert: Der naturwissenschaftliche Unterricht wird als Konkurrenz empfunden, die Empfehlung lautet, ganz ähnlich wie heute zu hören, die Naturwissenschaften an die Grenzen ihrer Erkenntnismöglichkeiten zu erinnern.

Der von der Forschungsstätte der Evangelischen Studiengemeinschaft erarbeitete und von Jürgen Hübner herausgegebene bibliographische Bericht zum Dialog zwischen Theologie und Naturwissenschaft, der die Jahre 1945 bis 1985 umfasst, führt unter dem Kapitel „Praktisch-Theologische Vermittlung des Dialogs ‚Theologie – Naturwissenschaft" rund 100 diesbezügliche Titel auf (Sachorientierungen für Lehrende, Unterrichtsentwürfe, Materialien für Kindergarten, Schule, kirchlichen Unterricht und Erwachsenenbildung).[17] Bezüglich des Schulunterrichts geht es dabei in einem Großteil der Publikationen um die angemessene Vermittlung der biblischen Schöpfungstexte (keine der aufgeführten Publikationen ist allerdings aus einer Kooperation von Religions- und Physikdidaktik hervorgegangen). Der gesamte Bereich „Na-

---

14 STOCK 1933, 72.
15 Ebd.
16 SCHMIDT 1933, 75.
17 MEYER zu UPTRUP 1987.

turwissenschaft und Theologie" findet dann nach 1985 in der Religionspädagogik zunehmend stärkere Berücksichtigung, wie insbesondere einige einschlägige neuere Monographien belegen.[18] Strukturgenetische Untersuchungen befassten sich mit der Weltbildentwicklung und dem Schöpfungsverständnis von Kindern und Jugendlichen.[19] Im Rahmen einer subjektorientierten Religionspädagogik gerieten insbesondere auch die Alltagstheorien von Kindern, Jugendlichen und Erwachsenen zum Thema Theologie und Naturwissenschaft in den Blick.[20] In den Lehr- und Bildungsplänen für den evangelischen und katholischen Religionsunterricht ist der Themenbereich „Glauben und Wissen" mittlerweile fest verankert.

Umgekehrt ist das Interesse des Physikunterrichts am Religionsunterricht – vorsichtig formuliert – sehr verhalten. In den Physiklehrbüchern und Physikdidaktiken begegnet Theologie allenfalls im historischen Kontext, wenn es um die Entwicklung des naturwissenschaftlichen Weltbildes und damit zusammenhängende Konflikte geht. Allerdings ist in den vergangenen Jahrzehnten insgesamt eine Tendenz zu einem verstärkt fächerübergreifenden Unterricht in und mit Physik festzustellen.[21] Gegenwärtig wird in den meisten Bundesländern Physik zwar noch als Einzelfach unterrichtet, doch in mehreren Bundesländern wird Physik mittlerweile im Rahmen eines integrierten Naturwissenschaftsunterrichts erteilt, an dem neben Physik in der Regel vor allem Chemie und Biologie beteiligt sind. Weitergehende Kooperationen sind die Ausnahme.[22] Im Jahr 1997 stellte der „Bundesarbeitskreis fächerübergreifender naturwissenschaftlicher Unterricht" in einem Memorandum fest, dass zwar in Wissenschaft, Technik und Gesellschaft verstärkt Wert gelegt werde auf vernetzendes Denken, ganzheitliche Betrachtungsweisen und interdisziplinäres Arbeiten, dass demgegenüber aber der naturwissenschaftliche Unterricht deutliche Rückstände aufweise. Der Arbeitskreis machte es sich darum zur Aufgabe, „die Entwicklung und schulische Erprobung didaktischer Konzeptionen für fächerübergreifen-

---

18 Vgl. dazu den zusammenfassenden Beitrag von Rothgangel 2001. Den Bereich Technik sieht Angel 2001 in der Religionspädagogik allerdings weitgehend ausgespart; vgl. aber Angel 1988.
19 Fetz/Reich/Valentin 2001; vgl. dazu auch Radlbeck-Ossmann 2005 und Schiefer Ferrari 2005.
20 Vgl. Rothgangel 1999, 2002 und 2003; Kropač 2004.
21 Vgl. dazu Labudde 2003.
22 So ist beispielsweise beim Unterricht „Natur – Mensch – Mitwelt" im Kanton Bern das Fach Religion/Lebenskunde miteinbezogen, vgl. Labudde 2003, 56.

den Unterricht in den Naturwissenschaften der Sekundarstufen I und II zu unterstützen und in der naturwissenschaftlichen Lehreraus- und -fortbildung fächerübergreifende Studienanteile zu verankern."[23] Dennoch fristet nach Einschätzung von Peter Labudde (2003) „der Fächer übergreifende naturwissenschaftliche Unterricht in Deutschland ein Mauerblümchendasein."[24] Dies belegt auch eine Befragung von Physiklehrkräften in Baden-Württemberg, nach der sogar Kooperationen mit anderen naturwissenschaftlichen Fächern nur von einer Minderheit in den vergangenen Jahren tatsächlich praktiziert wurden.[25] Häufig scheint sich „fächerübergreifender" Physikunterricht noch immer auf die Vermittlung der notwendigen mathematischen Grundlagen und den Hinweis auf technische Anwendungen der Physik zu beschränken.

Entwicklungen hin zu einem fächerübergreifenden Unterricht, der über die Kooperation mit anderen naturwissenschaftlichen Fächern hinausgeht, werden innerhalb der Physikdidaktik aber auch in dem Bereich philosophisch-ethischer Fragestellungen gefordert. Diese wurden in den vergangenen Jahren zunehmend Gegenstand von Publikationen, z. B. im Zusammenhang mit Fragen der Energieversorgung, der Mobilität, des Verbraucherverhaltens oder der Ökobilanz.[26] Andere Veröffentlichungen sprechen sich für eine explizite wissenschaftstheoretische Reflexion im Physikunterricht aus.[27]

Sowohl die Einbeziehung ethischer als auch wissenschaftstheoretischer Aspekte wird gleichfalls ausdrücklich in den Physiklehrplänen gefordert. So heißt es im Lehrplan für Allgemeinbildende Gymnasien in Baden-Württemberg, der Physikunterricht solle so aufgebaut sein, dass „die Lernenden in der Lage sind, an der zukunftsfähigen Gestaltung der Weltgesellschaft – im Sinne der Agenda 21 – aktiv und verantwortungsvoll mitzuwirken und im eigenen Lebensumfeld einen Beitrag zu einer gerechten, umweltverträglichen und nachhaltigen Weltentwicklung zu

23 http://www.uni-kassel.de/fb19/chemdid/nawi/nawimemo.html (Stand: 19.09.09).
24 Labudde 2003, 55.
25 Vgl. Benk u.a. 2005b, 62. Immerhin 20% der befragten Physiklehrkräfte halten eine Kooperation mit dem Religionsunterricht für sinnvoll; tatsächlich schon realisiert wurde diese Kooperation nur von 5%.
26 Zum gesamten Bereich „Physikunterricht und Ethik" vgl. die Publikation des Interfakultären Zentrums für Ethik in den Wissenschaften (IEZW), Ethik im Fachunterricht: Entwürfe, Konzepte, Materialien, siehe unter http://www.izew.uni-tuebingen.de/epg/handreichung/Kapitel/10_Physik.pdf (Stand: 19.09.2009).
27 Vgl. z.B. Witzleben 2002; Meyling/Niedderer 2002; Leisen 2002; Seifert/Fischler 2000.

leisten."[28] Und entgegen der Befürchtung von religionspädagogischer Seite, der Physikunterricht könnte einseitig eine wissenschaftsgläubige, erkenntnistheoretisch nicht reflektierte Haltung fördern, heißt es dort ausdrücklich: „Physikalisches Wissen besteht nicht nur aus Faktenwissen und aus der Kenntnis von Bezeichnungen, Begriffen und ‚Formeln‘. Wichtig ist auch das Verständnis von grundlegenden physikalischen Konzepten und Modellen, deren Tragfähigkeit ständig hinterfragt werden muss, um die Grenzen physikalischen Denkens erkennen zu können."[29] Dies entspricht auch den Forderungen des „Internationalen und nationalen Rahmenkonzepts für die Erfassung von naturwissenschaftlicher Grundbildung in PISA", in dem Aspekte naturwissenschaftlicher Bildung ausgeführt werden. Explizit gefordert ist dort auch ein Verständnis von der Tragweite naturwissenschaftlicher Konzepte und „von den Grenzen naturwissenschaftlichen Wissens."[30]

Physikdidaktische Intentionen, die eine fächerübergreifende Öffnung bewirken wollen, und die Wirklichkeit des Physikunterrichts scheinen aber noch auseinanderzuklaffen. Dieser Umstand könnte mitverantwortlich sein für das schlechte Image, das der Physikunterricht oft genießt: Die „Physik [erscheint] in den Augen der Schülerinnen und Schüler im Wesentlichen unpersönlich – als zwar erfolgreich, aber wenig hilfreich bei der Konzeption des eigenen Lebensentwurfs."[31] Fragen, inwiefern der Physikunterricht Schülerinnen und Schülern ein Verständnis von Natur und Kosmos ermöglichen könnte, das zugleich eine Reflexion über den eigenen Standort in diesem Kosmos zulässt, finden im gegenwärtigen Physikunterricht im deutschsprachigen Raum noch wenig Berücksichtigung. Ein Physikunterricht, der aber zum einen naturwissenschaftliche Grundbildung (Scientific Literacy[32]) vermitteln will und dem zum anderen an interessierten Schülerinnen und Schülern gelegen ist, wird sich auch damit befassen müssen, welchen Beitrag zur Weltbildentwicklung und zur Orientierungshilfe von Schülerinnen und Schülern naturwissenschaftliche Erkenntnisse leisten können – und welchen nicht.

Ausgelöst durch die intensive und schon gut zwei Jahrzehnte während-de „Science-and-Religion"-Debatte in den USA und in Großbritannien

---

28 Bildungsplan für das Gymnasium 2004, 180.
29 Ebd.
30 BAUMERT u. a., 3.
31 BENK u. a. 2005b, 57.
32 Vgl. BYBEE 1997.

ist die Diskussion um eine Kooperation von Religionsunterricht und naturwissenschaftlichem Unterricht in den angelsächsischen Ländern weiter fortgeschritten als in Deutschland.[33] So fordern John Bausor und Mike Poole, dass „Religion-and-Science"-Themen stärker in den Lehrplänen berücksichtigt werden müssten, beklagen aber zugleich die ungenügende Kompetenz der naturwissenschaftlichen Lehrkräfte bei Fragen im Spannungsfeld von Naturwissenschaft und Religion: „Science teachers [...] are competent concerning the content of their particular scientific discipline. But, unless they have studied the history and philosophy of science as part of their course – and relatively few do so – they may well feel out of their depth with the theological and philosophical aspects of the interplay."[34] An diesem Punkt setzte das in Oxford angesiedelte „Science-and-Religion-in-Schools-Projekt" (SRSP) an, das im Jahr 2006 abgeschlossen wurde.[35] Unter Einbeziehung zahlreicher Wissenschaftler/innen und Lehrer/innen aus Naturwissenschaft und Theologie – darunter auch Arthur Peacocke und John Polkinghorne – wurden Unterrichtsmaterialien für Lehrende und Schüler/innen entwickelt, an Versuchsschulen erprobt und mittlerweile veröffentlicht.[36] Die Unterrichtseinheiten für den Primar- und Elementarbereich umfassen wissenschaftstheoretische, ethische und historische Themen.[37] Die Initiatoren des Projekts haben zwischenzeitlich erste Schritte unternommen, das Projekt weltweit auszudehnen. In Deutschland bildete sich eine entsprechende Arbeitsgruppe im Mai 2006 am Comenius-Institut in Münster.

---

33 Vgl. GRASSIE 1997; POOLE 1998. Gerade in den USA steht die „Religion-and-Science"-Debatte allerdings auch unter dem Verdacht, von religiös fundamentalistischer Seite massiv finanziell unterstützt und gesteuert zu werden. In den vergangenen Jahren richteten sich entsprechende Vorwürfe u. a. auch gegen die John Templeton Foundation, die mit hohen Fördergeldern zahlreiche Projekte zu „Religion-and-Science" ermöglicht. Die Stiftung wies diese Vorwürfe öffentlich als falsche Unterstellungen zurück.

34 BAUSOR/POOLE 2002, 31.

35 Vgl. http://www.srsp.net/ (Stand: 22.09.09).

36 Vgl. SRSP 2007a und 2007b.

37 Eine Auswahl der behandelten Themen: How does science help us to make sense of the world? How does religion help us make sense of the world? What is an explanation? What is real? Reductionism, scientism and materialism; how language is used in science and religion; historical perspectives; in the beginning; ethical issues; environmental issues et al.

3. Felder des Dialogs und der Kooperation

Der vorstehende Abschnitt zeigte, dass zwar durchaus Affinitäten zwischen Religionsdidaktik und Physikdidaktik bestehen, jedoch unmittelbare Kooperationen der beiden Fachdidaktiken bislang in Deutschland seltene Ausnahme sind. Sollten private Stiftungen künftig auch in Deutschland verstärkt Mittel für eine solche Zusammenarbeit bereitstellen, so ist im Einzelnen sorgfältig zu prüfen, welche Interessen sich dahinter verbergen. Es ist auszuschließen, dass auf diese Weise wissenschaftsfeindliche fundamentalistische Positionen hoffähig und zuletzt in den Unterricht an unseren Schulen hineingetragen werden.

Dessen ungeachtet zeichnet sich eine Reihe von Themenfeldern ab, auf denen eine künftige Kooperation der beiden Fachdidaktiken sinnvoll erscheint und entsprechende gemeinsame Projekte wünschenswert sind. Fast immer wird es dabei angebracht sein, weitere Disziplinen und Fachdidaktiken einzubeziehen: z. B. die Soziologie bei empirischen Untersuchungen, die Philosophie bei wissenschaftstheoretischen und ethischen Themen, die Psychologie bei entwicklungspsychologischen Fragen im Kontext der Weltbildkonstruktion, die Geschichtsdidaktik in wissenschaftshistorischen Kontexten und natürlich bei vielen Fragestellungen auch die anderen naturwissenschaftlichen Fachdidaktiken.

3.1 Wissenschaftstheoretische und fachdidaktische Grundlagenfragen

Was für den Dialog zwischen Naturwissenschaft und Theologie im Allgemeinen gilt, gilt auch für den Dialog zwischen Physik- und Religionsdidaktik: „Ein Dialog […] sollte zunächst in einem ersten Schritt darauf abzielen, den Dialogpartner zu verstehen und […] auf eine differenzierte Wahrnehmung hin orientiert [sein]."[38] Ehe gemeinsame Forschungsprojekte in Angriff genommen werden, sollten sich die Beteiligten – z. B. in einem gemeinsamen Seminar – zunächst über das jeweilige Selbstverständnis des anderen Fachs und der anderen Fachdidaktik vergewissern. Was ist Physik, was Theologie? Wie definieren sich die jeweiligen Fachdidaktiken, was sind dabei aktuelle Entwicklungen beider Fachdidaktiken? Was sind Ziele naturwissenschaftlicher bzw. religiöser Bildung? Es ist erstaunlich, wie groß die gegenseitige Unkenntnis ist und wie sich durch eine Korrektur des wechselseitigen Bildes viele Vorbehalte und

---

38 DINTER 2007, 42.

Bedenken, die eine Kooperation behindern könnten, erledigen. Von religionspädagogischer Seite kann in solchen propädeutischen Veranstaltungen klargestellt werden, dass religiöse Bildung nicht in der Indoktrination christlicher Dogmatik besteht, sondern dass religiöse Kompetenz gerade auch die reflektierte Eigenverantwortlichkeit von Schülerinnen und Schülern stärken will; die physikdidaktische Seite kann verdeutlichen, dass sie keineswegs dem religionspädagogischen Albtraum entspricht, demzufolge im Physikunterricht unreflektiert ein mechanistisches Weltbild an davon faszinierte Kinder und Jugendliche vermittelt wird.[39] Wo solche Vorurteile ausgeräumt sind, ist das Feld frei, um zum Beispiel kooperativ Konzepte für den Physik- und Religionsunterricht zu entwickeln und zu erproben, in welchen die Schülerinnen und Schüler die Perspektivität unserer Wirklichkeit erfahren sowie die Tragweite und die Grenzen naturwissenschaftlicher Erkenntnisse verstehen lernen. Auf diese Weise fördern Religions- und Physikunterricht gemeinsam einen reflektierten Umgang mit Fragen nach Sinn und Orientierung in einer komplexen Welt.

Darüber hinaus ist nicht auszuschließen, dass sich bei der gegenseitigen Vorstellung fachspezifischer Didaktikkonzepte weitere, unerwartete Analogien und Affinitäten zwischen Physikdidaktik und Religionsdidaktik aufweisen lassen.[40] Ein Physikunterricht, der die Wahrnehmungen von Kindern und Jugendlichen sensibilisiert, sie gerade auch auf Alltagsphänomene aufmerksam werden lässt und dabei

---

39 Susanne Heine beschreibt „szientistisch-empirische Denkwege" als „geistige Grundhaltung" unserer Zeit und fordert, dass „Lehrer und Lehrerinnen methodisch dazu fähig sein [müssen], diesen Denkweg einerseits zu würdigen, [...] aber andererseits deutlich zu machen, warum der Mensch in solchen empirischen Modellen nicht aufgeht. Sie müssen in der Lage sein, die unterschiedlichen Denkweisen und Theorien zu explizieren, mit denen versucht wird, sich das Weltverständnis zu erschließen" (HEINE 2004, 34).

40 Martin Wagenschein war noch in der Lage, bei Darlegung seiner physikdidaktischen Überlegungen en passant auf religionspädagogische Parallelen oder Entsprechungen hinzuweisen (vgl. z. B. WAGENSCHEIN 1989, 99 und 103). Eine Relecture seiner didaktischen Schriften ist aus religionspädagogischer Sicht bis in seine Nebenbemerkungen hinein anregend und kann dazu motivieren, sich auch mit der aktuellen Physikdidaktik auseinanderzusetzen. Nur ein Beispiel dazu, a. a. O. 95f: „Eine gewisse (wenn auch nicht unbegrenzte) Verwirrbarkeit halte ich für eine positive Eigenschaft sogar des Lehrers: sie fördert Verständigung. Ich fürchte, dass ein Lehrer, der gar nicht verwirrbar ist (und das in seinem Fach), nicht der beste sein wird." Zu Recht moniert Johann Baptist Metz die zunehmende „Verblüffungsfestigkeit" gegenwärtiger Theologie und erkennt darin eine spezifisch christliche Form des Fundamentalismus (vgl. METZ 2006, 32).

keineswegs nur eine nüchtern analysierende und emotionslose Betrachtungsweise gelten lässt[41], fördert beispielsweise Kompetenzen, an denen auch einem Religionsunterricht, der sich als differenzierte Wahrnehmungslehre versteht[42], gelegen sein muss.

3.2 Weltbildkonstruktionen und Alltagstheorien zum Verhältnis von Religion und Naturwissenschaft

Martin Rothgangel hat zu Recht darauf hingewiesen, dass „die fachwissenschaftliche Komplexität des Verhältnisses von Naturwissenschaft und Theologie [...] oftmals derart vereinnahmend [ist], dass der religionspädagogische Blick auf das Subjekt der Schülerin/des Schülers (fast) völlig aus dem Blick geraten kann."[43] Darum ist es nicht ratsam, sich bei den Themenbereichen für eine Kooperation zwischen Physik- und Religionsdidaktik unmittelbar an den Themen zu orientieren, die für den Dialog von Theologie und Physik fruchtbar sind.[44] Rothgangel fordert stattdessen eine subjektbezogene (Religions-)Pädagogik, die „ausgehend von einer kritisch-konstruktiven Analyse der Lebenswelt und der Alltagstheorien von Kindern, Jugendlichen und Erwachsenen bestimm[t], welche Aspekte des Dialogs zwischen Naturwissenschaft und Theologie für die jeweilige ‚Zielgruppe' bildungswirksam und relevant sind."[45] Voraussetzung dafür ist eine differenzierte Kenntnis der Weltbildentwicklung von Kindern und Jugendlichen. Diese war im Anschluss an Jean Piaget bereits verschiedentlich Gegenstand von entwicklungspsychologischer, physikdidaktischer oder religionspädagogisch orientierter Seite.[46] Kooperative Forschungsprojekte könnten die entsprechenden empirischen Untersuchungen nicht nur überprüfen und differenzieren (etwa unter Einschluss interkultureller bzw. interreligiöser Aspekte bzw. geschlechtsspezifischer Besonderheiten), sondern auch die bereits vorliegenden Ergebnisse im Hinblick auf sich daraus für den Unterricht resultierende Konsequenzen analysieren.

41 Vgl. ERB/SASSE/SCHROCK 2005 und ERB 2004.
42 Vgl. BIEHL 1997.
43 ROTHGANGEL 2002, 319.
44 Vgl. dazu AUDRETSCH 2007, 72–74.
45 ROTHGANGEL 2003, 136.
46 Z.B. BÜTTNER 2005; FETZ/REICH/VALENTIN 2001; KLEWITZ 1999; VOSNIADOU 1994; REICH 1987; KUBLI 1984.

3.3 Didaktik wissenschaftsethischer Fragestellungen

Lehrerinnen und Lehrer sehen noch immer vor allem die Fächer Religion und Ethik gefordert, wenn es um Fragen nach Orientierung geht, während Mathematik und naturwissenschaftliche Fächer dazu vermeintlich wenig beitragen können.[47] Doch längst ist die Aufgabenteilung, derzufolge Naturwissenschaft Wissen vermittele, während Religion für Orientierung zuständig sei, überholt. Insbesondere sind ethische Fragen nach der Verantwortbarkeit von Naturwissenschaft – zum Beispiel auf dem Gebiet der Kernenergie, der Nachhaltigkeit oder der Rüstungstechnologie – Fragen, die Sache der Physik selbst sind und die nicht einfach an andere Disziplinen delegiert werden dürfen – Wertereflexion muss sachgebunden erfolgen.[48] Für die Schule besagt dies, dass die Reflexion von Normen und Werten allgemeine pädagogische Aufgabe ist und nicht einfach dem Ethik- oder Religionsunterricht zugeschoben werden dürfen: „Der Werte-Bezug ist der Beschäftigung mit allen Gegenständen immanent. Deshalb ist Werte-Reflexion ein Unterrichtsprinzip und nicht (nur) die Aufgabe von Spezialfächern."[49]

Eine Lehrplananalyse im Hinblick auf wissenschaftsethische Themen ergab schon im Jahr 1999, dass diese Themen mittlerweile auch in den naturwissenschaftlichen Fächern verankert sind.[50] Beanstandet wird aber, dass dabei das Verhältnis zwischen Faktenvermittlung und ethischer Reflexion rein additiv bleibe bzw. dass fälschlicherweise vorausgesetzt werde, Faktenkenntnis führe von sich aus zu ethischer Reflexion und Wahrnehmung von Verantwortung. Auch scheint die curriculare Verankerung nicht umgesetzt zu werden, da befragte Schülerinnen und Schüler angaben, ethische Fragen hauptsächlich disziplinär gebunden in Religion und Ethik behandelt zu haben. Was sind die Gründe dafür, dass wissenschaftstheoretische und wissenschaftsethische Ein-

---

47 Vgl. BENK u.a. 2005b, 63. Bei einer diesbezüglichen Befragung teilten sich die Fächer Ethik, Religion, Gemeinschaftskunde und Deutsch die ersten Plätze, am Ende standen Mathematik, Physik und Chemie.
48 Vgl. STEIGLEDER/MIETH 1991.
49 REINHARDT 1999, zit. in: LAUSTRÖER 2005, 55.
50 Dies ergab das interdisziplinäre Forschungsprojekt Schule Ethik Technologie (SET), das in den Jahren 1996 bis 1999 von der Universität Tübingen in Kooperation mit der Pädagogischen Hochschule Heidelberg durchgeführt wurde. Dabei ging es um die schulische Vermittlung von ethischer Urteilskompetenz als didaktische und methodische Aufgabe am Beispiel der Gentechnik, vgl. dazu SCHALLIES/WELLENSIEK/LEMBENS 2001; siehe auch unter http://www.izew.uni-tuebingen.de/deutsch/set_ehem_1.html (Stand: 18.09.2009).

sichten bislang nicht bis zum Unterricht durchschlagen? Als wichtiges Aufgabenfeld fachdidaktischer Kooperation erscheint weniger die Diskussion wissenschaftsethischer Fragen selbst als vielmehr die didaktisch angemessene Weise, wie diese Fragen in den konkreten Unterricht eingebracht werden können. Die in der Schule geforderte Interdisziplinarität unter Einbeziehung von Religion und Ethik[51] kann jedenfalls nur erfolgreich sein, wenn sie bereits im Studium zwischen den Fachdidaktiken praktiziert wird. Was auf diesem Gebiet möglich (und notwendig) ist, zeigen die erfolgreichen fachdidaktischen Projekte im Zusammenhang mit der Nachhaltigkeitsproblematik.[52]

3.4 Erarbeitung exemplarischer Themen im didaktischen Kontext

Umfassende gemeinsame Forschungsprojekte von Physik- und Religionsdidaktik werden wohl auch in Zukunft die Ausnahme bleiben. Es gibt aber eine Fülle von Einzelthemen für eine punktuelle Zusammenarbeit zwischen Physikdidaktik und Religionsdidaktik, die es ermöglichen, in kleineren Projekten oder in gemeinsamen Veranstaltungen exemplarisch einzelne Aspekte der genannten Kooperationsbereiche zu bearbeiten. Im Ausgang von historischen Fragestellungen (aristotelische und neuzeitliche Physik; Entwicklung der Weltbilder; Konflikte zwischen Naturwissenschaft und Kirche), einzelnen Personen der Physikgeschichte (Kopernikus, Kepler, Galilei, Heisenberg u. a.) oder literarischen Werken (Brecht, Dürrenmatt, Kipphardt u. a.) können Reichweite, Grenzen und Verantwortung moderner Physik thematisiert werden. Theologische und naturwissenschaftliche Einzelfragen ermöglichen gegenseitiges Verständnis und Abgrenzung beider Disziplinen (Weltentstehung und Schöpfung; Zeit und „Ewigkeit"; naturwissenschaftlicher Beweis und „Gottesbeweis" u. a.). Eine diesbezügliche Kooperation darf sich nie nur in der anvisierten Klärung der jeweiligen Sachverhalte erschöpfen, sondern muss immer auch im Kontext von didaktischen Fragestellungen durchgeführt werden: Welche Rolle spielte die Frage bislang in den Fachdidaktiken? In welcher Form begegnete sie im Unterricht, in den Lehr-

---

51 Vgl. ebd.: „Die Verankerung wissenschaftsethischer Themen in den naturwissenschaftlichen Fächern verlangt nach einer korrespondierenden, verbindlichen Ansiedlung und Aufarbeitung wissenschaftsethischer Themen in Ethik bzw. Religion."

52 Vgl. u. a. Herz/Seybold/Strobl 2001 sowie die umfassende Literaturliste unter: http://lernenmite.wordpress.com/2007/04/20/literatur-zu-bildung-fur-eine-nachhaltige-entwicklung/ (Stand: 18.09.2009).

plänen und Unterrichtsmaterialien? Welche Bedeutung hat die Thematik aus der Perspektive von Kindern und Jugendlichen? Inwiefern ist sie relevant für ihre weitere Entwicklung? Wie denken sie darüber, welche Lösungsmodelle sind bei ihnen erkennbar? Welche Kompetenzen können diesbezüglich im Unterricht jeweils gefördert, welche Bildungsziele angestrebt werden? Wie können Lehr- und Bildungspläne dies angemessen aufgreifen, welche Materialien und Medien sind für den Unterricht geeignet? Was ergibt die Analyse des entsprechenden Unterrichts? usw. – jedenfalls dürfen nicht nur die fachwissenschaftlich umstrittenen und spannenden Fragen im Verhältnis von Physik und Theologie diskutiert werden, sondern der ganze Katalog didaktischer Fragestellungen sollte hintergründig präsent sein, wenn Physik und Theologie im Rahmen des Lehramtsstudiums miteinander kooperieren.

4. Kooperationen von Physik- und Religionsunterricht

Was ergibt sich aus dem Gesagten für den Physik- und Religionsunterricht an der Schule? Hier kann selbstverständlich nicht ausgeführt werden, was erst als Ergebnis gelungener Kooperation von Physik- und Religionsdidaktik zu erwarten ist. Doch einige Hinweise erscheinen unstrittig:

- *Chancen nutzen:* Die Nähe von Physik- und Religionsunterricht in der Schule muss als Herausforderung begriffen werden. Selten wird noch einmal soviel physikalisches und theologisches Wissen an einem Ort vereint sein wie in unseren Schulen, insbesondere in den Oberstufen der Gymnasien. Statt selbst in Physik zu dilettieren sollte der Religionslehrer bzw. die Religionslehrerin die Kooperation mit den Physiklehrkräften suchen. Vielleicht werden dabei latent vorhandene Animositäten wenigstens einmal ausdrücklich zur Sprache gebracht; im besten Fall aber kommt es zu einem wechselseitigen Austausch, der beide Seiten bereichert und den Schülerinnen und Schülern anschaulich die Perspektivität unserer Wirklichkeit vorführt.

- *Kooperation flexibel gestalten:* Die Einstellung der Lehrkräfte zum Verhältnis von Theologie und Naturwissenschaft weist unter Lehrerinnen und Lehrern eine große Bandbreite auf. Wenn Religionslehrkräfte heute eine Unterrichtseinheit gemeinsam mit einer Kollegin oder einem Kollegen aus dem Fach Physik durchführen, müssen sie zum Beispiel auch auf die Meinung gefasst sein, Theologie sei keine Wissenschaft oder naturwissenschaftliche Erkenntnisse und religiöse Einsichten schlössen sich aus.[53] Damit ergeben sich auch jeweils mehr oder weniger eingeschränkte Kooperationsmöglichkeiten. Oft ist es sinnvoller, gemeinsam die Grenzen und Möglichkeiten menschlichen Erkennens zu untersuchen, als gleich über die theologische Interpretierbarkeit der Welt zu reden.[54]

- *Konsequente Schülerorientierung:* Wie die entsprechenden öffentlichen Diskussionen zeigen, ist die Thematik Theologie – Naturwissenschaft zum Teil emotional stark besetzt. Auch die Unterrichtenden messen ihr oft eine hohe Bedeutung zu, so dass es ihnen schwer fällt, nicht vor allem die eigene Position rechtfertigen zu wollen. Konsequente Schülerorientierung verlangt aber, von den Vorstellungen der Schülerinnen und Schüler auszugehen, diesen die kritische Reflexion und Entfaltung ihrer Vorstellungen zu ermöglichen und sie so in ihrer Persönlichkeitsentwicklung zu fördern. Ein distanzlos geführtes Streitgespräch, z. B. mit einem Kollegen oder einer Schülerin, ist dazu kaum geeignet. Im Unterricht muss überdies der Versuchung widerstanden werden, den Schülerinnen und Schülern einfache Lösungen oder gar vorschnelle „Synthesen" von Naturwissenschaft und Theologie, die ungelöste Fragen nur wortreich überspielen, vermitteln zu wollen.

- *Philosophie/Ethik in die Kooperation miteinbeziehen:* So wenig physikalische und theologische Aussagen ohne philosophische Vermittlung aufeinander bezogen werden können, so wenig sollte der Religionsunterricht unmittelbar die Themen des Physikunterrichts kommentieren. Vorrang hat die gemeinsame, naturphilosophische Deutung der naturwissenschaftlichen Erkenntnisse. Schon dies macht fast immer die Einbeziehung des Faches Philosophie/Ethik sinnvoll.

- *Kontinuität und Exemplarität[55]:* Da es sich bei „Glaube und Naturwissenschaft" um ein Schlüsselthema für die religiöse Entwicklung

53 Vgl. BENK u. a. 2005a, 12–15.
54 Vgl. MUTSCHLER 2007, 59: „Wer bei seinem Gegenüber eine empiristische Grundhaltung wahrnimmt, sollte nicht über Gott, sondern über das Erkennen diskutieren."
55 Vgl. dazu ROTHGANGEL 1999 und 2002.

handelt, ist es notwendig, diese Thematik im Verlauf der Schulzeit regelmäßig aufzugreifen – Rothgangel empfiehlt eine eingehende Behandlung im Rahmen eines „Spiralcurriculums" mindestens jedes zweite Schuljahr.[56] Aus religionspädagogischer Perspektive sind besonders zwei Themenbereiche zentral, die gerade die Physik betreffen: bis zum Jugendalter v. a. das Verhältnis von biblischen Schöpfungserzählungen zu naturwissenschaftlichen Weltentstehungstheorien, für Jugendliche dann wissenschaftstheoretische Fragen nach der Tragweite und den Grenzen naturwissenschaftlicher Theorien.

Die Einsicht in die Mehrperspektivität der Wirklichkeit ist eine Bildungsaufgabe von früher Kindheit an. Physikunterricht gibt es i. d. R. aber erst in der Sekundarstufe I – dann sind wichtige Vorentscheidungen bezüglich der religiösen Entwicklung bereits gefallen. Darum ist es zu begrüßen, dass entsprechende didaktische Bemühungen heute nicht nur in die Bildungspläne im Primarbereich Eingang gefunden haben, sondern schon im Elementarbereich Berücksichtigung finden sollen.[57] Es ist zu hoffen, dass solche frühen Bemühungen Jugendlichen einmal das für die weitere religiöse Entwicklung oft fatale Dilemma ersparen können, sich vermeintlich zwischen einer kreationistischen Haltung und einer reduktionistischen naturwissenschaftlichen Einstellung entscheiden zu müssen.

56 ROTHGANGEL 2001, 1401.
57 Vgl. Orientierungsplan 2006, 18–24, 103–107.

Literatur

ANGEL, HANS-FERDINAND, Naturwissenschaft und Technik im Religionsunterricht, Frankfurt a. M. 1988.

ANGEL, HANS-FERDINAND, Art. Technik, in: METTE, NORBERT/RICKERS, FOLKERT (Hg.), Lexikon der Religionspädagogik, Bd. 2, Neukirchen-Vluyn 2001, 2090–2095.

AUDRETSCH, JÜRGEN/NAGORNI, KLAUS (Hg.), Zwei Seiten der Wirklichkeit. Bilanz und Perspektiven des Dialogs zwischen Naturwissenschaft und Theologie, Karlsruhe 2007.

AUDRETSCH, JÜRGEN, Warum, wie und worüber sollen Naturwissenschaftler und Theologen einen Dialog führen? Anregungen eines Physikers, in: AUDRETSCH, JÜRGEN/NAGORNI, KLAUS (Hg.), Zwei Seiten der Wirklichkeit. Bilanz und Perspektiven des Dialogs zwischen Naturwissenschaft und Theologie, Karlsruhe 2007, 66–74.

BAUMERT, JÜRGEN u. a., Internationales und nationales Rahmenkonzept für die Erfassung von naturwissenschaftlicher Grundbildung in PISA, siehe unter http://www.mpib-berlin.mpg.de/Pisa/KurzFrameworkScience.pdf (Stand: 21.09.09).

BAUSOR, JOHN/POOLE, MIKE, Science-and-Religion in the Agreed Syllabuses – An Investigation and some Suggestions, in: BRITISH JOURNAL OF RELIGIOUS EDUCATION 25 (2002), H. 1, 18–32.

BENK, ANDREAS, Philosophische Aspekte der modernen Physik. Plädoyer für einen fächerübergreifenden Physikunterricht, in: PHYSIK IN DER SCHULE 33 (1995), 286–289.

BENK, ANDREAS, Moderne Physik und Theologie. Voraussetzungen und Perspektiven eines Dialogs, Mainz 2000.

BENK, ANDREAS/ERB, ROGER/IMMERFALL, STEFAN/QUESEL, CARSTEN, Religionsunterricht und naturwissenschaftlicher Unterricht. Eine empirische Untersuchung zur fächerübergreifenden Kooperation und ihren Grundlagen, in: RELIGIONSPÄDAGOGISCHE BEITRÄGE 54 (2005), 3–16 (= BENK u. a. 2005a).

BENK, ANDREAS/ERB, ROGER/IMMERFALL, STEFAN/QUESEL, CARSTEN, Zum Stellenwert des Physikunterrichts in Orientierungsfragen, in: PHYSIK UND DIDAKTIK IN SCHULE UND HOCHSCHULE 2/4 (2005), 57–64, http://www.phydid.de/index.php/phydid/article/view/33/33 (Stand: 21.09.09) (= BENK u. a. 2005b).

BIEHL, PETER: Wahrnehmung und ästhetische Erfahrung. Zur Bedeutung ästhetischen Denkens für eine Religionspädagogik als Wahrnehmungslehre, in: GRÖZINGER, ALBRECHT/LOTT, JÜRGEN (Hg.), Gelebte Religion, Rheinbach 1997, 380–411.

ANDREAS BENK/ROGER ERB

BILDUNGSPLAN FÜR DAS GYMNASIUM (Baden-Württemberg 2004), in: KULTUS UND UNTERRICHT, Lehrplanheft 4/2004 (http://lbsneu.schule-bw.de/entwicklung/bistand/ Stand: 21.09.09).

BÜTTNER, GERHARD, Mit Kindern und Jugendlichen über den Himmel sprechen, in: EVANGELISCHE THEOLOGIE 65 (2005), 366–381.

BYBEE, RODGER W., Toward an Understanding of Scientific Literacy, in: GRÄBER, WOLFGANG/BOLTE, CLAUS (Hg.), Scientific Literacy, Kiel 1997, 37–68.

DAVIES, PAUL/BROWN, JULIAN R., Superstrings. Eine allumfassende Theorie der Natur in der Diskussion, München 1992.

DIETERICH, VEIT-JAKOBUS, Naturwissenschaftliche Welt und Natur im Religionsunterricht. Eine Untersuchung von Materialien in der Weimarer Republik und in der Bundesrepublik Deutschland (1918–1985), Frankfurt a.M. u.a. 1990.

DIETERICH, VEIT-JAKOBUS/RUPP, HARTMUT, Wirklichkeit (Lehrerband), Stuttgart 2007.

DINTER, ASTRID, Intelligent Design, Gentechnik und künstliche Intelligenz. Aktuelle Herausforderungen des Diskurses zwischen Theologie und Naturwissenschaften und ihre Implikationen für das Zusammenleben in einer pluralistisch-multireligiösen Gesellschaft nach dem 11. September 2001, in: AUDRETSCH, JÜRGEN/NAGORNI, KLAUS (Hg.), Zwei Seiten der Wirklichkeit. Bilanz und Perspektiven des Dialogs zwischen Naturwissenschaft und Theologie, Karlsruhe 2007, 32–51.

ERB, ROGER, Soll Physikunterricht begeistern?, in: INSTITUT FÜR SCHULPRAXIS, PÄDAGOGISCHE HOCHSCHULE SCHWÄBISCH GMÜND (Hg.), Schule in der Schieflage, Baltmannsweiler 2004.

ERB, ROGER/SASSE, JANA/SCHROCK, MARCO, Zum Interesse an Alltagsgegenständen im Physikunterricht, in: PITTON, ANJA (Hg.), Gesellschaft für Didaktik der Chemie und Physik (GDCP) – Chemie- und physikdidaktische Forschung und naturwissenschaftliche Bildung, Münster 2005, 457–459.

FETZ, RETO LUZIUS/REICH, KARL HELMUT/VALENTIN, PETER, Weltbildentwicklung und Schöpfungsverständnis. Eine strukturgenetische Untersuchung bei Kindern und Jugendlichen, Stuttgart 2001.

GRÄB, WILHELM (Hg.), Urknall oder Schöpfung? Zum Dialog zwischen Theologie und Naturwissenschaft, Gütersloh 1995.

GRASSIE, WILLIAM, Powerful Pedagogy in the Science-and-Religion Classroom, in: ZYGON 32 (1997), 415–421.

HEINE, SUSANNE, Glaube im Tresor. Gespräch mit Susanne Heine über religiöse Sozialisation und die Schwierigkeit, in Zeiten naturwissenschaftlichen Denkens Glaube zu vermitteln, in: ZEITZEICHEN 7/2004, 32–35.

HERTZ, OTTO/SEYBOLD, HANSJÖRG/STROBL, GOTTFRIED (Hg.), Bildung für nachhaltige Entwicklung. Globale Perspektiven und neue Kommunikationsmedien, Opladen 2001.

KLEWITZ, ELARD, Verwirrendes Wissen – Beobachtungen und Erklärungen astronomischer Phänomene, in: GIEST, HARTMUT/SCHEERER-NEUMANN, GERHEID, Jahrbuch Grundschulforschung, Bd. 2, 1999.

KÜNG, HANS, Der Anfang aller Dinge. Naturwissenschaft und Religion, München/Zürich 2005.

KUBLI, FRITZ, Kosmosvorstellungen von Kindern und die Astronomie im Unterricht, in: HAMEYER, UWE/KAPUNE, THORSTEN, Weltall und Weltbild, 1984, 75–96.

KROPAČ, ULRICH, Naturwissenschaft und Theologie – eine spannungsreiche Beziehung im Horizont religiöser Bildung, in: RELIGIONSUNTERRICHT AN HÖHEREN SCHULEN 47 (2004), 101–114.

LABUDDE, PETER, Fächer übergreifender Unterricht in und mit Physik: eine zuwenig genutzte Chance, in: PHYSIK UND DIDAKTIK IN SCHULE UND HOCHSCHULE 1/2 (2003), 48–66.

LAUSTRÖER, ANDREA, Förderung von Bewertungskompetenz durch Bildung für eine nachhaltige Entwicklung (Dissertation Christian-Albrechts-Universität Kiel), Kiel 2005, siehe auch unter: http://e-diss.uni-kiel.de/diss_1697/d1697.pdf (Stand: 18.09.2009)..

LEISEN, JOSEF, „Hausphilosophien" im Unterricht, in: DER MATHEMATISCHE UND NATURWISSENSCHAFTLICHE UNTERRICHT 55 (2002), 472–476.

LÜSCHER, EDGAR, Moderne Physik. Von der Mikrostruktur der Materie bis zum Bau des Universums, München 1987.

METZ, JOHANN BAPTIST, Memoria passionis. Ein provozierendes Gedächtnis in pluralistischer Gesellschaft, Freiburg i. Br. [2]2006.

MEYER ZU UPTRUP, KLAUS, Praktisch-Theologische Vermittlung des Dialogs „Theologie – Naturwissenschaft", in: HÜBNER, JÜRGEN, Der Dialog zwischen Theologie und Naturwissenschaft. Ein bibliographischer Bericht, München 1987, 472–503.

MEYLING, HEINZ/NIEDDERER, HANS, Wissenschaftstheoretische Reflexion im Physikunterricht der Sek. II, in: DER MATHEMATISCHE UND NATURWISSENSCHAFTLICHE UNTERRICHT 55 (2002), 463–468.

MUTSCHLER, HANS-DIETER, Was sind die Voraussetzungen eines Dialogs zwischen Naturwissenschaft und Theologie?, in: AUDRETSCH, JÜRGEN/NAGORNI, KLAUS (Hg.), Zwei Seiten der Wirklichkeit. Bilanz und Perspektiven des Dialogs zwischen Naturwissenschaft und Theologie, Karlsruhe 2007, 52–65.

MUTSCHLER, HANS-DIETER, Physik und Religion. Perspektiven und Grenzen eines Dialogs, Darmstadt 2005.

NYHOF-YOUNG, JOYCE, Education for the Heart and Mind: Feminist Pedagogy and the Religion and Science Curriculum, in: ZYGON 35 (2000), 441–452.

ORIENTIERUNGSPLAN für Bildung und Erziehung für die baden-württembergischen Kindergärten (Pilotphase), hg. v. Ministerium für Kultus, Jugend und Sport Baden-Württemberg, Weinheim 2006.

POOLE, MIKE, Teaching about Science and Religion: opportunities within Science in the National Curriculum, Abingdon 1998.

RADLBECK-OSSMANN, REGINA, „Wie hat Gott das eigentlich gemacht, als er die Welt erschaffen hat?" Kinder fragen nach dem Anfang der Welt, in: HEINZ, HANSPETER u. a. (Hg.), Im Anfang war der Urknall? Kosmologie und Weltentstehung, Regensburg 2005, 184–201.

REICH, KARL HELMUT, Religious Education and the Life-World of Young People: Psychological Perspectives, in: BATES, DENNIS u. a. (Hg.), Education, Religion and Society, London/New York 2006, 241–252.

REICH, KARL HELMUT, Religiöse und naturwissenschaftliche Weltbilder: Entwicklung einer komplementären Betrachtungsweise in der Adoleszenz, in: UNTERRICHTSWISSENSCHAFT. LERNEN IN SCHULE, BERUF UND FREIZEIT 1987, 332–343.

REINHARDT, SIBYLLE, Werte-Bildung und politische Bildung. Zur Reflexivität von Lernprozessen, Opladen 1999.

ROTHGANGEL, MARTIN, Naturwissenschaft und Theologie. Wissenschaftstheoretische Gesichtspunkte im Horizont religionspädagogischer Überlegungen, Göttingen 1999.

ROTHGANGEL, MARTIN, Naturwissenschaft und Theologie, in: METTE, NORBERT/RICKERS, FOLKERT (Hg.), Lexikon der Religionspädagogik, Bd. 2, Neukirchen-Vluyn 2001, 1398–1403.

ROTHGANGEL, MARTIN, Gehirn und Geist – „Abseitsfallen" aus religionspädagogischer Sicht, in: KATECHETISCHE BLÄTTER 127 (2002), 316–320.

ROTHGANGEL, MARTIN, Didaktik – und nicht Methodik. Worin besteht die Bedeutung der Religionspädagogik im Dialog zwischen Theologie und Naturwissenschaft? Ein Plädoyer für das Potenzial einer subjektbezogenen Religionspädagogik, in: KATECHETISCHE BLÄTTER 128 (2003), 133–136.

SCHALLIES, MICHAEL/WELLENSIEK, ANNELIESE/LEMBENS, ANJA, Interdisziplinarität in Theorie und Praxis – Ergebnisse aus dem Forschungsprojekt Schule Ethik Technologie (SET), in: WELLENSIEK, ANNELIESE/PETERMANN, HANS-BERNHARD (Hg.), Interdisziplinäres Lehren und Lernen in der Lehrerbildung, Weinheim/Basel 2002, 188–200.

SCHIEFER FERRARI, MARKUS, Weltbild und Wirklichkeitsverständnis von Jugendlichen. Plausibilität und (Un)Vereinbarkeit von schöpfungstheologischen Deutungsangeboten und naturwissenschaftlichen Erklärungsmodellen zur Weltentstehung?, in: HEINZ, HANSPETER u. a. (Hg.), Im Anfang war der Urknall? Kosmologie und Weltentstehung, Regensburg 2005, 202–219.

SCIENCE AND RELIGION IN SCHOOLS PROJECT (Hg.), Science and Religion in Schools: A Guide to the Issues for Primary Schools, Oxford 2007, (= SRSP 2007a).

SCIENCE AND RELIGION IN SCHOOLS PROJECT (Hg.), Science and Religion in Schools: A Guide to the Issues for Secondary Schools, Oxford 2007, (= SRSP 2007b).

SCHMIDT, WILLI, Die Bedeutung des modernen naturwissenschaftlichen Weltbildes für den Religionsunterricht. Versuch einer Grundlegung, in: ZEITSCHRIFT FÜR DEN EVANGELISCHEN RELIGIONSUNTERRICHT 44 (1933), 72–80.

SCHOCKENHOFF, EBERHARD/HUBER, MAX G., Gott und der Urknall. Physikalische Kosmologie und Schöpfungsglaube, Freiburg i. Br./München 2004.

SEIFERT, SILKE/FISCHLER, HELMUT, Unterricht über Modelle, in: PHYSIK IN DER SCHULE 38 (2000), 388–391.

STOCK, EUGEN, Das physikalische und religiöse Weltbild im Unterricht, in: ZEITSCHRIFT FÜR DEN EVANGELISCHEN RELIGIONSUNTERRICHT 44 (1933), 65–72.

VOSNIADOU, STELLA, Universal and culture-specific properties of children's mental models of the earth, in: LAWRENCE, A./GELMAN, SUSAN A. (Hg.), Mapping the mind: Domain specificity in cognition and culture, New York/Cambridge 1994, 412–430.

WABBEL, THOMAS DANIEL (Hg.), Im Anfang war (k)ein Gott. Naturwissenschaftliche und theologische Perspektiven, Düsseldorf 2004.

WAGENSCHEIN, MARTIN, Verstehen lernen: genetisch – sokratisch – exemplarisch. Mit einer Einleitung von Hartmut von Hentig und einer Studienhilfe von Hans Christoph Berg, Weinheim/Basel [8]1989.

WEDER, HANS/AUDRETSCH, JÜRGEN, Kosmologie und Kreativität. Theologie und Naturwissenschaft im Dialog, Leipzig 1999.

WEIZSÄCKER, CARL FRIEDRICH VON, Notizen zum Gespräch über Physik und Religion, in: DERS., Der Garten des Menschlichen. Beiträge zur geschichtlichen Anthropologie, Frankfurt a. M. 1980, 328f.

WITZLEBEN, FRANK, Helfen wissenschaftstheoretische Fragen beim Verständnis der Naturwissenschaften?, in: DER MATHEMATISCHE UND NATURWISSENSCHAFTLICHE UNTERRICHT 55 (2002), 452–458.

WÜNSCH, STEFFEN, Verantwortungsvoll handeln – Solarenergie nutzen!, in: NATURWISSENSCHAFTEN IM UNTERRICHT PHYSIK (2001), 137–142.

Jürgen Court/Andrea Schulte

Religionsdidaktik und Sportdidaktik

Abstract

*Obgleich aktuelle Studien zum Verhältnis von Sport und Religion auf viel-
schichtige Verbindungslinien verweisen, hat ihre Diskussion bis heute keinen
Niederschlag in den entsprechenden Schulfächern bzw. ihren -didaktiken
gefunden. Eine historisch ausgerichtete, exemplarische Suche nach Berührungspunkten zwischen Sport und Religion zeigt jedoch, dass ihre Behandlung im Schulunterricht sich durchaus auf übergreifende ästhetische und
pädagogische Kategorien beziehen kann. Dabei schärft die neuere wissenschaftliche Literatur den Blick für mehrperspektivische Annäherungen. Im
Diskurs um die Präsenz von Religion in der Gegenwartskultur gewinnen
vor allem erfahrungstheoretische und phänomenologische, (religions)soziolo-
gische und ritualtheoretische Analysen des Verhältnisses von Sport und Religion an Bedeutung. Der Beitrag schließt mit Erfahrungen der Verfasser aus
interdisziplinären Lehrveranstaltungen an der Universität Erfurt, die auf
die Erfahrungswelt Schule übertragen werden können.*

1. Vorüberlegungen

Die unseren Überlegungen zugrundeliegende Frage, ob der moderne
Sport als „säkulare Religion"[1] zu bezeichnen sei, hat ihre bekanntesten
historischen Vorbilder in dem von Pierre de Coubertin geprägten Begriff
der *religio athletae* und dem einer „Weltreligion des 20. Jahrhunderts",
der 1932 durch Hans Seiffert in der Zeitschrift „Querschnitt" verbreitet
wurde.[2] Zwar sprechen sowohl einschlägige Analysen religiöser Spuren
im Sport („quasi-religiöse Elemente"; expliziter Selbstbegriff als Religion; Verständnis als „sinnvermittelndes Handlungssystem"; Momente
der „Ekstase"; „Besessenheit"[3]) als auch aktuelle theologische und soziologische Studien zur Präsenz von Religion in der gegenwärtigen Kultur

---

1 So beispielsweise – mit weiteren Nachweisen – Koch 2002; zum religiösen Verständnis der Körperkultur Wedemeyer-Kolwe 2004, 14.
2 Vgl. Koch 2002, 90; Krüger 1993, 9; grundlegend Zimmermann 2001.
3 Koch 2002, 92.

dafür, in der vielschichtigen Beziehung von Sport und Religion geradezu eine „Signatur der Moderne"[4] zu erkennen, jedoch hat diese Diskussion bis heute keinen Niederschlag in den entsprechenden Schulfächern bzw. ihren -didaktiken gefunden.[5] Da hier nicht der Ort für eine Untersuchung möglicher Ursachen dieses Nichtverhältnisses ist – sei es einerseits der christliche „Geist der Askese"[6] mit seiner vorgeblichen Leibverachtung oder andererseits die angebliche „Tötung aller geistigen Interessen durch den Sport"[7] –, kann es nur Zweck dieses Beitrags sein, in einer ersten Näherung Themen, aber auch Konzepte vorzustellen, die zukünftigen Kooperationen zwischen Sport- und Religionsdidaktik den Weg ebnen sollen. Dazu erfolgt zunächst eine historisch ausgerichtete, exemplarische Suche nach Berührungspunkten zwischen Sport und Religion, deren Auswahlkriterium in dem sie übergreifenden *pädagogischen* Moment liegt.

Weil, wie erwähnt, die schuldidaktische Beschäftigung mit diesem Komplex ein Desiderat bildet, berichtet das anschließende Kapitel über universitäre Erfahrungen zum Thema „Sport und Religion". Im Schlussteil werden dann Übertragungsmöglichkeiten auf die schulische Sport- und Religionsdidaktik erwogen.

2. Historischer Teil: Sport und Religion

2.1 Robert Fendrich: „Der Neue Mensch" (1914)

Von besonderer wissenschaftshistorischer Bedeutung für unser Thema ist das 1914 erschienene Büchlein des Schriftstellers Robert Fendrich *Der Sport, der Mensch und der Sportsmensch*, weil Fendrich hier unseres Erachtens als erster explizit den Begriff des „Neuen Menschen" verwendet, dessen sportliche Aktivität untrennbar religiöse Züge trägt:

---

4 Wedemeyer-Kolwe 2004, 16.
5 Eine solche Möglichkeit bieten bspw. jedoch explizit die Richtlinien und Lehrpläne für das Fach Sport in der Sek. II: „Nicht zuletzt mit Blick auf die allgemeine Studierfähigkeit erhalten fachübergreifendes und fächerverbindendes Lernen wachsende Bedeutung. Auf diese Weise können unterschiedliche Zugänge und Denkstrukturen verschiedener Wissenschaften in ihrer vielfach engen fachlichen Ausrichtung und damit Ergänzungsbedürftigkeit erkannt und relativiert werden" (Ministerium für Schule und Weiterbildung, Wissenschaft und Forschung Nordrhein-Westfalen 1999, 9); darauf wird zurückzukommen sein.
6 Bertz 1997, 46.
7 Dieses Schlagwort zit. n. Steffen 1914, 336.

„Seele *und* Körper, Geist *und* Natur, Güte *und* Stärke, Gott *und* Welt, diese heroische Zusammenfassung der Schöpfung als einer wunderbaren sich selbst ehrenden Verkörperung des Ewigen, das ist die neueste Synthese; und die Anschauung der Erde nicht als eines verworfenen Jammertals, sondern als eines freien Ringplatzes, für die den Einzelnen verliehenen Kräfte mit Ausschluß aller Weltflucht, aber mit Einschluß des psychologischen Verständnisses für jeden Gegner, das ist das Kennzeichen der werdenden Zeit, in welchem sie siegen wird."[8]

In seiner Schrift lehnt sich Fendrich an das genuin reformpädagogische Gedankengut Pierre de Coubertins an, indem er die Problematik des Zusammenhangs zwischen dem neuen Massenphänomen des Sports, der von der olympischen Idee des individuellen Leistungsprinzips *citius-altius-fortius* geleitet ist, und der modernen Zivilisation aufgreift.[9] Während der Körper und Geist in freudvoller Tätigkeit vereinende Sport auf der einen Seite die Möglichkeit einer Veredlung der menschlichen Kultur bietet, droht ihr auf der anderen Seite in seiner Form als *Berufssport* die Gefahr einer Reproduktion genau der zivilisatorischen Überspannungen sowohl auf hygienischem wie auf intellektuellem Gebiet, zu deren Bekämpfung doch der „Neue Mensch" allererst angetreten ist. Die Säkularreligion Sport bedarf also zur Verwirklichung ihres Ideals bestimmter Bedingungen, die Fendrich in einem *zweckfrei* betriebenen Sport erblickt und als Fairness, Ehrlichkeit sowie „edle Gelassenheit"[10] bestimmt.

2.2 Wilhelm Winter: Der Sport als Feind der Religion (1916)

Obgleich nur zwei Jahre zwischen dem Erscheinen von Fendrichs Buch und Wilhelm Winters Werk *Der Weltkrieg und die Leibesübungen* liegen, ist im Vergleich beider Autoren ein Paradigmenwechsel in der Deutung der Beziehung von Sport und Religion klar erkennbar.[11] Zwar möchte auch Winter ebenso wie Fendrich das „dualistische Gespenst" verscheu-

---

8   FENDRICH, 1914, 10. Zum religiösen Gehalt des „Neuen Menschen" siehe KOCH 2002, 91–92, der allerdings ebenso wenig wie WEDEMEYER-KOLWE 2004, 13–14, hier Fendrichs Pionierstellung erwähnt. Ausführlich zu Fendrich siehe MEINBERG 2006, der den anthropologischen Gehalt des „Neuen Menschen" hervorhebt.

9   Bspw. bei COUBERTIN 1972, 113.

10   FENDRICH 1914, 100.

11   Er bestätigt die These Kuhns (1995, 206), dass unter bestimmten Voraussetzungen (‚Krisensituation') externe Faktoren einer Wissenschaft ihre theoretische Struktur beeinflussen können.

chen und kritisiert, dass die seit 1911 eingesetzte staatliche Jugendpfle-
ge „vornehmlich immer wieder der sittlichen, religiösen Erziehung das
Wort geredet" hat, während für sie die „körperliche Seite dieser Erziehung als durchaus ungenügend für das Ganze des Volkes anzusehen
ist."[12] Anders als bei Fendrich jedoch folgt Winters Losung „Ausgleich
zwischen Körper und Geist!"[13] nicht der Idee, das religiöse Moment der
Erziehung gleichsam dem Sport einzuverleiben. In struktureller Übereinstimmung mit Denkern des „neuen Nationalismus"[14] wie beispielsweise Moeller van den Bruck setzt Winter nämlich das Ideal „heiligster
Vaterlandsliebe"[15], die höher steht als jede Religion und jede Form der
Körperkultur:

> „Die religiöse Seite wird dabei zugeben müssen, daß in der körperlichen
> Schulung der Jugend bisher zu wenig getan wurde. Hier hat heute die
> Heeresleitung das entscheidende Wort. Der große Lehrmeister Krieg ver-
> langt von uns, daß wir nicht allein in Not und Tod als ‚Brüder' stehen,
> sondern auch im Frieden so leben. Ein Versagen auf religiöser Seite würde
> dem Gottesglauben selber schweren Schaden bringen."[16]

Während für Fendrich das pädagogische Potential des Sports auf seinem ästhetischen und dezidiert unpolitischen Moment der Freude fußt,
das im Sinne Pierre de Coubertins auch völkerübergreifende Wirksam-
keit zeigen sollte, kann in Winters von nationalen und militärischen
Interessen geleiteter Konzeption kein Platz für eine solche „ästhetische
Sportphilosophie"[17] sein. Im Lichte des Weltkriegs ist der Sport vielmehr
wesenhaft der religiös überhöhten „Vaterlandsliebe" entgegengestellt,
weil er sie sowohl mit seinem individuellen als auch internationalen

12 WINTER 1916, 5, 23.
13 Ebd., 7–8.
14 Hierzu BREUER 2001, 308–309.
15 WINTER 1916, 29. Winter zitiert ebd., 35, auch den Turnführer Ferdinand Goetz.
    Für ihn ist eine solche Religion „das Pflichtgefühl, die mir gewordene Kraft für mein
    Vaterland und meine Mitmenschen zu verwerten! Da Christus, der beste der Men-
    schen, so getan, nenne ich mich stolz einen Christen!"
16 WINTER 1916, 130. Vgl. auch ebd., 29: „Der große Geist, der unsere Schlachten
    gewonnen, der das Vaterland, unsere irdische Seligkeit nach Fichte, gerettet, der
    uns über alles Kleinliche und Enge wie mit Adlerflügeln erhoben hat, er muß der
    Leitstern der kommenden Jugenderziehung werden. [...] Wir wissen es, draußen im
    Felde hat der Rabbiner, der protestantische wie der katholische Geistliche unseren
    Soldaten des Glaubens Mut und Trost zugesprochen, da wurde nicht abgewogen, ob
    es so oder so in ein Dogma passe, darin lag das Große, Unvergeßliche."
17 V. DONOP, zit. n. WINTER 1916, 90.

Prinzip der Höchstleistung aushöhlt. Pädagogisch erwünscht ist für ihn nur eine solche Form der Leibesübungen, die anstelle eines vom „englischen Dünkel"[18] geprägten Sportverständnisses das Prinzip „deutschen Organisationsgeistes"[19] setzt: das deutsche Turnen mit seiner Tradition der Befreiungskriege.

2.3 Hans Lenk (1964); Walter Kuchler (1969): Empirische Analysen

Bereits diese kurze Gegenüberstellung von Fendrich und Winter hat gezeigt, dass die Frage nach der pädagogischen Struktur im Verhältnis von Sport und Religion in hohem Maße kulturell geprägt ist. Da eine solche Beobachtung das generelle Problem einschließt, wie vor diesem Hintergrund überhaupt die *Geltungsansprüche* einer Säkularreligion Sport („Fairness", „Ehrlichkeit", „Gelassenheit") als pädagogische Handlungsmaximen sinnvollerweise begründet werden können, soll zum Abschluss dieses historischen Teils auf zwei herausragende sportethische Arbeiten aus den 1960er Jahren[20] verwiesen werden, die sich zu ihrer Klärung auch *empirischer* Instrumentarien bedienten.

Bei Hans Lenks Buch *Werte, Ziele, Wirklichkeit der modernen Olympischen Spiele* (1964) handelt es sich um die erste sozialwissenschaftliche Arbeit über die Spiele der Neuzeit von 1896 bis 1960. Sie ist eine strukturfunktionalistische Werte- und Textanalyse, die im Grenzgebiet zwischen einer empirischen Sozialwissenschaft durch Textanalysen, teilnehmende Beobachtung und nichtrepräsentative Befragungen auf der einen sowie einer philosophischen und strukturanalytischen Wertanalyse auf der anderen Seite steht. Lenks Analyse religiöser Werte ist eingeordnet in die Vorstellung ca. 30 zentraler Werte, die nach Verwirklichung, Nichtrealisierung, inneren Spannungen und externen Wertkonflikten sowie funktionalen und dysfunktionalen Auswirkungen analysiert werden.[21]

Religiöse Werte teilt Lenk in zwei Gruppen: zum einen die quasireligiösen Werte und zum anderen die von außen stammenden religiösen Werte, die wiederum in „christliche Vorstellungen" und „religiöse Gefühle der Sportler" unterschieden werden. In Bezug auf die quasi-religiösen Werte betont Lenk ihre Verwurzelung im kultischen Ursprung

---

18 Ebd.
19 WINTER 1916, 14.
20 Dazu COURT/KRÜGER 1998, 198; PAWLENKA 2006, 409–410, die außer einer Zusammenfassung des Sportethos auch auf die Wirkungsgeschichte eingeht.
21 Diese Zusammenfassung nach LENK 2006, 371.

der Spiele, verweist aber gleichzeitig auf die Fehldeutung, diese Form der Religiosität als Gottbezogenheit zu verstehen. Bereits aus dem Verbot jeder konfessionellen Diskriminierung im Regelwerk des IOC folgt, dass die modernen Olympischen Spiele „nicht dem Transzendenten bestimmter Religionen geweiht sind." Olympische Werte wie das Ideal der Völkerverständigung oder Fair Play sind allerdings vermutlich als Säkularisationsform christlicher Grundwerte zu deuten, und der Zusammenhang von sportlichem Leistungswillen und protestantischen Religionen ist statistisch so signifikant, dass die religiöse Gnadenwahlbestätigung des Calvinismus zum „säkularen selbständigen Symbol" geworden zu sein scheint. Die „religiösen Gefühle" nun werden von manchen Athleten als „seelische Sammlung" durch das Gebet vor dem Wettkampf angeführt, sind aber für Lenk eine „,private' religiöse Erregbarkeit", die von Coubertins *religio athletae* zu trennen ist.[22] Zusammenfassend stellt Lenk fest, dass die befragten Wettkämpfer die religiöse Wertgebundenheit der Spiele entweder nicht kennen oder als „weltfremd" empfinden, gerade ihre säkularisierte Form als Verpflichtung gegenüber den Olympischen Werten jedoch sowohl das soziale Gefüge der Spiele wie ihr Ansehen (auch bei den Kirchen) stärkt.[23]

Auf den ersten Blick fallen die großen Übereinstimmungen zwischen Lenks Schrift und Walter Kuchlers Buch *Sportethos* (1969) auf, unter dem der katholische Theologe Kuchler den „Inbegriff der im Lebensbereich Sport lebendigen Werte, Normen und Inhalte"[24] versteht. Auch Kuchler benutzt zur Deutung der Beziehung von christlichem und Sportethos das methodische Instrumentarium der Analyse von Lehrplänen, Satzungen, Aussagen sowie der Meinungsforschung[25] und wendet sich im Resultat gegen die „Interpretation des Sports als Pseudoreligion".[26] Zwar besitzen die sittlichen Eigenschaften des Sportethos „in dem sportlichen und sittlichen, formalen Imperativ des Citius-altius-fortius eine Antriebskraft zur Steigerung und Vervollkommnung", jedoch gibt es kein „christliches Sportethos im strengen Sinne des Ethosbegriffs", sondern vielmehr „den Christen, der auch in die Welt des Sportes die Grundhaltung der christlichen Ethik einbringt".[27] Während aber Lenk den

---

22 Alle Zitate nach LENK 1972, 23–27, 77.
23 Ebd., 27, 286.
24 KUCHLER 1969, 185.
25 Ebd., 4.
26 Ebd., 226.
27 Ebd., 185, 235.

sittlichen Geltungsanspruch dieses Sportethos aus der *zeitlichen Realität* der sportlichen Handlungen selbst legitimiert, geschieht dies bei Kuchler durch seine Fundierung in einer *überzeitlichen Idealität,* die im Sinne Lenks als „ideologisch"[28] zu bezeichnen ist.

Die wissenschaftliche Literatur zum Thema Sport und Religion im Gefolge von Lenk und Kuchler ist bis Mitte der 90er Jahre noch spärlich, nimmt aber in letzter Zeit verstärkt zu. Einzelne Hinweise zur Verhältnisbestimmung finden sich da und dort, aber eine systematische Aufarbeitung sucht man vergeblich. Lediglich das Buch von Charles Prebish[29] macht hier eine Ausnahme, in dem der Beitrag des Sportphilosophen Howard Slusher[30] die religiösen Dimensionen des Sports herausarbeitet durch Verweis auf Erfahrungen der Ganzheitlichkeit des Lebens, Erfahrungen von Transzendenz, der Selbsterfahrung und Erfahrungen von Grenzen.

> „Nach Slusher vermitteln die Rituale des Sports Erfahrung von Ordnung und Erfahrung von Gemeinschaft. [...] Die Vermutung, daß Religion und Sport etwas miteinander zu tun haben, was über die Kontakte von Sportvereinen und Kirchen aufgrund eines gemeinsamen Interesses an sittlicher Ordnung und Moral hinausgeht, scheint sich anzudeuten und zu verdichten. Im Blick auf moderne Gesellschaften erhebt sich der Verdacht, daß der Sport ein Ort religiöser Erfahrung geworden ist, auch eigenständiger, anderer religiöser Erfahrung als der, die sich der christlichen Tradition verdankt. Sport wäre also dann nicht einfach etwas, was als Spiel zu bezeichnen ist, als Kampf, als Leistung, sondern als Raum elementar angehender sinnhafter Erfahrung. Als etwas also, was nicht Religion ist, aber sich im Umfeld von Religion befindet, im Umfeld eines Bereiches, in dem auch Religion angesiedelt ist. In diesem Zusammenhang bleibt besonders zu beachten, daß sich ähnlich wie Religion auch der Sport in vielfältiger Weise des Rituals als Ausdrucksform bedient. Möglicherweise müssen Sportspiele überhaupt als Rituale analysiert werden, die eine deutliche Verwandtschaft mit religiösen Ritualen aufweisen."[31]

---

28 LENK 1972, 25. Zu dieser Kritik an Kuchler ausführlich COURT 1993, 444–448.
29 PREBISH 1993.
30 SLUSHER 1993, 173–196. – Zu Slusher nun auch NEBELUNG (2007, 99–101), der das Verhältnis von Theologie und Sportphilosophie auf einer anthropologischen Basis analysiert.
31 DAIBER 1997, 190.

Dieses Zitat markiert gleichermaßen eine wissenschaftstheoretische Ergänzung und einen Richtungswechsel im wissenschaftlichen Diskurs um das Verhältnis von Sport und Religion. Während der wissenschaftshistorische Blick auf Fendrich und Winter mit ihren anthropologischen Betrachtungen über den „Neuen Menschen" den Sport und die Religion sowohl in ein distanziertes, ‚feindliches' als auch in ein enges Verhältnis setzt und die Analysen Lenks und Kuchlers dieses Verhältnis über ethische Implikationen einholen, schärft die neuere wissenschaftliche Literatur den Blick für mehrperspektivische Annäherungen. Im Diskurs um die Präsenz von Religion in der Gegenwartskultur gewinnen aktuell bspw. erfahrungstheoretische und phänomenologische, (religions-)soziologische und ritualtheoretische Analysen des Verhältnisses von Sport und Religion an Bedeutung, die in Folge auch den Dialog zwischen der Sport- und Religionsdidaktik zu fördern und die Möglichkeiten zukünftiger Kooperationen auszuweiten vermögen.

3. Das Verhältnis von Religion und Sport in der universitären Lehre

Religion und Sport sind zwei in der alltäglichen Lebensgestaltung von Menschen wirksame Erscheinungsformen. Der Sport hat in den letzten Jahren gerade in der Freizeitgestaltung an Bedeutung gewonnen, und die gegenwärtige Wahrnehmung von Religion(en) lässt viele von der „Wiederkehr der Religion" sprechen: Geprägt durch die Kennzeichen von Pluralität und Individualisierung spielt Religion in der ‚postmodernen' Gesellschaft zu Beginn des 21. Jahrhunderts weiterhin eine wichtige Rolle. Was allgemein gilt, gilt insbesondere auch für das Jugendalter. In ihrem Suchen und Entwerfen von Sinn und Möglichkeiten gelingenden und ‚erfüllten' Lebens im eigenen Dasein wird für viele Jugendliche der Fußball zu einem ‚sinnvermittelnden Handlungssystem'. Ebenso lassen sich viele Jugendliche vom ‚religiösen Markt' ansprechen, der eine breite Palette von magischen, naturreligiösen, esoterischen und keltisch-mystischen Heilsangeboten bereit hält.

Da beide Bereiche die jugendlichen Lebenswelten und bedeutende Phänomene des Alltags ansprechen, ist ihre Integration in die universitäre Ausbildung von Lehramtsstudierenden sinnvoll. Um zur sachkundigen und kritisch reflektierten Teilnahme am Diskurs über die Religion und den Sport zu befähigen, können für Lehramtsstudierende interdisziplinäre Lehrveranstaltungen angeboten werden, worüber langfristig ebenso ein übergreifendes (schul)didaktisches Verständnis dieses Komplexes grundgelegt und angebahnt werden kann. Diese Möglichkeit bot sich den Verfassern an der Universität Erfurt, an der sie im Rahmen des „Studium fundamentale" in den zurückliegenden Semestern mit den Studierenden das Thema Sport und Religion bearbeiten konnten. Diese speziell auf interdisziplinäre Problemfelder zugeschnittene Veranstaltungsform fokussierte im Sommersemester 2003 unter dem Titel „An Gott kommt keiner vorbei!?" das (un)geklärte Verhältnis von Sport und Religion und im Sommersemester 2006 unter dem Titel „Der Berg ruft" mehrperspektivische Zugänge zur Alpinistik. Beide Veranstaltungen ermöglichten eine vertiefende systematische Untersuchung der in der vorgelegten historischen Übersicht enthaltenen Fragen wissenschaftshistorischer, -methodischer und objekttheoretischer Natur.

Zu Beginn der ersten Lehrveranstaltung formulierten die Studierenden ihre eigenen Einschätzungen, Vorbehalte, Vorstellungen und Überzeugungen zur Beziehung von Sport und Religion („Religion beantwortet Fragen, Sport stellt keine Fragen"; „Sport und Religion sind zwei völlig verschiedene Bereiche der Gesellschaft"; „Glauben und Körper haben nichts miteinander zu tun"; „Beide prägen, steuern, beeinflussen und fördern Menschen"; „Sport und Religion haben etwas miteinander zu tun, weil Seele und Körper eng miteinander zu tun haben und weil beides gemeinsam erlebt wertvoll ist"; „... weil viele Sportler gläubig sind und ihren Erfolg mit dem Glauben an Gott verbinden"; „... weil Sport zu einer Religion werden kann"; „... weil beides Lebensinhalt werden kann"). Dieser erfahrungs- und alltagsphänomenologisch orientierte Ansatz und der wissenschaftshistorische Rekurs auf die kultischen Ursprünge von Sport und Religion in der griechischen Antike und bei den Mayas provozierte weiterführend die Frage nach den Äquivalenzen zwischen Religion und Sport in struktureller und funktionaler Hinsicht. Die bspw. während eines Fußballspiels zu beobachtenden und wahrzunehmenden Besonderheiten im Ablauf des Spiels, im Fan- und Spielerverhalten, in den Fernsehkommentaren motivierten dazu, diese Frage im ritualtheoretischen Kontext zu durchdringen. Ähnlich wie Religion bedient sich der Sport in vielfältiger Weise des Rituals als Ausdrucksform.

„Man könnte sagen, religiöse Rituale sind Arrangements der symbolischen Gotteserfahrung. Darin veralltäglichen sie Ursprungserfahrung religiösen Glaubens. Man könnte sagen, Sportspiele der geschilderten Art sind Arrangements der verdichteten Lebensbegegnung, der Selbsterfahrung, der Kontingenzerfahrung, der Glücks- und Unglücksbegegnung. Der Wettkampfsport unserer Tage ist nicht nur ein kommerzielles Phänomen. Er ist nicht nur Spiel, sondern er ist Ritual, symbolische Verdichtung der gemeinsamen Kommunikation über das Leben kollektiver wie individueller Art. Im religiösen Ritual spielt, insbesondere im protestantischen Ritual, das Wort eine zentrale Rolle. Dies ist im Sportritual, sieht man von der Gesangskultur der Fans einmal ab, nicht der Fall. Religiöse Rituale sind durchgestaltet, sie versuchen auf Gott zuzuführen. Sportrituale sind Rituale des offenen Ausgangs, der Heils- und Unheilserfahrung, der Glücks- und Unglückserfahrung im Spiel. Dadurch unterscheidet sich ihr Symbolgehalt von dem, was religiös-christliche Rituale zu vermitteln suchen. Daß im Spiel dabei Ernsthaftigkeit im Spiel ist, zeigt der Übergang in den explizit religiösen Bereich, etwa in der Gestalt von Gebets- oder Bekreuzigungsgebärden, aber auch der Übergang vom Kampfspiel in die reale Kampfsituation rivalisierender Fangruppen."[32]

Diese Struktur- und Funktionsparallelen zwischen religiösen Ritualen und Sportritualen lassen den Soziologen Karl-Fritz Daiber von „Erlebnisäquivalenzen" sprechen, die allerdings in Folge einer sauberen objekttheoretischen Klärung von Sport und Religion bedürfen:

„Es sind Erlebnisäquivalenzen, in denen Letztbedeutsames erfahren wird, unterschiedlich oder aber auch im Gleichklang, einem Gleichklang, der die überlieferte christliche Religion in das Sportgeschehen einbezieht. Daß gleichwohl hier wesentliche Unterschiede in der Lebenserfahrung bestehen, sollte nicht übersehen werden. Noch einmal, Sport ist Körpererfahrung. Das Sportspiel thematisiert den offenen Ausgang, bleibt bei der Kontingenz. In der christlichen Tradition ist Vertrauen in das Leben fundamental."[33]

Da die ritualtheoretische Annäherung an die zwei Bereiche Sport und Religion nicht ohne die Auseinandersetzung mit den im Sport- und religiösen Ritual zu machenden Erfahrungen auskommt, wurde das Verhältnis von Sport und Religion ansatzweise erfahrungstheoretisch gewendet. Menschen, die bspw. Thrill- und Risiko-Sportarten betrei-

32 Ebd., 199.
33 Ebd., 200.

ben, berichten, dass sie dabei Erfahrungen ganz eigener Art machen. Csikszentmihalyi und Jackson[34] prägten dafür den Begriff des „Flow" (Verschmelzung von Körper und Geist, Balance zwischen Herausforderung und Können), bei dem zu fragen ist, inwieweit dieser in den religionshermeneutischen Begriffen der Transzendenz und der ‚religiösen Erfahrung' eine Entsprechung findet und somit zum Nachdenken über die religiösen Dimensionen des Sports anregt.

Last but not least kann das Verhältnis von Sport und Religion ohne die Berücksichtigung der anthropologisch-ethischen Dimension nicht angemessen bearbeitet werden. Die von Paul Jakobi angemahnte Forderung, den Menschen in den Mittelpunkt des Sports zu stellen, führt dazu, im Sport immer wieder über das Menschenbild nachzudenken und „über Grundlagen nachzudenken, die für den Sport wichtig sind, wenn er human bleiben will."[35] Die Frage, inwieweit die christliche Tradition dem Sport weiterhin starke Impulse zu geben vermag, berührt explizit den sportethischen Bereich, in dem die Grundlegung menschlichen Zusammenlebens gemäß Kriterien der Fairness, Achtung und deren Begründung bearbeitet wird.[36]

Die in der ersten Lehrveranstaltung gewonnenen Einsichten ermutigten die Verfasser zu einer weiteren Veranstaltung, bei der das Phänomen der Alpinistik im Mittelpunkt stand, einerseits eine inhaltliche Fokussierung des bereits Erarbeiteten auf das Bergsteigen (z. B. das „Flow"-Erleben beim Bergsteigen; Fairness in der Alpinistik), andererseits eine mehrperspektivische Erweiterung des Blicks auf die Alpinistik. Auch hier waren wieder die Erfahrungen der Studierenden die Grundlage für die weitere Arbeit im Seminar. „Was macht die Faszination des Bergsteigens aus?" – Bedingt durch die geografische Nähe zum Thüringer Wald waren viele Studierende Mitglieder in Gebirgs- bzw. Alpenvereinen, so dass die Beantwortung der Frage häufig eine lebensweltliche und -geschichtliche Verortung erfuhr. Die nachfolgende literaturtheoretische Bearbeitung („Berge und Alpinistik in der Literatur"), der religionswissenschaftliche Zugang („Symbol und Mythos Berg"), die philosophische Betrachtung der Berge und die Filmanalyse des Klassikers „Der Berg ruft!" mit Luis Trenker als prominentes Beispiel für das Genre der Bergfilme führten auch hier wieder zum intensiven Nachdenken und

34 Csikszentmihalyi/Jackson 2002.
35 Jakobi 1986, 69.
36 Vgl. Court 1993; Court 1996.

zur kritischen Auseinandersetzung mit dem Komplex Sport und Religion. Bergsteiger berichten, dass sich ihnen über die gemachten ‚extremen' Körpererfahrungen häufig ein existentieller Sinn in der Tiefe erschließt. Die Faszination des Bergsteigens besteht nur bedingt in dem Augenblick auf dem Gipfel, vielmehr in der äußersten körperlichen und geistigen Forderung im Prozess des Bergsteigens selbst. „Die äußerste Forderung des Körpers beinhaltet Erfahrung von gesteigertem echten Leben von äußerstem Sinn."[37]

Das Frag-Würdige und Denk-Anstößige der zugleich konkurrierenden und verwandten Beziehung von Sport und Religion liegt darin, dass „sie beide die Frage nach Grunderfahrungen des Lebenssinnes bearbeiten."[38] Dieses für die vorgestellten Veranstaltungen gemeinsam geltende Fazit eröffnet Themen und Konzepte, die zukünftigen Kooperationen zwischen Sport- und Religionsdidaktik den Weg ebnen können. Die Erträge beider Lehrangebote befähigen unseres Erachtens Studierende zur sachkundigen und kritisch reflektierten Teilnahme am Diskurs über Sport und Religion und bahnen ein vernetztes, ‚synoptisches' didaktisches Verständnis *beider* Unterrichtsfächer Sport und Religion an.

4. Religionsdidaktik im Dialog mit der Sportdidaktik

Wie bereits erwähnt, ist der Dialog der Religionsdidaktik mit der Sportdidaktik zum jetzigen Zeitpunkt ein Desiderat. Wir versuchen daher abschließend, einige Aufmerksamkeitsrichtungen zu markieren, Fragehorizonte zu erschließen und Realisierungsoptionen für Dialogeröffnungen zu benennen.

Als Konsequenz der geschilderten universitären Lehre ergibt sich unseres Erachtens die Notwendigkeit einer *dialogischen Theorieaufbereitung bzw. -bildung.* Aber auch isoliert in den einzelnen Didaktiken sind noch nicht ausreichend Theorieanstrengungen unternommen worden. Zumindest gilt dies für die Religionspädagogik bzw. -didaktik. Als Beleg mag die religionspädagogische Zeitschrift „Der evangelische Erzieher" bzw. „Zeitschrift für Pädagogik und Theologie" genügen, die die religionspädagogische Theoriebildung stets angestoßen und wirkungsvoll

---

37 Daiber 1997, 193.
38 Ebd., 200.

vorangetrieben hat. Seit Beginn ihres Bestehens im Jahre 1949 bis heute sind lediglich zwei kurze Tagungsberichte aus den Jahren 1967 und 1971 aufgenommen worden, die die Aktivitäten des im Jahre 1964 ins Leben gerufenen „Arbeitskreis(es) Kirche und Sport in der EKD" wiedergeben.[39] Diese Rezeption verweist auf eine anzubahnende religionspädagogische Sensibilisierung für die Beziehung von Sport und Kirche. Die Notwendigkeit der Zusammenarbeit zwischen Kirche und Sport wird anthropologisch-ethisch begründet, „weil die gemeinsame Verantwortung für den Menschen beide Bereiche verbindet."[40] Ein etwas anderer Befund liegt in explizit religionsdidaktischen Zeitschriften vor, in denen mittlerweile eine zögerliche Aufnahme des Themas „Fußball und Religion" erfolgt ist.[41]

Die in unseren Lehrveranstaltungen behandelten Themen stehen unseres Erachtens vordringlich zur dialogischen didaktischen Bearbeitung an. An ihnen lässt sich gerade das Frag-Würdige und An-Stößige der zugleich konkurrierenden und verwandten Beziehungen von Sport und Religion erschließen, das wir als prominentes didaktisches Prinzip und Merkmal der dialogischen Struktur der beiden Didaktiken zu Grunde legen. Die wissenschaftstheoretische Unterscheidung von Sport und Religion, die theologische Bearbeitung des Personseins des Menschen als Geist, Leib und Seele, die lebensweltlichen und -geschichtlichen Verortungen von Sport und Religion, die erfahrungs- und ritualtheoretisch bestimmten Äquivalenzen und die anthropologisch-ethischen Grundlegungen beider Bereiche bestimmen als Themen die didaktisch orientierte Auswahl für mögliche Unterrichtsinhalte. In Anlehnung an das Kapitel zu Lenk und Kuchler könnten beispielsweise von den Schülern und Schülerinnen selbst geführte Interviews zum Thema Sport und Religion oder die Lektüre der Bibel unter den hier interessierenden Gesichtspunkten[42] geeignete Unterrichtsinhalte sein, wobei selbstverständlich auch eine Verbindung dieser beiden Vorschläge pädagogisch erwünscht ist.

Die unterschiedlichsten Lehrpläne der Schulformen und -stufen und der verschiedenen Bundesländer ermöglichen vielfältige bildungs-

---

39 Vgl. ROSENBOOM 1967, 373–375; ROSENBOOM 1971, 391–395.
40 ROSENBOOM 1967, 373.
41 Vgl. BRU. MAGAZIN FÜR DIE ARBEIT MIT BERUFSSCHÜLERN 1998.
42 Bspw. hat unter dem Titel „Mit vollem Einsatz" die *European Christian Sports Union* eine Ausgabe des NT mit Lebensberichten und Begleittexten von Sportlern veröffentlicht.

theoretisch orientierte Realisierungsoptionen für Dialogeröffnungen. Wir nennen beispielhaft die Nordrhein-Westfälischen Richtlinien und Lehrpläne für die Fächer Sport und Evangelische Religionslehre in der Sekundarstufe II. In Bezug auf den *Gegenstand* fasst der *Sportunterricht* den Sport als „Teil der gesellschaftlichen Wirklichkeit" auf, der „verschiedene Sinnrichtungen und Motive sportlichen Handelns"[43] enthält, und die *Religionslehre* soll „auf der Basis des christlichen Glaubens [...] Einsichten in Sinn- und Wertfragen des Lebens" vermitteln. Eine auf diesem Wege ermöglichte Kooperation hat nicht nur einen engen Bezug auf die allgemeine, explizit „ganzheitliche" Bildungsaufgabe der gymnasialen Oberstufe als Hilfe zur „persönlichen Entfaltung in sozialer Verantwortlichkeit", sondern auch zur „wissenschaftspropädeutischen Ausbildung."[44]

Unterrichtsmethodisch lässt sich ein solcher Bildungsanspruch in einem fächerverbindenden und fächerübergreifenden Unterricht verwirklichen, dessen Bedeutung und Notwendigkeit unbestritten ist: „Nicht zuletzt mit Blick auf die allgemeine Studierfähigkeit erhalten fachübergreifendes und fächerverbindendes Lernen wachsende Bedeutung. Auf diese Weise können unterschiedliche Zugänge und Denkstrukturen verschiedener Wissenschaften in ihrer vielfach engen fachlichen Ausrichtung und damit Ergänzungsbedürftigkeit erkannt und relativiert werden."[45] Geht es im fächerverbindenden Unterricht darum, in den Unterricht des einen Faches Gehalte und Erkenntnisse eines anderen Faches einzubeziehen, so besteht der fächerübergreifende Unterricht „in der themen- oder problembezogenen Kooperation zweier oder mehr Fächer, wenn es gilt, ‚quer liegende' Themenstellungen unter verschiedenen Fachperspektiven und -kategorien zu betrachten."[46] Für die Unterrichtsfächer Sport und Religion bleibt die Forderung nach diesen beiden didaktisch-methodischen Modellen ein Desiderat. Die meisten Lehrpläne für das Unterrichtsfach Evangelische Religionslehre sehen zwar eine themenbezogene fächerverbindende Zusammenarbeit vor allem mit den Fächern Deutsch, Ethik, Geschichte, Kunst, Musik, aber auch mit naturwissenschaftlichen Fä-

---

43 MINISTERIUM FÜR SCHULE UND WEITERBILDUNG, WISSENSCHAFT UND FORSCHUNG NORDRHEIN-WESTFALEN 1999, XVII, 21.
44 Ebd., XI, XXIX.
45 Ebd., 9.
46 MINISTERIUM FÜR SCHULE UND WEITERBILDUNG, WISSENSCHAFT UND FORSCHUNG NORDRHEIN-WESTFALEN 1999, XVII, 21, 33.

chern vor, aber eben nicht mit dem Fach Sport.[47] Anschlussmöglichkeiten wären durchaus gegeben, werden aber nicht explizit genannt. Im Thüringer Lehrplan für den evangelischen Religionsunterricht in der Regelschule wird bspw. für die Klassenstufen 5/6 eine Unterrichtseinheit zum Thema „Gruppen, die mir etwas bedeuten" vorgeschlagen, deren Zielformulierung eine Realisierungsoption für fächerverbindendes Arbeiten offen lässt: „Die Schüler lernen und erfahren, dass die Gemeinschaft Gleichaltriger, das Leben und Erleben in Vereinen, in der Clique, in der Gemeinde ein Lernprozess ist, der mit der schrittweisen Ablösung vom Elternhaus verbunden ist."[48]

Auch auf der Ebene der Unterrichtsmedien ist ein Desiderat zu formulieren: Didaktisch-methodische Erschließungen des Themenbereiches „Sport und Religion" als eigenständige Kapitel in Lehrbüchern sucht man derzeit noch vergeblich. Jedoch scheint zögerlich eine Rezeption in Gang zu kommen. So integriert das jüngst erschienene Religionsbuch „RELi + wir" zwei Kapitel zu diesem Thema in die Gesamtkonzeption des Buches.[49] Das Kapitel 26 „Alles auf Sieg gesetzt" thematisiert kritisch die lebensweltliche und -geschichtliche Bedeutsamkeit des Sports unter den Aspekten des Siegens und Verlierens im sportlichen Wettbewerb. Über den Sport hinaus sollen Lebenslagen reflektiert werden, die wie ein Wettbewerb sind, und Medaillen gestaltet werden, die nichts mit Sport zu tun haben. Dass der Sport in einem Religionsbuch ausdrücklich thematisiert wird, ist positiv hervorzuheben; kritisch anzumerken ist allerdings die Reduktion des Sports als wettbewerbs- und leistungsorientiert und seine Funktionalisierung als Spiegel des Lebens. Das Kapitel 27 „Der Fußballgott" expliziert die lebensweltliche und -geschichtliche Bedeutsamkeit des Sports am Phänomen des Fußballs. Eine reich bebilderte Doppelseite zur Fußballweltmeisterschaft 2006 mit anreisenden Fans und der Eröffnungsfeier ist „didaktischer Türöffner" für das weitere Nachdenken über die Gemeinsamkeiten von Religion und großen Sportereignissen. Das Fußballspiel als sportliches Großereignis wird wie folgt beschrieben: „Gott ist im Fußball allgegenwärtig. Viele Fußballer bekreuzigen sich, bevor sie den ‚heiligen Rasen' betreten. Das Stadion heißt ‚Kathedrale', und wenn gute Tore fallen, sagt man: ‚Gott hat die Hand im Spiel.' Aber das ist nicht alles. Die Fans bewundern

---

47 Vgl. exemplarisch: THÜRINGER KULTUSMINISTERIUM 1999.
48 Ebd., 23.
49 KIRCHHOFF/MACHT/HANISCH 2007.

ihre Stars wie Götter, sie feiern und verehren sie. Ein Spiel ist wie ein Gottesdienst – es gibt Rituale und Kultgegenstände. Kurz: Die Messe dauert 90 Minuten und Gott ist rund."[50] Dieser Impuls wird nachfolgend mit dem kirchlichen Gottesdienst kontrastiert; Fußball und Gottesdienst finden im ritualisierten Ablauf ihren Vergleichspunkt, die Pointe liegt in dem Unterscheidbaren von Vorhersehbarem und offenem, kontingentem Ausgang des Fußballspiels und der Einschätzbarkeit des Gottesdienstes. In diesem Kapitel realisiert und konkretisiert sich bereits der zuvor genannte Inhaltsbereich, in dem nach den Äquivalenzen von Sport und Religion gefragt wird.

Wir ziehen folgendes Resümee: Ein Dialog der Religions- und Sportdidaktik setzt ein Verständnis von Sport- und Religionsunterricht als lebensweltlich orientierten Unterrichtsfächern voraus. Werden Sport und Religion als zwei in der alltäglichen Lebensgestaltung von Menschen wirksame Erscheinungsformen vorgestellt, so kann sprachphilosophisch von zwei Sprachspielen mit sich überschneidendem und unterscheidbarem Vokabular gesprochen werden. Daraus ergibt sich als eine interessante Pointe, dass beide Sprachspiele als Ausdruck von Lebensformen ausnahmslos ihre je eigene Berechtigung haben, jedoch unterschiedliche Bedürfnisse befriedigen und unterschiedliche Funktionen erfüllen. Diese Sicht unterstreicht die Notwendigkeit der dialogischen didaktischen Vertiefung der Beziehung von Sport und Religion, unterstützt sie doch die schulische Aufgabe, junge Menschen im Lehren und Lernen auf ihrem Weg der „eigenen Menschwerdung" zu begleiten, indem sie ein umfassendes Verständnis von Leben und Welt vermittelt.

50 Ebd., 242.

Literatur

Bertz, Eduard, Philosophie des Fahrrads [1900], Paderborn 1997.

Breuer, Stefan, Ordnungen der Ungleichheit – die deutsche Rechte im Widerstreit ihrer Ideen 1871–1945, Darmstadt 2001.

BRU – Magazin für die Arbeit mit Berufsschülern. Themaheft „Fußball gut – alles gut?", Heft 28/1998.

Coubertin, P. de, Schule. Sport, in: Hojer, Ernst (Hg.), Erziehung. Gedanken zum öffentlichen Erziehungswesen, Schorndorf 1972.

Court, Jürgen, Achtung als Problem der Sportethik, in: Zeitschrift für philosophische Forschung 47 (1993), 440–452.

Court, Jürgen, Ist der Sport eine Welt für sich?, in: Forschung & Lehre 7 (1996), 359–361.

Court, Jürgen/Krüger, Michael, Geschichte der Sportethik, in: Grupe, Ommo/Mieth, Dietmar (Hg.), Lexikon der Ethik im Sport, Schorndorf 1998, 194–201.

Csikszentmihalyi, Mihaly/Jackson, S. A, Flow im Sport, München 2002.

Daiber, Karl-Fritz, Die Rituale der Sportspiele – Religiöse Äquivalente?, in: Ders., Religion in Kirche und Gesellschaft. Theologische und soziologische Studien zur Präsenz von Religion in der gegenwärtigen Kultur, Stuttgart 1997, 189–201.

Fendrich, Anton, Der Sport, der Mensch und der Sportsmensch, Stuttgart ³1914.

Jakobi, Paul, Der Mensch im Mittelpunkt des Sports – Forderungen einer christlichen Ethik, in: Deutscher Sportbund (Hg.), Die Zukunft des Sports, Schorndorf 1986, 69–83.

Kirchhoff, Ilka/Macht, Siegfried/Hanisch, Helmut (Hg.), RELi + wir. Schuljahr 5/6/7, Göttingen 2007.

Koch, P. Alois, Sport als säkulare Religion, in: Stimmen der Zeit (Februar 2002), 90–102.

Krüger, Michael, Einführung in die Geschichte der Leibeserziehung und des Sports, Teil 3, Schorndorf 1993.

Kuchler, Walter, Sportethos, München 1969.

Kuhn, Thomas S., Die Struktur wissenschaftlicher Revolutionen, Frankfurt a. M. ¹⁴1995.

Lenk, Hans, Werte, Ziele, Wirklichkeit der modernen Olympischen Spiele [1964], Schorndorf ²1972.

Lenk, Hans, Werte, Ziele, Wirklichkeit der modernen Olympischen Spiele [1964]; Leistungssport – Ideologie oder Mythos [1972], in: Court, Jürgen/

MEINBERG, ECKHARD (Hg.), Klassiker und Wegbereiter der Sportwissenschaft, Stuttgart 2006, 370–383.

LUCKMANN, THOMAS, Die unsichtbare Religion, Frankfurt a. M. ³1996.

MEINBERG, ECKHARD, Anton Fendrich: Der Sport, der Mensch und der Sportsmensch [1914], in: COURT, JÜRGEN/MEINBERG, ECKHARD (Hg.), Klassiker und Wegbereiter der Sportwissenschaft, Stuttgart 2006, 68–74.

MINISTERIUM FÜR SCHULE UND WEITERBILDUNG, WISSENSCHAFT UND FORSCHUNG NORDRHEIN-WESTFALEN (Hg.), Richtlinien und Lehrpläne Sport Sekundarstufe II Gymnasium/Gesamtschule, Frechen 1999.

MIT VOLLEM EINSATZ: das Neue Testament mit Lebensberichten internationaler Spitzensportler, hg. von European Christian Sports Union, 5., erw. Aufl., Altenkirchen 2003.

NEBELUNG, TIM, Theologie und Sportphilosophie, Saarbrücken 2007.

PAWLENKA, CLAUDIA, Walter Kuchler: Sportethos [1969], in: COURT, JÜRGEN/ MEINBERG, ECKHARD (Hg.), Klassiker und Wegbereiter der Sportwissenschaft, Stuttgart 2006, 406–413.

PREBISH, CHARLES (Ed.), Sport and Religion, Westford 1993.

ROSENBOOM, JOHANNES, Sport und Kirche (Tagungsbericht), in: EvErz 19 (1967), H. 9, 373–375.

ROSENBOOM, JOHANNES. Was geht der Sport die Kirche an? (Tagungsbericht), in: EvErz 23 (1971), H. 9, 391–395.

SLUSHER, HOWARD Sport and the Religious, in: PREBISH, CHARLES (Ed.), Sport and Religion, Westford 1993, 173–196.

STEFFEN, Friede zwischen Turnen und Sport, in: MONATSSCHRIFT FÜR DAS TURNWESEN 33 (1914), H. 9, 335–338.

THÜRINGER KULTUSMINISTERIUM (Hg.), Lehrplan für die Regelschule und für die Förderschule mit dem Bildungsgang Regelschule. Evangelische Religionslehre, Saalfeld 1999.

WEDEMEYER-KOLWE, BERND, „Der neue Mensch". Körperkultur im Kaiserreich und in der Weimarer Republik, Würzburg 2004.

WINTER, WILHELM, Der Weltkrieg und die Leibesübungen. Freie Bahn für Turnen, Spiel und Sport, Leipzig/Wien 1916.

ZIMMERMANN, MOSHE, Die Religion des 20. Jahrhunderts: Der Sport, in: DIPPER, CHRISTOPH (Hg.), Europäische Sozialgeschichte. FS Wolfgang Schieder, Berlin 2001, 331–350.

Autorinnen und Autoren

PROF. DR. KATRIN BEDERNA
Jg. 1968, Juniorprofessorin für Katholische Theologie und Religionspädagogik an der Pädagogischen Hochschule Ludwigsburg

PROF. DR. ANDREAS BENK
Jg. 1957, Professor für Katholische Theologie und Religionspädagogik an der Pädagogischen Hochschule Schwäbisch Gmünd

DR. THOMAS BREUER
Jg. 1960, Akademischer Oberrat im Fach Evangelische Theologie und Religionspädagogik der Pädagogischen Hochschule Ludwigsburg

Prof. Dr. Jürgen Court
Jg. 1961, Professor für Sportpädagogik und Bewegungspädagogik an der Universität Erfurt

PROF. DR. VEIT-JAKOBUS DIETERICH
Jg. 1953, Professor für Evangelische Theologie und Religionspädagogik an der Pädagogischen Hochschule Ludwigsburg

PROF. DR. ROGER ERB
Jg. 1961, Professor für Physik und ihre Didaktik an der Pädagogischen Hochschule Schwäbisch Gmünd

DR. MATTHIAS EVERDING
Jg. 1959, Hauptseminarleiter, Fachleiter für Musik am Studienseminar I in Münster

DR. CLAUDIA GÄRTNER
Jg. 1971, abgeordnete Lehrkraft am Lehrstuhl für systematische Theologie und ihre Didaktik sowie der „Arbeitsstelle für christliche Bildtheorie, theologische Ästhetik und Bilddidaktik", Katholisch-Theologische Fakultät der Westfälischen Wilhelms-Universität Münster

PROF. DR. BERNHARD GRÜMME
Jg. 1962, Professor für Katholische Theologie und Religionspädagogik
an der Pädagogischen Hochschule Ludwigsburg

PROF. DR. JAN HOLLM
Jg. 1964, Professor für englische und amerikanische Literatur- und Kul-
turwissenschaft und ihre Didaktik an der Pädagogischen Hochschule
Ludwigsburg

DR. ANNEGRET LANGENHORST
Jg. 1966, katholische Theologin, Literaturwissenschaftlerin und Gym-
nasiallehrerin in Nürnberg

PROF. DR. GEORG LANGENHORST
Jg. 1962, Professor für Didaktik des Katholischen Religionsunterrichts
und Religionspädagogik an der Universität Augsburg

PROF. DR. LAURA MARTIGNON
Jg. 1952, Professorin für Mathematik und ihre Didaktik an der Pädagogischen Hochschule Ludwigsburg

PROF. DR. CHRISTIANE MEYER
Jg. 1970, Professor für Didaktik der Geographie an der Universität
Hannover

PROF. DR. ELISABETH NAURATH
Jg. 1965, Professorin für Praktische Theologie/Religionspädagogik an
der Universität Osnabrück

PROF. DR. KARL ERNST NIPKOW
Jg. 1928, emeritierter Professor für Praktische Theologie mit Schwerpunkt Religionspädagogik an der Evangelisch-Theologischen Fakultät
der Eberhard-Karls-Universität Tübingen

PROF. DR. MANFRED L. PIRNER
Jg. 1959, Professor für Religionspädagogik und Didaktik des ev. Religionsunterrichts an der Friedrich-Alexander-Universität Erlangen-Nürn-
berg

PROF. DR. THOMAS RETZMANN
Jg. 1963, Professor für Wirtschaftswissenschaften und Didaktik der Wirtschaftslehre im Fachbereich Wirtschaftswissenschaften der Universität Duisburg-Essen, Campus Essen

BETTINA ROSENHAGEN
Jg. 1981, Wiss. Mitarbeiterin am Lehrstuhl Praktische Theologie/Religionspädagogik an der Universität Osnabrück

PROF. DR. WOLFGANG SANDER
Jg. 1953, Professor für Didaktik der Sozialwissenschaften an der Justus-Liebig-Universität Gießen (beurlaubt) und Professor für Didaktik der politischen Bildung an der Universität Wien

PROF. DR. NORBERT SCHLÄBITZ
Jg. 1959, Professor für Musikdidaktik und Geschäftsführender Direktor des Instituts für Musikwissenschaft und Musikpädagogik an der Westfälischen Wilhelms-Universität Münster

PROF. DR. THOMAS SCHLAG
Jg. 1965, Professor für Praktische Theologie mit den Schwerpunkten Religionspädagogik und Kybernetik an der Theologischen Fakultät der Universität Zürich

AOR UDO SCHMOLL
Jg. 1963, Akademischer Oberrat an der Evangelisch-Theologischen Fakultät (Lehrstuhl für Praktische Theologie 2: Religionspädagogik) der Ludwig-Maximilians-Universität München

PROF. DR. ANDREA SCHULTE
Jg. 1957, Professorin für Ev. Religionspädagogik an der Universität Erfurt

PROF. DR. BÄRBEL VÖLKEL
Jg. 1960, Professorin für Geschichte und ihre Didaktik an der Pädagogischen Hochschule Ludwigsburg

Religionspädagogik im Diskurs (RPD)

Religionspädagogik im Diskurs (RPD) ist darauf hin konzipiert, Dokumente, Analysen und Positionen zur Geschichte und Gegenwart der Religionspädagogik zur und ihrer Didaktik zur Verfügung zu stellen. Sie sucht das Gespräch vor allem mit den Sozial- und Erziehungswissenschaften und richtet sich an Leser, die sich in Schulen, Kirchen, Universitäten und anderen Institutionen dem Diskurs um die Religionspädagogik widmen.

Zuletzt erschienen:

Hans Bernhard Kaufmann
Die Aktualität der frühen Arbeiten zum thematisch-problemorientierten Religionsunterricht

Hans Bernhard Kaufmann gehört zu den herausragenden Personen der Religionspädagogik des 20. Jahrhunderts. Seine Impulse zum problemorientierten-thematischen Religionsunterricht haben die Theorie und Praxis religiöser Bildung und Erziehung in der Schule maßgeblich geprägt. Die vorliegende Publikation vereinigt frühe, z. T. unbekannte Texte, die Hans Bernhard Kaufmann ausgewählt und in ihren biografischen und konzeptionellen Zusammenhang eingeordnet hat.

Softcoverausgabe: 14,90 € | 155 Seiten | RPD 6 | 1. Aufl. 2008 | ISBN 978-3-938203-62-0

Thomas Heller
Zwischen Kirchbank und Hörsaal

Basierend auf den Daten einer deutschlandweit an 23 Universitäts- und Hochschulorten durchgeführten Befragung erteilt das Buch Auskunft über die Religiosität von Studienanfänger/innen der Evangelischen Theologie in den Pfarr- und Lehramtsstudiengängen.
Es gelingt ein differenzierter Einblick in die Religiosität der nachwachsenden Pfarrer- und Religionslehrergeneration, der für Akteure theologischer Bildung im Schnittfeld von Gemeinde, Schule und Hochschule, aber auch für Theologiestudierende selbst von hohem Interesse ist.

Softcoverausgabe: 8,90 € | 95 Seiten | RPD 7 | 1. Aufl. 2009 | ISBN 978-3-938203-94-1

Populäre Kultur und Theologie (POPKULT)

Die Reihe „Populäre Kultur und Theologie" wird in wechselnder Verantwortung von Mitgliedern des Arbeitskreises für populäre Kultur und Religion herausgegeben. Seine Ausrichtung ist interdisziplinär mit besonderer Berücksichtigung von theologischen und religionswissenschaftlichen Fragestellungen. Sein Ziel ist die Vernetzung der bestehenden Forschungsarbeit, die in Form von regelmäßigen Tagungen, Erstellung von Bibliographien und Literaturberichten sowie durch regionale Forschungsgruppen zu einzelnen Bereichen stärker kommunizierbar gemacht werden soll.

Zuletzt erschienen:

Harald Schroeter-Wittke (Hg.)
Popkultur und Religion
Best of ...

Seit 30 Jahren wird in der Theologie zu Phänomenen der Popkultur wissenschaftlich geforscht. Seit 15 Jahren existiert der Arbeitskreis Popkultur und Religion, in dem viele deutschsprachigen Forscherinnen und Forscher miteinander diskutieren und vernetzt sind.
Best of ... stellt die wegweisenden popkulturtheologischen Artikel zusammen und bietet damit einen exemplarischen Überblick sowohl über die Forschenden als auch über die Themen und Fragestellungen der letzten Jahre.

Softcoverausgabe: 29,80 € | 474 S. | POPKULT 1 | 1. Auflage 2009 | ISBN 978-3-938203-95-8

Susanne Klein
Terror, Terrorismus und Religion
Populäre Kinofilme nach 9/11

Die Anschläge vom 11. September 2001 haben die Welt verändert. Das gilt für die verschiedensten Bereiche gesellschaftlichen Lebens, in denen die aktuelle Terrorismus-Debatte ihre Spuren hinterlassen hat.
In diesem Buch wird anhand exemplarischer Filmanalysen und unter Bezugnahme auf zahlreiche ältere und neuere Filmbeispiele untersucht, wie sich die Darstellung von Terror und Terrorismus sowie der religiösen Dimension beider Phänomene im Film durch die Anschläge und deren politische Konsequenzen verändert hat.

Softcoverausgabe: 29,80 € | 270 S. | POPKULT 6 | 1. Auflage 2009 | ISBN 978-3-938203-84-2

 **IKS** Garamond
Der Wissenschaftsverlag

Verlag IKS Garamond | Leutragraben 1 | 07743 Jena | Tel. +49 3641 460850
Fax +49 3641 460855 | E-Mail: garamond@iks-jena.de | www.garamond.iks-jena.de